国家出版基金项目
NATIONAL PUBLICATION FOUNDATION

革命先辈家书家训丛书

《革命先辈家书家训丛书》编写组 编著

革命传统教育读本

青少年成长修身指南

革命家书 二

革命先辈家书家训丛书

《革命先辈家书家训丛书》编写组 编著

革命传统教育读本
青少年成长修身指南

『十三五』国家重点出版物出版规划项目

国家出版基金项目
NATIONAL PUBLICATION FOUNDATION

中国青年出版社
CHINA YOUTH PRESS

图书在版编目（CIP）数据

革命先辈家书家训丛书：革命传统教育读本 青少年成长修身指南·革命家书二 /
《革命先辈家书家训丛书》编写组编著；
—北京：中国青年出版社，2021.1
ISBN 978-7-5153-6235-9
Ⅰ.①革… Ⅱ.①革… Ⅲ.①革命传统教育–中国–青少年读物 Ⅳ.①D642-49
中国版本图书馆CIP数据核字（2020）第236499号

革命先辈家书家训丛书：

革命传统教育读本 青少年成长修身指南

革命家书二

作　　者：《革命先辈家书家训丛书》编写组
责任编辑：周　红
美术编辑：杜雨萃
出　　版：中国青年出版社
发　　行：北京中青文文化传媒有限公司
电　　话：010-65511270/65516873
公司网址：www.cyb.com.cn
购书网址：zqwts.tmall.com
印　　刷：大厂回族自治县益利印刷有限公司
版　　次：2021年1月第1版
印　　次：2021年1月第1次印刷
开　　本：787×1092　　1/16
字　　数：313千字
印　　张：27
书　　号：ISBN 978-7-5153-6235-9
定　　价：118.00元（全3册）

目 录
contents

革命家书二

CONTENTS

目 录

CONTENTS

目 录

CONTENTS

目 录

CONTENTS

目录

CONTENTS

目 录

CONTENTS

目 录

CONTENTS

目录

CONTENTS

恽代英
（1895～1931）

中国共产党早期青年运动领导人。又名蘧轩，字子毅，江苏武进人。五四运动时，在武汉领导学生运动并创办利群书社，传播革命思想。1920年，与萧楚女等在武汉发起组织中国社会主义青年团。1921年加入中国共产党。1923年任团中央宣传部部长、《中国青年》主编。1926年任黄埔军校政治总教官、广州农民运动讲习所教员。1927年主持武汉军事政治学校。1927年4月，在中国共产党第五次全国代表大会上当选为中央委员。8月参加领导南昌起义，任中共前敌委员会委员、起义军政治部代主任。1927年12月参加广州起义，任中华苏维埃政府秘书长。后转移到香港，做党的秘密工作。1928年调到上海工作，先后任中共中央宣传部秘书长、中共中央组织部秘书长，主编党中央机关刊物《红旗》。在中共六届二中全会上被增补为中央委员。1930年任中共上海沪东区行动委员会书记，5月6日在上海被捕。1931年4月29日在南京狱中被害，时年36岁。

我视家如旅舍，然正好助你们建立幸福家庭
——致葛季膺[1]

1923年6月19日

季膺妹：

五月廿日信由强弟[2]转来，不觉回环读了几遍，心胸中自然充满了快感。我初虑强弟或仍不免于结旧式婚姻，又虑强弟交游太狭，或不能得理想的配偶。今读妹此函，吾诚不自觉的以手加额为我强弟庆。以我知强弟之深，亦复不自觉的为妹庆也。

来函云在杨效春房间得一相见，我犹能忆之。对我奖辞，容有过当。所谈志愿性行，我实无任敬佩。强弟能得如此良友，如此畏友，终身作伴，料应朋辈当妒杀耳！迟婚实有利益。我辈老父既因我决于独身，诚不能无早望强弟成婚之念，但为人慈和通达，终不十分相强。我已将妹函附于家禀转寄老父，我意读此函后，当能感恍然如见佳儿妇之乐，更

① 葛季膺，江苏南通人，恽代英的弟媳。在南京高师时与恽子强相识，结婚后一同参加革命。1938年病故于上海。

② 强弟，即恽子强，恽代英的弟弟。曾在新四军工作，后去延安。新中国成立后任中国科学院学部委员。

可以不复念念于怀也。

人家说："结婚是爱情的坟墓。"我料强弟及妹，能均保持今日志行，必可免于此状。普通结婚后所生的坏影响，一是男女性情不平和谅让；二是每因经济上彼此计较发生意见；三是只知恋爱别无正当志愿，及彼此间尊重人格的思想。这均非强弟及妹所有的情形。我因此不能不祝你们的"爱"的前途无量。

我因颇欲以一日之长谋社会的根本改造，故不欲以儿女之事自累。然近来以个人债累（由于以前经营书社工厂失败的结果），仍不能不稍为金钱束缚行动。本年以到成都之便，遂任高师教育学一席，我极无意模仿学者，纵偶有独见，此终觉非分也。现友人约到上海大学任总务长一席，我已以支款了结宿债为条件，决定承诺与否。但八月间总须到沪一行，下半年事现仍不能自决。不过据友人来函，上海大学任教多一时畏友，苟稍经营可为一般改造同志驻足讲学储能之处，故颇重视之也。我约十日后离此。

我亦欲与强弟协力担负，使老父稍息仔肩。但年来偏责强弟的稍多，即将来遇艰危转徙之际，或仍不能免此。惟愿机会较佳时，我终可分任苦干也。我们终久当移家江南，若能以将来弟妹结婚的小家庭为基础，然后移家，则自可免于许多旧家庭恶习也。好在家父既不守旧，一庶母年幼而无恶性质，将来可使以工艺自给，一妹则强弟抚视教化之，可信家庭中亦无难处事也。

我视家如旅舍，然正好助弟妹等建立自然而有幸福的家庭。我决不欲吾弟吾妹为家庭而损害恋爱的幸福。我将来可以为你们的高等顾问也。一笑！

我能与我的弟妇如此絮谈，殊为有味。然吾妹实不仅我的弟妇，一方实系我的朋友，我们仍愿在品行学业上，互相切磋敦励。我望吾妹无论何时，均不因我为夫兄而有许多委屈隐讳。吾妹为吾挚爱之强弟的爱人，在吾心胸中比之视吾康妹（在南高附小的）还十分亲切。所以我很不愿无论何时，吾弟或吾妹有因家庭而忍受委屈隐讳的痛苦的地方。果有此等地方，我必尽力为之纠正。此皆出于至诚，强弟必深信我，而预料吾妹亦必深信我也。

代　英

六月十九

【品读导航】

写这封信时，恽代英正在成都高师担任讲席。葛季膺当时还是他的弟弟恽子强的未婚妻。而恽代英到这一年已独身4年。他接到葛季膺的信后，很为弟弟找到一位理想的“佳偶”而欣慰，并真挚地祝愿他们能过上幸福美满的生活。

在这封信中，他把自己独身的原因归结于“因颇欲以一日之长谋社会的根本改造，故不欲以儿女之事自累”。他认为自己没有小家，倒“正好助弟妹等建立自然而有幸福的家庭”，而且还开玩笑说他在这方面可以做他们的“高等顾问”。其实这不全是开玩笑，因为恽代英的确并非是个反对家庭、摒弃婚姻的人，相反他接受了新思想，自称是个“女权论者”，而且曾经享受过一段短暂而幸福的婚姻生活，但不幸妻子难产而死。他是在经历了巨大的悲伤和沉痛的思考之后，才做出独身的决定的。

恽代英和妻子沈葆秀的婚姻，是父母包办的。但沈葆秀是个知书达理的大家闺秀，两人的感情相当好。恽代英十分尊重和体贴妻子，而且还给妇女报刊翻译和撰写了若干有关家庭和妇女的文章。

沈葆秀生产时，三天三夜生不下来，封建大家庭的长辈们却说什么也不让送医院，说“死也要死在自己家里”。沈葆秀就这样被活活折腾死了，生下的婴儿没过几天也不幸夭折。恽代英极度悲哀和震惊，发誓要为了死去的沈葆秀“守身如玉”，“今生今世永不再娶！”这是1919年的事。从此他谢绝媒人，奉行“独身主义”，自称“永鳏痴郎”。对于别人的非议，他说：自古女人要守贞守节，男人却可以三妻四妾，他要用自己的行动来抗议这种谬论，来改变这种不公平的世道。

随着时间的推移，恽代英对妇女的命运逐渐有了更深刻的认识。他写了大量的文章，探讨妇女问题、婚姻恋爱问题及中国妇女解放问题，为少男少女们的幸福而奋斗，为妇女争取正当权益而疾呼。1929年，恽代英在主持黄埔军校武汉分校的工作时，特意招收了100多名女生，组成女生队。这批引起国内外关注的女生，后来为中国妇女解放作出了重要的贡献。

恽代英的这封信，真实地表达了他对婚姻和家庭的健康进步态度及甘愿为他人自我牺牲的高尚品质。信中流露出来的诚挚的感情、宽厚的胸怀、无私的精神，今天读来仍然令人感触至深。

★ 故事分享 ★

我懂得了何谓“国家”

洪迪帆

黑压压的雾气依旧盘踞在北京城的上空，我的手指停留在那本浅黄色封皮的书的最后一页，看着那黑字白底的最后一页。我的眼睛忽地有些模糊，“啪”的一声合上了书。我看着窗外，思绪开始重新游走起来，仿佛到了卢沟桥枪响过后开始改变的小羊圈。

祁老太爷活了大半辈子都没想过，住在北平这块福地的他会被矮小而可憎的日本兵夺走一个个亲人，就连门前那口大缸似乎也保不住他的四世同堂、他的八十大寿。祁老人有些慌了，他一生与世无争，从没想过会落到这种境地，他只想要安安稳稳地度过晚年，为什么偏要有人去破坏他的安生日子呢？他想不明白，可是当他的瑞全冲出家门，他的挚友被鬼子打得遍体鳞伤，他气愤、震怒，可转而又明白了什么，明白了那个支撑他们这么做的东西是什么。

不是别的，那个东西叫作“家”，只不过这个家叫作“国”，祁老太爷突然明白了，有了大“家”，最终才能保住小“家”。

“如今我们的国家”，我脑海里突然冒出了这半句话，思绪被猛地拉回。是啊，如今我们的国家有多少人像祁老太爷最初的想法一样，有家，却忘了国。甚至有多少人只是在乎自己，连家都不顾了？在物质飞速发展、生活节奏加快的今天，有些埋藏在心底的东西被淡忘、泯灭。我们有多少人还记得何为国家？有多少人还会认真对待生活、对待工作和职责？我想国既然是家，就需要每个人的付出。我们为了国轰轰烈烈做些大事固然伟大而值得歌颂，而身边的小事难道不应该做好么？古人云“一屋不扫，何以扫天下。”每件小事都是生活中至关重要的一环。我想，如果负起责任认认真真完成自己应做的事情，不必更多就已经是为你属于的群体做出了贡献，而那个群体也可以是家国。要是连自己的责任都无法担当，我们又何谈中华、何谈国家，更从何谈起爱国？

或许有太多的东西被我们遗忘了，忘掉了我们的血性，忘掉了我们的担当。

国是什么？家是什么？我想每个人心中都有个不同的答案，但也许谁也说不清楚，祁老太爷或许也说不清。可是我仿佛看到在他的九十大寿上，他一脸喜气的，坐在儿孙环绕的厅堂上，然后他告诉他的家、告诉他的后辈——“有国才会有家。”

我看着窗外，阳光已拨开了云雾，洒在街上。听着悠长的鸽哨，我眼前浮现出了祁老太爷的脸，浮现出了那个四世同堂的小羊圈。

学生感言

历史没有忘记曾经的屈辱与苦痛求索，中国人民也绝不会忘记。铭记民族的历史，使我们更加珍惜今天和平的生活；铭记这份苦痛，使我们时刻警醒，在一辈辈的悲喜循环中爱国、爱家、爱人类，把我们的祖国建设得更加美好。

张太雷
（1899～1927）

中国共产党早期青年运动领导人。原名张泰来，江苏常州人。天津北洋大学毕业。1920年加入北京共产主义小组。1921年赴莫斯科参加第三国际第三次代表大会，任第三国际远东书记处中国科书记，参与创建了中国共产党和建立国共合作的统一战线。历任《中国青年》主编，中国社会主义青年团中央书记，中共两广区委常委、宣传部长，中共湖北省委书记，中共中央南方局书记兼广东省委书记等职。是中共第四届候补中央委员，第五届临时中央政治局候补委员。1927年12月，参加并领导广州起义，任广州工农民主政府代理主席兼陆海军人民委员长，12日在前往大北门指挥战斗途中壮烈牺牲，时年28岁。

求学问是一种最快乐的事①

——致陆静华

1921年1月

我此次离家远游并没有什么□□，你们也不必对于我有所牵挂。我觉得现在我做事，总不能说可以长久。今天不知明天如何。这样心境不能安定，心境不安定是如何痛苦呵！我想最好能自己独立生活，不要人家能操纵我的生活。所以我立志要到外国去求一点高深学问，谋自己独立的生活。我先前本也有做官发财的心念。所以我想等明年去考高等文官考试；但是我现在觉悟：富贵是一种害人的东西。做了官，发了财，难保我的道德不坏。常常在官场中混，与那些不好的人在一起，嫖赌娶妾的事情或不能免。倘若是这样了，非特我的身体、道德要坏，恐怕家里要受莫大的苦处。你也看见多少做官的发财的人们多嫖赌娶妾。倘若我做了官，发了财，我自己也不能保不像他们一样的做坏事。惟有求得高深的学问，即可以自己独立谋生，不要依靠他人，这样就用不着恐惧失去饭碗，心境自然也就安定，心境安定是寿长的最要紧的事。又可以

① 这是张太雷1921年1月写给妻子陆静华的信。原件几经周折，已破损残缺。幸存的部分，文字尚清晰可认，只是缺了抬头和落款。

保持我清洁的身体，高尚的道德，不至于像那些做官的发财的人一样嫖赌娶妾做坏事。我觉悟着做官发财与福气是完全相违背的；因为做官发财的总是嫖赌娶妾的，就是不嫖，不赌，不〈娶〉妾，他们的心境亦决不会安定的，因为做了知县又想做知府，赚了二百块钱一日又想三百，他们的欲望决不会满足，欲望多的人决不会长寿和安乐的。所以我说做官发财决不是福气。真正的福气是心广体胖，心广体胖一定要心中无所忧虑，要不嫖不赌不娶妾。但是一个人要心中无所忧虑，先须得生计独立，就是说做事不要靠人家引荐，要人家来请，即使人家不来请亦能有饭吃。这样，只有有了高深学问才能够。一个人有了钱要不嫖不赌不娶妾是一件很难的事，因为这种不是能够用人可禁止的，必须使他能有别

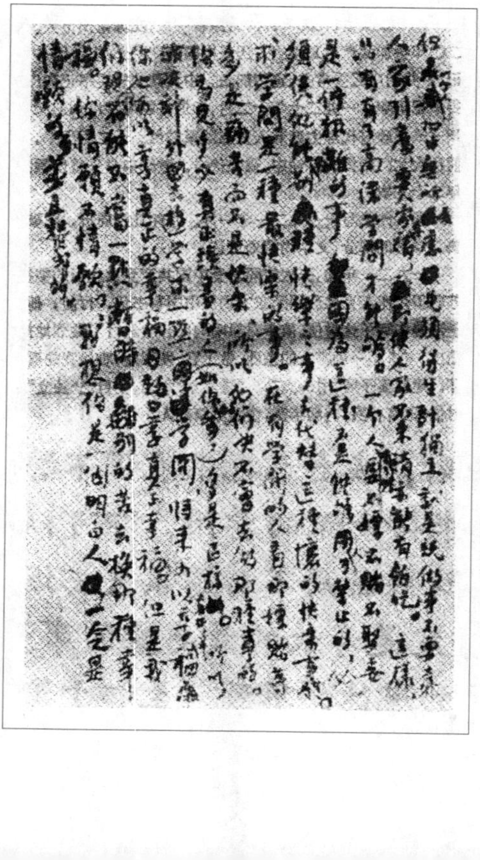

种快乐之事去代替这种坏的快乐事体。求学问是一种最快乐的事。在有学问的人看那嫖赌等多是痛苦而不是快乐，所以他们决不会去做那种事的。你看见多少真正读书的人（如你的爹爹）多是这样。所以我决计外国去游学求一点学问，将来可以享真正幸福。你也可以享真正的幸福，母亲也享真正幸福。但是我们现在不能不尝一点暂时离别的苦去换那种幸

福。你情愿不情愿？我想你是一个明白人。一定是情愿的，并且赞成的。

至于家中度日的问题，我于前两次的信中已经说过了。凡遇有金钱紧急的时候，尽可写信与北京彰仪门大街通才商业学校吴炳文及哈尔滨道里特别地方审判厅张照德。他们是我的好朋友，他们答应帮助我。荟甄四叔处已有两封信去了。母亲尽可向他要，因为这款虽然是他家给我们的，但是我们要知道铜钱是天下共有的，真正讲起来，亦不是他们的亦不是我们的。所以尽可以向他要不必客气。就是要不着，我终设法使你们够用，因为这款只有现在可以借口问他要。家中用途不宜过省。每月用卅元却好。母亲年老亦应当吃好一点，穿好一点。你可劝劝母亲说不要过省，不然我在外如何安心呢？决计不要忧没有钱，吴南如等一定可以替你们想法子。如若再没有法子的时候，我也可以回来的，不过白走一趟罢了。

你可以趁这个时期中用一点功。你一定要进学堂的。所费亦不算多。你第一要选择你所最擅长的功课，学习了可以使你独立。我想你学刺绣及图画一定是好的。刺绣要学那新式的刺绣，如绣花卉人物，山水之类。图画学了是最有乐趣的。再者图画与刺绣是有极大关系的，因为刺绣配颜色等一定要会图画的〈人〉才会配得好。我想你于这两种课都是很擅长的，并且很欢喜的。这两样东西很有用处，你学好了这两样，你很可以自立了，那时你是一个独立的女子了。比较那种女子只做男子的附属品，要荣耀得多呵。你可以寻先生学习这两种功课，我想常州女学堂里一定有好先生。你不要怕费钱。要钱你可以给吴南如、张照德写信要。我现在正找报馆里的通信员之事，倘若找着了又可以有每月四五十元的进款。所以你们决计不要愁钱。除掉学习刺绣图画之外，你还要学一点普通常识，尤其对于如何教育子女，是要研究的。历史、地理、理科，是你应当懂一点的，国文只要多读新的白话文，可以多看小说如《水浒》、《西游记》、《红楼梦》等等。还要多看杂志与报纸。如《妇女杂志》、《小说月报》，常州局前街新群书社多有卖。后吴家大媳妇进学堂亦是很好，只不知那个学堂里刺绣图画好不好？你不要把我的话忘记了，我希望我回来的时候，我学得很好，你也学得很好，那时我们多快活呵，那时我们应大家互相庆祝了。我希望能如此！

我们现在离开是暂时的，是要想谋将来永远幸福，所以你我不必以为是一件可忧的事。我们应该在这时期中大家努力做，寻我们将来永远的幸福，这是一件何等快乐的事呵。我并没有一点忧愁，因为我有这个目的在心中，我希望你也能有同样的心思，一点不忧愁，只用心照我告诉你的用功去。母亲是很能看得开的，你再拿我这一番话说与母亲听，她老人家一定能不牵挂我的。你必要照我告诉你的做，我在外心才能安。我很感激你。我发誓我决不负你。你在家安心供养母亲，教育细苹，自己照我的话用功。

我一路有信给你，到俄国后我时常有信家来，不要忧愁。家里有什么要紧事可写信与吴南如……

【品读导航】

1921年1月，受党委派，张太雷即将赴苏联任共产国际远东书记处中国科书记。临行之前，张太雷写了这封信。由于受党的秘密工作的约束，他不可能直接告诉妻子自己去莫斯科的真正意图，但还是通过婉转的方式向妻子表明了自己的远大志向：不贪图荣华富贵，不想“做官发财”。因为他认为“富贵是一种害人的东西”，“惟有求得高深的学问”，才是一种“最快乐的事”。

在信的后半部分，张太雷以大量的篇幅劝导妻子“用一点功”，学习一些最擅长的功课，做一个“独立的女子”，而不是“只做男子的附属品”。这些朴实进步的语言，反映了作为一名革命战士和革命领导对于家庭亲人的良好期许，希望她们上进、做个有用的人。另外，从家书的点滴内容来看，也反映了当时共产党人的积极进步态度与思想，以及严明的纪律作风。我们学习先烈，就应树立正确的人生观，不贪图个人享受，把“求学问”作为人生最大的乐事，一心一意为人民大众谋幸福。

邓中夏
（1894 ~ 1933）

中国共产党早期工人运动领导人。原名邓康，字仲澥，又名邓重远、邓安石，湖南宜章人。1919年在北京大学学习时参加五四运动。1920年参加北京共产主义小组。1922年任中国劳动组合书记部主任。先后领导长辛店、京汉铁路工人以及开滦煤矿工人和省港工人大罢工。曾任全国总工会秘书长和宣传部长，领导了香港大罢工。为党的第二届、第五届中央委员，第三届、第六届中央候补委员。曾任湘鄂西革命根据地特委书记和中国工农红军第二军团政治委员、中共江苏省委书记、中共广东省委书记等职。1927年在八七会议上当选为中共中央临时政治局候补委员。1933年5月在上海被捕，9月在南京雨花台就义，时年39岁。

牢狱是极好的研究室[1]
——致夏明

1933年5月8日

妹妹[2]：

你四月二十七的信，我收到了，自从你入狱之后，到现在，整整半年了[3]，我没有接到你半个字，今天得到这封信，你想我是多么喜悦呵！我前后写了四封信，据说有一封你是收到的，大概是去年阴历年底罢？每逢二十七我都托一位女人来看你，据说只有一次见着你，那时你恰在病中，后有几次则因另有人看你，她看不到你了，信和东西送不进去，从此就杳无消息，我多么的挂心呵！好！现在弄清爽了，多谢乐家兄嫂常来看你，我放心了，以后一切东西都请他家代送，我一定照你的话办，是否可能：每逢一、四、七都可送食物给你？这样：食物虽少，常送总则一月可以送十二回，每次送的东西以哪几样为最合适？我经济虽困

① 这封信写于1933年5月。由于叛徒告密，邓中夏的妻子夏明不幸被捕，囚禁于上海法租界监狱。邓中夏得悉妻子的下落后，数次托人秘密捎信。此信是夏明收到的第二封信，时间是5月8日。为防止万一，夏明将信抄入日记中，原件销毁。

② 妹妹，即夏明。

③ 夏明被捕后，为了不让敌人得知邓中夏的踪迹，一度拒绝任何探监者，半年后，邓中夏才探明夏明的下落。

难，每月五元是出得起的，衣物按寒暑另送，为切合你的牢狱生活，我当托他们买暗色的布料做好送来。妹妹，你既然和朱姐住在一块，是学英文的极好机会，切不可放过。每天应常学习不可偷懒，我已把英文津逮和英文字典送来，这样学下去，等到你出来，一定可以把英文学好呢！我打算还替你选购一批书籍寄来，你要知道：牢狱是极好的研究室呀！每天读书，又可以消却寂寞烦恼！我很好，你嘱咐我的话，我当时时记在心头。最不幸是平儿①和宝姐②都病了③，都进了医院④，家中生病的近来很多，最痛心的是族里⑤的败家子如像云成⑥等，他们狂嫖浪赌，同家里吵闹。也好，这些败家之子，赶出去也好，家道可以兴旺。妹妹！父母知道你的消息吗？你没有写信回家吗？如父母不知道，还是不告知他们的好，如已知道，我写信去。朱姊的家中平安吗？可告知我，以便商议对于你们的问题，慧妹是不是仍在同德念书？亦请告我知，我有不少的话要说，有机会再谈罢！即此祝你的健康！哥哥书。

【品读导航】

这是1933年5月8日邓中夏写给妻子夏明的一封信。信中除对狱中的妻子在生活上给以细心关照，并把党内出现叛徒从而导致大批同志被

---

① 平儿，即黄平，当时是中共中央委员，后叛变。
② 宝姐，即何宝珍，1933年加入中国共产党，1933年3月在上海被捕，翌年在南京雨花台就义。
③ 病了，暗指被捕。
④ 医院，暗指监狱。
⑤ 族里，暗指党内。
⑥ 云成，即王云程。在中共六届四中全会上，被王明拉进中央，后叛变。

捕的情况予以通报外，还在学习上提出了要求。他把牢狱比作“极好的研究室”，要妻子向狱中的难友学习英文，“每天应常学习不可偷懒”。

从中可以看出，在国民党的白色恐怖下，老一辈共产党人以怎样的胆略和意志与敌人进行殊死的斗争。平时，舍生忘死为党工作，被关进监狱还孜孜不倦地学习。对今天的青少年读者来说，不仅要发扬革命先辈不屈不挠的斗争精神，更要像他们那样，在学习上不自满、不懈怠，不断用现代科学知识和先进理念充实自己、武装自己，用自己的志向和智慧奉献于革命先辈们未竟的事业。

为大众利益而死，虽死犹生
——狱中遗言

1933年10月

一个人不怕短命而死，只怕死得不是时候，不是地方。中国人很重视死，有重于泰山，有轻于鸿毛。为了个人升官发财而活，那是苟且偷生的活，也可以叫做虽生犹死，真比鸿毛还轻。一个人能为了最多数中国民众的利益，为了勤劳大众的利益而死，这是虽死犹生，比泰山还重。人只有一生一死，要生得有意义，死得有价值。

【品读导航】

这是1933年10月邓中夏在狱中的遗言。面对死亡的考验，他用富有哲理的语言阐述了共产党人的人生观、价值观。生为人民利益而生，死为人民利益而死，就是“生得有意义，死得有价值”，就比泰山还重。为了个人利益而苟且偷生，虽生犹死，就是轻于鸿毛。这集中表现了一个共产党员视党和人民利益高于一切的伟岸胸怀。我们要把烈士的遗言作为座右铭，时时鞭策自己，投身于新时代实现中华民族伟大复兴的壮丽事业，使我们的人生更有意义。

★ 故事分享 ★

不灭的信念，坚定的心

刘楚君

读《红岩》，我着实敬佩那些面对特务的刑具面不改色的共产党员们。最让我佩服的是成岗，书中的一个场景在我脑海里挥之不去。

成岗无力地躺着，刚被注射了“美国科学界最新成果”麻醉剂的他意识开始涣散。他的身体不再接受神经的指挥，他叫不出声，也挣扎不动，他感觉不再有自己的身体，不再有四肢和知觉，只剩下一个孤零零的头脑，头脑里只有酣醉的感觉。隐约中，他耳边出现了亲切温和的语音：“成岗，我是许云峰……”当我读到这儿时，我是多么痛恨可恶的敌人！居然用如此邪恶的方法折磨这个年轻的生命，我又是多么害怕成岗在药物的作用下不能自控，说出党的机密。

但让我惊叹的是：不知是一种怎样坚定的信仰，在那一瞬间给了成岗无比强大的力量，他在一两秒之中忽然变得清醒，让他已经模糊的意识战胜可怕的药物……是不灭的信念唤醒他机智的头脑，让他没有中了特务的圈套；是那坚定的毅力，让他保持微弱的清醒；是那伟大的信仰，让他守住了党的秘密；是那颗永远为党为人民的心，让貌似强大的敌人束手无策……是啊，再厉害的药剂都无法摧毁成岗那颗坚贞忠诚的心！

面对刑具不屈服是令人敬佩，可面对乱人心智的药剂依然能识破特务的嘴脸，保守住党的秘密，那是一种不灭的信念，那是一颗无比坚定的心！

如果我们能拥有一种不灭的信念，拥有一颗无比坚定的心，那么在学习中还有什么难题能让我们畏惧失败？在生活中还有什么挫折能让我们放弃前行？我从书中得到了一种精神力量！

学生感言

先烈们的故事带给我强烈的心灵震撼，我懂得了其实口头上的嘲弄就是心中的不敬，我们该诅咒的是杀人不眨眼的军统特务！从此，我再也没有过对烈士的不敬，这就是成长的蜕变。

苏兆征
（1885 ~ 1929）

中国共产党早期工人运动领导人。广东香山县淇澳岛（今属珠海市）人。1925年加入中国共产党，同年参加领导省港大罢工，任罢工委员会委员长。1927年参加中共八七会议，被选为中共中央临时政治局常务委员。1928年赴莫斯科出席赤色职工国际第四次代表大会和第三国际第六次代表大会，均当选为执行委员。在中共六大上被选为中央委员、中央政治局委员。1929年1月回国，2月25日在上海病逝，时年44岁。

大家共同努力奋斗
——逝世前的遗言

1929年2月25日

大家共同努力奋斗

大家同心合力起来

一致合作达到我们最后成功

夫人[①]，小孩[②]送莫可以

小孩子去莫与团体[③]商量

梅：这是小超[④]记的。这是兆征临死时政治局代表向忠发同志去看他时说的。此时兆征同志的神志已极不清楚，且不能说多话了。就这几句话也是说的极不联贯而且极模糊的。

兆征死于二月廿五日下午六时廿分

恩　来

25/2

① 夫人，指钟荣胜。
② 小孩，指女儿苏丽娃，儿子苏河清。
③ 团体，指党组织。
④ 小超，指邓颖超。

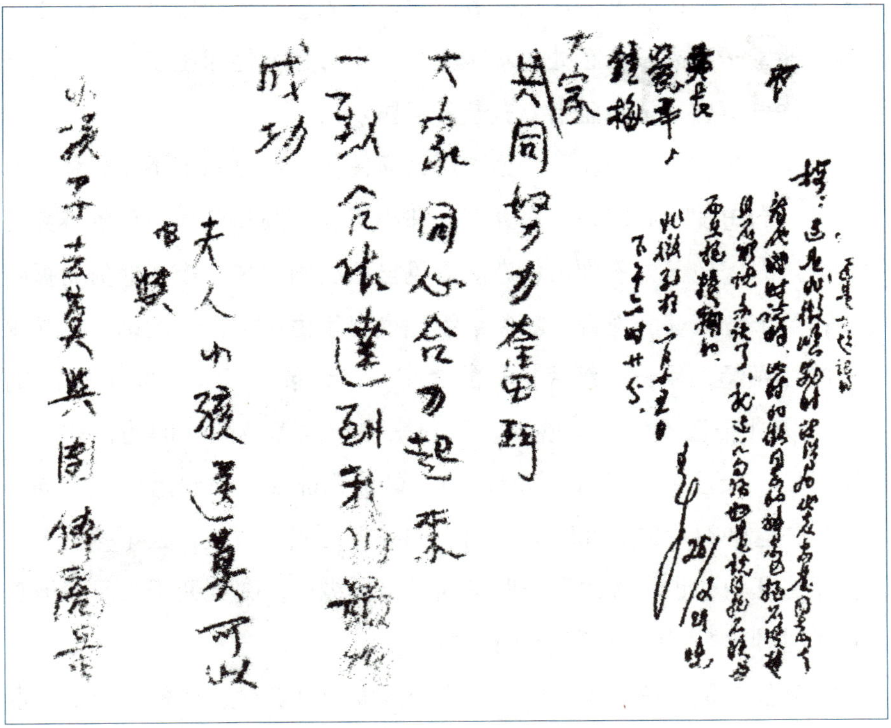
大家共同努力奋斗
大家同心合力起来
一致合作达到我们最后
成功

【品读导航】

1929年2月25日，苏兆征因病在上海去世，时年44岁。这份遗嘱是他临终时对自己的同志所说，由邓颖超记录下来的。

苏兆征是海员出身，长期的海上生涯和经常的体力劳动，使他的身体强壮有力。但自从参加革命后，他经常夜以继日地超负荷工作，得不到休息；平时生活又十分简朴，营养严重不足，日久天长，终于积劳成疾，在共产国际“六大”结束不久患了阑尾炎，住进了苏联的一家医院。医生考虑到他的身体虚弱，让他先服用一些药物，并建议他疗养一段时间，待身体稍好，再做手术。他同意暂不做手术，但对休养的意见却置之脑后，仍旧忘我地投身紧张的工作中。后来在组织的强迫下，他到克里米亚疗养了一段时间。瞿秋白等中央领导人曾一再劝他等治好病后再回国。他鉴于国内革命正处于艰难之中，十分需要他回国工作，实在无法安心休养下去，仍然坚持立刻起程回国。

回国不久，苏兆征就因劳累过度又病倒了，而且病情不断恶化，十分严重。向忠发、周恩来、李立三、邓小平、邓颖超等闻讯赶到苏兆征的病床边时，他已处于弥留状态。看见自己的同志来看望，他努力振作起来，用十分微弱的声音，断断续续地说出了生命中最后的话。站在病床边的邓颖超，用一张纸片把他的遗言一一记录了下来。当日下午6时20分，苏兆征溘然长逝。晚上，周恩来在记录着苏兆征的遗言的纸片上写下了一段注释："这是小超记的。这是兆征临死时政治局代表向忠发同志去看他时说的。此时兆征同志的神志已极不清楚，且不能说多话了。就这几句话也是说的极不联贯而且极模糊的。兆征死于二月廿五日下午六时廿分"。然后立即转送党中央。

苏兆征逝世后第二天，中共中央政治局召开会议，对他表示沉痛的哀悼，并为此发出第三十二号通告说："兆征同志的革命精神，真是全党同志的模范。中央号召全党同志要一致的继续着兆征同志的精神，要记着他的遗言：'大家努力，达到革命的胜利！'"

为了避免国民党对苏兆征家属的迫害，党中央遵从他的遗愿，及时设法将他的妻子钟荣胜和女儿丽娃、儿子河清送到了苏联。

高君宇
（1896～1925）

中国共产党早期领导人。原名高尚德，字锡三，号君宇，山西静乐人。1916年考入北京大学，积极投身新文化运动和学生运动，为国民杂志社、新潮社、少年中国学会等进步社团主要成员，北京大学学生会负责人之一。1920年与邓中夏等组织北京大学马克思学说研究会，同年加入北京共产主义小组。1921年加入中国共产党。1922年1月，曾作为中国共产党代表团成员赴莫斯科出席远东各国共产党和民族革命团体代表大会。1922年5月，出席在广州举行的中国社会主义青年团第一次全国代表大会，当选为第一届团中央执行委员。7月出席中共二大，当选为中央委员。曾任中共中央机关报《向导》周刊和中共北方区委机关刊物《政治生活》的编辑，参加领导北方工人运动和统一战线工作。1925年3月病逝于北京，时年29岁。

我决心来担我应负改造世界的责任
——致石评梅[①]

1921年4月16日

评梅先生：

十五号的信接着了，送上的小册子也接〈着〉了吗？

来书嘱以后行踪随告，俾相研究，当如命；惟先生谦以“自弃”自居，视我能责以救济，恐我没有这大力量罢？我们常通信就是了！

“说不出的悲哀”，这恐是很普遍的重压在烦闷之青年口下一句话罢！我曾告你我是没有过烦闷的，也常拿这话来告一切朋友，然而实际何尝是这样？只是我想着：世界而使人有悲哀，这世界是要换过了；所以我就决心来担我应负改造世界的责任了。这诚然是很大而烦杂的工作，然而不这样，悲哀是何时终了的呢？我决心走我的路了。所以对于过去的悲哀，只当着是他人的历史，没有什么迫切的感受了。有时忆起些烦闷的经过，随即努力将他〔它〕们勉强忘去了。我很信换一个制度，

① 石评梅，学名汝璧。山西平定人。1923年毕业于北京女子高等师范学校，任师大附中女子部主任。1921年初，与高君宇相识后，经常书信往来，后二人相爱，感情甚笃。1928年9月病故，葬于北京陶然亭高君宇墓旁。

青年们在现社会享受的悲哀是会免去的——虽然不能完全，所以我要我的意念和努力完全贯注在我要做的“改造”上去了。我不知你为何而起了悲哀，我们的交情还不至允许我来追问你这样，但我可断定你是现在世界桎梏下的呻吟啊！谁是要我们青年走他们烦闷之路的？——虚伪的社会吧！虚伪成了使我们悲哀的原因了，我们挨受的是他〔它〕结下的苦果！我们忍着让着这样，唉声叹〈气〉了去一生吗？还是积极的起来，粉碎这些桎梏呢？都是悲哀者，因悲哀而失望，便走了消极不抗拒的路了；被悲哀而激起，来担当破灭悲哀原因的事业，就成了奋斗的人了。——千里程途，就分判在这一点！评梅，你还是受制〈于〉运命之神吗？还是诉诸你自己的“力”呢？

愿你自信：你是很有力的，一切的不满意将由你自己的力量破碎了！过渡的我们，很容易彷徨了，像失业者踯躅在道旁的无所归依了。但我们只是往前抢着走吧！我们抢上前去迎未来的文化吧！

好了，祝你抢前去迎未来的文化吧！

君宇　静庐①

一六·四·一九二一

【品读导航】

这封信是作者写给女友石评梅的。石评梅当时正在北京女子高等师范学校读书。高君宇自考入北京大学后，投身新文化运动，积极宣传新

① 静庐：高君宇住所。

文化和革命思想，参加和领导了五四运动，非常活跃。1921年3月，他参与发起成立了北京社会主义青年团。这封信正是作于去山西之前，在收到石评梅4月15日的信之后写给石评梅的回信。

信的主要内容是鼓励石评梅鼓起勇气，参加革命斗争。石评梅在信中嘱高以后将自己的行踪随时告诉她，使得二人能互通信息。又讲到自己的郁闷之情，“说不出的悲哀”。高君宇回信，以改造世界的志向和积极奋斗的人生观勉励女友。他指出，是虚伪的社会制造了烦闷和悲哀，“来担当破灭悲哀原因的事业，就成了奋斗的人了”。勉励石评梅：“愿你自信：你是很有力的，一切的不满意将由你自己的力量破碎了！”“祝你抢前去迎未来的文化吧！”

全信表达了作者对于旧世界的强烈的批判精神以及勇往直前地为改造旧世界、推翻旧制度而奋斗到底的决心。

自信为我自己设想者少，为令爱设想者实多
——致李存祥[1]

1924年6月24日

岳父老先生：

我此次决定离婚，业已向令爱言明，想令爱于见时必将此事陈明矣。我之所以有如是决定，自信为我自己设想者少，为令爱设想者实多；盖我自与令爱结缡至今，始终觉吾二人不能相合，且我久为在外奔驰之人，如是情境，实不啻堕我两人入愁城苦雨之中。然我乃四方远游之人，若果以异乡为家，遂在何不可得新妇以为终身之侣？所苦者惟清窗独守之令爱耳！若使常类吾家佣役，厮养以终〈其〉天年，令爱亦人耳，于人道之谓何？我惟为令爱终身计，为人道计，故毅然决定与令爱离婚，今且特正式向长者提出也。我辜负令爱十年，几误尽其青春岁月，我不〈愿〉更蹉跎下去，致使异日更增加今日之追悔，故愿亟觅解决之道，且以为最适当莫过于离婚再嫁；长者岂亦以令爱与我之情境为满足，而

---

① 李存祥，高君宇的岳父。1910年，由家长包办，高君宇被迫与本县神峪村的李存祥之女李寒心结婚。

一未计及令爱将来之了局乎？此事自不免为乡俗所非议，然使令爱坑葬一生佳乎，抑另开一新生命之为愈耶？愿长者为令爱深较其利害得失也！此番归家，本拟登府请安，惟迫于时间短促，未能如愿，今且以事成行矣，未及向长者亲将此事言明，思之良久歉然！惟可籍寸楮以告长者，即我已坚绝决定与令爱离婚，迟疑无须，愿长者察之也。

敬祝康健！

高尚德①上

十三年②六月二十四日

【品读导航】

这是作者写给其岳父李存祥的一封要求与其女离婚的信。

1910年，依照封建习俗，由家长包办，高君宇被迫与李存祥之女李寒心结婚。高君宇对这种包办婚姻十分不满意，抗议无效，使得他郁闷异常，婚后即大病一场。以后他托辞移地静养，一去不归，并数次写信与家里，要求解除婚约，希望父母“释放此可怜女子”，但终未得到同意。经过十余年的抗婚斗争，1924年5月，他受李大钊的委托，回山西进行革命活动，顺便回家，要求彻底解除这不合理的婚约。在先做通了李寒心的工作以后，他即在太原写下这封给岳父李存祥要求解除包办婚姻的信。李存祥接信后，老泪纵横，感慨万千。他亲眼目睹了十余年来爱女寒窗孤灯独守空房的苦楚。女婿也十余年来云游四

① 高尚德，即高君宇。名尚德，君宇为其号。
② 十三年，指民国十三年，即公元1924年。

方，有家不归。这已彻底证明，这场婚姻再也不能破镜重圆，即同意解除婚约。至此，经过十余年的时间，这场婚姻风波终于得到圆满的解决。高君宇也轻装上阵，转赴上海、广州等地进行革命活动，并全身心地去爱他渴慕已久的意中人——石评梅了。

这封信主要讲了作者与李寒心解除婚姻的意图，耐心加以开导和劝慰，“我之所以有如是决定，自信为我自己设想者少，为令爱设想者实多”。自己常年在外四方远游，不能让李寒心常年像佣役一样为高家劳作。“为令爱终身计，为人道计”，而提出离婚。在那个封建观念残存而社会又矛盾重重、激烈动荡的年代，每一个人都可能身陷现实的桎梏，有爱不得，仁善无酬。信中作者层层说理，理真情切，切中对方心理，又表明了自己的良苦用心，有很强的说服力。

★ 故事分享 ★

有种爱叫放手

沈含章

格林，一只从小就生活在都市中的草原狼，在姜戎和亦风的关爱下长大，终于要放归狼群了。

姜戎和亦风作为格林的养父母，把它像自己的孩子一样看待，可这种爱是随着格林的长大越来越深了。当凄厉的北风吹过时，便是放狼归山的日子了，而这近一年的感情让他们变得不离不弃，甚至同生共死。在这股感情的牵拉下，他们极难做出放手的决定啊！

亦风看到姜戎和格林亲热又不舍离去的样子，首先忍不住了，对着泪水长淌的作者说不要放格林走，不舍得……姜戎也动情了，拿出了一根根本套不住狼的铁链，这根铁链就像是人与狼之间的全部牵挂，拉得越紧，越不舍得啊！姜戎拉着铁链，心如刀绞，百般纠结：如果放走，那么他们会很悲伤，而留下，狼会招人排挤，生不如死。

亦风极度感伤，他不希望自己养大的格林就这样走了，或许再也见不到。这就像要把自己的孩子送到广大的世界中去，外面的世界是险恶的，对于人的仇敌——狼更是如此，他不希望“儿子”就这样陷入无底的黑洞！

姜戎又何尝不是这样爱自己倾注太多心血的格林呢？可是，一想起如果格林不进入狼群的后果——在草原当独狼，被饿死；在城市蜗居，被囚禁——就瞬间清醒过来。不能让格林因为他们的爱而被伤害！所以姜戎选择解开铁链，放手！

但是，对于格林来说，这对养他长大的父母也是他的牵挂，虽然一边有他的同类，可这九个月的情感怎能就这样割舍？看！格林再度奔回来了！它给了他们最后一次亲昵的机会，可这次，怎么会像以前那样呢？人与狼眼里都噙着忧伤……

虽然，这次放手带来了割舍亲人的痛，但是，在此之后，如果他们再来若尔盖，看到已经成为大狼的格林，希望他们会为当年对这个狼儿子的放手骄傲吧！

“谁都不能为谁铺一辈子的路，格林是自由的，剩下的路该自己走了……”

是啊，我也会永远记住：有种爱叫放手。

学生感言

在大自然中，科学、理性地对待其他物种，远比以情绪化的“爱”去束缚、强迫更有益处。同样，人类因为大爱，因为简单纯朴、不计私利的爱，只会为他人着想，义无反顾。

瞿秋白
（1899～1935）

无产阶级革命家、理论家和宣传家，中国共产党早期主要领导人之一。原名瞿双、瞿霜，江苏常州人。1909年入常州府中学堂，后进入武昌外国语学校读书。1917年考入北京政府外交部办的俄文专修馆。1919年在五四运动中，被推为俄专代表，11月同耿济之、郑振铎等创办进步刊物《新社会》和《人道》。1920年10月，被聘为北京《晨报》记者前往苏联，写了大量通讯报道，成为我国最早介绍社会主义苏联的进步知识分子。1922年2月加入中国共产党。1923年回国，在上海主编共产党理论刊物《新青年》和《前锋》，同时担任上海大学教务长和社会学系主任。为中共第四、第五、第六届中央委员、中央政治局委员。五卅运动中主编《热血日报》。大革命失败后，在汉口主持召开了著名的八七会议。1928年6月，出席在莫斯科召开的共产国际第六次代表大会，会后留莫斯科任中共驻共产国际代表团团长。1930年9月，在上海主持召开中共六届三中全会。1931年1月在中共六届四中全会上被解除中央领导职务。此后，在上海同鲁迅一起领导左翼文化运动。1934年到达中央苏区，任中华苏维埃共和国中央执行委员兼教育人民委员。这年10月红军长征后，留在苏区。1935年2月在转移途中被俘，6月18日在福建长汀英勇就义，时年36岁。

准备着我俩的力量，携手上沙场
——致杨之华

1929年7月15日

之华：

临走的时候[①]，极想你能送我一站，你竟徘徊着。

海风是如此的飘漾，晴明的天日照着我俩的离怀。相思的滋味又上心头，六年以来，这是第几次呢？空阔的天穹和碧落的海光，令人深深的了解那“天涯”的意义。海鸥绕着桅樯，像是依恋不舍，其实双双栖宿的海鸥，有着自由的两翅，还羡慕人间的鞅掌。我俩只是少健康，否则如今正是好时光，像海鸥样的自由，像海天般的空旷，正好准备着我俩的力量，携手上沙场。之华，我梦里也不能离你的印象。

独伊想起我吗？你一定要将地名留下，我在回来之时，要去看她一趟。下年她要能换一个学校，一定是更好了。

你去那里[②]，尽心的准备着工作，见着娘家的人[③]，多么好的机会。

① 指1929年7月，瞿秋白由苏联莫斯科赴德国法兰克福参加国际反帝同盟大会。
② 指杨之华由苏联莫斯科去海参崴参加在1929年8月召开的太平洋劳动大会。
③ 这里指参加在海参崴召开的太平洋劳动大会的中国工人代表。

我追着就来，一定是可以同着回来，不像现在这样寂寞。你的病怎样？我只是牵记着。

可惜，这次不能写信，你不能写信[①]。我要你弄一本小书，将你要写的话，写在书上，等我回来看！好不好？

秋　白

七月十五

【品读导航】

1929年7月，瞿秋白和黄平一起从莫斯科启程去德国，出席在法兰克福召开的国际反帝同盟大会，这是他离开莫斯科后写给杨之华的信。整封信写得情景交融，委婉动人。从文字看来，可能是瞿秋白在旅行的海船上，呼吸着海风，看着海鸟双双飞栖，触景生情，即兴写成的。

在信中，他用散文诗一般的优美笔调，述说了对爱人的深深思念，也以“准备着我俩的力量，携手上沙场”这样充满豪情的句子，表达了寄寓在真挚爱情中的执著于事业和为理想献身的崇高精神。

① 在海参崴召开的这次太平洋劳动大会规定，为保证安全起见，各国代表不许同外界通讯。

我喜欢你，乖乖的小独伊
——致瞿独伊

1929年

独伊：

我的好独伊。你的头发都剪了，都剃了么？

哈哈，独伊成了小和尚了。

好伯伯的头发长长了，却不是大和尚了。

你会不会写俄文信呢？

你要听先生的话，要听妈妈的话，要和同学要好，我欢喜你，乖乖的小独伊，小和尚。

好伯伯

【品读导航】

瞿秋白和杨之华在莫斯科时，把女儿独伊送到了儿童院。夫妇二人工作繁忙，但每逢周末，都不辞辛劳地乘车去儿童院，和女儿一起享受愉快的假日。瞿秋白没有亲生子女，但他胸襟博大，对他至爱的杨之华“制造出来”的可爱的女儿独伊，心中的父爱远远超过了亲子血缘之爱。

他在任何人面前都使人感到，独伊就是他的亲生女儿；独伊也从未感到他不是自己的亲爸爸。

瞿秋白在列宁疗养院时，不仅给杨之华写了许多抒发爱意、诉说思念的信，也常常给他心爱的女儿写信，让她享受着浓厚的父爱之情，这就是其中的一封。

当时独伊所在的森林学校，是苏联政府为病弱儿童办的。学校为讲究卫生，规定无论男孩女孩，一律要剃光头。独伊是个女孩子，剃了光头后很不快乐。瞿秋白知道后，立即给独伊写了这封风趣的信去安慰她。他在信中戏称剃了光头的女儿为“小和尚”，还表示自己很喜欢这个“小和尚”，要女儿好好听话，好好学习，充满着慈爱和关怀。独伊读了父亲温暖的来信，得到了极大的安慰和鼓舞，不再难过，安心学习了。

★ 故事分享 ★

等待春天

陈秀野

等待，是一种希望。

在漫漫长夜，多少人迷失了方向；在严酷得似乎熬不到尽头的寒冬，又有多少个绝望的灵魂也放弃了原本的追求。但是，难道他们就不曾想到，最长的黑夜之后太阳也将升起，最艰难的冬日之后也必将有一个明媚的春天？那么，就让我们等待春天吧，在等待中坚守春天的希望。

美国小说家欧·亨利有一篇著名的短篇：《最后一片叶子》。一个贫穷的姑娘染上了肺结核，医生认定她战胜病魔的可能性已是微乎其微。于是，绝望的她望着窗外的爬山虎预言：最后一片叶子飘落时，我的生命也将随之飘逝。然而，那久久不肯凋落的最后一片“叶子”支撑了她生活的希望，竟奇迹般使她熬过严冬而迎来康复的春天。这个在生命边缘苦苦等待的姑娘，除了在希望中等待，还拥有什么呢？她所做的，不过是——等待春天，因为春给人以希望的力量。

珍·古德尔在生物界已是一位传奇式的女性。人们难以想象，一位白人姑娘，怎能只身闯入非洲的热带雨林而与黑猩猩为友？不过大概很少有人知道，仅仅等待自己被黑猩猩接受，她就耗费了两年的宝贵青春。珍日复一日地穿着一身色调温和的衣裳，静静地在山顶一坐就是一整天，她在等待黑猩猩群习惯她的存在，从而最终有一天也许能对她表示善意。在珍等到第二个春天时，一小群黑猩猩终于允许她接近了，这使珍非常感动。于是她毅然留在了丛林里，一留就是二十年，终于带出来了震惊生物界的研究成果。珍可谓是饱尝等待的滋味了，但她也真正地懂得——只有坚执的等待，才能迎来科学发现的春天。

当然，仅仅有等待，并不一定能盼来期望中的景象，但是至少，伴随那等待中的希望而来的可能是一种乐观豁达的境界。党的早期领导人之一瞿秋白同志入狱后已几乎没有生还的可能，但是他心中的“春天”仍然凝成了这样的词句：“信是明年春再来，应有香如故。”这是何等的革命乐观主义精神，是何等的境界！直到生命的最后时刻，他都在谱写着一段因“等待春天”的美丽而饱含希望的旋律。

那么，朋友，如果你此刻正身处困境，如果你身心疲惫，如果你丧失了坚守的信心——其实，静静地闭上眼睛，默默想象四个字——“春暖花开”，你将感受到春日的阳光把希望注入你的心田。

——让我们等待春天！

学生感言

等待，是一种智慧，一种胸怀，一种情思……

何叔衡
（1876～1935）

中国共产党创始人之一。原名何瞻岵，又名何启璿。字玉衡，号琥璜。湖南宁乡人。1918年参加新民学会。1920年参与组织文化书社，又同毛泽东共同创办俄罗斯研究会和党的早期组织，宣传马克思主义。1921年出席中国共产党第一次全国代表大会。后任中共湘区委员会组织委员。大革命失败后，赴苏联学习，参加中共六大。1930年回国，是上海互济会主要负责人之一。1931年到中央苏区，任中华苏维埃共和国临时中央政府执行委员、工农检察人民委员、内务人民委员、中央政府临时法庭主席等职。1934年10月中央红军主力长征后，留在根据地坚持斗争。1935年2月，在福建上杭县水口附近壮烈牺牲，时年59岁。

我只说一点可做的事实
——致何新九[1]

1929年2月3日

新九阅悉：

接十一月祖父冥寿期，由葆[2]代笔之信，甚为感慰。我承你祖父之命，抚你为嗣，其中情节，谁也难得揣料。惟至此时，或者也有人料得到了！现在我不妨说一说给你听：一、因你身瘠弱，将来只可做轻松一点的工作；二、将桃媳早收进来；三、你只能过乡村永久的生活，可待你母亲终老。至于我本身，当你过继结婚时，即已当亲友声明，我是绝对不靠你给养的。且我绝对不是我一家一乡的人，我的人生观，绝不是想安居乡里以善终的，绝对不能为一身一家谋升官发财以愚儒子孙的。此数言请你注意。我挂念你母亲，并非怕她饿死、冻死、惨死，只怕她不得一点精神上的安慰，而不生不死的乞人怜悯，只知泣涕。我现在不说高深的理论，只说一点可做的事实罢了：1. 深耕易耨的做一

---

① 何新九，何叔衡的义子。
② 葆，指袁葆华，新九的叔伯姐夫，共产党员，早年逝世。

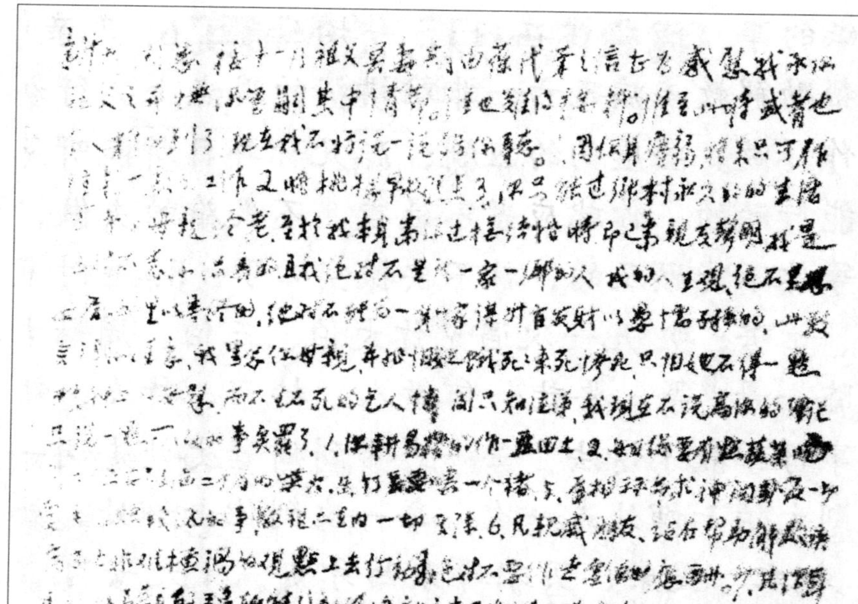

点田土；2. 每日总要有点蔬菜吃；3. 打长①要准备三个月的柴火；4. 打长要喂一头猪；5. 看相、算命、求神、问卦及一切用香烛钱纸的事（敬祖亦在内），一切废除；6. 凡亲戚朋友，站在帮助解救疾病死亡、非难横祸的观点上去行动，绝对不要做些虚伪的应酬；7. 凡你耳目所能听见的，手足所能行动的，你就应当不延挨、不畏难的去做，如我及芳宾等你不能顾及的，就不要操空心了；8. 绝对不要向人乞怜、诉苦；9. 凡一次遇见你大伯、三伯、周姑丈、袁姊夫、陈一哥②等，要就如何做人、持家、待友、耕种、畜牧、事母、教子诸法，每一月要到周姑丈处走问一次，每半月到大伯七婶处走一次，每一次到你七婶处，就要替她担水、提柴、买零碎东西才走，十九女可常请你母亲带了，你三伯发火时，你不要怕，要近前去解释、去慰问；10. 你自己要学算、写字、看书、打拳、打鸟枪、吹笛、扯琴、唱歌。够了！不要忘记呀！你接此信后，要请葆华来（要你母亲自己讲，她的口气，我认得的），请她写一些零碎的事给我。

父

二月三号（十二月廿二日）笔

【品读导航】

这是1929年2月何叔衡给儿子何新九的信。虽然何新九不是他的亲生子，但何叔衡对他的教育和生活上的安排真的是细致入微，从种田、养猪到待人接物，从思想到学习面面俱到。归结为一点，就是要他自立、

① 打长，宁乡土语，即经常的意思。
② 陈一哥，指陈咏阶，新九的表哥，共产党员，1950年逝世。

自强，“手足所能行动的”，就要“不畏难的去做”，“绝对不要向人乞怜、诉苦”。不仅言传，还有身教，注意利用一切机会以自己的人生观去影响后代。“我绝对不是我一家一乡的人”，不以升官发财为荣耀，不以“愚懦子孙”、“安居乡里”为乐趣。这是一个共产党人以天下为己任的宽广胸怀和积极向上的人生观的具体表现。

在为“两个一百年”奋斗目标奋勇前进的历史交汇点上，对身处新时代、面临新使命和新担当的我们这一代人来说，一方面要学习革命先辈的优良品质，跳出“一家一乡”的小圈子，树立远大的革命理想和壮丽的奋斗目标；另一方面要脚踏实地，从大处着眼、小处着手，不以事小而不为，用苦干加实干的精神，不断为党和人民事业，为国家的富强、民主、文明、和谐、美丽，为中华民族伟大复兴添砖加瓦，作出贡献。

向警予

（1895～1928）

中国共产党早期妇女运动领导人。原名向俊贤，湖南溆浦人。1919年底赴法国勤工俭学，1921年底回国。1922年加入中国共产党。历任中共中央妇女部长、中央妇女运动委员会书记、中央妇女工作委员会委员长，主编《妇女周报》。曾领导上海丝厂、纱厂、烟厂女工运动和罢工斗争。1925年去莫斯科东方大学学习。1927年回国，先后在武汉总工会、中共汉口市委和中共湖北省委宣传部工作，主编《长江》刊物。是中共第二届候补中央委员，第三、第四届中央委员。1928年3月在汉口被捕，5月1日英勇就义，时年33岁。

努力做人，努力向上
——致父母亲

1920年8月

爹爹妈妈呀，我天天把你两老〈人〉家的像放在床上，每早晚必看一阵。前几天早晨，忽然见着爹爹的像现笑容，心里欢喜得了不得。等一会儿，便得着五哥的平安家报。今天晚上九点钟，新从世界工学社[①]旁听回来。捧着你老〈人〉家的像一看，忽现愁容，两个眉毛紧紧地锁着，左看也不开，右看也不开，我便这样说：我的爹爹呀，不要愁，你的九儿在这里，努力做人，努力向上。总要不辱你老这块肉与这滴血，而且这块肉这滴血还要在世界上放一个特别光明。和森[②]是九儿的真正所爱的人，志趣没有一点不同的。这画片上的两小[③]也合他与我的意。我同他是一千九百廿年产生的新人，又可叫做廿世纪的小孩子。

---

① 世界工学社，是当时留法学生中那些信仰无政府主义者组织的团体，后被改造成了广大勤工俭学学生的领导组织。
② 和森，蔡和森。
③ 这画片上的两小，指向警予给父母的这张明信片的正面印有两个外国小孩。

【品读导航】

这是向警予1920年8月在法国蒙达尼女子公学读书时给父母的信。

向警予1919年12月赴法勤工俭学。1920年5月与蔡和森自由恋爱结婚。在这封信中，她把自己由衷的喜悦告诉双亲，表示蔡和森是自己真正所爱的人，志趣没有一点不同的，他们要一起做“一千九百廿年（1920年）产生的新人”。她坚信自己选择的革命伴侣是可靠的。

在这封信里，向警予抒发了革命壮志，她说：自己正在“努力做人，努力向上。总要不辱你老这块肉与这滴血，而且这块肉这滴血还要在世界上放一个特别光明”。作者在信中述说了自己思念双亲的心情，表达出这位立志献身妇女解放和人类自由幸福事业的革命先烈对骨肉至亲的拳拳之意和对家庭的珍爱之情。

★ 故事分享 ★

她让我懂得信念的力量

马子麒

她，有着柔软的皮肤，清秀的面孔，浑身似乎散发着柔弱的气息——她，是江南女子谭怀明。

她，胸膛、肩膀已被砍伤，额头的伤口喷涌着鲜血，在生命的最后时刻仍喊着“同志们，敌人已经支持不住了！杀死他们呀！”——她，是红军女战士谭怀明。

她是红四方面军妇女团一营一连的一名普通士兵，腊子口之战中为护送500多名伤病员牺牲的70余人之一。

一个柔弱的江南女子，怎能如此勇猛地战斗？或许此时她心中只是一个简简单单的念头——“现在伤病员们正在过桥，咱们就是死在这里，也不能让一个敌人接近”，而就是这个保护伤病员的念头，竟支持着柔弱的她毫无畏惧地与土司骑兵肉搏到底，直至付出生命！这便是红军战士心中神圣的革命信念。

革命的信念让黑暗中的人们永远看到路尽头的光明，并为其不知疲倦地奔跑。当这样的信念深深植根于她的心中，点燃她的青春热血，她便甘愿为革命奉献自己的一切。这信念让她在那原本同我们一样柔弱的外表之下，有了更强大的精神力量。而这种来自内心深处的力量，足以超越一切物质需求乃至生命！

生于和平年代的我们或许难以感受到如此强大的信念力量，但通过书中的描写，我们却分明看到了它创造的奇迹：江南的弱女子可以那样从容地面对死亡，未曾衡量过以命换命的得失；单薄的女红军竟有勇气在残酷的战场上同彪悍的土司骑兵抗衡到最后一刻。这些，正是因为她背后的那个信念远比面前的强敌还要强大许多。

正是谭怀明，一个柔弱的女红军创造了奇迹，让我看到了每一名红军战士深藏心底的信念爆发出的无限力量，也正是这种信念的力量，推动着红军走完两万五千里的光辉路程！

学生感言

当信念的火种植根于当今学子的心中时，在未来的日子里，将会产生何等巨大的精神力量。

邓恩铭

（1901～1931）

中国共产党早期领导人。又名邓恩明、黄伯云，贵州荔波人，水族。五四运动时期在山东组织励新学会。1920年夏在济南参与组织马克思学说研究会，后发起成立共产主义小组。1921年7月参加中国共产党第一次全国代表大会。1922年1月，赴苏联出席远东各国共产党及民族革命团体第一次代表大会，1923年被党派往青岛开展建党、建团工作。1924年4月任中共青岛直属支部书记。1925年参加领导胶济铁路工人、青岛日纱厂工人大罢工，同年8月任中共山东地委书记。1927年出席中共第五次全国代表大会、全国第四次劳动大会，同年秋任中共山东省委书记。1929年1月在济南被捕，1931年4月5日英勇就义，时年30岁。

儿最憎恶的是名与利
——致邓国琮

1924年5月8日

父亲大人：

不写信又三个月了，知双亲一定挂念，但儿又何尝不惦念双亲呢。儿一切很好，想双亲及祖母……均安康如常？

儿生性与人不同，最憎恶的是名与利，故有负双亲之期望，但所志既如此，亦无可如何。再婚姻事，已早将不能回去完婚之意直达王家。儿主张既定，决不更改，故同意与否，儿概不问，各行其是可也。三爷①与印寿②回南，儿本当同行，奈职务缠身，无法摆脱，故只好硬着心肠不回去。印寿如到荔③，问他就知道儿一切情形了。儿明天回青岛，仍就原事④。余后续禀，肃此敬请

福安并叩

---

① 三爷，邓恩铭的二堂叔。

② 印寿，黄幼云，邓恩铭的堂弟。

③ 荔，指邓恩铭的家乡贵州省荔波县。

④ 仍就原事，1924年，邓恩铭担任中共青岛直属支部书记，领导工人运动。

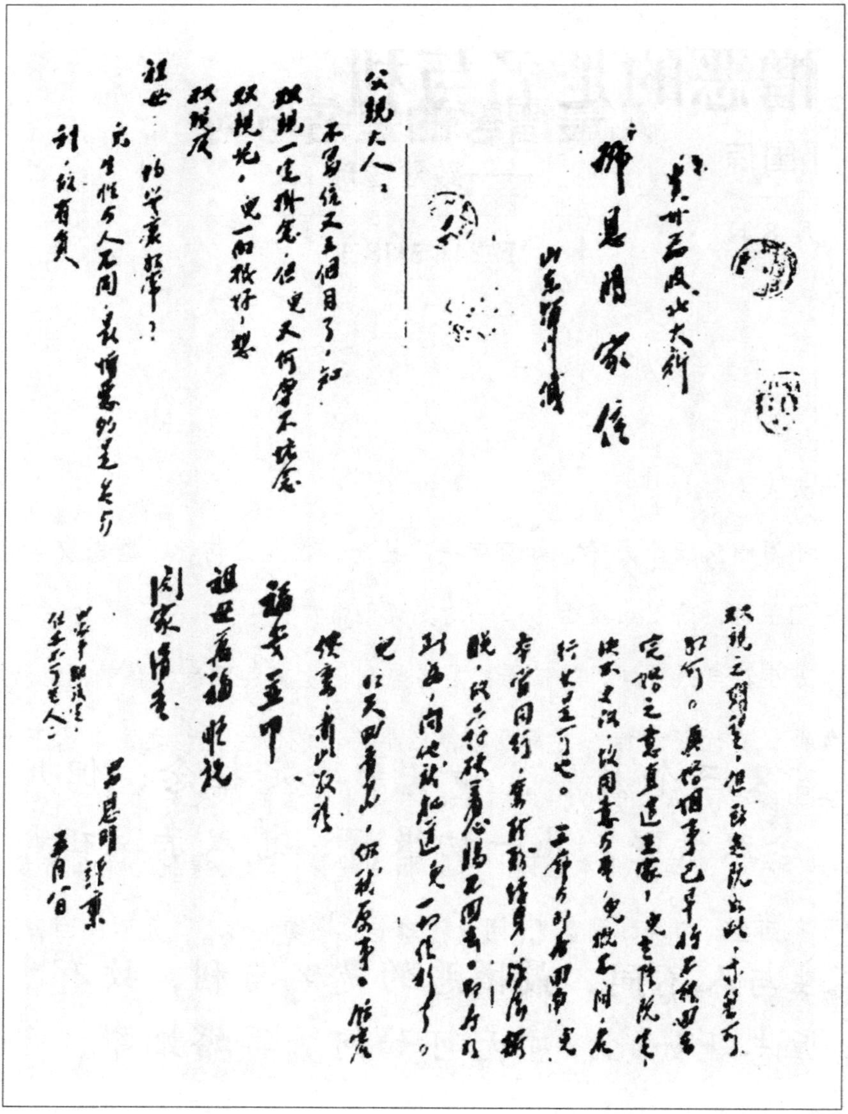

祖母万福顺祝

阖家清吉

男　恩明[①]谨禀

五月八日

回家事虽没定，

但亦不可告人。

【品读导航】

这是邓恩铭1924年5月在淄川写给父亲邓国琮的一封回信。父亲曾在来信中指望他“谋阔差光宗耀祖，早定婚传宗接代”，他在去青岛领导工人运动途中抽空写了这封信，明确告诉父母“有负双亲之期望”，坚定地表示“最憎恶的是名与利”。革命者何尝没有家庭亲情、儿女情长，“奈职务缠身”，只好硬着心肠不回去。

当时担任中共青岛直属支部书记的邓恩铭，把革命工作放在第一位，视个人名利如粪土，不愧为具有共产主义人生观的楷模。我们学习他，就要树立正确的人生观，事事以人民利益为重，淡泊名利，大公无私。

---

① 恩明，即邓恩铭。

陈潭秋

（1896～1943）

中国共产党早期领导人。原名陈澄，字云先，湖北黄冈人。1920年10月参加组织武汉共产主义小组，1921年7月参加中共一大，先后任中共武汉地委书记、湖北区委组织部部长、江西省委书记、满洲省委书记、福建省委书记、中华苏维埃共和国中央执行委员兼粮食部部长等职。在中共五大上当选为中央候补委员。1934年中央红军开始长征后，留在苏区坚持游击斗争。1934年冬到共产国际工作，负责中共在国外的《救国时报》工作。1939年回国，任中共驻新疆代表和八路军新疆办事处负责人。1943年9月27日，在迪化（今乌鲁木齐）被军阀盛世才秘密杀害，时年47岁。

生活困苦是最大多数人类的问题
——致哥哥

1933年2月22日

三哥
　　：
六哥

流落了七八年的我，今天还能和你们通信，总算是万幸了。诸兄的情况我间接又间接地知道一点，可是知道有什么用呢！老母去世的消息，我也早已听得也不怎样哀伤，反可怜老人去世迟了几年，如果早几年免受许多苦难呵！

我始终是萍踪浪迹、行止不定的人，几年来为生活南北奔驰，今天不知明天在哪里，这样的生活，小孩子终成大累，所以决心将两个孩子送托外家抚养去了。两孩都活泼可爱，直妹[①]本不舍离开他们，但又没有办法。直妹连年孕产、乳、哺，也受累够了，十九年[②]曾小产了一男孩，二十年[③]又产一男孩，养到八个月又夭折了，现在又快要生产了。这次

① 直妹，即徐全直，陈潭秋的妻子，中共党员，1933年在上海被捕，次年1月在南京雨花台英勇就义。
② 十九年，指民国十九年，即1930年。
③ 二十年，指民国二十年，即1931年。

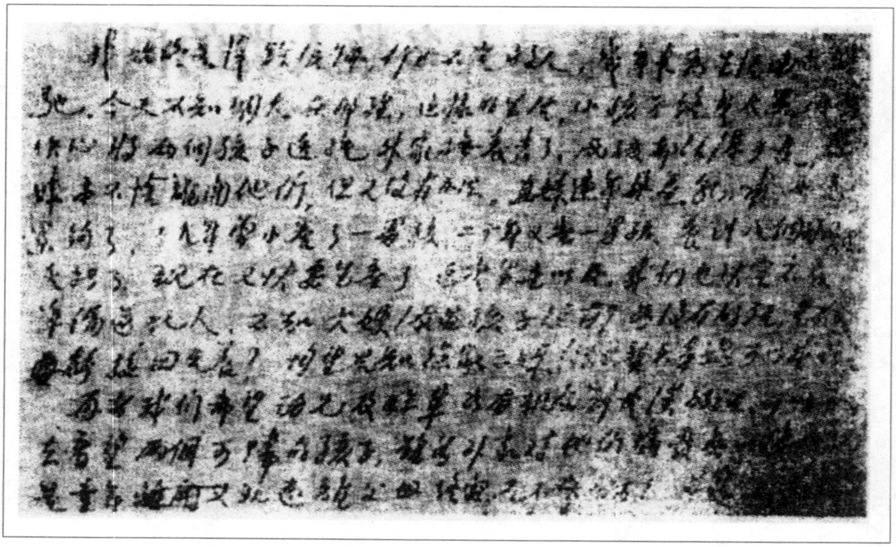

生产以后，我们也决定不养，准备送托人，不知六嫂添过孩子没有？如没有的话，是不是能接回去养？均望告知徐家三妹（经过龚表弟媳可以找到）。

再者我们希望诸兄及侄辈如有机会到武汉的话，可以不时去看望两个可怜的孩子，虽然外家对他们痛爱无以复加，可是童年就远离父母终究是不幸啊！外家人口也重，经济也不充裕，又以两孩相累，我们殊感不安，所以希望两兄能不时的帮助一点布匹给两孩做单夹衣服（就是自己家里织的洋布或胶布好了）。我们这种无情的请求望两兄能允许。

家中情形请写〈信〉告我，经徐家三妹转来。八娘子及孩子们生活情况怎样？诸兄嫂侄辈情形如何？明格听说已搬回乡了，生活当然也很困苦的，但现在生活困苦，决不是一人一家的问题，已经成为最大多数人类的问题（除极少数人以外）了。

（我的状况可问徐家三妹）

弟　澄[①]上

二月二十二日

【品读导航】

这是1933年2月陈潭秋在上海写给两位哥哥的一封信。当时，国民党反动派在上海疯狂捕杀共产党人，中共临时中央政治局被迫由上海向中央苏区转移，并决定时任江苏省委秘书长的陈潭秋也到中央苏区工作。行前，他给湖北老家的三哥、六哥写了这封信。

信中，他向家人诉说了近七八年来的生活经历。为了革命的需要，他“始终是萍踪浪迹、行止不定的人，几年来为生活南北奔驰”，不得不把自己的两个孩子“送托外家抚养”，甚至连没有出生的孩子也“准备送托人”。这并不是他们无情无义，而是出于革命的“大义”，是因为“现在生活困苦，决不是一人一家的问题，已经成为最大多数人类的问题”。他离家舍子，流落他乡，正是为了全国人民不再受流落之苦。从中，我们可以看出陈潭秋为了党的事业，为了革命的成功，勇于牺牲一切的高尚品质。

① 澄，陈潭秋原名陈澄，故称。

★ 故事分享 ★

真实的力量

李耀实

书中的每一个人都是真实的，他们真实地生活过，真实地经历了那么多的艰辛。那些让人不敢相信的一切，都是历史的真实再现。

在读其他一些书时，人物、经历往往是虚构的。他们的经历充满了幻想，由无数个生活中不常出现的巧合构成了全书的主旨。每每读到这种文章，我往往无法投入其中，只是想想：作者设计了这么多的情节突出了什么。想到了，也记不清，反正文章就结束了。

刚读的时候，我像往常一样，带着看故事的心态去看战士们那些“生活中不会出现”的壮举，似乎是在观赏一场作者导演的戏剧……

然而，蓦地，我看到了书中的那些黑白照片，一个个硝烟弥漫的战争场景。这滚滚硝烟，让我彻底明白：这些，竟是真实的！

真的有无数个活生生的和我们一样的人在零下40度的战场上没有补给，仍顽强作战。真的有无数个有血有肉的中国人战斗到最后一刻，抱着最后的几枚手榴弹与敌人同归于尽。黄继光、邱少云、杨根思，这些名字不是一个个虚构出来的冰冷的符号，而是真实存在过的战士啊！他们也和我们一样有亲人、有朋友，也曾笑过、闹过、战斗过，是和我们一样的人啊！

当我意识到这一点的时候，我才真正感受到了这些战士的伟大。过去，我竟把他们的经历当作了故事、作者设计的情节，或者说一段精心设计的符号。而现在，当我真的把这些故事放到一个和我一样真实存在的人身上时，我突然发现：这才是真正的英雄所为！不是什么现在生活中常说的拾金不昧、爱护环境……他们用血肉之躯创造了无数件远超人类极限的奇迹，他们谱写了一曲人类力量的史诗！想想吧：一个人真的可以在零下20度只穿单衣穿过冰冷刺骨的大河，真的可以在零下40度的气温下卧在雪原上一动不动，真的可以四天四夜不休息地坚持作战……这一切不是故事，这些真的曾经发生过！

此刻想起傅雷的一句话：唯有真实的苦难，才能驱除罗曼蒂克的幻想的苦难……对于“真实”二字有了更深的理解。感谢《决战朝鲜》一书，告诉了我一个人真正的极限是难以想象的。真实，让我看到了志愿军战士们的灵魂，让我体会到了他们的伟大。而且，更让我明白了：其实，人人都可以、也都应该同他们一样伟大！字字铿锵有力、掷地有声，如警钟一般久久萦绕在我脑海之中。

学生感言

他们，一扫中国头顶的屈辱与不平；他们，用生命证明中国人肩膀的坚实；他们，是无畏的战神；他们是中华民族不朽的自豪！

王若飞
（1896～1946）

中国共产党早期领导人。原名王荫生，又名大伦，字继仁，贵州安顺人。1919年冬赴法国勤工俭学，1922年加入旅欧中国社会主义青年团，同年参加中国少年共产党，不久转入中国共产党，为中共旅欧支部的领导人之一。1923年赴苏联学习。1925年回国后，曾任中共北方区委巡视员、豫陕区委书记、中共中央秘书长、中共江苏省委书记等职。1928年赴苏联参加中共六大，会后任中共驻共产国际代表团成员。1931年回国，任中共西北工委特派员，后在包头被捕，在狱中坚持斗争。1937年夏经营救出狱后，历任中共陕甘宁边区党委宣传部长、八路军副参谋长、中共中央秘书长等职，是中共第五届、第七届中央委员。抗日战争胜利后，作为中共代表之一参加重庆谈判和政治协商会议。1946年4月8日由重庆返延安途中，因飞机失事不幸遇难，时年50岁。

我们不仅要认识世界，而且要改造世界[1]
——致黄齐生

1931年1月7日

亲爱的舅父[2]：

吾幼受舅父教养之恩，未有寸报；孤苦老母未受我一日之奉养，今日被捕，又劳舅父于风雪残冬远来塞外看视，尤其令我感激的，是舅父能了解我，不以寻常儿女话相勉。吾观舅父精神仍如往昔，又知老母及至亲骨肉，均各无恙，以后清贫之生活，亦尚能维持，使我更无所念。

舅父所著书及诗，尚未奉读，他日读后如有所见，能写信时，自当奉告。吾尝谓舅父思想行动，为托尔斯泰[3]伯爵一流人物。托氏身为贵族，然极不满于上层社会残暴豪华的生活，十分同情于下层平民被践踏的生活，愿意到平民中去，并帮助他们。可惜他只有满腔的同情心，而

① 这封信是王若飞1931年1月7日在包头监狱中写给舅父的。当时王若飞从苏联回国，途经包头被国民党政府逮捕。其舅父专程赶到监狱探望。

② 舅父，即黄齐生，贵州安顺县人，著名的人民教育家。王若飞幼时家贫，得舅父资助，才得以读书。王若飞被捕后，黄齐生曾设法营救。1946年4月8日，和王若飞一起由重庆去延安，因飞机失事遇难，终年67岁。

③ 托尔斯泰，19世纪俄国著名作家。

没有使穷苦群众得到解放的方法，所以他只能是穷苦群众的好友，而不是革命的领导者。这是我与舅父思想行动分歧的地方。舅父思想，宗教色彩甚浓。一切宗教哲学的发生，都是当时当地社会的反映。时代变动，环境变动，这些宗教哲学也必然要随着变动。现在回、耶、佛等教，已非复最初的本来面目。我之读宗教书籍，只是为知道当时及现在人们的社会生活，怎样在思想上反映出来。我们的哲学，是认为一切东西都是在流动变化着。我们不仅要认识世界，而且是要改造世界。这样的精神观与《金刚经》[①]所谓“一切有为法，如梦幻泡影，如露亦如电，应作如是观”的静的观点相反。以上请舅父恕我狂妄的批评。

我妻现在闸北，干戈遍地，音讯难通。特留数行，请舅父代为保存，将来有机会见面时再交给她。舅父此来，情义已尽，塞外苦寒，不敢久留。舅父回去时，对诸知爱亲友，均请代甥问安。

甥　若飞书

一九三一年一月七日

【品读导航】

这是王若飞1931年1月在包头监狱写给舅父的一封信。作者用辩证唯物主义的观点对舅父所持的思想进行了分析、批评。他认为舅父的思想行动与托尔斯泰极为相似：一方面对劳动人民的苦难深为同情，愿意给予帮助；一方面又没有“使穷苦群众得到解放的方法”。所以，最

---

①《金刚经》，佛教经名。全称《金刚般若波罗蜜经》，因用金刚比喻智慧，有断疑的功用，故名。

终只能是劳苦大众的朋友，而不是革命的参加者和领导者。作者认为，舅父这种思想的根源就在于“宗教色彩甚浓”，是在用静止的观点看问题，而马克思主义的哲学是用运动的观点看问题，“我们不仅要认识世界，而且是要改造世界”。这种运用马克思主义的观点分析问题、解决问题的方法值得我们去学习和借鉴。

今天，同样需要我们用辩证唯物主义观点去认识社会、分析矛盾，但认识世界的目的是改造世界。在全面建设小康社会目标即将实现、奋力实现中华民族伟大复兴的中国梦的征程中，每一个人都应该是这项伟大事业的贡献者，用自己“改造社会”的点滴成就把先辈们的强国之梦变为现实。

弟对于将来前途，非常乐观
——致熊铭青

1933年1月

铭兄[1]：

岁尾年头，最易动人怀抱。况我今日处境更觉百感烦心，念国难之日急，恨己身之蹉跎。冲天有志，奋飞无术。五更转侧，徒唤奈何！虽然楚囚[2]对泣，惟弱者而后如此。至于我辈，只能隐忍以候。个人生命，早置度外。居狱中久，气血渐衰，皮肉虚浮，偶尔擦破，常致溃烂。盖缘长年不见日光，又日为阴湿秽浊所熏染。譬之楠梓豫章之木，置之厕所卑湿之地亦将腐朽剥蚀也。又冬令天短，云常不开，又兼房为高墙所障，愈显阴黑，终日如在昏暮中，莫能细辨同号者面貌。人间地狱，信非虚语。有人谓矿工生活，是埋了没有死，大狱生活，是死了没有埋。交冬以来，吾日睡十四小时（狱规：晚六时即须就寝，直至翌晨八时天已大明方许坐起），真无殊长眠，当吾初入狱时，见一般老号友对于囚之死者，毫无戚容，反谓“官司打好了”，深诧其无情。后乃知彼等心

① 铭兄，即熊铭青，王若飞的表姐夫。
② 楚囚，原指被俘的楚国人，后用以借指处境窘迫的人。

理皆以为与其活着慢慢受罪，反不如死爽快也。

以上琐琐叙述大狱生活，吾兄阅后，或将以为弟居此环境中，将如何哀伤痛苦，其实不然。弟只有忧时之心。一息尚存，终当努力奋斗。现时所受之苦难，早在预计之中，为工作过程所难免，绝不值什么伤痛也。因此弟之精神甚为健康，绝不效贾长沙[1]之痛哭流涕长太息；惟坚忍保持此健康之精神。如将来犹有容我为社会工作之机会，固属万幸，否则亦当求在狱能比较健康而死，弟无丝毫悲观颓丧之念也。与吾同号者，尚有五人，彼等官司皆在十年以上，时常咨嗟太息，以为难望生出狱门，我尽力慰解彼等，导之有希望，导之识字读书，导之行乐开心（下棋唱歌），一面使彼等有生趣，一面使我每日的生活亦不空虚。当彼等诅咒此大狱生活时，我常滑稽地取笑说："我们是世间上最幸福的人。每天一点事不做，一点心不操，到时候有人来请睡，一睡就是十四点钟；早上有人来请起，饭做好了就请我们吃；难道还不够舒服么？"同时又叙述遭受天灾或兵灾区域难民的痛苦，冰天雪地中沙场战士的生活，我们较之，实已很舒服。自然任何人都愿在沙场争战而死，不愿享受大狱的舒服。吾之为此言，一面取笑，一面亦示人世间尚有其他痛苦存在，不可只看到自己也。即如吾兄现时之生活，想来亦必有许多难处，不过困难〈的〉内容性质与弟完全不同耳。弟处逆境，与普通人不同处，即对于将来前途，非常乐观。这种乐观并不因个人的生死或部分的失败、一时的顿挫，而有所动摇。弟现时所最难堪者，为闲与体之日现衰弱，

---

① 贾长沙，指西汉著名文学家贾谊，世称贾生、贾太傅，曾为长沙王太傅，故称贾长沙。后为梁怀王太傅，因怀王坠马死，贾谊常自伤哭泣，不久去世。

恨不能死于战场耳！每日天将明时，枕上闻军营号声，不禁神魂飞越！嗟乎！吾岂尚有重跃马于疆场之日乎？

一九三三年一月①

【品读导航】

这是王若飞1933年1月于包头狱中写给表姐夫熊铭青的信。1928年王若飞在苏联任共产国际中共代表团成员，1931年回国，同年11月，由于叛徒的出卖被捕入狱。作者写这封信时，已在狱中度过了一年多的时间。

作者在信中向亲友披露了狱中暗无天日的生活："终日如在昏暮中"，"人间地狱，信非虚语"。然而，王若飞并未因此而"哀伤痛苦"，而是视狱中之苦难为"工作过程所难免"，"早在预计之中"。所以，即使在极其困难的环境中，他也能保持"健康之精神"：生，为"容我为社会工作之机会"而活着；死，"亦当求在狱能比较健康而死"。虽身处险境，但作者对革命前途的信念仍"不因个人的生死或部分的失败、一时的顿挫"而有所动摇，而是时时准备"重跃马于疆场"。

这封信充分表现了王若飞坚定的共产主义信念和献身革命的人生观。对我们来说，既要学习他的高尚品质，又要把坚定的革命理想与求实的精神结合起来，无论遇到何种挫折，都百折不挠，勇往直前。

---

① 1931年王若飞从苏联归国，途经包头，被国民党政府逮捕入狱，直至1937年夏才被营救出狱。此信写于1933年1月包头狱中。

★ 故事分享 ★

小纸条带给我的震撼

聂雨曦

喜欢冒险的我对于谍战片百看不厌，而那些经典情节中的密码和小纸条更是我的最爱，寒假在读《掩不住的阳光》时，赵天明与方志敏秘传纸条的情景一直让我记忆犹新，除了惊险，更重要的是震撼。

赵天明和方志敏在入狱前都是英勇善战的猛将，为革命事业献出了自己的宝贵青春。入狱后他们其实完全可以只思考应对审讯和越狱的妙招，可他们却在狱中冒着被杀头的危险，坚持为革命再献出自己最后的微薄之力。小纸条上具体的话语我已不完全记得了，可一想到那几张发黄发皱的小纸条，纸心犹如一团壮美的火焰，照亮革命者的心时，我那颗沸腾的心也仿佛被染上了最艳丽的中国红，与战争时代革命者的豪迈之心一样炽热。

纸条上那一个个字都成为了狱友们的精神力量，指引着他们顽强地斗争。纸条上那一个个字我看在眼里，心中不禁颤抖。是什么力量让一代又一代的革命者甘愿为革命事业抛头颅、洒热血，不为名不为利，义无反顾、毅然决然？我想这就是信仰！纸条上寄托了革命者们的信仰，正伴随着火热的心闪闪发亮！这种精神让我为之震撼，让我愿为我的伟大祖国奉献自己毕生的力量！

学生感言

假如我们能多读、读懂红色经典，那么我们将更具有信仰的精神，离那些浮躁和哗众取宠的东西越来越远，我们的社会就会变得更加的美好。

方志敏

（1899～1935）

中国共产党早期活动家，中国工农红军创始人之一。江西弋阳人。五四运动后开始接触马克思主义。1922年加入中国社会主义青年团，1923年加入中国共产党。1926年夏，当选为江西省农民协会常委兼秘书长。在中共六大上当选为中央委员。1928年1月，领导横峰、弋阳农民起义，创建了赣东北革命根据地和红十军。曾任赣东北及闽浙赣省苏维埃政府主席和红十军政委、中共闽浙赣省委书记。1931年11月，当选为中华苏维埃共和国临时中央政府执行委员。1934年11月，任红军北上抗日先遣队军政委员会主席。1935年1月，在江西怀玉山作战时被捕，在狱中坚贞不屈，写了《可爱的中国》、《清贫》等著作。同年8月6日在南昌英勇就义，时年36岁。

我已认定苏维埃可以救中国

——狱中自述

1935年1月29日

方志敏，弋阳人，年36岁。知识分子。于1923年加入中国共产党，参加第一次大革命。1926—1927年，曾任江西省农民协会秘书长。大革命失败后，潜回弋阳进行土地革命运动，创造苏区和红军，经过8年的艰苦斗争，革命意志益加坚定。这次随红〈十〉军团去皖南行动，回来时被俘。我对于政治上总的意见，也就是共产党所主张的意见。我已认定苏维埃可以救中国，革命必能得最后的胜利，我愿意牺牲一切，贡献于苏维埃和革命，我这几年所做的革命工作，都是公开的，差不多谁都知道，详述不必要，谨述如上。

1935年1月29日晚8时

【品读导航】

这是方志敏在狱中写的自述。

1934年，中央革命根据地第五次反“围剿”失利，红军准备长征。为了牵制和调动敌人，减轻国民党军队对中央根据地的压力，中共中央和中央军委决定组织两支部队北上和西进。10月，以红七军团为主组成的抗日先遣队进入闽浙赣根据地，与方志敏领导的红十军会合，组成红十军团，继续北上。由于兵力过少，孤军深入敌后，未能牵制“围剿”中央根据地的敌人。至皖南，遭国民党重兵围追堵截，艰苦奋战两月余受挫。在撤回赣东北根据地途中被七倍之敌围困于怀玉山区。苦战七昼夜，除一部分突围外，一部分被俘，大部分牺牲。方志敏被俘后被押往南昌，在狱中备尝酷刑，仍坚贞不屈。

这篇自述虽寥寥数语，却把这位共产主义战士光明磊落、坚贞不屈、无私无畏的英雄气概表达得淋漓尽致。作者简述了自己的经历，表达了自己的政治主张，即“我对于政治上总的意见，也就是共产党所主张的意见。我已认定苏维埃可以救中国，革命必能得最后的胜利，我愿意牺牲一切，贡献于苏维埃和革命”，充分表达了作者革命利益高于一切、危难之时依然抱定必胜信心、愿为祖国和共产主义事业倾尽热诚的崇高理想和坚定信念。

可爱的中国
（节录）

1935年5月2日

不错，目前的中国，固然是江山破碎，国弊民穷，但谁能断言，中国没有一个光明的前途呢？不，决不会的，我们相信，中国一定有个可赞美的光明前途。中国民族在很早以前，就造起了一座万里长城和开凿了几千里的运河，这就证明中国民族伟大无比的创造力！中国在战斗之中一旦斩去了帝国主义的锁链，肃清自己阵线内的汉奸卖国贼，得到了自由与解放，这种创造力，将会无限的发挥出来。到那时，中国的面貌将会被我们改造一新。所有贫穷和灾荒，混乱和仇杀，饥饿和寒冷，疾病和瘟疫，迷信和愚昧，以及那慢性的杀灭中国民族的鸦片毒物，这些等等都是帝国主义带给我们可憎的赠品，将来也要随着帝国主义的赶走而离去中国了。朋友，我相信，到那时，到处都是活跃跃的创造，到处都是日新月异的进步，欢歌将代替了悲叹，笑脸将代替了哭脸，富裕将代替了贫穷，康健将代替了疾苦，智慧将代替了愚昧，友爱将代替了仇杀，生之快乐将代替了死之悲哀，明媚的花园，将代替了凄凉的荒地！这时，我们民族就可以无愧色的立在人类的面前，而生育我们的母亲，也会最美丽地装饰起来，与世界上各位母亲平等的携手了。

这么光荣的一天，决不在辽远的将来，而在很近的将来，我们可以这样相信的，朋友！

朋友，我的话说的太噜苏厌听了吧！好，我只说下面几句了。我老实的告诉你们，我爱护中国之热诚，还是如小学生时代一样真纯无伪；我要打倒帝国主义为中国民族解放之心，还是火一般的炽烈。不过，现在我是一个待决之囚呀！我没有机会为中国民族尽力了，我今日写这封信，是我为民族热情所感，用文字来作一次为垂危的中国的呼喊，虽然我的呼喊，声音十分微弱，有如一只将死之鸟的哀鸣。

啊！我虽然不能实际的为中国奋斗，为中国民族奋斗，但我的心总是日夜祷祝着中国民族在帝国主义羁绊之下解放出来之早日成功！假如我还能生存，那我生一天就要为中国呼喊一天；假如我不能生存——死了，我流血的地方，或者我瘗骨的地方，或许会长出一朵可爱的花来，这朵花你们就看作是我的精诚的寄托吧！在微风的吹拂中，如果那朵花是上下点头，那就可视为我对于为中国民族解放奋斗的爱国志士们在致以热诚的敬礼；如果那朵花是左右摇摆，那就可视为我在提劲儿唱着革命之歌，鼓励战士们前进啦！

亲爱的朋友们，不要悲观，不要畏馁，要奋斗！要持久的艰苦的奋斗！把各人所有的智慧才能，都提供于民族的拯救吧！无论如何，我们决不能让伟大的可爱的中国，灭亡于帝国主义的肮脏的手里！

你们挚诚的祥松

五月二日写于囚室

【品读导航】

这篇文稿是方志敏烈士妇孺皆知的名篇，我们每次诵读，都会常读常新，会有新的启迪和收获。当我们漫步于美丽洁净的街头，收获那饱满的粮食，生产出高品质的产品，当我们在世界民族之林占有一席之地，中国的声音成为在世界各民族中占有很大分量的强音时，当我们的综合国力不断增强，世界各国人民对我们刮目相看之时，谁能不为烈士英明的预见和对祖国纯真无比、火一般炽烈的爱而感动呢?

让我们在和煦的微风吹拂中，在烈士鲜血染红的这片土地上，把我们“可爱的中国”建设得更加美好，用我们的青春热血告慰开遍四野的梦想之花。

★ 故事分享 ★

视死如归的杨根思

冯启轩

“只要有我们的勇敢，就没有敌人的顽强！”这句中国军队人人皆知的名言，出自与黄继光齐名的特级英雄杨根思之口。杨根思，是我读完《决战朝鲜》后最钦佩的普通的志愿军战士之一。我钦佩他那“就是剩下一个人也要守住阵地”的坚毅以及敢于牺牲的战斗精神。

杨根思最后一次任务是带领一个排坚守1071高地。这里不但可以俯瞰下碣隅里的美军机场，还卡住了公路，地理位置险要。正因如此，美军对其进行猛烈轰炸。杨根思告诉排里的战士：“只要有我们的勇敢，就没有敌人的顽强！”是啊！敌人虽然顽强，但若我们足够勇猛，敌人必会被我军打败！我们只要有勇气面对死亡，敌人再顽强也打不过我们！杨根思这句振奋人心的话，及时鼓舞了士气，同时也令我感受到杨根思不畏牺牲的军人气质。

“敌人凶，我们要压住它，子弹拼光了，拼枪托，拼断了枪托再拼铁锹，阵地不能丢，丢了阵地是一件可耻的事，就是剩一个人也要守住阵地！”这句铿锵有力的誓言振奋了我的心。战士们用铁锹对付子弹！他们尽管装备差，但他们用最原始的方法，抱着必死的决心，英勇杀敌，保卫阵地！阵地不能丢，丢了阵地是一件可耻的事，以守住阵地为荣，以丢失阵地为耻，阵地已成了军人们的尊严！正因为有这样非凡的觉悟，才使得杨根思发出“就是剩一个人也要守住阵地”的誓言。谁都知道，只剩一个人，是无论如何也守不住阵地的，以一敌百是不可能取胜的。可是，杨根思已下定与敌人同归于尽的决心、与阵地共存亡的决心。这是一个英勇的伟大的志愿军战士的决心。杨根思，我敬佩您！

杨根思叫排长带负伤的射击手下去，而自己留在阵地上，履行自己的诺言：“就是剩下一个人也要守住阵地。”他将所有炸药块收集起来，捆在自己身上，躺在隐蔽的地方。当美军一名军官带着几百名美军走上阵地时，杨根思猛地站起来，拉燃导火索，只身直奔这几百名美军，以一敌百！美军四处逃窜，勇敢的杨根思与美军同归于尽！

杨根思的英勇事迹广为流传，同样感动了朝鲜人民。为了纪念他的英勇事迹，朝鲜人民为他立了一座纪念碑。杨根思，是一位精神上的巨人，他伟大的爱国情怀以及与阵地共存亡的英勇的战斗精神，深深地铭刻在我心里！我永远不会忘记这位英雄！

学生感言

我发现，每当心灵达到一个更高的境界，我就能发现更多的宝藏，寻宝的感觉真是妙不可言！

董必武
（1886～1975）

无产阶级革命家，党和国家重要领导人之一。湖北黄安人。早年加入孙中山领导的同盟会，参加了辛亥革命。1920年在武汉建立共产主义小组，1921年出席中共一大。随后回湖北，负责建立湖北省的党组织，任中共武汉地方委员会书记、湖北省委委员。后历任中共中央党务委员会书记、中华苏维埃共和国中央执行委员兼最高法院院长、工农检察委员会副主任等职。1934年参加长征。到达陕北后，任中共中央党校校长、代理陕甘宁边区政府主席。抗日战争时期和日本投降后，是中国共产党同国民党谈判代表之一，并任华北局书记处书记、华北人民政府主席。新中国成立后，历任中央财经委员会主任、政务院副总理、政法委员会主任、最高人民法院院长、第二届全国政协副主席、中共中央监察委员会书记、中华人民共和国副主席、代理主席、全国人大常委会副委员长。是中共第六届至第十届中央委员、中央政治局委员、第十届中央政治局常委。1975年4月2日在北京逝世。

人民知道你、信服你，到任何地方做事都一样
——致董贤煦[①]

1951年2月13日

贤煦弟：

元月十三日信早收到，谢谢你的惦念！暎弟[②]亦时有信来。我病已愈，医嘱暂勿工作，休养些时俟体气恢复原状再开始工作，故我仍在休养中。弟努力生产、帮助政府收粮均获成绩，得到奖励，很好。农村在土改后需要建设的工作很多，乡村人民代表会议要开好，要组织乡村人民政府。政府要领导和组织农业和农副业的生产，要蓄水积肥，要耘草除虫，要植树蓄林，要组织好合作社，要组织民兵自卫，要防止坏人造谣生事，要领导人民交公粮，要组织乡村小学，要组织干部学习文化，要帮助成人教育和识字运动；农村妇女运动，乡村政府也要帮助；至于农村卫生问题，需要政府努力的地方更多。革命的目的是求得人民的解放，特别是工人农民劳动大众的解放。假使我上面写的许多事情在农村

① 董贤煦，董必武的远房堂弟。
② 暎弟，即董贤暎，董必武的远房堂弟。

办得不好，革命的果实农民就不完全享受得到。你现在农村居住，你能识字，容易知道上级政府领导人民做什么，好好地帮助当地人民完成上级所号召的任务。农村有劳动模范，弟努力生产，帮助政府完成各项工作，可能争取做一个模范，不要抛弃工作已有根基的地方。目前来北京毫没有必要。我今年虽满六十五岁，还能为人民服务做些事。你努力生产，一方面为你一家的生活好，也为国家增产、纳税以报效国家，帮助政府推行政令，当地人民知道你信服你，政府也信用你，到任何地方做事都一样。专此，即问

近好！

必　武

二月十三日

【品读导航】

这是董必武1951年2月13日写给堂弟董贤煦的回信。董贤煦写信给董必武要到北京来做事。董必武回信劝其不必来京，并教育他们要努力做好各项工作，并希望他们理解“革命的目的是求得人民的解放，特别是工人农民劳动大众的解放”。

一切革命工作都是为人民大众谋利益

——致王俊山[1]

1953年12月29日

俊山甥：

十二月九日信收到。

你在私营商业中，能够在国营经济的领导下，积极带头合法经营，并几次当选出席代表，可见你自己进步，人民就会推重你的。现在你在学习过渡时期总路线，这很好。你知道总路线是要在一个相当长的时期内逐渐实现国家社会主义工业化，并逐渐实现国家对农业、手工业和私营工商业的社会主义改造么？别的暂且不说，单说对私营工商业的社会主义改造，第一步就是把私营工商业引上国家资本主义的轨道。什么叫做国家资本主义呢？那就是国营经济和私人经济合作的经济。我国大小私营工商业或迟或早必须经过社会主义改造，即或迟或早先要走上国家资本主义的道路。你现在是在私人商店中工作，应该设法鼓励私商积极地经营合法的业务，响应人民政府的号召，自动去接受国营经济的领导

① 王俊山，董必武的外甥。

（要劝说私商自愿，不要勉强），与国营企业、国营商店建立代购代销的关系。这样做开始也会有些困难，但只要你决心这样做，遇见困难找地方党政领导机关帮助，共同想法，困难是可以克服的。你说当过几次代表，大约你也是地方工会的会员，你是否中国青年团员呢？你信中没有说明。你如果认真地学习了总路线，你就不应当马上要到国营商店去工作，应当促成自己工作所在的私营商业和国营经济的合作，你自己就成为国家资本主义经济中的工作人员。你如果是青年团员，想调动工作，应向团请求，不应向我个人请求。

在今年九月间《人民日报》有篇社论，号召全国各机关、企业厉行节约，紧缩开支，因而各机关、企业都在紧缩机构，裁减冗员，现在想凭借私人力量，以介绍方式去找工作，那是直接违反中央的政策。

你说去年接到我的信，对你的帮助很大。我记得去年信中批评过你哥哥的错误想法，那时他就是想凭借我的力量去找较好的事情，你这次信中的提议和你哥哥去年以前的想法差不多，是错误的。可见你并没有完全看懂我的信，革命是为人民谋利益，决不应该把革命作为谋个人利益的手段。

你妻能写算，搞过邮政代办，她如没有参加妇联、工会或青年团，最好是去要求参加那些团体。请你和你妻再一遍注意我的话：参加革命团体是为了学习革命工作，一切革命工作都是为人民大众谋利益，人民大众的利益问题解决了，革命者个人利益的问题也就在其中解决了。假使参加革命而以解决个人利益为目的，那是绝对错误的。

我近年身体较差，常在请假休养。京寓中其他的人都算好，请释念！

顺问

近佳！

董必武

十二月廿九日

【品读导航】

这是1953年12月29日董必武给外甥王俊山的复信。

王俊山在来信中要求帮他调到国营商店工作，董必武对其进行思想教育，指出他应该向组织提出这一问题，而不应向个人提出，并说：“现在想凭借私人力量，以介绍方式去找工作，那是直接违反中央的政策。”教育他，革命是为人民谋利益，决不应该把参加革命作为个人谋利益的手段。

问是学的不可缺的要件
——致董良羽①

1957年12月11日

羽儿：

十二月六日信收到了，电报早已收到。你们已和学校接上关系，暂被送在招待所居住，你们为这事吃惊。这由于原先把事情看得太顺利了。你们应记住这一次的经验，将来毕业后分配到某一部分工作，初去接头时住招待所是普通的现象。我对你们入校学习事没有不放心的地方。

你在学校尚未决定之前，在招待所住着，时间切记不要浪费掉，要自己找点什么东西自修，找点自己最缺乏的东西自修。自修中遇到不懂的地方记下来，〈与〉你们同住的人研究，有可以请教的人就向他请教，学问学问，问是学的不可缺的要件。这点我在京时曾对你谈过。我劝你不要浪费掉时间，并不是想你一天到晚啃书本本。不是的，人的生活一天应有学习或工作时间，也应当有休息和娱乐的时间，只〈是〉不要让应当学习或工作的时间被休息和娱乐所占去罢了。反之，也是一样。

---

① 董良羽，董必武的儿子。当时刚到哈尔滨军事工程学院准备入学。

我这次离京是养病，我每天除看地方报纸和《人民日报》外，写寸楷六十四个，小楷一百四十四个，这二十天来因病因事耽搁了几天没有做到，绝大多数的日子就这么过的。你妈妈每天也是写二百个小楷字，丁玉奎、周德志、小江①都是这样，我们总不让我们的日子白白地过去。

我到广州后被介绍到军医院看牙齿和皮肤。上牙有三处漏管，医生施手术挖掉，今天才把挖后敷膏取掉了，但上下牙动摇的有四个，只能维持原状。皮肤病最厉害的在两腿上，医院决定烤电，要烤十次，每周烤一次，已烤过两次了。我们去虎门玩了一天。前两天我又闹了一点小病，腹泻，体温轻微上升，医生要我躺两天服药，昨天已好了，今日已起床外出参加广州起义②卅周年纪念并到医院去看牙了。妈妈饮食很好，眼睛不像从前，她正在找蛇胆酒喝，牙出血没有好。我们和北京的联系很不错，良翚、良翮③都有信来。绍简④发疝气进医院动过手术，现在想已出院了。

为纪念广州起义卅周年我写了一首诗登在这里报上，《人民日报》

---

① 丁玉奎、周德志、小江，当时分别是董必武的警卫员、司机、服务员。

② 广州起义，是1927年大革命失败后，中国共产党在广州发动的反击国民党反革命势力的武装起义。12月11日，在中共广东省委书记张太雷和叶挺、恽代英、叶剑英、杨殷、周文雍、聂荣臻等领导下，驻广州的国民革命军第四军教导团联合广州工人、市郊农民，经过激战，占领了市内绝大部分地区。起义胜利后成立了广州苏维埃政府。12日，国民党反动军队在帝国主义战舰炮火的掩护下，围攻广州。张太雷在战斗中牺牲。起义部队于13日被迫撤出广州，起义失败。新中国成立后，在起义者英勇就义的黄花岗建立了广州起义烈士陵园。

③ 良翚，即董良翚，董必武的女儿。当时在北京上中学。良翮，即董良翮，董必武的儿子。当时在北京上小学。

④ 绍简，即董绍简，董必武的堂侄孙。

未必登，抄给你看一下。

广州起义继南昌，旗帜鲜明见主张。

只有人民救中国，更无道路是康庄。

将成即毁原尝试，虽败犹荣应赞扬。

岗上红花开满地，卅年前事永难忘。

今天因为病躺在床上时无事，做了一首游戏的五言古〈诗〉，稍长一点，纸不够，下次再抄给你看。

哈尔滨毕竟在北京之北，你们生活适应环境，总要小心，妈妈时常担心你没有大衣御寒呢！祝你早点入校！

父　字

十二月十一日夜十时半

【品读导航】

这封信写于1957年12月11日。当时董必武的长子董良羽到哈尔滨军事工程学院准备入学，董必武给其写信，勉励他在正式入学前不要浪费时间，要找点东西自修，同时要善于向别人请教。同时，还在信中介绍了自己的生活，并抄录了他写的一首诗，对长子进行革命传统教育。

学习要循序渐进，手脑并用，敢于创造
——致董良羽

1958年9月15日

羽儿：

……[1]

你已升科，定了所学的科目，这很好。你学习的科目是最新的科目。估计其中有困难，但也不会是不可克服的困难。这就是说，普通人只要有决心是学得到的。学习中是会遇到一些困难的，循序渐进（也许“渐进”二字与你的口味不合，但我想学习科学的基本原理，渐进也不算坏），掌握所学科目的基本原理，应手脑并用，敢于创造，这样，在社会主义建设中，一定能成为一个积极分子。这里还要提醒你一下，你在学习专科时，必须常常学习政治，必须服从共产党和共青团的领导。要学习辩证唯物主义。学政治要看《人民日报》，要学习毛主席的著作（毛主席的著作中应先学哪几篇，可请学校政治课教员指导）。我所以特别提到这一点，因你在中学时是不很注意政治的（你到东北后有进步）。不仅

① 这封信根据《中国青年》1962年第14期刊印。省略号是该刊发表时所作的删节。

是你，你们几个熟朋友也有同样的情形。良灏最近两年有进步，他已成为正式党员了。

必武手书

1958年9月15日

【品读导航】

这封信是董必武1958年9月15日写给在哈尔滨军事工程学院读书的儿子董良羽的。在这封信中，董必武针对董良羽中学时忽视政治的倾向，教育儿子在学习科技知识的同时，还必须常常学习政治，学习毛主席著作，学习辩证唯物主义。这表现了董必武从政治上关心儿子进步的舐犊之情。他教导儿子，学习要循序渐进，手脑并用，敢于创造。这一方法对于今天人们的学习，仍具有借鉴意义。

学要有恒，尤要专心
——致董良翚

1961年9月5日

翚儿：

我在你离京返校的一星期后我也离开北京，妈妈留在寓中忙家里的事。她收到你返校后第一次信已告诉我了，她说哥哥也有信来。我告诉你一个好消息：酉酉在八月廿八、廿九、卅日在他的学校里作升级补考，已补考及格了。但也很危险，学校通知他，五门（史、地、几何、代数、俄语）有四门及格就可升级，他恰好考得四门及格。地理四分，几何、代数、历史三分，俄语只考得二分，你说危险不危险呀！我们对他的帮助还不算白费。当时不知道他还能补考，他温习功课抓得不紧，我们也没有抓紧督促检查，他温习功课的质量并不那么好。我初听到他能补考的消息，一方面为他高兴，一方面也为他担心，因为我知道他补习的功课没有一门学得有把握。所以当时就告诉他作精神上的准备，考不及格也不灰心丧气。考不取由于过去没有学好，鼓起劲来再学。考及格了也是侥幸，也要鼓劲认真学习才能在初中毕业。我对他能否升级不认为是主要的事，他目前的问题主要是必须改变对学习的态度，过去他的学习是被动的，不认真的，没有决心〈学〉会一种本领为建设社会主义服务。我劝他改变这种态度，要认真地听课，认真地做作业，不会的多问。他来信说他愿意今后这样干，这就对了。我希望他如此！他这次俄语只考得二分，颇出我意外，因为我们帮助他俄语是重点学习，暑假中每天都温习，为什么还不及格呢？我写给他座右铭中开首两句是：学要有恒，尤要专心，是针对着他的毛病说的。他每天都读俄文，不能说是无恒，就是心不在焉，所以读如未读，读了不能真正记得和懂得。这意思我写信告诉他了。他理解么？接受么？只有靠他的自觉。今年暑期补习虽不能令人满意，他在受挫折以后，有点向上的转变，但没有彻底转变，虽然如此，我还是欢迎他并鼓励他更前进。

上月底我写信给哥哥（这是他返校后我写给他的第一次信）说到青年学生时代最大的毛病是不好学，这点毛病酉酉已犯了，你和哥哥没有犯，这很好，我很放心。其次是不注意求学的方法。我已把我想到的较好的学习方法告诉了你们，酉酉当作耳边风，没有理会它；哥哥没有和我研究学习方法问题，我说的方法是否可用，他无表示；你是没有完全照我说的试过，你告诉过我的。我希望你照我说的学习方法试两星期看看！你们学校自然也要告诉你们一套学习方法，那是在校学生都适用的。我说的方法只要你安排一下时间或挤一点时间就可以做到，对学校规定的没有什么冲突，不是么？如听课时聚精会神地听讲，听完一课后，立即抓住机会将课文（如有的话）翻阅一下，对证教员讲的内容看有不懂的地方没有，这后面一点当然要挤你一点休息时间，但就学习说，总比一听下课铃就出课堂去玩，收效要大些。一个学期学多少东西是学校规定了的，学生根据自己的精力怎样学到手，其间是有一个方法问题。望你在学习实践中注意！

我在这里很好，吃得，睡得，看文件时多（比北京时少），出游了一次，每日都在住所附近散步，作了几首诗，以后再抄给你。祝

你学习和生活都好！

父　字

1961年9月5日

【品读导航】

这封信写于1961年9月5日，是董必武写给他尚在读中学的女儿董良翚的。在信中他告诫孩子们，要决心学会一种本领为建设社会主义服务，同时在学习方法上要“学要有恒，尤要专心”。这封信既表现了一名共产党人的崇高精神境界，也表现了董必武严谨治学的科学态度。

吴玉章
（1878～1966）

无产阶级革命家、教育家。四川荣县人。早年参加孙中山领导的同盟会和辛亥革命。1915年倡办留法勤工俭学会。1925年加入中国共产党。1927年参加八一南昌起义，任革命委员会秘书长。1928年到1937年，被派往苏联、法国和欧洲工作，参加过共产国际第七次代表大会。1938年回国后，历任延安鲁艺学院院长、延安大学校长、陕甘宁边区政府文教委员会主任、中共四川省委书记、华北大学校长等职。新中国成立后，任中国人民大学校长、中国教育工会主席、中国文字改革委员会主任等职。为第一届至第四届全国人大代表和全国人大常委会委员，中共第六、七、八届中央委员。1966年12月12日在北京病逝。

中国只有这一条光明大道
——致吴端甫[①]

1944年12月8日

端侄如握：

得十月十八日函，知你将家事处理就绪即可来此，至为欣慰，日望能早日见面。林老[②]回，谈及与你畅谈数次，亦望你来襄助，他觉得你对于家事尚无大困难，似乎还有些顾虑。我以为这是你还未深知此间情形及将来的趋势。此间生活是安定而有生气，我认为中国只有这一条光明大道，你一定是相信我的。你学得一专门技能必须用于有用之地，方不负数十年的苦心。你来于公于私都有大益，务希你下大决心，立刻将事务办妥，早日成行为幸。家庭安置在乡僻之区为好，子女能来更好。余俟面谈，即问

近好！

叔　字

十二月八日

① 吴端甫，又名吴大璋，吴玉章的侄子。早年到法国勤工俭学，1938年回国。当时在重庆钢铁厂任工程师。

② 林老，即林伯渠。当时任中共中央委员、陕甘宁边区政府主席。1944年5月至11月代表中共中央在重庆同国民党进行谈判。

大林[①]家兑来一万元已收到，钱存我处。因为他下乡工作未归，未能写信回家，请转告家中，以免悬望。陵[②]及家中未及写信，可转告他们我身体很好勿念。表的发条等件已收到。双双[③]等均好，入科学院学习并参加工厂实习，甚有进步。此间人人是丰衣足食，过着愉快的生活。我家离公路太近不免喧嚣，或者能入深山居住较好。又及。

【品读导航】

这是吴玉章1944年12月8日写给侄儿吴端甫的信。

吴端甫早年到法国勤工俭学，学习钢铁冶炼技术。1938年回国，在重庆钢铁厂工作，后任工程师。当时，陕甘宁边区急需要这方面的人才，因此，陕甘宁边区政府主席林伯渠在1944年5月至11月代表中共中央在重庆同国民党进行谈判时，与吴端甫谈过好几次，曾表示希望他到延安。林伯渠回到延安，将他与吴端甫谈话的情况告诉吴玉章，并说明吴端甫的家庭没有什么大困难，只是内心有些顾虑罢了。鉴于此，吴玉章给侄子写了这封信。在信中，吴玉章告诉侄儿，中国只有一条光明大道，那就是延安。能将一技之长用于有用之地，才不负数十年的苦心，并以“你来延安于公于私都有大益”相鼓励，劝侄儿早来延安。信中表明了吴玉章爱惜人才，希望自己的亲属走革命道路，为革命贡献力量的迫切心情。

---

① 大林，即吴大林，又名林宇，吴玉章的侄子。1940年到延安参加革命工作。
② 陵，指吴震寰，号宗陵，吴玉章的儿子。
③ 双双，指吴玉章的外孙女吴大兰、吴小兰。她们当时在延安自然科学院学习。

★ 故事分享 ★

“选择”漫谈

肖　伍

“物竞天择，适者生存”，世界上万事万物都有选择，因选择而存在，因选择而进步。几十亿年前，正是因为宇宙选择了大爆炸，才有了此后的清生浊降，日月光华，群星璀璨；天选择了湛蓝，地选择了厚重，山选择了巍峨，海选择了汹涌，鸟选择了飞翔，马选择了奔驰，鱼选择了戏水，蝉选择了鸣唱，春选择了百般红紫斗芳菲，秋选择了万类霜天竞自由。

正确的选择，可以立国兴邦。

20世纪初的中国，江山破败，国破民穷，哀鸿遍野，战火四燃，古老的民族深深陷于水深火热之中。尤其是外敌入侵，更使中国面临亡国灭种的危险。在这个紧要关头，历史选择了毛泽东。第五次反“围剿”失败之后，红军陷于几十倍于己的国民党军队的围追堵截之中，随时都有全军覆灭的危险。遵义会议上，毛泽东又回到领导岗位，他带领红军四渡赤水，横渡乌江天险，抢渡金沙江，飞夺泸定桥，爬雪山，过草地，历经千难万险，胜利到达陕北，使革命的星星之火燃遍抗日救国的每一寸土地。最终取得了抗日战争和解放战争的伟大胜利。如果不是历史正确地选择了毛泽东，就不会有辉煌灿烂的新中国。

错误的选择，就会一败涂地。

楚怀王选择了奸佞之臣靳尚，导致人死国灭；秦始皇选择了赵高，导致二世而亡；赵构选择了秦桧，南宋沦陷。20世纪二三十年代的法西斯国家选择了侵略和屠杀，开始时，他们是多么的不可一世。希特勒叫嚣着争取“生存空间”，向无辜的欧洲撒下罪恶之网；日本早就制定了“大陆政策”，带着对亚洲邻居们的轻蔑扬起铁蹄；意大利更是被侵略的野心和膨胀的欲望冲昏了头脑。于是，邪恶轴心国向全世界伸出魔掌，奥斯维辛集中营，南京大屠杀……法西斯屠夫血债累累，罪恶滔天！但是，他们的错误选择使他们成了全世界人民的公敌，制造了人类历史上空前浩劫的罪大恶极的法西斯头子受到了应有的惩罚——希特勒在柏林地下室举枪自尽；东条英机等七大甲级日本战犯被处以绞刑；意大利墨索里尼也在众叛亲离中被游击队员暴尸街头。

正确的选择，可以流芳千古，立国兴邦；错误的选择，导致遗臭万年，国破家亡。何去何从，值得人们深思。

学生感言

每一个时代的人，都有每一个时代的人的痛苦，痛苦绝不是今天的少年才有的。少年时，就有一种对痛苦的风度，长大时才可能是一个强者。

共产党员要从思想上肃清资产阶级思想

——致蓝其邦[①]

1952年6月26日

其邦：

我接到你四月六日的信，知道你妈妈三月廿七已回到家乡，心里得到安慰。现在你们的生活怎么样呢？你和其卫[②]现在是薪金制还是供给制呢？每月生活情况如何？望下次信告我。我的用费经过“三反”[③]后减少了一半以上，从前没有好好管理浪费很多。现在的生活和以前一样，我的身体也很好，现在我还是供给制，但规定了每月的津贴费，每月有余，可以帮助你们。你在“三反”运动中检讨了自己，很好。“三反”运动的精神是要改正旧社会的不良习惯，我们共产党员更要从思想上肃清资产阶级的思想。这就是要我们在实际生活中来改造和学习。其卫到泸县去学习，想可与林宇见面，林宇有信说他现在担任泸市办公厅主任，事情很忙。川中小春不好，闻大春尚好。北方现又少雨，政务院已发出

① 蓝其邦，吴玉章的外孙。当时在四川荣县人民政府工作。
② 其卫，即蓝其卫，吴玉章的外孙。
③ “三反”，指1951年底至1952年秋在党政机关、部队和国营企业中开展的反对贪污、反对浪费、反对官僚主义的斗争。

防旱号召，只要大家努力，人力可以战胜天灾。荆江分洪工程及治淮工程都得到伟大胜利。今年虽有一些地歉收，因为耕地扩大，总的收入还是会增加。成渝铁路“七一”就通车了，这是革命的又一大胜利。天成路修好后，我们就可以坐火车回家乡了。此间一切都好，余后及。

问你们近好！

玉　章

六月二十六日

【品读导航】

这是吴玉章1952年6月26日写给外孙蓝其邦的信。

新中国成立初期，在新的历史条件下，党和国家机关的一部分工作人员，经不起资产阶级思想作风的侵蚀，出现了严重的蜕化变质倾向。1951年12月1日中共中央作出《关于实行精兵简政、增产节约、反对贪污、反对浪费和反对官僚主义的决定》，8日，又发出《关于反贪污斗争必须大张旗鼓地去进行的指示》，在全国开展了“三反”运动。这次斗争，揭露了一批蜕化变质分子，挽救了一批犯错误的干部，教育了广大党员和干部。

在这种历史大背景下，吴玉章给外孙蓝其邦写信，肯定了蓝在“三反”运动中勇于检讨自己的做法，强调“‘三反’运动的精神是要改正旧社会的不良习惯，我们共产党员更要从思想上肃清资产阶级的思想”。信中，吴玉章还询问了外孙的生活、待遇以及另外几个亲属的情况，并就北方防旱、荆江分洪、粮食生产、铁路建设等情况谈了自己的看法，表明吴玉章从思想上关爱孙辈和对祖国建设成就无限喜悦的心情。

要以兄弟般的情谊对待人民，教育人民

——致林宇[①]

1952年

林侄：

收到你的信后久未回信，因事稍忙。你现任富顺县长职，事情更繁多，要独立工作，就要更全面地考虑问题。依靠党，相信群众，好好地执行政府法令，诚心诚意为人民服务，随时注意人民疾苦，使人民各得其所，发挥人民的智慧，以兄弟般的情谊对待人民，教育人民。乡间封建思想还很浓厚，尤其婚姻问题的旧习惯一时还改不过来，司法人员不遵行《婚姻法》，以致现在全国为婚姻而死亡的不少，这是要特别注意的。北京近来常演《梁山伯与祝英台》、《小女婿》、《小二黑结婚》等戏，政府再三命令切实执行《婚姻法》，而顽固分子常常阻挠，我们必须进行斗争来改正风气。有关农村生产经验及合作社互助组等方面的书刊，即由我现在的秘书钟涵同志常常为你收集寄去。《人民日报》、《光明日报》、《北京日报》每天都有很多好材料。我曾为你订了几个月《人

① 林宇，又名吴大林，吴玉章的侄子。

民日报》，收到否？重庆《新华日报》[①]及地方报纸想也都常有这类文章、报告的登载，只要天天看报就能得到很多经验教训。你要有广播收音机，每天要听广播，并要作宣传，我们现在有一日千里的进步，必须时时留心时事。近来我身体很好，体重增加很多，身上比以前有肉了。乐毅[②]已入本校专修科合作社班学习，性情已大有改善，本蓉[③]已入保育院，他们都很好。淑芳[④]写信来问，说很久没有接到她父亲的信，我想写信告诉她一点使她安心。这小孩还聪明，她说要争取入团，在培德中学学习也很好，要好好培养她。现在这些青年是很可宝贵的，只要我们大力培养他们，三五年后我国有很多新青年，从此一定能成为富强的大国。你说你母亲生活很困难，用吴保秀[⑤]名现寄给你三十万元[⑥]作她急需之用。四嫂[⑦]的生活如何，我常常担心，四姐[⑧]住在城里，其卫也结婚了，我好久没有接到他们的信了。端甫常有信来，鞍山的大规模建设使他很感动，大有进步。你有空时就写信告诉我一切。

问你近好。

叔　玉草

---

① 重庆《新华日报》，是中共中央西南局机关报。1949年12月10日创刊，1954年8月31日停刊。

② 乐毅，即蔡乐毅，吴玉章的儿媳。

③ 本蓉，即吴本蓉，吴玉章的孙子。

④ 淑芳，即吴淑芳，吴玉章侄孙吴本熙的女儿。

⑤ 吴保秀，吴玉章的警卫员。

⑥ 这里指当时流通的人民币。中国人民银行自1955年3月1日起发行新人民币，代替原来流通的旧人民币，按规定，人民币新币1元等于旧币1万元。

⑦ 四嫂，指吴玉章的侄子吴鸣和烈士的妻子，林宇的堂嫂。

⑧ 四姐，指吴玉章的女儿吴惠修。

【品读导航】

这是吴玉章1952年写给侄儿林宇的信。

当时，林宇在富顺任县长。在信中，吴玉章以自己多年的经验教育侄儿要“依靠党，相信群众，好好地执行政府法令，诚心诚意为人民服务，随时注意人民疾苦，使人民各得其所，发挥人民的智慧，以兄弟般的情谊对待人民，教育人民”。还要求林宇多读书、看报、听广播，及时学习时事政策，以提高领导能力，适应工作的需要。这封信处处体现出吴玉章爱护、培养年轻干部的情怀和他的群众观点。

谢觉哉
（1884 ~ 1971）

无产阶级革命家。湖南宁乡人。1925年加入中国共产党。1934年参加长征。历任中华苏维埃共和国中央政府秘书长、内务部长、司法部长、中央党校副校长、陕甘宁边区政府秘书长、陕甘宁边区参议会副参议长、华北人民政府司法部长等职。新中国成立后，历任中央人民政府内务部长、最高人民法院院长、全国政协副主席等职。1971年6月在北京逝世。

“官”而不“焦”，天下大乱，“官”而“焦”了，转“乱”为安

——致谢子谷、谢廉伯[①]

1950年1月21日

子谷、廉伯：

儿子要看父亲，父亲也想看看儿子，是人情之常。

刻下你们很穷，北方是荒年，饿死人，你们筹路费不易，到这里，我又要替你们搞住的吃的，也是件麻烦事。如你们还没起身，可以等一下，等到今年秋收后，估计那时候光景会好一些。到那时来看我，是一样的。听便车是没有的，因为任何人坐车，都要买票。

你们会说我这个官是“焦官”[②]。是的，“官”而不“焦”，天下大乱，“官”而“焦”了，转“乱”为安。有诗一首：

你们说我做大官，

我官好比周老官[③]（奇才大老官），

---

① 谢子谷、谢廉伯，均是谢觉哉的儿子。

② “焦官”，意思是不挣钱的官。

③ 周老官，姓周名奇才，是谢觉哉的长辈，同村的一位勤勤恳恳的老雇农。在旧社会里一直给人当长工，辛辛苦苦干了一辈子。他心灵手巧，能做各种酒菜，乡间婚丧大事，都请他去做厨。他是一位可敬的老人，谢觉哉曾写诗称赞他。诗曰：生来脸黑号奇才，诚实勤劳口少开；越吃苦来心越静，晚年耳更不闻雷。

起得早来眠得晚，

能多做事即心安。

问你母亲好。

父　字

一月廿一

【品读导航】

这是谢觉哉写给在家乡的儿子的家书。1949年10月，谢觉哉担任中央人民政府内务部长后，两个儿子谢子谷、谢廉伯写信给他，要求到北京去看他，谢老就写了这封回信。这封信体现了谢老廉洁奉公的精神，同时也阐明了共产党人做官不为个人得私利的宗旨，体现了共产党人崇高的思想境界。

从艰苦的过程中，力求上进，才算过关

——致谢谦芳等

1951年1月27日

谦芳、茂杞、岂凡、学涵、学初、峙璜、延仁、学安[①]：

你们这批我不认识的人，我却喜欢看你们的来信，尤其说到你们思想改进想做番事业的信。

我没工夫回你们的信，有的信来了很久，有的连信都失去了。好在你们都很年青，走的是一条路，对这个说的话，对那个也可以说。因此就写一封通信，分给你们。

学涵说："我这次的决定，经过了一段很痛苦的思想斗争。"学初说："我真欢喜，我突破了五关，斩了六将。"如果不是说考试的关而是说"很痛苦的思想斗争"的关的话，那我要告诉你，你们过的还只是"童子关"——笠仲[②]没过得去的关而不是真正的关。前几年你们的叔父或

① 谦芳，即谢谦芳，谢觉哉的侄女。茂杞，即谢茂杞，谢觉哉的侄子。岂凡，即吴岂凡，谢觉哉的侄女婿。学涵，即陈学涵，谢觉哉的外孙女婿。学初，即谢学初，谢觉哉的孙子。峙璜，即谢峙璜，又名谢芝初，谢觉哉的孙子。延仁，即谢延仁，谢觉哉的孙子。学安，即谢学安，谢觉哉的孙子。

② 笠仲，即谢笠仲，谢觉哉的侄子。

哥哥——谢放[1]，随军队由北打到南，又由南打到北，满以为看不到了，忽出现在我面前，黑瘦得只剩几根骨头。我写过首诗给他，是旧诗，不便抄给你们看，意思是说，要从艰苦的过程中，得出隽永的味道，像云长到达黄河渡口的样子，才算过关。如果过关后感到松劲，那是“偷关”，不算过关，以后遇着关会过不去。

你们当不会再有那样险阻的关，但困难总是有的。必须锻炼身体与精神，服从组织，力求上进，老老实实，讲到哪里就做到哪里，你们的前途才是无限的。不然的话，也许碰着平阳的关也闯不过去，碰着一员裨将也斩不下来。峙璜似乎是看了我去年的一封信，打破了做“少爷”的梦，很好。干军队是要有好身体，挑八十斤，走十里路，算什么？你伯父那样小个子，不也能抬轿走长路吗？你父亲那样文弱，听说现办两个学校，今天走这，明天走那，身子还好了些。劳动是最神圣的事，不肯劳动是反动社会传下的坏观念。

应该知道一个道理，你们现在与将来的进步和幸福，是依靠革命，依靠政府，依靠党与团的帮助与教育，也即是依靠人民，前景非常伟大。那想依靠个人比如说依靠我，现在家里还有人是这样想，那是错的。

你们有的是青年团员了，这道理应已知道。

谦芳拖着孩子和家务事，似有些不快活，要知道在革命社会里任何事都是革命的，都有一样前途的，前信已说过，拿出再看看吧。延仁、

---

① 谢放，谢觉哉的儿子。1944年11月，参加王震、王首道率领的南下支队，从延安出发南征。该部转战陕、晋、豫、鄂、湘、赣、粤诸省，打击日本侵略者；抗日战争胜利后又经中原北返，1946年8月回到陕甘宁解放区。

学安近无信来，料想必好。

你们有几个是学科学的。建设新社会，需要科学，过去学了没用，现在到处缺乏科学人才。电机学生全国最少。我国水电的储量，除东北外差不多都原封未动，而我国的建设，要求很快就电气化，学电机的青年要努力这一事业。

你们中有的文字还不大清顺，虽然你们不一定要笔杆，但总宜想得出说得出就写得出，这点上宜用点功。

笠仲被父母叫回，你姑母那个叫什么的孩子，不知回去没有，望他们在家能做个勤奋的农民。

父母对儿女是爱的，你们在外的，应常把你们的生活情况，进步情况，所看到的事情，告诉父母、祖父母，既可以练习文字，又可开发家里人的脑筋。老人们知道你们过得快活，他们也会随着快活。

说死了祖宗，能保佑儿孙，你们当已知道不对。我尚活着，你们如不自己介绍，我一点也不晓。你们兄弟姊妹、表兄弟姊妹，有多少，叫甚名字，信上虽说过，我总记不全，也不想再问，反正是这么一回事。

为着革命，为着社会，我祝福你们和社会上的进步青年看齐，并且身体强健。

附带告诉一下，我已快七十，医生检查，脏腑手足尚正常，没有病，只目力差了些，左耳有点聋。我的生活得到定国[1]的照顾很好，你们不

① 定国，即王定国，谢觉哉的夫人。

用挂念。这里一群孩子够热闹的。定定[①]十二岁半，小学五年级。飘飘十岁，小学四年级。飞飞八岁多，小学二年级，成绩还好。列列六岁。七七三岁多，调皮得利〔厉〕害，甚么都知道。养教有定国自己去管。士维、立初[②]在中学尚没放假，士维长得很快。

定国祝你们努力前进。

焕　南[③]

一月廿七

【品读导航】

这封信写于1951年1月27日，是写给谢谦芳等家乡侄辈的。谢老家乡的几个侄子给其来信汇报思想、工作和生活状况，谢老回信对他们进行了勉励和教育。信中教育他们，要努力工作，奋斗“过关”；告诉他们，个人的进步、幸福，要靠政府和党团组织，而不要希望依靠谢老个人；希望他们努力学习科学，建设新社会。这封信表现了谢老对青年人的关心和大公无私、不徇私情的高尚精神。

① 定定，即谢宏，谢觉哉的女儿。下文提到的飘飘（谢飘）、飞飞（谢飞）、列列（谢列）、七七（谢云），都是谢觉哉的儿子。
② 士维，即谢士维，谢觉哉的孙女。立初，即谢立初，谢觉哉的孙子。
③ 焕南，谢觉哉的字。

养生、学习与恋爱
——致谢金圃①

1953年8月7日

金圃：

你提的三个问题：

一、养生。听说你身体不好，用老话讲，是先天不足，但可以用后天来补救，照你讲的病状，你首先要学会安静、不急躁、不愁。“做事东扯西拉”，是很不好的，应该做一件了一件，做不了的不妨放下。古人说：“日计不足月计有余”，就是指此。其次，要乐观，不要为病着急，也不要胡乱找药吃，慢性病只能用慢性药治。空气、日光、快乐、适当的运动、讲清洁，是主要的慢性药品。我少年时身体也不好，现七十了还不很坏，可见后天补救是可行的。我自三十以后就没发过大脾气吵过架，也曾学过静坐，你也可试试。家里曾有些中医书，可以看看。十多年前，我患过血压高症，医生以为年纪大了，不可能低下了，但现已低下了。我定了几句话：

① 谢金圃，谢觉哉的孙子。当时在湖南宁乡当小学教员。

吃饭莫饱，走路莫跑，

说话要少，睡觉要早，

遇事莫恼，经常洗澡。

这在你们年轻人或不大适合，但可以参考。

二、学习。自学是最好方法，有些科学，难于完全自己学到，但一般文化、常识，没有不可学到的。但也不要性急，要一点一滴的累积。农村的先生多，广大劳动人民是你的先生，报纸书籍是你的先生，问题只在你自己肯学肯想。

文字须求通顺，纠正错别字，学好标点符号。

三、找爱人。这是你自己的事。我建议你：要找就得找个能劳动的农家女子，挑得起、放得落的，识不识字是次要的。

我年已老，工作又忙，不能常给你写信，盼你自己努力。

你的祖父

一九五三年八月七日

【品读导航】

这是谢老1953年8月7日写给孙子谢金圃的信。在信中谈到，养生要静，不急躁，不发愁；学习要以劳动人民为先生；找对象则要以能劳动为主。这封信体现了谢老对晚辈的关爱，反映了一位老一辈革命家富有人情味的一面。

★ 故事分享 ★

滋　味

刘　尔

世间的滋味总是多样的，不同的人在做不同的事时会有不一样的滋味，而不同的滋味也会因为自己不同的心境和外界的影响而有所改变。我心里的那份滋味，便是如此。

记得那是今年四月的事了，我凌晨爬起来看球赛。“好球！”“传……哎呀！”我依然清晰地记得我左手拿饮料，右手拿遥控器，微弯着腰，站在沙发旁。有时情急之下还会踩两脚沙发，手舞足蹈一会儿。只听旁边有人在喊：“女儿，安静，半夜三更的。”哎，真扫兴！爸爸你怎么知道我心中的滋味呢？看着心爱的球队踢得漂亮自然是喜不自胜，踢得不好当然是又气又恨了。

半个多小时过去了，球赛踢到了尾声，我支持的球队还落后对方一个球，那是多么重要的一个任意球，我“噌”地站了起来，屏住呼吸……球踢高了！原本想“痛摔”遥控器的我，想到爸爸的话，渐渐平和了，只是垂头丧气地坐到沙发上。随着结束的哨音吹响，我心爱的足球队就那样输掉了比赛。我第一次在观战后品尝到如此落寞的滋味，觉得心里堵得慌。这种滋味是不好受的，我甚至想大声的“谩骂”对方球队，痛斥他们，挑刺儿。我狠狠地把手砸在沙发上，想发泄掉这难过的滋味，然而，就在这时，眼前的一幕，让我深深地惊呆了！

那是一个多么令人震撼而难忘的举动！两个队的主教练走在一块，深情地相拥。那绝非是一般走形式似的抱一抱而已，而是两个英雄真诚相惜的流露。两个人从远处面带微笑地朝彼此走去，缓慢而略带敬意，几乎同时张开了双臂，紧紧地抱住了对方，又在耳边说了几句话，依依不舍地分开了。这是我看球赛以来第一次看见如此真诚的拥抱。这些年，他们虽球场为敌，场下却视彼此为友，相敬相惜。所谓的胜负，此时都化为乌有，他们是对手也是朋友，他们的球队都很强大，他们共同缔造了这精彩的比赛，他们相互欣赏、祝福，一起期待下一次相逢。这才是体育的精神与魅力呀。

这时，我的心里只有无限的震撼与快乐的滋味。我甚至品尝到了幸福的滋味，因为这才是伟大的教练们，伟大的足球比赛，伟大的体育运动。第一次，我心爱的球队输了球，我却有这样的滋味，不气愤不抱怨，而是平静、平和地接受这一切。我感谢他们赐予我这样快乐与幸福的滋味！

其实很多时候，换个角度，换个思考方式，换个心境，滋味也就变了！

学生感言

换个角度，换个思考方式，换个心境，可能会获得不一样的滋味——忘记烦恼，没有抱怨，体会真正的生活、工作乐趣，用平和的感恩之心享受平凡的快乐与幸福。

人要身体好，最主要的是心怀宽大
——致谢群英等

1960年3月29日

群英女儿、鲁瞻外孙并抄送鲁宜、笠仲、廉伯、子谷、冰茹、耘平[①]：

不久前看到冰茹、鲁宜、笠仲、廉伯、子谷、耘平、群英、鲁瞻，只冰茹、子谷较健康，其余身体都不大好。本来将近六十岁的人，出老相是常事，但注意得好，活到七八十岁甚至更多，身子还健康，是可能的。三四十岁的人有点养身病也是常事，但把它治好，并不很难。问题在于自己会调养。

讲点故事：我母亲（群英的祖母）生我们兄弟姊妹九个，有两位很小就死了（三弟三岁，九姊大概不到十岁），其他几位都是二十多岁死的，只你四叔活到四十多岁。你祖母也因痛女儿得病只四十八岁就死了。有好几位的死我都亲侍奉过，请医求神，忙过不了，但是病人总是一天天坏下去。我很心伤，开始怀疑治法不对头。年纪大了，看过一些卫

① 鲁瞻，即姜鲁瞻。鲁宜，即谢鲁宜，谢觉哉的弟弟。笠仲，即谢笠仲，谢觉哉的侄子。廉伯，即谢廉伯。子谷，即谢子谷。他们是谢觉哉的儿子。冰茹，即谢冰茹，谢觉哉的女儿。耘平，即谢耘平，谢觉哉的孙女。

生书籍，知道人是要死的，病也是可以治好的。所谓“尽其天年”，活到你不能不死的时候，还能走路做点事，完全可能。

不信吗？我现在七十七岁，比我父亲已经多活二十年，我父亲身体比我结实，又不缺乏衣食，只性情急躁一些，有些事我看了很平常，他看了就生气。你们知道的：桑树坡李曙亭四公听说活到将百岁才死，吴秀南听说活到九十多岁。这两个人的物质生活都不很好。据我记忆所及，他们都是心平气和，从不和人计较，我没见他俩生过气。

由此可见，人要身体好，医药、饮食等客观物质虽然是重要，但是最主要还是心怀宽大，精神快乐，加强自己的生命力，同时又善于与各种危害身体的东西作斗争。客观物质有时受到限制，主观的精神则是没有限制的。“心怀宽大”，不只是“看得开”、“心术好”，而且要经常抱着“为别人好”的心思，而不能只顾自己。你们都过过剥削生活，我也过过，只是比你们离开得早些。剥削生活是可耻的生活，不止害人而且害己，使得自己心肠窄狭，没有真正快乐的时候。你们事实上离开了那种生活，还要从思想上感到那种生活是可耻的，狠狠地把它甩掉，走入另外劳动生产的路，这样，精神才能得到解放。

十年前曾同一些老的同志扯谈，谈到同辈的朋友都不在了，而我们却还存在，大家认为参加革命是重要原因之一。心怀开敞，没有忧虑，只要不被敌人杀害，多活一些年月，是全有可能的。

道理是这样：人身内的生命力，时时刻刻在和危害它的敌人作斗争，一直斗争到生命终结。这个生命力的总机关是脑筋，即神经中枢。心怀宽大无忧无愁的人，他的脑筋健全，血液流动正常，因而很容易把衰弱的地方补充起来，把危害驱逐出去。那些心肠狭窄多愁多虑的人，脑神经常受到损害，其作用也就要差得多。

要做到精神舒畅，容易也并不容易。有的人虽然是革命者，但常不免为点小事如工作上挫折、个人的委屈，就埋怨起来，忧虑起来，因而就影响身体，甚至害起病来。

二十年前我患过高血压症，医生认为快六十岁的人，只能维持现状，不可能使之低下去。我听了不以为然。自己拟了几句治疗的话，写在壁上：

吃饭莫饱，走路莫跑，

说话要少，遇事莫恼，

睡觉要早，经常洗澡。

一二年以后，血压正常了。有人说"遇事莫恼"，不易做到。我说只要想想"恼"是不能解决问题的，那就不会恼了。

现在年更老了，更受不起刺激，因而我总是力求避免刺激的事。遇有使人兴奋或忧虑的事马上静下来，不急不躁，心平气和，可以保身体也可以解决事情。气功治疗，是使脑筋静下来，得了休息，因而能加强本身生命力的抗病作用，道理就是如此。鲁瞻习气功，只要经常、认真，疗效可能是百分之百的。我看你们都可以做，这是不花钱不费时间的医疗方法，年轻人可以做，年纪大的、有病的，更需要做。

我所要讲的主要是这些。

吃得好些，是重要的。这在你们并不生疏。但如果办不到，尤其在荒年，那就不要把希望放在这上面。

医药不要乱用，最好要知道药性。我知道一点中药道理，是在自己害病中学到的。

适当劳动，适当休息，注意一些卫生常识，都很重要。

姜忠[1]调工作的问题，我不知道可不可调，如果可调，姜忠可以自己请求，如不可调，那旁人说也是空的。不要认为地位高的人可以说情，这是旧社会的习气，早已经不作兴了。要向媳妇说明：凡事都可以习惯的，吃麦子、高粱、包谷的地方多，那里的人都长得结实高胖，甚至比吃大米的人还好。怕什么！我是吃大米长大的，现在什么都吃，从来没有吃不惯的事。你媳妇如果把这件事对人讲，怕也有点不好意思。

群英没有目只有耳，建议鲁瞻、罗淑和、良栋[2]，每天念一回报。一天每人大约念二十分钟，合约一点钟光景。念的人有好处，念比看要了解深，听的人有好处，可以开开脑子，心境跟着也快活了。

我这回到福建住了一个多月，又到南昌、杭州、上海，最近才回京。身子是老了，但没有甚病。我是不要你们操心的。

好久想写封信，总没有写。老人，连使熟了的笔，也难得使了。

愿

你们大家都好。

觉　哉

三月廿九日

---

① 姜忠，谢觉哉的外孙。

② 罗淑和，谢觉哉的外孙媳妇。良栋，即姜良栋，谢觉哉的外孙女。

【品读导航】

这是谢觉哉1960年3月29日写给晚辈的家书。其中心思想是教育后辈要保持宽大的心怀，因为人并不会单纯地因为物质条件好就长寿，重要的是精神得到解放，心态宽厚平和，风物长宜放眼量，只有这样才能保持身体健康。这封信表现了谢老严以律己、宽以待人，不计较个人得失的精神风范。

希望你们凡事多想一想
——致谢廉伯、谢子谷

1961年1月20日

廉伯、子谷：

12月30日、1月10日信，都看了。

“现在人想向城里跑，不久恐怕城里人会向乡里跑，形势很好。”这几句话，你们知道了并说出来了，是一大进步。以前你们是不这样想的。但还要当真地知道农业是建设的基础，知道农村与城市的差别，脑力劳动与体力劳动的差别必须也正在逐渐消灭，然后才能由口头说说进到有实际行动的打算。

劳动力正在向农村返还，据说去年有二千万劳动力还乡了，今年还要回去一些。这些回去的人，有是精简的，有是下放的（他们还领工资）。不管怎样，农业是基础，农村是老家，总得向那里去。将来也会想到那里去。你们的儿子暂时有的下放乡村劳动，将来还要退伍，就是学了技术的，也多数要用之于农业。第六中学，实际是农业中学为农业培养人才。那末，现在就要向这方面打算。你们的儿子大的都出来了，小的现在应该想想，胜我、利他寒假时或在学校或在家，农活还多着，边做边学，养成爱农活的习惯。关淑只是个半劳动力，不能多向公社出工，但是养猪养鸡，在屋角路边种点蔬菜，收益也必不少。我在家没听说过死鸡的，关淑养鸡为何折了本？要研究原因，不要不想。

你母亲快八十了，她带儿子、带孙子，不知费了多少心血，她一生不用钱也不吃好的。估计她现在并不需要甚么，需要的是儿孙们招扶她。八十岁的人随便碰一下可以致死，寒假时候子谷为甚不回家服侍母亲，而定要很远地来看你那不需要你服侍的本生父？这里你应该想想。

梅馨[①]很困难，你们有多钱可以帮助点子。

去年正月我到宁乡看了许多好东西，值得称赞的，但也有的看不顺眼。为甚么我只在南馥冲站了两个钟头就跑了，因为逼得我不能不跑。连夜由谭家湾修一条到我屋门走汽车的路，这是为什么？堆子山的木桥没有了，不修（听见细屋嘴的桥也没有了），却赶修一条通汽车的桥，一涨水就要被冲去。屋子里站几个穿白衣的招待员，不知道在哪里学来的。院子里人站得不少，但没有一个是左邻右舍的。幼儿园几个幼儿从西湖冲赶来，那几个幼儿是长得好，但应该看看附近的托儿所及家庭的幼儿，但来不及了，只好走。

到流沙河主要是看鱼，有人吹得厉害，后来我对张县长说“乘船来去看蔬鱼”，不是看这样的鱼，这是摆样的，应付参观者的。

在县里吃过饭跑到老粮仓不过二小时，你们要我吃饭，我不肯吃。关淑说：都是儿子，为甚不吃？我当时没回答。如在你的家里，关淑做

---

① 梅馨，谢觉哉的小妹。

几样小菜——煎豆腐、擦菜汤之类招待我们几个人，我一定高兴吃。可惜不是这样。在六中吃饭有四桌人，我问为何这多人，说都是随我来的。流沙河社又是丰盛的饭，听说五里社也准备了饭，好像谢胡子是个冒底洞，可以吃个不停。到宁乡县，你们又都来了又是几样，也站不住只好急走。

我四十多岁才离开了村，乡里的印象留得很深。现已年老事少，到故乡住几天，随便看看谈谈，于人于己可能有一点益处。但必须给我自由，不要有这多人围了我，允许我自由到食堂买。我不能同劳动，同吃同住总还可以。

这回，我不怪县、社的人，也不怪你们，只怪我自己事先没有严格说清楚。这对我是一个教训。

当时没来得及向县委汇报，只在信上提了一下。

这次去长沙，可能住几天，你们可不必来，如要来，也只你们两个来，一宿两餐，因为我住在省委，那里不招待别人。不来也可以，要讲的话，只是这些。

你们都快六十了，体力劳动逐渐成为过去，但脑子思虑问题，应该比青年人强，希望你们凡事多想一想。

我历来是动眼动笔的人，现在也减弱了，只脑子还可以想想，但想的范围也不能不有控制。

好久不写这样长的信了，字也写得不成形了。就此搁笔

愿

你们好！

父 觉哉

一月廿日

【品读导航】

1960年正月，76岁高龄的谢老回到阔别30多年的故乡时，曾对县、社设宴招待、拆桥筑路等特殊待遇深表不满。在给儿子谢廉伯、谢子谷的信中教育他们要孝敬老人、服侍母亲的同时，重点批评了有关部门对他的特殊待遇，还提到“不要有这多人围了我，允许我自由到食堂买。我不能同劳动，同吃同住总还可以”，表现了这位老一辈革命家严守纪律、不搞特殊、不谋私利、不脱离群众的崇高品质和优良传统。

★ 故事分享 ★

德，立身之根本

吕旭波

“天行健，君子以自强不息；地势坤，君子以厚德载物。”这两句古训千年来激励着一代又一代的人奋发图强，创造辉煌。他们的成功，无不是以自强精神为指导，而以“厚德”为根本的。厚德者，积厚之德，“厚德”方可“载物”。若“德”不“厚”，则“物”必不可“载”；“物”不可“载”，又何来自强不息？所以，君子立身之本，不仅仅在于自强，更在于品德修养。

无论是蓬勃茂盛的参天巨木，还是坚强不息的沙漠独株，根系，都是他们营养的源泉与生存的基础，道德之于人，正如根之于树木。它支持着你如树般的身躯，同时，又为你的发展提供不竭的动力。有多少著名的人物，无论是科学家、艺术家，还是文学家，他们的成功能与道德的修养无关？居里夫人之所以备受人们尊敬，不仅仅在于她在科学领域作出的贡献，更因为她有着谦逊朴实的作风、淡泊名利的品质。这，都是有德的体现。著名画家齐白石老人，做人光明磊落，对艺术精益求精，身处陋室仍醉心艺术，名满天下还谦虚有加，面对名利淡然处之，艺术之境高山仰止，德艺双馨，无不令人拜服。古往今来，凡是成就卓著、造诣非凡的人，一定都有着深厚的道德修养。道德维系着人的行为，支撑着人的精神，使人不断前进。人若有德，则行为方正、自强向上。

无德，即使烜赫一时，也难逃谴责惩处。

美德有很多种，但无论是哪一种美德，都会成为一个人人生的支柱。心系人民如牛玉儒，爱岗敬业似李素丽，刚正不阿如任长霞，这些新时代的楷模们以他们的行动，为我们树立了一座座丰碑。道德，这是碑下那坚定的基石。

现今社会，物欲横流，人心浮躁，欲立于时代洪流之中而不倒，就要求你的“根”一定要坚实稳固。有德者走遍天下，无德者寸步难行。缺少了德，即使有再多的科学知识，也不足以立身。震动全国的“马加爵事件”，引起了人们的深刻反思。马加爵是大学生，文化知识水平自不在话下，但他在生活学习的巨大压力之下，崩溃了底线，丧失了信仰，惨剧的发生发人深思，由此可见，失德之祸，甚于无知。人之“立”，必以“有德”为先决，以“厚德”为根本。

道德修养是个人的问题，更是社会、国家的问题。作为人的“根”，道德也是需要我们不停“灌溉”的。只有每个人不断加强自身的道德修养，社会、国家才能向前发展。

养好我们的“根”，立好我们的身！

学生感言

养育一个民族，需要养育民族的精神、民族的灵魂，保证它在百般不如意的逆境中仍能传承文明的火种。这精神、这灵魂须得以长久、不因波澜起伏而动摇瓦解。这样的精神、灵魂才是民族赖以生存发展的根本。华夏文明正是靠着这一种浩然之气走到了现在，也必将基于这浩然之气传承复兴。

徐特立

（1877～1968）

无产阶级革命家、教育家。湖南长沙人。早年曾组织并参加留法勤工俭学活动。1927年加入中国共产党，同年参加南昌起义，随后在中央苏区任教育部长。1934年参加长征，后在延安从事教育工作。新中国成立后，任中央人民政府委员、全国人大常委会委员。为中共第七、第八届中央委员。1968年11月在北京逝世。

希望你真能继承我的革命事业
——致徐乾[1]

1941年10月31日

乾儿：

四年前你还是一个落后的家庭妇女，而今成了一个共产党员，实出我意料之外。

希望你真能继承我的革命事业，我从现在你的行动看，有很大的可能性。

我爱读《联共党史》，曾在长沙抄读一次，你是知道的。这书包括革命理论策略、组织原则和工作方法，你当随时阅读，把它当党的经典。

本书总共四百三十页，日读二页，二百一十五日即读完。我今年已六十五岁，有似风中之烛，不知能否眼见你读完此书，了解此书，且能实行书中的原则。如果能看得见的话，我虽无子[2]也还快慰。今日费边

① 徐乾，徐特立的儿媳，原名刘苹英。当时在延安为徐特立做秘书工作。
② 徐特立只有两个儿子长大成人，即徐笃本和徐厚本。徐笃本于1927年大革命失败时牺牲，徐厚本1938年在长沙病故。

币[1]六元购买此书给你，希望你暂放弃其他读物，有计划地读完此书。

一九四一年十月三十一日

徐特立于科学院[2]

【品读导航】

这是徐特立1941年10月31日写给儿媳徐乾的信。

徐乾在徐特立的鼓励与帮助之下，于1941年入党，成为一名共产党员。在这封信中，徐特立对徐乾政治上的进步表示赞许，并鼓励说："希望你真能继承我的革命事业，我从现在你的行动看，有很大的可能性。"同时，徐特立向她推荐了《联共党史》这本书，请她阅读。还亲自为她制定阅读计划，"日读二页，二百一十五日即读完"。并寄托了很大的希望："我今年已六十五岁，有似风中之烛，不知能否眼见你读完此书，了解此书，且能实行书中的原则。如果能看得见的话，我虽无子也还快慰。"

徐特立对徐乾学习上的关心，真实地反映了他对青年革命同志的殷切希望，希望他们能够尽快地承担起革命的重担，为革命多作贡献。

---

① 边币，指陕甘宁边区银行发行的货币。

② 科学院，指延安自然科学院，1939年成立。它是中国共产党创办的第一所理工科大学。1940年底至1943年初，徐特立任延安自然科学院院长。

不接受批评，前途是暗淡的
——致徐乾

1944年

徐乾：

你只是算半布尔塞维克，真正布尔塞维克还是要掌握马克思主义的理论。你所亲近的人、所称赞的人都是不好学的。你的见解全部是经验的、凭天性的，在这一方面是比人们好，因此就不能看出自己的缺点，因此前进就受着限制。我时刻感觉到你难接受真正有益于你的批评。由于你的周围的人最大部分比你弱，不知不觉降低自己应有水平。我是全面关心你的，主要的是你的身体和学问，不只是希望你读书，即全不拿书本，只要每日有十分钟与好学的人接近，耳朵中也要听一些。你看书的能力还极弱，我想帮助你，找不到机会，是非常奇怪。你的自信力强是对的，过强至于不接受批评，前途是暗淡的。接近一切人，不放弃一切落后的也给帮助，是对的，但还要把自己提高一步，才能提高工作效能。

年轻人限制自己的进步，可惜。

【品读导航】

这是徐特立1944年写给徐乾的信。

当时徐乾在延安杨家岭生产合作社负责棉花和棉纱的收购工作。徐特立这封信主要是针对她在学习上不求甚解、满足于经验知识、学习进步不大的毛病而写的。徐特立指出："你的见解全部是经验的、凭天性的，在这一方面是比人们好，因此就不能看出自己的缺点，因此前进就受着限制。"分析徐乾这些缺点产生的原因，徐特立认为："由于你的周围的人最大部分比你弱，不知不觉降低自己应有水平。"要求徐乾："与好学的人接近，耳朵中也要听一些。"

这封信分析透彻，说理有据。信末一句，卒章显志，耐人寻味，发人深省，体现了徐特立诲人不倦的教育家本色。

★ 故事分享 ★

真理——青睐探求，漠视权威

李可莹

“燕子，你在何处越冬？”2400年，真理足足用了2400年才从雅典翩然而归，而其承载物竟只是无名鞋匠的小小纸条。我们常嗟叹于真理的难求，却在无意的探求中寻得它，然后哑然于其所在竟是一步之遥。2400年才跨越出的一小步。再聪慧的智者的假设不如无名鞋匠的一纸探问。真理，从来只现身于探求者的眼前。

这道理曾被培根从另一个角度揭示：“真理是时间的女儿，不是权威的女儿。”亚里士多德的名声响彻历史，纵在千年之后，人们一提及大名仍心存崇敬。然而真理不曾顾及这些，她只存在于她的所在，在众人盲目信奉权威者无来由、无考证的谬论2400年后，才在无名探求者的亲吻下悠悠睁开双眼，惊了无知的权威追随者。真理是不为人的意志所变动转移的，这在哲学上早已成为人们的共识。然而纵观人类步履蹒跚的前进历程，探求者却在权威的硕大阴影下磕磕绊绊，在权威光鲜夺目的名号下迟疑不决。西班牙科学家塞尔维亚在投身研究生理学与解剖学多年后，经过不懈探求，发现并提出了“血液小循环说”。然而可悲的是，人们盲目信奉教会凭空捏造的所谓信条，将与之相违背的科学理论视作亵渎神灵的谬论。塞尔维亚就这样葬身于教会布下的一片火海，与真理一同淹没在愚昧信徒的唾骂之中。权威可以一时蒙蔽人们的双眼，却从未能永恒掩盖真理的光辉。百余年后，谁又曾记得那教会不择手段所维护的谬论呢？留在人们心里的，只是关于一位早逝的勇敢探求者的遗憾。真理只现身于探求者眼前，蒙昧无知的人看不见，自负自恃的权威看不见，她在时间的河流中静卧等待。

真理只青睐来探求她的人。她可能就睡在一颗苹果中，却只有牛顿看见了她；她可能躺在一根钨丝上，却只有爱迪生看见了她；她随时随地存在于我们身边的每个角落，却只有迈上前一步去寻她的人，才能看见她。梦里寻她千百度，蓦然回首，那人却在灯火阑珊处。真理便是如此，梦中难觅，却其实近在眉睫。我们看燕子在冰下越冬的观点甚觉荒谬，正是由于亚里士多德不经探求而妄加推论。这样一来，这个“古希腊最博学的人”反在一个无名鞋匠的身边显得滑稽可笑。“事不目见耳闻，而臆断其有无，可乎？”将此一问留给亚里士多德恐怕再合适不过。

历史的长河波涛汹涌，我们收回眺望的双眼来审视一下自己，可曾向美妙的真理迈出过自己探求的脚步？

学生感言

没有行动的好想法永远只是个想法。思考再多，如果不肯付诸于实践，那么这些思考将毫无价值。因为他们最终将一事无成，总陷于异议或新感觉中，没有用行动去求证，没有形成自己确切的认知。

小孩子不但要规矩，还要活泼
——致徐禹强①

1947年2月15日

禹强孙儿：

去年十一月收到你写的信，信上的字写得很端正，文章也写得清楚。小孩子要规矩还要活泼，你这样规矩是很好的，但需要唱和跳，需要做学校和家庭中能做的整理清洁工作，念书不要过劳。我家还是穷苦，饮食恐有营养不足，希望节省一切别的用费。你和你的祖母的饮食我很关心，目前时局没有安定，我不能回家，寄钱也困难。时局好转的时候，或者你们到我这里来，或者我回家，到那时再看。

我今年七十一岁，你的祖母已七十岁，你的父母也不在家②，都是由于时局不好不能住在一起，希望你对你的祖母多亲近一些。我只能写一空信给你，没有办法寄东西，但时刻记念着你们。完了。

特　立

民国三十六年二月十五日

---

① 徐禹强，徐特立的孙女。当时她和祖母熊立诚、姑母徐陌青一起住在湖南长沙县五美乡。

② 徐禹强的父亲徐厚本已病故，此事一直瞒着徐禹强的祖母。徐禹强的母亲徐乾，当时在延安为徐特立做秘书工作。

【品读导航】

这是徐特立1947年2月15日写给孙女徐禹强的信。

1946年11月，徐特立的孙女徐禹强给爷爷写了一封信，信中汇报了她自己遵守学校的规矩、好好学习的情况。这封信是徐特立给孙女的回信。信中，徐特立对孙女守规矩作了肯定，但同时指出，“要规矩还要活泼”，守规矩固然好，“但需要唱和跳，需要做学校和家庭中能做的整理清洁工作，念书不要过劳”。这一思想是徐特立教育思想的组成部分，在今天仍具有指导意义。

希望你成为全才

——致萨砥[①]

1949年10月13日

萨砥同志：

来信收到。你是一个年青有远大前途的人。在现代的中国所需要的人物，必然是政治、经济、文化有全面知识而又有专长的人。年轻的人当不择自己所偏好而工作，才能纠正自己的偏向，干惯了自己不愿意干的事，才能成为通才，才能成为极活泼的人物。我希望你听党分配工作，在工作中从各方面去了解工作的途径，则内政、外交、财经、文化都会得到应有的基本知识，将来的发展更有希望。我对你十分爱护，故希望你成为全才，是否有当，请考虑。

此致

布礼

特　立

十月十三

---

① 萨砥，即沙地，当时在北京外国语学校速成班八组学习。

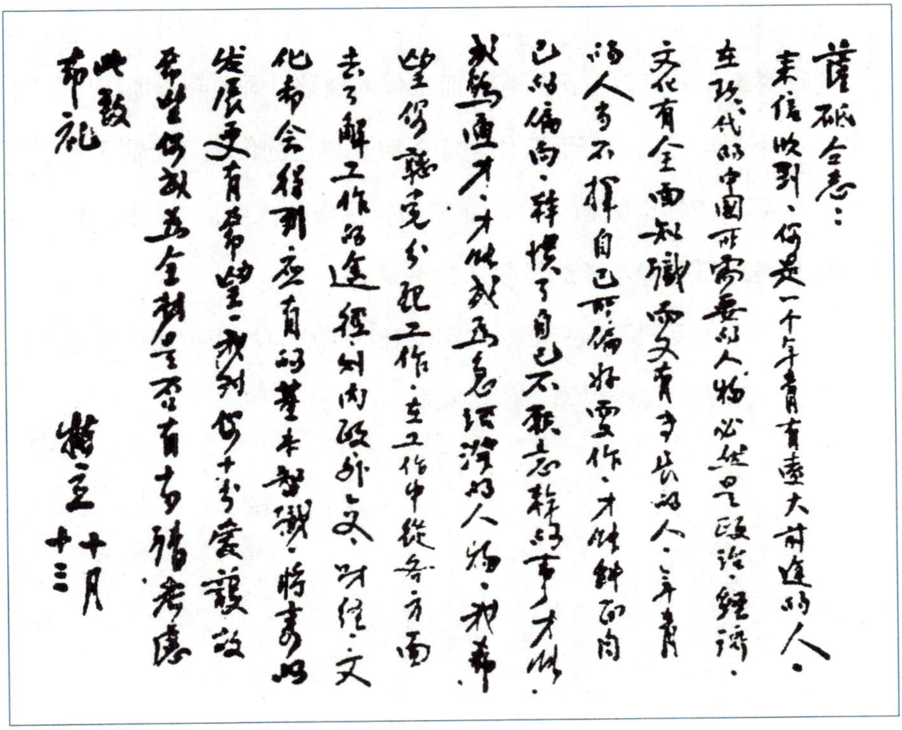

萨砥同志：

来信收到，你是一个年青有远大前途的人。

在现代的中国所需要的人物必然是政治、经济、文化有全面知识而又有专长的人。一个青年的人当不择自己所偏好要作，才能钻研向己的偏向，转惯了自己不感兴趣的事，才能。我能为通才，才能成为急需的人物。我希望你听完分配工作，在工作中从各方面去了解工作的过程，对内政外交、财经、文化都会得到应有的基本智识，将来的发展更有希望。我对你十分爱护，故希望你成为全材，是否有当，请考虑。

此致

布礼

特立

十月十三

【品读导航】

这封信是徐特立1949年10月13日写给萨砥的信。

1949年10月1日，新中国宣告成立。繁重的经济恢复工作和大规模的经济建设任务，摆在了中国共产党和中国人民面前。要建设就需要有人才，而且需要大批各方面的人才。徐特立深深懂得这一点，并为人才的培养而尽心尽力地工作。正在此时，他接到萨砥的信，萨砥当时正在北京外国语学校速成班学习。他认为这是一个号召青年迅速成才的好机会，于是给萨砥写下这封信，并相信通过萨砥会扩散到他的同学中去。在信中，他告诉萨砥“在现代的中国所需要的人物，必然是政治、经济、文化有全面知识而又有专长的人”，为青年人的全面发展指明道路。接着，他针对青年人好以自己的喜好而工作的缺陷，语重心长地指出：“年轻的人当不择自己所偏好而工作，才能纠正自己的偏向，干惯了自己不愿意干的事，才能成为通才，才能成为极活泼的人物。”信末，徐特立对萨砥也是对所有青年表达了殷切的希望。

这封信不仅反映了徐特立对青年成长的关心，所表达出的思想无疑是一笔极为宝贵的精神财富，值得吸取。

把劳动群众的困难放在第一位，自己的困难放在第二位
——致徐静涵

1951年9月26日

守珍吾儿：

九月二十日信收到。你虽然政治水平很低，但文化还比一班〔般〕劳动者高。政治不在口里能说大道理，而在能和劳动群众站在一起，自己的困难放在第二位，劳动群众集体的困难放在第一位，还要注意国家在建设时期的困难。你们两夫妇只要做到不失业，或者失业是暂时的，也必须是暂时的，也就没有难解决的困难，你们比之有儿女之累的困难较少。

你的来信只谈到学习一方面，要我给你以指示。我以为学习不单只靠课本，你能看报纸，大的政治和经济问题报纸上不独有报道，还有理论分析，且有策略路线。而政治方面主要的是政治行动，行动不脱离劳动者，以劳动为光荣，不以口头上的夸夸其谈为政治空论，表示自己有文化程度，而以较劳动者较高的文化帮助他们，则你还是我的好女儿，

我也觉得不愧。望牢记为是！

父　特立

九月廿六日

【品读导航】

1951年，徐静涵在上海与丈夫一起失业。徐特立在这封信中鼓励女儿女婿自食其力，把自己的困难放在第二位，而要把劳动群众集体的困难放在第一位，不脱离劳动者，以劳动为荣，而绝不要以口头上的夸夸其谈为政治空论。这封信充分体现了徐特立的群众观点、劳动观点和廉洁奉公的高尚品德。

张闻天

（1900～1976）

无产阶级革命家、理论家，中国共产党重要领导人之一。又名洛甫，江苏南汇（今属上海市）人。1925年加入中国共产党，同年去苏联学习。1931年回国任中共中央宣传部长、临时中央政治局常委。1933年1月，去中央革命根据地任苏区中央局宣传部长、瑞金工农民主政府主席等职。在中共六届五中全会上当选为中央政治局委员。1935年在遵义会议上被选为中共中央总负责人。1938年后任中共中央书记处书记兼中央宣传部部长。1946年5月任中共合江省委书记。1948年任中共中央东北局组织部长、东北财经委员会副主任、辽东省委书记。1951年后任中华人民共和国驻苏联大使、外交部第一副部长。是中国共产党第七届中央政治局委员、第八届中央政治局候补委员，全国人大常委会第一、第二届常务委员。1959年中共八届八中全会后，任中国科学院哲学社会科学研究部经济研究所特约研究员。1976年7月1日在江苏无锡逝世。

应该让儿女们到广阔天地去锻炼

——致张振平

1970年3月25日

振平弟：

好久没有接到你的信，甚以为念。不知你们近况如何？记得二月初我曾给你一信，谈到一些生活问题，不久我也接到你的来信。今天已经三月二十五了，还没有接到过你的信。我们生活照常。家里已找到一个阿姨帮忙，没有什么困难。过去想从亲属中找人的想法，已打消了。我们的一切，还是要靠组织解决。

昌林[①]，你同他有信件来往否？他的问题如何解决了？有便请告知。他的通讯地址，也请告诉我。到一定时候，我还想同他通讯。他的儿女能到农村或工厂去锻炼，这是好事。现在做父母的，想把子女留在身边的想法，是落后的，也是做不到的。子女们到了年龄，应该让他们到广阔的天地里去闯，去工作，去学习，去锻炼。那样才能使他们成长，逐渐培养成为社会主义事业的真正接班人！

---

① 昌林，即张昌麟，张闻天的侄子。当时在上海江湾机械厂工作。

秀琴妹过去想调动工作，最近来信已不提了。这很好。年轻人应该多吃些苦，不怕困难，才能对社会主义事业有所贡献！

敬礼！祝你全家好！

兄　字

三月廿五日

【品读导航】

这是张闻天1970年3月25日写给弟弟张振平的信。

这时的张闻天夫妇已经被下放到广东肇庆，被安置在肇庆军分区宿舍大院半山坡上的一座平房里。他们夫妇归军分区管理，由部队设岗“警卫”着住所。除对他的生活各方面有特殊的规定之外，内部还有一项规定，就是军分区保卫科每月要就张闻天的思想情况和言行向上面作一次书面汇报，也就是说，张闻天的人身自由还是受到许多的限制。

张闻天这封信主要谈的是子女教育问题。他说：“现在做父母的，想把子女留在身边的想法，是落后的，也是做不到的。子女们到了年龄，应该让他们到广阔的天地里去闯，去工作，去学习，去锻炼。那样才能使他们成长，逐渐培养成为社会主义事业的真正接班人！”这段话，道出了做父母如何教育子女的深刻道理。与其为他们创造安逸的生活条件，留下大量的物质财富，不如培养他们一双勤劳的手。相信张闻天的建议即使是对今天的家长来说，同样有着借鉴和启迪作用。

★ 故事分享 ★

逆境中淬炼的钢铁

徐霁晗

朱赫来告诉保尔："保夫鲁沙，你完全有条件成为一个为工人事业奋斗的优秀战士……为了达到彻底推翻旧生活的目的，必须有一群勇敢的弟兄，他们不是娇生惯养的公子哥儿，而是意志坚强的战士，他们面对逆境，面对战斗不会像蟑螂躲避阳光那样逃之夭夭，而是大胆拼搏。"可见，这位坚定的布尔什维克对保尔，当时的一位普通的、贫穷的锅炉工的未来寄予了厚望。也正是这番话语开启了保尔精神与思想原本禁锢的闸门，随之而出的追逐自由和追求穷人解放的理想浪潮促使他走上了一条与资产阶级英勇斗争的道路，与众多志同道合的布尔什维克并肩战斗在一起。

正如朱赫来所说，保尔是一位优秀的战士。他有着强健的体魄，四处宣传共产主义精神，四处讨伐压迫、剥削人民，破坏种族平等的波兰贵族和彼得留拉匪帮。他的勇气体现在他为救朱赫来而给匪兵的重重一拳，体现在他为苏维埃共和国的统一而握在手中的砍杀敌人的军刀；他的顽强与执著由他奔走不停的双脚和忙碌的身影记录，他的理想的坚定由他经受重大人生考验时始终不变的思想认识来展现。在那战火纷飞的岁月里，保尔就是一块优质的钢铁。他原本是一个安于现状、忙于眼前事的凡人，如同一块好铁未经过锻炼，而被当成废铁无人赏识、无人利用。正是革命的信仰、崇高的追求自由的理想打造了他，残酷的战争、艰苦的环境和令人无比痛苦的伤病练就了他。看似可怕的逆境恰似高温的大火，保尔这块钢铁投入这火中，尽管有时会受伤、会迷茫，但正是这社会的熊熊火焰使保尔有了与逆境抗争的勇气，有了坚持理想的信心，正是这熊熊大火，锻造出了保尔顽强、执著、奉献、无畏的战士精神。正是这淬火的历练，保尔这块钢铁才变得更加坚硬，他的精神变得更加闪亮，他的意志变得更加坚定，他的思想变得更加崇高。

这里提出了一个引人深思的人生大问题：钢铁是怎样炼成的？一块好的钢铁是需要经过淬火的熔炼的，它要经过高温和低温的双重考验。同样，一个近乎完美的人是需要逆境来打造的。现在，当我们遇到困难，遭遇逆境时，似乎倾向于第一时间寻求他人的帮助，而不是运用自己的智慧与能力去试图克服它、战胜它。这样长久地下去，我们将过度地依赖他人，而减弱了自己与逆境抗争的能力，丢失自己走出逆境的勇气。正如中国古语所说“不入虎穴，焉得虎子？”不去独立地在逆境中打拼，你如何能锻炼自己的能力，磨炼自己的意志，升华自己的精神？你难道甘心止步不前，轻言放弃，而不去把唉声叹气的时间用在克服困难上，把找借口的精力用于思考解决方案上？

我们应该相信每个人生来便是一块有发展潜力的钢铁，逃避逆境无异于自毁前程，贬低自己的身价。而如果我们勇敢地接受困境的挑战，努力地去迎接淬炼，那么展现在我们眼前的将是一片光明灿烂的前景，一方展示自我的广阔天地。

学生感言

读书，让我从一个成天奶声奶气叫“妈妈”的奶宝变成了一个有自己思想的青少年，拥有了一片自己的小小精神世界。

不论学工学农，只要好好干都有出路
——致张振平

1976年2月2日

振平弟：

一月二十日来信收到。母亲病有好转，甚慰。我的病是一种慢性病，时好时坏。现在危险期算已过去。不过仍有医生看护。大约要到天气转暖后，才能有更好的转变。我们现仍住招待所，因为这里有暖气设备，我们都怕冷。大约要到三月初才能搬回家去。这里一切都方便，勿念。

今年春节，这里过的很热闹。市场供应还好。近来就是天气太暖，缺乏雨雪。这对农作物和蔬菜供应，都有影响。

你的儿子张弦上月写了一封信来，要去滑翔学校，要我们想办法。请转告他，我们现在对外面事情知道很少，根本无办法可想。要他好好学习和劳动，毕业后由学校分配工作。不论学工、学农，只要好好干都有出路。分配工作后二年，如果群众推荐，就可以上大学或其他专门学校。要不怕苦，不怕累，多多锻炼，成为革命事业的红色接班人！

祝你们全家好，并祝母亲早日恢复健康！

哥　嫂

二月二日

【品读导航 ✎】

1976年1月，张振平的儿子给张闻天写了一封信，告知伯父他想到滑翔学校去学习，请伯父想办法帮忙。张闻天接信后，感到很为难。一来从内心他不赞成这样做，二来也确实无办法可想，但又不好扫孩子的兴，于是给他的父亲写了这封信。在信中，张闻天如实讲出了自己的难处，同时请张振平转告侄儿，要服从学校分配，“不论学工、学农，只要好好干都有出路”。这既是对侄儿的鼓励，也是张闻天一生经验的总结，颇具人生哲理。

把个人存款作为最后的党费交给组织
——逝世前的嘱咐

1976年4月

二人生前商定：二人的存款，死后交给党，作为二人最后所交党费。

张、刘

1976年4月

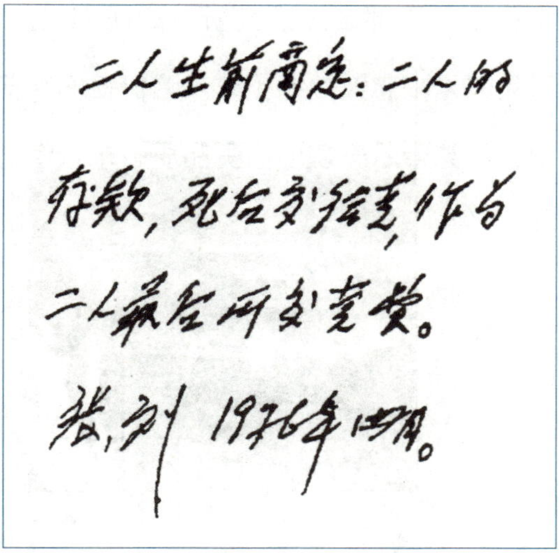
二人生前商定：二人的存款，死后交给党，作为二人最后所交党费。
张、刘 1976年4月。

【品读导航】

这是1976年4月重病中的张闻天对亲人的嘱咐。当时，他的病已经很严重了，自知将不久于人世，不由得想到身后之事。4月的一天，他要夫人刘英坐到床前，对刘英说："我不行了……别的倒没有什么，只是这十几年没能为党工作，深感遗憾。"他嘱咐刘英："我死后替我把补发给我的工资和解冻的存款全部交给党，作为我最后一次党费。"这话重复说了几遍。刘英强忍泪水，默默点头。张闻天没有听到回答，就要刘英拿纸来，写下保证，签上名字。刘英说："难道你还信不过我？"过后，刘英将张闻天这个"遗愿"变为他们夫妇俩的"合约"，写在纸上，念给张闻天听："二人生前商定：二人的存款，死后交给党，作为二人最后所交党费。张、刘，1976年4月。"张闻天这才微笑点头，放下心来。

张闻天1925年入党，为党工作了51年。早年在民族、民主革命中出生入死，为中国革命的胜利作出了杰出的贡献。新中国成立后，由于林彪、"四人帮"的迫害，他受到了不公正的待遇，担任中国科学院哲学社会科学部经济研究所特约研究员。但不管在顺境还是逆境中，他对党的无限忠诚始终不改。这份在临终前于重病中留下的遗嘱，体现出他的为党奉献一切的高贵品质，永远值得后人学习。

王稼祥

（1906 ~ 1974）

无产阶级革命家。原名王嘉祥，又称王稼啬，安徽泾县人。1925年加入中国共产主义青年团，1928年转入中国共产党。1925年赴莫斯科中山大学和红色教授学院学习。1930年回国，任中共中央党报委员会秘书长和《红旗》、《实话》总编辑，苏区中央局委员，红军总政治部主任，中华苏维埃共和国中央执行委员兼外交人民委员，中央革命军事委员会副主席。1934年参加长征。同年被补选为中共第六届中央委员、政治局候补委员，后选为中央政治局委员。抗日战争时期，任中共中央军事委员会副主席、总政治部主任，并当选为第七届中央候补委员。解放战争时期，任中共中央东北局委员、城市工作部部长、宣传部代理部长。新中国成立后，历任中国首任驻苏联大使、外交部副部长、中共中央对外联络部部长、中共中央书记处书记、全国政协第四届常委等职。是中国共产党第八届、第十届中央委员。1974年1月25日在北京逝世。

愿以后保持这热血腾沸的赤心，去一改旧习

——致王柳华①

1924年11月14日

柳华学弟：

前几天你寄给我与久长②的信，我已收读了。

山河障隔，使我们俩不能叙晤，实在怅丧的很。我现在感觉一件非常不快的事，现在写在下面，以作这次通信的材料吧！

我们村里在外面读书的人也算不少了。不过这些人，不光无益于乡村，反而有害。这话怎么说呢？你看，到了寒暑假的时候，在外边读书的人们回家了。他们不是赌，就是乱闹。这样，还能得乡村人的信任吗？还有改造乡村的可能吗？唉！痛心的很！柳华呀！自命为先觉的青年，而有这样的举动，怎能不令人伤心呢！柳华呀！你我还算没有染着这种坏习气，愿以后保持这热血腾沸的赤心，去一改旧习，那才不愧做个二十世纪的新青年呵。请你不要笑我说大话，这都是我良心上不能不说

① 王柳华，王稼祥的堂弟和小学同学。

② 久长，即王久长，王稼祥的同乡。

的话呵。

北风飒飒，寒气刺骨，唉，冬又到了。日子飞也似的过去，人生怎当得几次寒风，几次严冬。呀，青年时期转瞬要与我们告别了。

功课忙碌，时间支配不过来，不能多写，就此停笔吧！下次再谈，

此祝

进步

嘉　祥

十八·十·十三[①]

【品读导航】

这是王稼祥1924年11月14日写给他的堂弟及小学同学王柳华的信。

王稼祥1913年入本村小学读书，1919年小学毕业。受五四运动的影响，他不满足于课堂上的书本知识，常常向在城里学习的学生了解全国反帝反军阀的斗争情况，或者通过阅读报纸去获得这方面的消息。1922年，由于王稼祥的父亲认为当时许多学校都常常闹学潮，只有教会学校管得严，因此16岁的王稼祥被送进南陵县乐育学校求学。两年后因成绩优异，不经考试，由学校推荐直接升入芜湖圣雅各中学。在这里，受到以马克思主义学说为主导的新思潮、新文化的影响，王稼祥的学习目的和动机发生了深刻的变化。他以“天下兴亡，匹夫有责”来警

---

① 信末所署的时间“十八·十·十三”是按日、月、年顺序写的，即民国十三年十月十八日。从信中提到的时令看，十月十八当为农历。据此，写信时间应是公历1924年11月14日。

诫自己。目睹帝国主义列强的肆意蹂躏、军阀的腐败统治，国家疲弱不堪，民众处于水深火热之中，激发起了他满腔的爱国热忱。别的同学把读书作为找饭碗的阶梯，而王稼祥则是为了求知识、求真理。由于追求的目标不同，对问题的看法自然也不同。他对同村有些读书人沉湎于赌博、乱闹感到痛心，认为作为一个20世纪的新青年，应该以一颗热血沸腾的心去改革旧习。同时劝告堂弟，也是警示自己，千万不能染上这种坏习气。这封信表现出王稼祥誓与旧习俗彻底决裂的少年壮志。

我们应当负改革中国政治的责
——致王柳华

1925年9月10日

柳华弟：

接读来信，得知尊意。

现在我且把我的意见，写在下面：

我们跋涉千里到外面来读书，到底为的什么？是否只想借此弄得一个饭碗，终身做个糊涂虫呢？还是想为我们前途幸福计，去改造社会呢？欲明此理，我们必先要明白今日社会里面知识阶级（我们也在这个阶级）的地位。

今日的社会，是资产阶级与无产阶级对峙的社会。资本家日日压迫工人，工人日日反抗资本家。而我们这些知识阶级是介乎资产、无产两阶级之中的，一方面我们受资本家的压迫，他方面我们也在压迫工人。所以进退维谷的知识阶级要想解放自己，只有两条路可走：一、我们帮助资本家阿谀资本家去压迫劳动者，以图获一点余润；二、我们帮助工人去与资本家争斗，以图解放无产阶级，同时即解放我们自己。可是我们要走前一条路，在资本家欢喜我们的时候，可以赐给我们一点利润，一旦反目，即向我们大发威武了。况且资本日日集中，中产阶级渐渐落入无产阶级，我们这些知识阶级，日日有破产的危险，日日有变成纯粹无产者的倾向，你虽向资本家求欢，也无济于事。可见我们惟一的出路，只有帮助劳动阶级去打倒资本阶级，去解放劳动者，去解放自己。

中国今日的资本家是什么人呢？中国今日的无产阶级又是谁呢？简单回答：中国的资本家是帝国主义者和买办阶级。因为帝国主义之形成，是资本家的货物太多资本太厚不得不到国外去侵略，所以到中国来侵略的帝国主义者都是资本家。买办阶级是欢迎外国资本家而发洋财的有产阶级。至于无产阶级就是全国的农人工人。他们受帝国主义者的剥削，受军阀的摧残，已是痛苦到极点不能不起来反抗的。我们应当帮助他们，也可以说是帮助自己，去推倒帝国主义和军阀买办阶级，以图解放。

怎样才可以打倒帝国主义呢？我们必联合被压迫者，共同去革命。

怎样革命才可实现呢？我们必须加入有组织的政党，以一定政策，一定的方法，群策群力，同去干国事才可。不然，徒然说要取消不平等条约，要关税自主，要打倒帝国主义和军阀，谁也不敢相信这是可能的。柳华！你以为然否？

现在还有几个零碎问题解答如下：

1. 国民党现分左右两派，左派是革命的，是反帝国主义的，右派是妥协的，勾结帝国主义的。大半青年，都是左派的分子。国民党的惟一目的，是解放中华民族，是使中国独立于世界之上，本没有什么可怕的

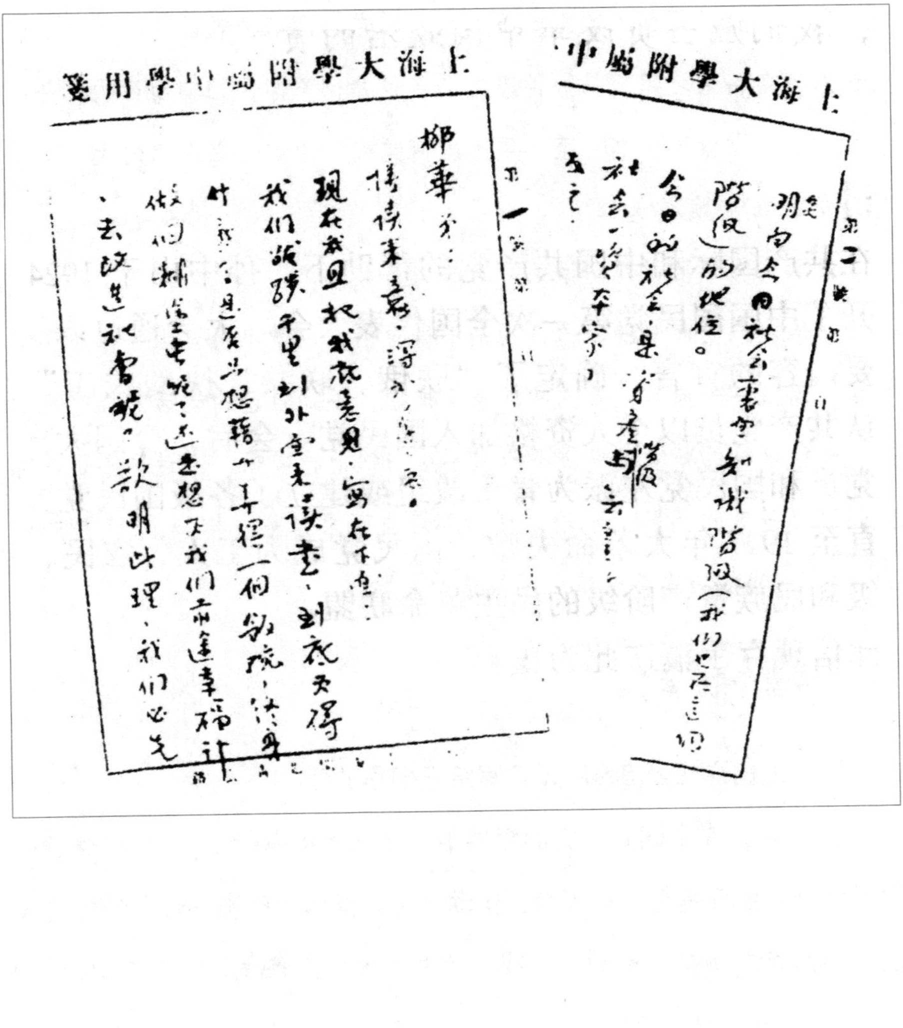

上海大學附屬中學用箋

椰華弟：

接讀來函，[illegible]。

現在我且把我底意見，寫在下面：

我們遠隔千里以外，要來談話，對於[illegible]

什麼[illegible]想藉著一個[illegible]

做個[illegible]想和我們都達幸福計

、去改造社會。說明此理，我們必先

上海大學附屬中學

明白今日社會書知識階級（我們也在這個階級）的地位。

今日的社會是有產階級[illegible]

社會一變[illegible]

[illegible]

地方[1]，请你注意。

2. 青年是国民之一，尤是国民的优秀者，自然应该负救国的责任，既要救国，就必须加入政党。不过加入政党去活动去救国是一件事，专心读书以备将来之用又是一件事，二者是并行不悖，相辅而行的，并不是说加入政党就不读书。至于要加入何党或何团体（有组织的大团体就是政党），那就凭你选择了。

最后，我还要说几句话：

可怜我们受环境的压迫，婚姻不得自由，求学不得自由，择业不得自由，而且一盼前途，就觉茫茫毫无把握，不知自己的生活怎样才可解决。唉！这样的环境，难道不能或不应当把他打碎吗？不过这不是局部问题，乃是政治问题，政治改良，环境自不求自善。柳华，“人是政治的动物”，我们应当负改革中国政治的责[2]。

【品读导航】

这是王稼祥1925年9月10日写给王柳华的信。

1924年，在中国共产党的领导下，全国各地掀起了反对奴化教育、收回教育权的反基督教爱国学生运动。王稼祥作为圣雅各中学学生的代表，踊跃参加了这一运动，并成为芜湖地区（王稼祥当时在芜湖读书）

---

① 在共产国际和中国共产党的帮助下，孙中山于1924年1月主持召开了中国国民党第一次全国代表大会。大会通过以反帝反封建为主要内容的宣言，确定了“联俄、联共、扶助农工”三大政策，承认共产党员以个人资格加入国民党。会后，全国大部分地区以共产党员和国民党左派为骨干改组或建立了各级国民党党部。从这时起直至1927年大革命失败，国民党成为工人、农民、城市小资产阶级和民族资产阶级的民主革命联盟。
② 此信现存手稿迄此为止。

学生运动的领导人。经过一年多的斗争，学潮以迫使有关当局答应教会学校的学生可以退学和创办新校而结束。在这场斗争中，王稼祥看清了当时社会的种种弊端。他一面接受斗争实践的洗礼，一面如饥似渴地阅读马列主义的书籍，使自己的世界观和人生观逐渐转向马克思主义。1925年8月，他退出圣雅各中学，进入上海大学附中三年级学习。在这所大学中，中国共产党早已建立了自己的组织——党小组，是当时最革命的学校。王稼祥入校后，即受到革命气氛的熏陶，使他有了长足的进步。这封信就是他在这里写下的。

信中运用阶级观点和分析方法，对现实社会进行剖析。指出："今日的社会，是资产阶级与无产阶级对峙的社会。资本家日日压迫工人，工人日日反抗资本家。"并得出结论：要推翻这不合理的制度，必须组成政党，联合被压迫者，共同去革命。他还号召王柳华等青年，勇敢"负改革中国政治的责"，"以图解放无产阶级"。这封信表达的思想，可以看作王稼祥漫漫人生中的一块里程碑，具有珍贵的文献价值。

★ 故事分享 ★

不屈的灵魂

徐霁晗

长生天，腾格里。苍茫的夜色，笼罩着同样苍茫的草原。在牧民的蒙古包中，一声声稚嫩而高亢的狼嗥与远处群狼的嗥声此起彼伏。小狼仰起的鼻头直指中天，它在呼唤腾格里，呼唤作为狼的野性，呼唤它内心中不屈的灵魂。

小狼，你是勇敢的。铁链尽管束缚了你肉体上的自由，却永远束缚不了你的野性和追求自由的心。你勇敢地与小狗打斗，你凶狠地扑咬，你猛烈地进攻。那一刻，你的眼神里没有一丝畏惧，你是草原上的王者，你是一名视死如归的真正斗士。

小狼，你是顽强的。夏季的酷暑、蚊灾，冬季的严寒、雪灾，都无法让你倒下。尽管你从小便远离了亲人，远离了狼群，但你凭借自己的能力和顽强的意志，勇敢地面对生活中一切的坎坷和灾难。你那钢锥一般的目光中透射出的是执著，只要有目标，就要积极地行动、不懈地努力。你从不言败，你从不放弃追求自由的机会，你从不向命运轻易地低头。

小狼，你那不屈的身影始终在为自由而奋斗。即使到生命的最后一刻，你仍要为自己作为狼的尊严和自己那神圣的灵魂拼死一搏。你坚持要按照自己的意志生存；如果不能，你宁愿在战斗中阵亡。临死的那一刻，你那双眼睛里满是对自由的渴望、对狼群的向往。你即将升上腾格里，与狼群共同生活；你将永远摆脱铁链的束缚，在自由的天空中欢快地驰骋。捕食、玩耍……你硬挺到了生命的最后，像一头真正的草原狼一样，战死在草原上，为了尊严和自由。你那不屈的灵魂将留在腾格里，你那不屈的精神将汇聚成不朽的狼图腾，深深地铭刻在我心中！

小狼，腾格里不屈的灵魂！你的精神将得到永生！

学生感言

读书一如润物细无声的春雨，浸润、滋养着我的心灵，同时又带给我浓似夏实秋叶般的剧烈变化，我的思想之成熟，认知之广泛，思考之深度，早已焕然一新。我得到了难以想象的成长。

李立三
（1899～1967）

无产阶级革命家，中国共产党早期工人运动重要的领导人之一。原名李隆郅。湖南醴陵人。1919年赴法国勤工俭学，1921年加入中国共产党。1922年参与领导安源路矿工人大罢工。1925年参加领导五卅运动，任上海总工会委员长。1927年任中共中央工人部长、中央工委书记。南昌起义后，任中共广东省委书记。1928年冬到1930年，在上海任中共中央政治局常委兼秘书长、宣传部长，在此期间犯了“左”倾冒险主义错误，被称为“立三路线”。1930年底去苏联学习。1946年回国后，曾任中共中央东北局敌工部长、城工部长、工委书记，中华全国总工会副主席、党组书记。新中国成立后，任中央人民政府委员、劳动部部长、中共中央书记处第三办公室副主任、中共中央工业交通工作部副部长、中共华北局书记处书记等职。是中共第四至八届中央委员，第五、第六届中央政治局委员，第三、第四届全国政协常委。1967年逝世。

大陆神州波洗尽①
——致父母

1919年10月

今朝呕倾心头血，
添得海涛千丈深。
大陆神州波洗尽，
蓬瀛三岛水烟沉。

【品读导航】

1919年春，李立三来到北京，准备去上大学。可到了北京，却因经济拮据，交不起学费，无法入学。走投无路之际，发现法文专修馆正在为留法勤工俭学预备班招收学生。于是他就去报了名，刻苦攻读法文，准备出国。1919年秋，李立三的父亲卖掉了祖传的土地16亩，为他筹得了200元银洋的路费。10月16日，李立三等48名学生，乘坐美轮“沃隆号”，从上海起航，踏上了赴法勤工俭学的旅程。

① 1919年10月，李立三决定赴法勤工俭学。旅途中，他给父母写了一封信，报告了他要出国的消息，并附了上面这首诗。

面对汹涌澎湃的大海，李立三心潮难平，浮想联翩，遂提笔给父母亲写信，告知自己已踏上赴法旅途，并在信末附上这首触景生情的诗。诗的大意是：我愿将一腔热血倾注大海，为千丈海涛推波助澜，将我神州大地冲洗干净，使她变得如同蓬瀛仙岛一般美丽。这首诗抒发了李立三改造旧中国的雄心壮志。

造一个光明灿烂的新世界①
——致父母

我是一个断了梗的浮萍，
随着那风波儿上下飘零。
也到过幽燕，
也到过洞庭，
也到过黄浦江头，
也到过潇湘水滨，
今又吹到西方来了。
呼吸那自由的空气，
瞻仰那自由的女神。
我还要唱那自由之歌，
撞那自由之钟，
唤醒我们的同胞，

① 这首诗是李立三自法国蒙达尼致父母信的附诗。时间不详。

惊起他们的酣梦。

鼓荡雄风，

振作精神，

造一个光明灿烂的新世界，

做一个幸福无比的新国民。

【品读导航】

1919年冬，李立三漂洋过海，抵达法国，经巴黎转蒙达尼，进蒙达尼公学补习法语，开始了勤工俭学的生活。在法国，他曾经到巴黎公社社员墙前献花，参观法国大革命攻破的专制的象征——巴士底狱，参观1848年6月爆发工人起义的圣安东尼区。这一切，都给了李立三很大的震撼。他在家信中写了这首诗，表达他的感受。在诗中，他要以“自由之歌”和“自由之钟”“唤醒我们的同胞，惊起他们的酣梦”，启发觉悟，鼓舞精神，“造一个光明灿烂的新世界”，抒发了在自由先进的思想沃土上汲取营养、救国救民的豪情壮志。

★ 故事分享 ★

精神上的胜者

刘晨歌

一个人并不是生来就要被打败的，人尽可以被毁灭，但却不能被打败。

读罢《老人与海》的最后一个字，脑海中的阵阵涛声依然回荡。惋惜、难过、钦佩和敬仰纠结在一起，撞击着我的心灵——那条大鱼裸露的脊骨像一条白线，带着突出长嘴的黑糊糊的脑袋清晰可见。但这头尾之间，一无所有。

尽管如此，老人的形象在我的内心仍然高大，他是一位不朽的英雄。84天的一无所获，毫不妨碍老人对第85天的期待与希望。他毅然转身，踏上那条陪他度过无数个春夏秋冬的破旧小船渐行渐远。钓竿的一沉一浮时刻牵动着老人，他始终坚信大鱼能够上钩——尽管其他渔夫嘲笑他倒了霉运。大马林鱼咬住了吊钩，拖拽着老人的船。大鱼被加拉诺鲨吃掉半条，在胜利之际，他拖着剩下的半条鱼遭到了鲨群的围攻。在无边的黑暗中，没有武器、精疲力竭的老人面对鲨鱼，举起棍子与它们拼了命。他猛然扭下船的舵把，双手握住，倾注全身力气戳向鲨鱼。一块块被鲨鱼咬下的鱼肉撕扯着老人的心——他用尽全力，抄起了折断的舵把……

老人不屈服于命运，不屈服于84天的一无所获。面对鲨群，他不认输，更不允许自己被对手打败，哪怕在搏斗中同归于尽，也无愧于他的精神与意志。以世俗的视角，老人没保住鱼，似乎是个失败者。但他心中根深蒂固的不屈不挠使他虽失去了鱼，却征服了自然。外在的肉体可以经受折磨，但是内在的意志却神圣而不可侵犯。

老人说，他失败了。他的鱼终究被吞噬，第85天的欣喜若狂灰飞烟灭。

而我说，老人胜利了。三天三夜的殊死搏斗，老人挑战了生命的极限，一次又一次超越了自己，实现了生命的价值。

困难并不可怕，失败亦是。愈挫愈战的人，永远是精神上的胜者。

正如书中那孩子对老人说的："它没有打败你，它没有。"

学生感言

大胆尝试，尝试着去行动，也许一经尝试，你就会发现成功那扇门原来是虚掩着的，一推，它就会打开。

彭德怀

（1898～1974）

无产阶级革命家、军事家。原名彭得华。湖南湘潭人。大革命时期，曾在国民革命军任营长、团长。1928年4月加入中国共产党。同年7月，与滕代远、黄公略领导平江起义，成立中国工农红军第五军，开辟了湘鄂赣根据地。12月率红五军主力到井冈山，在毛泽东领导下坚持井冈山斗争，参加反“围剿”作战和长征。历任中国工农红军师长、军长，红三军团总指挥，中央革命军事委员会副主席，红军前敌总指挥等职。抗日战争时期，担任八路军副总司令、中共中央北方局代理书记、中央军委副主席兼总参谋长。解放战争时期，担任中国人民解放军副总司令、西北野战军司令员兼政委。新中国成立后，历任中共中央西北局第一书记、西北军政委员会主席、中央军委副主席、中央人民政府委员、人民革命军事委员会副主席、中国人民志愿军司令员兼政委、国防委员会副主席、国务院副总理兼国防部部长、三线建设副总指挥等职。1955年被授予中华人民共和国元帅军衔。为中共第六、第七、第八届中央委员、中央政治局委员。“文化大革命”中受到迫害。1974年11月29日在北京逝世。

边区军民战胜进犯军信心大为增强

——致浦安修①

1947年6月18日

安修同志：

敌进边区卅三个旅。在三个月中（三月十九日起），消灭敌五个旅。② 敌近由川鄂及甘肃凉州增调六个旅。边区军民战胜进犯军信心大为增强。你在静乐工作取得经验甚好。一切如常，请勿念。

德　怀

巧　酉③

---

① 浦安修，彭德怀的夫人。浦安修接到彭德怀这封电报时正在晋西北静乐县潘家庄参加土地改革工作。

② 1947年3月，国民党军队集结33个旅20多万人向陕甘宁解放区发动重点进攻，企图消灭中共中央首脑机关和陕甘宁解放区的军队。在中共中央和中共中央西北局的直接领导下，3个月内，西北野战兵团进行了青化砭、羊马河、蟠龙、陇东等战役，歼灭胡宗南部及马步芳、马鸿逵部共5个旅。

③ 旧时函电中习惯用诗韵韵目“东、冬、江、支”等依次代表每个月的各日，用地支依次代表一年的12个月份或一日的12个时辰。这里的“巧”即18日，“酉”指17时至19时。

【品读导航】

这是彭德怀1947年6月18日写给夫人浦安修的一封电报。

1947年3月，国民党军队向陕甘宁边区发动重点进攻，企图消灭中共中央首脑机关和陕甘宁的人民军队。3月12日，胡宗南兵分两路直扑延安。彭德怀指挥部队依托阵地，节节抗击进攻之敌，并不断实施反击。经过6天激战，予敌以重创。部队在完成掩护党政军领导机关转移和疏散群众的任务后，主动撤出延安。3月16日，中央军委发布命令：彭德怀出任西北野战兵团统帅，直接指挥西北战场上的野战部队作战。3月27日，毛泽东电告彭德怀："中央决定在陕北不走。"中共中央和毛泽东留在陕北，彭德怀深知其分量：西北战场能否粉碎敌人的重点进攻，关系着解放战争的全局。他对身边的工作人员说：中央把这么重的担子交给我，我要是指挥不好，犯了错误，那就是我彭德怀无能，对人民犯了错误，对不起中央的重托。彭德怀指挥西北野战兵团，首战青化砭，巧布口袋阵，打了一场漂亮的歼灭战；长途行军，避敌锋芒，调动敌人，虎口拔牙，取得羊马河战役的胜利；投敌所好，诱敌深入，兵不厌诈，决战攻坚，蟠龙攻坚战再次获胜。从3月19日到5月4日，在撤出延安一个半月后，西北野战兵团在敌强我弱、力量对比悬殊的情况下，三战三捷，歼灭大量敌人，稳住了陕北战局，极大地鼓舞了我西北军民的胜利信心，为争取更大的胜利奠定了基础。彭德怀正是在这种情况下给正在晋西北静乐县潘家庄参加土地改革工作的浦安修拍发了这封电文。电文中既简单谈及最近的战况，也对浦安修的工作予以肯定，字里行间充满了关切之情。

希望你把工作、学习、锻炼身体三者密切结合起来

——致曾学[1]

1956年11月20日

曾学同志：

十一月十三日来信收到。你自觉的遵守纪律、努力工作，争取加入共产党，这些志愿是很好的。并希望你把努力工作、虚心学习、锻炼身体三者密切结合起来，长期坚持下去。

祝你好！

彭德怀

一九五六年十一月廿日

【品读导航】

这是1956年11月20日彭德怀给解放军某部战士曾学的一封回信。

1956年，彭德怀到各地军队视察工作，当到达某部和解放军战士

① 曾学，解放军某部战士。

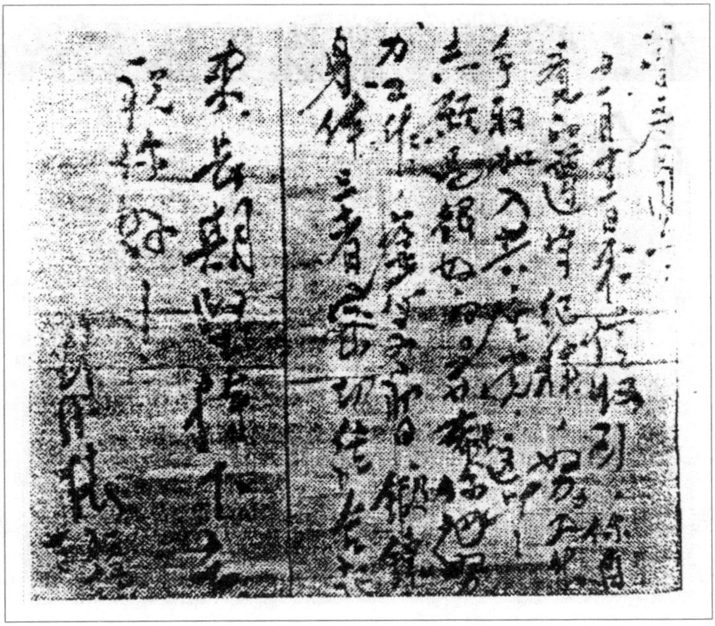

谈论生活问题时，了解到一个叫曾学的战士家中发生困难。彭德怀关切地告诉他：关心家中是对的，但如果影响了工作可就不对了。他赠与曾学20元钱，让他把钱寄给家里，同时鼓励他要好好学习和工作。这件事使曾学对彭德怀元帅充满了敬爱和感激之情。后来他于11月13日写信给彭德怀，说自己家中现在很好，请彭老总放心；同时表示，自己一定积极进步，争取早日入党。彭德怀接到曾学的信后，很快就写了这封回信。信中肯定了曾学遵守纪律、努力工作的决心以及争取入党的愿望是很好的，但同时强调，工作、学习以及锻炼身体三者都很重要，而且一定要坚持下去才有效果。一个共和国的元帅如此平易近人，能够与一名普通的战士建立起如此亲密无间的同志友谊，真是非常令人感动。

★ 故事分享 ★

信念、智慧、勇气

魏　来

最近，我满怀激情一口气读完了《林海雪原》。

《林海雪原》是一部情节生动、扣人心弦的英雄主义小说。它描写了一支战斗在东北的人民解放军小分队，在团参谋长少剑波的带领下，深入林海雪原剿匪的故事。少剑波、杨子荣等人的机智勇敢令我折服，小分队队员们坚强的意志，给我留下了深刻的印象。

书中一开头就是一章令人心痛、充满血泪的文字——血债。穷凶极恶的匪徒，在人民毫无准备的情况下血洗了杉岚站。他们以残酷的手段对待村干部和村民们，有的人被劈成了两半，有的孩子被活活摔死，年已九旬的老奶奶被推倒在火堆里烧死……这些罪恶引出了后面的故事——小分队在茫茫林海中与匪徒们斗智斗勇。

我最佩服小分队的"智取威虎山"。杨子荣先是机智地打入了威虎山内部，面对阴险的匪徒，他沉着冷静，滴水不漏。面对种种考验，他每一次总能随机应变，巧妙地化险为夷，取得了座山雕的信任。

联络员孙达得，有着不屈的意志。少剑波考虑到他腿长，行走快速，让他当了联络员。他果然不负众望。走累了，就滚一会儿，滚不动了，就爬；饿了，抓一口饭团，渴了，捧一口雪。

当终于取到联络用的桦皮膜时，他兴奋得顾不上累，想起自己只有六天的时间，心中想着：只要我能按时回去，让我走、滚、爬都行。一种无形的力量支撑着他——那就是战胜顽匪，真正地解放人民！

同时，小分队的队员们也在苦练滑雪。大家都在一遍遍地练习着，连最瘦弱的白茹也没有怕苦怕累。因为他们一定要拿下威虎山。

可是，在这时，发生了一件不幸的事，高波牺牲了。匪徒们派出一帮人马，妄想破坏土改工作，将载着人民幸福的小火车截了下来。高波无畏、镇定地指挥几名战士护送群众撤退，自己留在后面掩护，坚持要在最后走。

可是，最终他没有再回去，他和一小股匪徒同归于尽，献出了自己年轻的生命。

战士们化悲痛为力量，忍受着常人难以忍受的艰苦，克服了种种想象不到的困难，最后里应外合，终于一举歼灭了座山雕匪帮。

小分队战士高超的作战技巧，坚强的意志，深深地感动了我。他们身上所体现出来的那种勇于拼搏的气魄，永不放弃的信念，使我对人生有了新的感悟。

学生感言

刚上中学的我是根本不懂得敬畏的，我只懂嘲笑，自以为自己很高明。读“红色经典”后，我才渐渐明白曾经的自己是多么愚蠢。

“学习《反对自由主义》一文的体会”很好，我将引以为戒

——致彭梅魁

1965年12月10日

梅魁：

我在这里尚可，不必挂念。我即将外出了解情况，掌握第一手资料。属于我的时间已经不多了，实在遗憾，我将珍惜时间，以慰晚年。

来信谈起“学习《反对自由主义》一文的体会”[①]很好，我将引以为戒。你不必为我担心，要料理好家务，用心培养孩子，不要为我影响工作。切切！

清　宗

一九六五年十二月十日

【品读导航】

这是彭德怀1965年12月10日写给侄女彭梅魁的信。

---

① 彭德怀在1959年庐山会议期间因直言“大跃进”、人民公社化运动中的错误而遭到批判，因此彭梅魁在信中假托自己学习毛泽东《反对自由主义》一文的体会，暗中劝说彭德怀在新的工作岗位说话要小心谨慎，以免招来麻烦。

1965年11月30日，彭德怀到达成都。在工作分工上，西南局早已确定了一条原则，即：有关军工生产建设的情况不让彭德怀了解；有关这方面的会议他不能参加；不能参观军工厂。这说明，确实不让他接近军事工业了。他尽管不悦，但没有表态。安顿下来后，他翻阅几天来的报纸，看到11月30日（他到达成都的那天）《人民日报》转载上海《文汇报》姚文元的文章《评新编历史剧〈海瑞罢官〉》。看着看着，他一下把报纸摔在桌上，盛怒难当，说道："简直是胡说八道！"思索了一会儿，对身旁的工作人员说："不管它，我们干我们的工作！"

这时他接到侄女彭梅魁的信。鉴于伯父在1959年7月庐山会议期间因为直言"大跃进"、人民公社化运动中的错误而遭到批判，她在信中假托自己学习毛泽东《反对自由主义》一文的体会，暗中劝说彭德怀在新的工作岗位说话要小心谨慎，以免招来麻烦。尽管理解了侄女的良苦用心，但他在12月10日的这封信中，还是表露了孤独一人在远方迎接挑战的心情：愿意在晚年有限的时间，多了解一些实际情况，掌握第一手资料；要珍惜时间，在有限的生命中，多为人民做一些贡献。这表现了他不顾个人安危，把人民的事业放在第一位的奉献精神。12月12日，他开始了第一次外出，投入到了紧张的工作中。然而，"树欲静而风不止"，随着"文化大革命"的升级，他想安心工作的想法是不可能实现的。在三线工作刚刚一年，他就被揪回北京接受批斗，离开了他所愿意从事的服务大众的工作。

刘伯承
（1892～1986）

无产阶级革命家、军事家。四川开县人。1911年投笔从戎。1912年入重庆军政府将校学堂学习。1914年加入中华革命党。1916年参加讨袁护国战争。1926年5月加入中国共产党，不久任重庆地方军事委员会委员。1927年8月参与发动和领导南昌起义。是年冬赴莫斯科学习。1930年夏回国，任中共中央军委委员、长江局军委书记。后进入中央苏区，并任军委总参谋长。1934年参加长征。1935年1月参加遵义会议，积极拥护毛泽东的正确主张。在长征途中，与张国焘的分裂主义进行了坚决斗争。抗日战争时期，任八路军一二九师师长，参与创建了晋冀鲁豫抗日根据地。1945年当选为中共第七届中央委员。抗战胜利后，任晋冀鲁豫军区司令员。1947年任中原军区司令员。1947年6月与邓小平率部千里跃进大别山。1948年11月指挥淮海战役并取得胜利。1949年1月任第二野战军司令员。新中国成立后，历任西南军政委员会主席、军事学院院长、国家军委副主席、国防委员会副主席、高等军事学院院长、中央军委副主席等职。1955年被授予中华人民共和国元帅军衔。是中共第八届至第十一届中央委员、中央政治局委员，第二届至第五届全国人大常委会副委员长。1986年10月在北京逝世。

参加革命工作，用人是以德、才、资为标准

——致刘宽泰[①]

1950年1月29日

宽泰：

自从你到了土产公司工作以后，我时常担心你的政治学习、工作成绩如何。须知参加革命工作，用人是以德（忠实于革命）才（能为革命做好事）资（与人民大众结合获有资望）为标准，并不以私人关系的。“谁犯了罪，即使是怎样有功的人，也不能马虎了事。”此点望你千万认识此条真理，好好学习政治，好好工作，不要弄错事情呀！

望你好好学习、工作。

刘伯承

一月廿九日

① 刘宽泰，刘伯承的堂侄。重庆解放后，于1949年12月经刘伯承介绍到西南土产公司工作。

【品读导航 ✎】

这封信是刘伯承1950年1月29日写给在西南土产公司工作的堂侄刘宽泰的。刘伯承在信中指出，参加革命工作，用人是以德、才、资为标准的，并不是靠私人关系的。“谁犯了罪，即使是怎样有功的人，也不能马虎了事。”这些都是原则，不能违背。信中还语重心长地勉励侄儿要好好学习政治，好好工作，不要弄错事情。这封信表现了刘伯承对下一代的亲切关怀和坚持革命原则的崇高精神及伟人风范。

★ 故事分享 ★

读刘伯承让我更坚韧

陈润龙

《长征》是一本波澜壮阔的历史长卷，其每一个细节都令我心潮澎湃，激动不已，尤其是在第三章结束时描写刘伯承的一个细节更是令我难以忘怀。

在1916年的护国运动中，刘伯承的右眼不幸被流弹击中，当时的伤势非常严重，必须马上麻醉并即时开刀医治。但麻醉药在当时相当于纽约城中的树——又少又珍贵，刘伯承为了给他人省下麻药，坚决要求在没有麻药的情况下医治，70多刀，一刀刀地割到肉里，手术结束后，医生关切地问："痛吗？"他却说："才70多刀，小意思！"

70多刀是什么概念？一刀一刀地生生割进肉里是什么感觉？这一定会比被铅笔刀割了、骑车跌倒要痛得多，更何况当时的医治条件、卫生条件，随时可能让人丧命，没人可以坚持下来，但刘伯承坚持了下来。

是什么让他躺在床上，任凭70多刀割进肉里而一声不吭？是什么让他忍受了剧痛后还说这70多刀是小意思？是刘伯承从骨子里透出来的男子汉的坚韧、刚强！这般坚韧的他实在令我赞叹不已。但仔细想想，却又望尘莫及，因为我无论在何时都不可能在没有麻药的情况下进行开刀手术，更不能一次性被割70多刀，至于"小意思"就更说不出口了。

红军的长征早已结束，但我的人生长征才刚刚开始，刘伯承的坚韧让我知道什么叫男子汉；他的坚韧让我知道人遇到困难时不应害怕；刘伯承的坚韧让我知道在需要流血时、需要奉献时应比坚韧更坚韧！

放下这波澜壮阔的历史长卷，刘伯承的70多刀不仅让我知道了这“小意思”后面所透出的坚韧，更让我知道了在人生的道路上应有更坚韧、更顽强的意志去面对所有的困难！去打败所有阻挠你的敌人！

学生感言

人在这世上只有几十年，但要活得精彩，活出价值，就需要这样一个精神支柱——坚韧、更坚韧。

贺 龙

（1896～1969）

无产阶级革命家、军事家。原名贺文常，字云卿，湖南桑植人。1926年参加北伐战争，历任国民革命军师长、军长等职。1927年参加领导八一南昌起义，任起义军总指挥。同年9月加入中国共产党。年底在湘鄂西创建革命根据地，历任红军第二军团总指挥、红军第三军军长、中共湘鄂西分局委员。1934年开辟湘鄂川黔革命根据地，历任红二、红六军团总指挥及中共湘鄂川黔军委分会主席、红二方面军总指挥等职。1935年11月率红二、红六军团参加了长征。抗日战争时期，担任八路军一二〇师师长，创建晋西北抗日根据地。1940年任晋西北军区司令员。后任晋绥军区司令员、陕甘宁晋绥五省联防军司令员。解放战争时期，任西北军区司令员、中共中央西北局第二书记。新中国成立后，历任中央人民政府委员、西南军政委员会副主席、西南军区司令员、西南局第三书记、国防委员会副主席、中央军委副主席、国务院副总理兼国家体委主任、国防工业委员会主任等职。1955年被授予中华人民共和国元帅军衔。是中共第七届、第八届中央委员和第八届中央政治局委员、中央军委副主席。1969年6月9日逝世。

桂如侄儿为革命而牺牲，他的血没有白流
——致陈桂英[1]

1951年2月18日

桂英姐：

你的来信我收到了，看了你的照片，你确实老了。你这一生可以说完全是靠辛勤劳动过日子。这正是你的美德。桂如[2]侄儿虽为革命牺牲，但是他的血没有白流，而换取了今天中国革命的胜利，你是很光荣的。我已写信告桑植县政府，证明你是烈属。兹逢楚才[3]回家之便，特函致复，并寄上我的照片一张及我全家照片一张，仅缺大女儿捷生一人，给你留念。

祝你健康！

贺 龙

一九五一年二月十八日

---

① 陈桂英，贺龙的堂嫂，贺桂如烈士的母亲。

② 桂如，即贺桂如，贺龙的堂侄。早年跟随贺龙参加南昌起义，后任中国工农红军第四军（湘鄂西）第一团团长。1929年秋在战斗中牺牲。

③ 楚才，即向楚才，贺龙的外甥。

【品读导航】

这封信是贺龙写给他的堂嫂陈桂英的。陈桂英的儿子贺桂如，1927年8月跟随贺龙参加南昌起义，从此走上了革命的道路。后来，贺桂如在中国工农红军第四军（湘鄂西）任第一团团长，1929年秋在战斗中不幸牺牲。新中国成立后，党和政府为了纪念、抚恤革命烈士及亲属，在全国开展了军烈属登记工作。由于桑植县政府不了解贺桂如的英雄事迹，未予登记。贺龙得知此事后，一方面致函桑植县政府，证明贺桂如确系革命烈士，另一方面致函陈桂英，告知她有关情况。在信中，贺龙对侄儿的光荣牺牲给予了高度评价，并表达了深深的怀念之情，正如信中所说："桂如侄儿虽为革命牺牲，但是他的血没有白流，而换取了今天中国革命的胜利，你是很光荣的。"

★ 故事分享 ★

为何打不败红军

龙鉴知

几万红军从中央苏区撤离，开始他们自己都不知道要往哪儿走，就是想要突围。蒋介石调动百万大军围追堵截，但没有成功，最后自己还被毛泽东赶到了台湾。红军为何总是打不败呢？原因有三条：

首先，红军作战勇猛，百折不挠。长征时期的红军叫中国工农红军，正如其名，这是工人、农民的军队。在当时，这些人都是受压迫的穷人，而且占中国人口的绝大多数，所以“工农”泛指全国贫穷的百姓。对这些人而言，“人人平等”是个遥远的梦想，但共产党人能够帮他们实现，于是这些穷苦百姓必然跟共产党走，而且必然尽全力。因为共产党失败了，他们的天就塌了，就又要受压迫了。所以他们必然作战勇猛、百折不挠，他们也一定是宁死不屈的。正因为这样，红军才能够创造出一个又一个奇迹，把不可能变为可能。

其次，蒋介石心术不正，鬼迷心窍。红军的屡屡脱险，无不与蒋介石本人有着重大联系。蒋介石每次打着“剿匪”旗号的行动都夹带着一些私人目的。他每次部署的时候总是往两个方面想：一是怎样置红军于死地；二是怎样利用红军削弱地方军阀实力，好让自己渔翁得利，吞并军阀们的地盘。而地方军阀头目也不是等闲之辈，不可能不察觉蒋介石的居心。做事最基本的原则就是一心不可二用，蒋介石每次都想一石双鸟，最后往往落得鸡飞蛋打。

最后，军阀自私自利，相互推诿。军阀的因素也是红军总能死里逃生的重要原因。各地的军阀头目都绝非等闲之辈，每个人都不是一盏省油的灯，要不他们凭借什么割据一方？像“南天王”陈济棠、“小诸葛”白崇禧等人都是身经百战的老将了，蒋介石的小伎俩哪能糊弄得了他们，他们千辛万苦经营了大半辈子的地盘，又岂能拱手让给老蒋？红军爱跑到哪儿跑到哪儿，只要别到我的地盘里闹革命就行，“剿匪”是你老蒋的事，跟我可没关系！他们就好像在玩传炸弹的游戏，而红军就是那颗炸弹，每个军阀都不想让它在自己的手里爆炸，炸弹传到自己这儿就马上传给别人，这样造成的后果就是：粤军与红军互通电报，并卖给红军物资；红军路过广西时桂军已经让出了一条“走廊”，等等。

正是由于这三条原因，即使蒋介石有再多的兵力，有再好的武器，打败红军也是非常困难的。

学生感言

假期整理图书时拿着自己小学最爱读的《马小跳》——一页两百字、一小时便能看完的“小薄本”，竟有些不适应。那天，我第一次感觉到了心灵经过红色经典洗礼后的蜕变。

陈 毅
（1901～1972）

无产阶级革命家、军事家。字仲弘，四川乐至人。1919年赴法国勤工俭学。1923年加入中国共产党。1927年南昌起义后，参加中国工农红军。后历任中国工农红军第四军政治部主任、军委书记等职。1934年中央红军长征后留在苏区，转战闽、粤、赣，坚持游击战争三年。抗日战争时期，历任新四军一支队司令员、新四军代理军长、军长。解放战争时期，先后任山东野战军、华东野战军、第三野战军司令员兼政治委员。新中国成立后，任华东军区司令员、上海市市长，后历任中共中央军委副主席、国务院副总理兼外交部部长、全国政协副主席、国防委员会副主席等职。1955年被授予中华人民共和国元帅军衔。“文化大革命”中，与林彪、江青反革命集团进行了坚决的斗争。1972年1月6日逝世。

系念骨肉亲情，与日俱永

——致李白文[1]

1937年12月29日

白文嫂尊鉴：

数奉手书，至感亲亲骨肉念兄念弟之厚情深谊，弟读后不禁悲喜惭痛一时俱来，迸发之情，有如江河倾泻。廿[2]年烽火，满地干戈，弟出入其中，了无罣挂，惟于亲亲骨肉之系念，常与日俱永。前以封锁层层，近以奔走山林城镇间[3]，均不能详细作家书，每当动笔家书之际，便心绪堆积，无从措词，虽或伸纸着墨，不尽数行，又复扯毁，此情难言，有如此者！弟遭家不造，不能自已，慨然离家谋国，而国势亦陷垂危之景，艰难困厄，日夜围攻，毒手尊拳，谁能多让，浴血人生，直至于此，敢谓今人所难至，古人传奇史之所无也。弟常终日冥想，己身经历，教训滋多，实验即实学，窃私心自庆幸也。惟弟少年失学，凭藉不多，故进境不大，虽于重要关头，能就大者重要者处理之，但成功之事误于弟

① 李白文，陈毅之兄陈孟熙的夫人。
②“廿”字疑为“十”字之误。
③ 奔走山林城镇间，指当时南方红军的一部分游击部队正在改编，组成新四军，但尚未集中。陈毅正忙于到各游击区传达上级指示，指导改编工作。

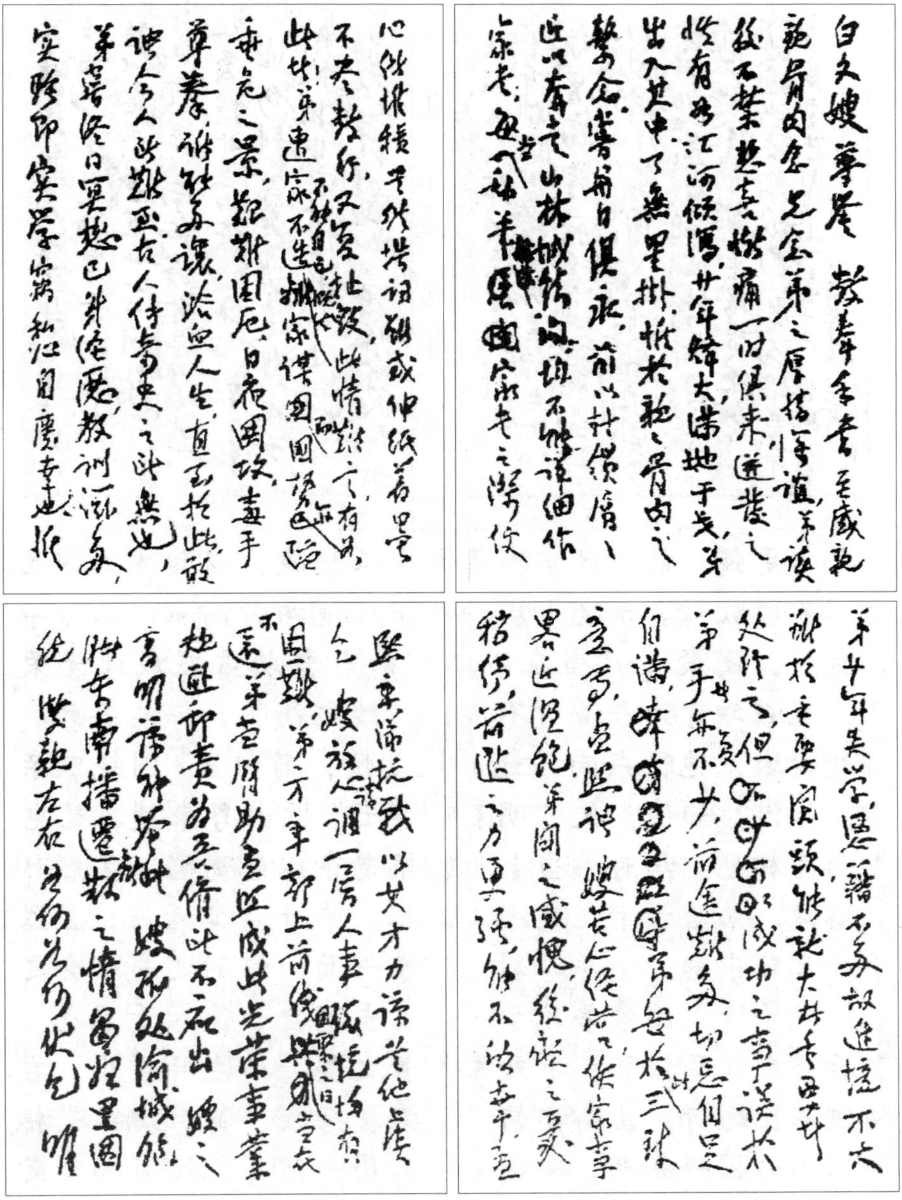

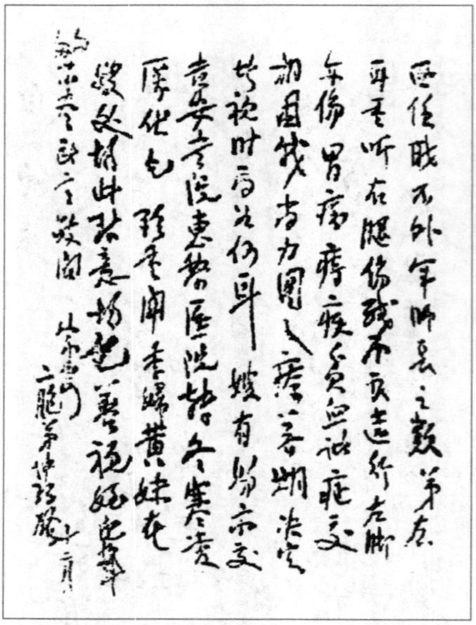

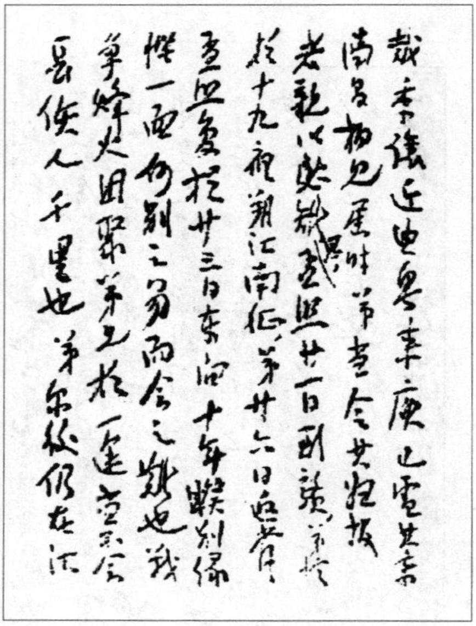

手者亦复不少。前途难多，切忌自足自满，弟每于此三致意焉。孟熙[①]谓嫂苦心经营，使家事略近温饱，弟闻之感愧，后顾之忧稍纾，前进之力更强，能不欣幸！孟熙率队抗战，以其才力谅无他虞，乞嫂放心。请调一层，人事环境均有困难。弟方率部上前线，团聚之日当在不远，弟当臂助孟熙成此光荣事业，规避卸责为吾侪所不应出。嫂之高明，谅能鉴此。嫂孤处渝城，饱睹东南播迁离散之情，曷归里[②]围绕双亲左右，如何？如何？伏乞明裁。季让[③]近由粤来庚，已电其来南昌相见，届时弟当令其归报老亲以慰离思。孟熙廿一日到赣，弟恰于十九夜溯江南征。弟廿六日返省，孟熙复于廿三日东向。千年睽别，缘悭一面，何别之易而会

① 孟熙，即陈孟熙，陈毅的哥哥。当时任四川补充兵第八团团长，率部经江西赴安徽抗日前线。

② 里，即故里，陈毅的旧居，在四川乐至县。

③ 季让，即陈季让，陈毅的弟弟。

之难也！战争烽火团聚弟兄于一途，当不会长使人千里也。弟尔后仍在江西任职，不外军师长之类。弟左耳重听，右腿伤残不良远行，左脚亦伤，胃病、痔疾、贫血诸症交相困我，尚力图疗养期，决定者视时局如何耳。嫂有赐示交吉安书街惠黎医院[①]转。冬寒凌厉，伏乞珍重。闻季妇黄妹[②]在嫂处，均此致意，均乞善视侄儿辈。匆匆不尽所言。

敬问家安！

二胞弟　仲弘[③]启

十二月廿九日

【品读导航】

这封信是1937年抗日战争爆发后，陈毅在南昌筹建新四军时写给嫂子的家书。当时，在敌后坚持三年游击战争的陈毅，由于国共实行第二次合作，正在江西南昌筹建新四军。此时他接到久未通音信的嫂子李白文的数封家书，感慨万分，当即写下了这封长达数页的家书。

陈毅是我军著名的儒将之一，从这封信中可略见一斑。在信中，陈毅叙说了自己少小离家，投笔从戎，数十年金戈铁马、浴血人生的丰富经历，这些经历也造就了他豪迈爽直的英雄气魄。然而他也有骨肉亲情，随着戎马倥偬、南征北战的岁月日增，此情日长。陈毅在信中，

---

① 惠黎医院，是戴惠黎（即戴济民）在吉安县城书街开办的私人医院。1930年10月中国工农红军攻克吉安后，戴惠黎及吉安大部分医生参加了工农红军。1937年秋，陈毅到吉安收编红军游击队时，曾在惠黎医院设立新四军通讯处。

② 季妇黄妹，指陈季让的夫人黄淑秋。

③ 仲弘，陈毅的字。

陈述自己日夜思念着哥嫂双亲，饱尝着由于战乱所带来的播迁离散之苦，希望有朝一日能与家人相见团聚。所以一接到李白文嫂寄来的家书，那份惊喜与感慨就一下子决堤迸发，不吐不快。这封信既有对家事亲情的畅然倾诉，又有对国家大事、当下形势的慨叹和通告，尽情尽理，谦恭豪迈。

现在可以肯定地说，我们迅速可以看到全国革命的胜利了
——致张茜[1]

1948年3月

茜，亲爱的同志和亲爱的妻子：

不料鲁中匆匆分别，又远隔山海将满一年，证明那次轻去胶东是失着的。特别九月后胶东战局紧张之际，我十分挂念留胶东所有人员和您及三个儿子。直到你们安渡渤海抵大连后才松了一口气，放下重担子。去年十一月我到渤海曾发一电报告行踪，你复电转至陕北毛主席处，我见到知您及三个儿子均好，十分安慰。此次到阜平开会遇饶政委[2]，谈及胶东去岁吃紧情形并打听到您渡海前的情况，更是一面惊惧一面庆幸。惊惧的是那时节真危险，苦了您和孩儿们；喜的是终于安全无恙，证明敌人把咱们无可奈何！记着此后不应分离了，迅速图团聚才是！

别来将近一年，七月诸战不利，八月反攻，九月渡黄河，十月到豫皖苏，十一月回渤海，十二月到太行阜平，一月过雁门关，二月初

① 张茜，陈毅的夫人，当时随后方机关撤退到大连。
② 饶政委，指饶漱石。当时任中共中央华东局书记、华东军区政治委员。

到陕北，三月初回阜平朱刘处[①]开会，现拟月底南下归队。这期间马不停蹄，人很疲困，跑路多，见识亦广，我军的胜利亦大，革命局面又大大不同于以前。现在可以肯定说我们迅速可以看见全国革命的胜利了，可喜可喜！

我身体如前，无他变化，一切请放心。您身体谅好，孩儿们谅亦好，我是最关心您及孩子们的。

现在此间派人到大连接洽电影材料，乘便寄此简信以慰远望。您不要回信，得此信即设法回山东转前方团聚。在渡海安全条件下应不迟疑，迅速成行，以快为好，至盼至盼。许多杂事见面畅谈，不在此多写了。布礼！

仲弘吻您并在三个孩子

面前提名问他们好

您回时孩儿们可不带，托朱、戴、宋[②]及其他同志照料。此事请您全权处理。您应速回，应于七月雨季前赶到渤海（途间安全第一）。至要至要。

朱毅、裕和、济民、楚青[③]及其他同志前代问好。

---

① 指以刘少奇为书记、朱德为副书记的中共中央工作委员会，当时的驻地在河北省阜平县西柏坡村（今属平山县）。中共中央书记处1948年4月30日至5月7日在阜平县城南庄举行会议，陈毅、饶漱石参加了这次会议。

② 朱，指朱毅。当时任中共中央华东局财委驻大连工作委员会书记兼大连建新公司经理。戴，指戴济民。当时任华东野战军卫生部副部长、大连干部疗养院院长。宋，指宋裕和。当时任华东野战军后勤部部长、华东军区后勤部司令员、华东北撤干部管理委员会主任。

③ 楚青，粟裕的夫人。

【品读导航】

这封信是陈毅1948年3月写给在大连的妻子张茜的一封家书。当时，中国革命正在发生着前所未有的历史转折。我各解放区都取得了较大发展。党中央、毛主席正准备从陕北启程向华北转移，与在河北省平山县西柏坡的中共中央工委会合，在更加广阔的天地指挥中国人民解放军的大举反攻。

1947年夏初，陈毅与妻子张茜在鲁中分别，张茜先到胶东，而后渡海到达大连。1947年8月，为了配合刘邓大军进军大别山，陈毅率华东野战军进行反攻。9月，陈毅经山东聊城南渡黄河，在鲁西南会合了8个纵队共18万人组成华东野战军主力，转入外线作战。经过艰苦奋战，10月，华东野战军解放了豫、皖、苏的大片土地。11月，陈毅回到渤海。同月，陈毅途经晋察冀边区，到达中央工委驻地河北省平山县西柏坡，向刘少奇、朱德汇报工作。1948年1月经雁门关，1948年2月初经晋绥解放区到达中共中央驻地陕北米脂杨家沟向毛主席汇报工作。1948年3月，陈毅从陕北出发，准备参加1948年4月30日至5月7日在河北阜平县城南庄由中共中央书记处举行的扩大会议。4月，陪朱德总司令赴濮阳。

这封信洋溢着陈毅对迅速发展的大好革命形势的喜悦之情，同时表达了在战争激烈的形势下，对妻子儿女的牵挂。读后令人感到亲切自然，富有生活志趣。

★ 故事分享 ★

伟人之所以为伟人

汪昱昊

这一周，我开始读《长征》，开始这段两万五千里的跋涉。

在这段跋涉中，伟人给我留下了极为深刻的印象。

我原以为毛泽东在当时的共产党内部就如一把手一般，拥有呼风唤雨的能力，可书中告诉我，即使是一位伟人——中华苏维埃共和国的创始人也会受到排挤。虽然受到了排挤和批评，可毛泽东面对它们的态度却十分令人敬佩。

在经过党内对他“四大错误”的严厉批评后，中华苏维埃共和国政府主席成天没有公务可办，但他对革命的忠诚使他每天都在研究局势。在被完全剥夺了军事指挥权的情况下，只要部队停下来宿营或休息，他便仔细研究地图，并向当时的中央和军委提出自己的意见。大兵压境，共产党和红军的几大核心人物都认为毛泽东应当执掌帅印，可有了军事指挥权的毛泽东的决策接连被否决。为了红军不一再失利，他只能擅自发布命令，使中央火冒三丈，并再次剥夺了他的军事指挥权。

毛泽东并没有因此对党和红军置之不理，而是继续考虑如何才能让红军摆脱困境，一方面向中央提出自己的建议，另一方面努力争取其他同志的支持，这就是毛泽东的伟大之处。

有这样一名高级将领，他可以忍受如刮骨疗毒的剧痛。在剧痛中，他得知了因为博古排挤毛泽东，而自己支持毛泽东故而受到牵连只好被留在江西继续“闹革命”。在请求长征无果后，他留了下来。当时环境十分恶劣，他拄着拐杖突围后，到深山野林中坚持与敌人打游击战，在几经生死的关头，还幻想“此去泉台招旧部，旌旗十万斩阎罗”，“取义成仁今日事，人间遍种自由花”，可见他对党和革命事业的赤胆忠心。这位伟大的将领，就是陈毅。

受到排挤，陈毅并没有对党有怨言，而是继续对党忠诚。正因如此，陈毅元帅的形象才愈显高大。

这些伟人们在党内虽然受到过不公正的待遇，可他们并没有因此而放弃崇高的信仰和伟大的使命，而是继续将自己的生命奉献给党。这就是他们成为伟人的原因。

学生感言

读懂了长征，就会知道人类精神中的不屈与顽强是何等的伟大，就会知道生命为什么历经苦难与艰险依然能够拥有快乐和自信，就会知道当一个人把个体的命运和民族的命运联系起来时，天地将会多么广阔，生命将会何等光荣。

作为中国人，作为新时代的中学生，我们比谁都更应该读懂长征，了解革命的历史，感悟革命先烈的精神，才能在新时期不忘初心，牢记使命，为实现伟大的中国梦而奋力前行！

向真理和人民低头，固我弟兄多年来立身行道之风度也

——致陈修和①

1949年1月7日

修和大哥如见：

高岗②同志来华北开会，得便谈及你在沈情况，此间同人对你保护机器爱惜工业的热忱至为钦佩，认为这是对国家人民的极大贡献。弟兄别来垂二十年，今得团聚机会，十分快慰。两年内战争结束，可图长聚机会或举家东迁。前得兄电云嫂侄在平。望北平收复后仍归沈为好。家中长幼近四年已无音问，系念实深，不知存没如何？但望大伯、大娘、四叔、幺叔及弟父母无恙，倘能与我们欢聚数年，乐何如之！你一生以工业建设为职业，前三十年饱受颠沛流离之苦，近顷廿年来对抗日战争一段贡献为大，目前与人民事业结合，必能长展骥足。我辈均属穷小子

---

① 陈修和，陈毅的堂兄。沈阳解放前夕，任沈阳第九十兵工总厂厂长。沈阳解放时，曾为保护该厂财产设备免遭破坏做出积极贡献。沈阳解放后，人民解放军总部任命他担任沈阳兵工总厂厂长，并作为特邀代表出席中国人民政治协商会议第一届全体会议。

② 高岗，当时任中共中央东北局书记、东北人民解放军及东北军区第一副司令员。中共中央于1949年1月6日至8日在西柏坡举行政治局会议，高岗、陈毅出席了这次会议。

出身，能亲见新中国建设和人民翻身，应大为快慰，故弟愿兄努力业务，得便研究政治作发展工业方向之南针。在沈阳中共同人甚见重我兄才能和品格，中央同人亦复如此。向真理和人民低头，固我弟兄多年来之立身行道之风度也，兄以为如何？弟身体甚好，今年四八正向四九岁迈进。廿年来置身军旅，所获新知不少，而文人习气并未摆脱，故改变并不大。弟仍以能保持本来面目为慰。于一九四〇年结婚，妻张茜已生三个男孩。弟任务是向东南经营苏浙皖，春间摒挡后即南渡。在徐淮战役中黄维、黄伯韬、邱、李、孙诸兵团已覆没，①此后大战也不多，两年内军事底定，即可顺利进入建设时期，吾弟兄亦可长聚也。望保重，并以坦率直爽的态度与人共事，在沈阳各同志均与弟熟悉，必能获得助益。匆匆未尽所言，破敌收京取沪后当图一晤。

即祝

春安！

弟　仲弘顿

一月七日

【品读导航】

这封信是陈毅于1949年1月7日写给在沈阳任沈阳第九十兵工总厂厂长的堂兄陈修和的家书。当时陈毅正在河北省平山县西柏坡出席中共

---

① 1948年11月6日至1949年1月10日华东野战军和中原野战军所进行的淮海战役，歼灭了国民党军黄维所部第十二兵团、黄伯韬所部第七兵团、邱清泉所部第二兵团、李弥所部第十三兵团及孙元良所部第十六兵团，计22个军56个师，共55. 5万人。

中央政治局会议。会议期间，陈毅从东北来的高岗等人口中得知陈修和在沈阳解放时，为保卫工厂财产设备的安全与敌人展开英勇斗争的事迹后，甚为喜慰，欣然提笔，写下了这封信。在信中，陈毅对堂兄的正义行为给予了充分肯定，并鼓励他继续“努力业务，得便研究政治作发展工业方向之南针”，为新中国的建设“长展骥足”。同时以自己的深切体会——“向真理和人民低头，固我弟兄多年来之立身行道之风度也”，与兄共勉。信中还表达了作者对革命即将胜利的喜悦之情和对亲人必将长相聚首的憧憬与企盼。这封信情感挚朴真切，娓娓道来，十分感人。

为禀报儿子及家人近况，请双亲宽心
——致父母

1951年4月16日

父母亲大人膝下：

二月十九日手谕奉悉，知大人移居后情况甚为喜慰。儿于三月六日赴闽，三月卅日返沪。在闽廿余日巡视各地，不幸感冒并患肠胃炎，返沪即入医院治疗，经过十余日感冒和肠炎已完全好了，本可出院照常工作，奈又发现肝内有肝蛭吸虫潜伏。医者言，不治疗目前并无大妨碍，但恐日久生变，有演化为黄疸病水肿病的可能，甚至可能变为孙中山式的肝癌云云。经同志多人考虑，且得中央批准，决心治疗，于本日下药，拟定二十天为一阶段，如奏效即可出院，否则尚需延长时间。医者言，治此病在室内可自由坐卧，并无痛苦，不过用药后头晕和精神不爽，则需多睡眠也。儿思几十年来，戎马倥偬，得此小休，亦属幸运，故祈大人勿念。

张茜已到北京俄专学习，定今年底结业。彼能完成俄文修业，此后即可担任俄校教务和通译，学有专长，立身有道，甚可喜也。本来她在革命阵营服务已近十五年，历任科员、科长、政治协理等职，并又任上海俄校教务副主任，她如果继续工作是不成问题的，如果评薪水亦将系团级待遇，可得月薪四百单位[①]，但仍主张其再学一年，养成专门俄语人材，才更能切实可靠，有巩固的发展前途。因此，不能不让她远去京门一个时期。这是新中国为人做事基于各有专长的根本原则，望双亲本此意转告儿弟兄姊妹并及下辈。中国人人人如此何愁不富强，如果仍旧贯，依赖即寄生剥削，于己于国皆非了局。重坤妹已卒业，在市卫生局化验所任见习化验员，现尚有困难不能独立化验，必须见习半年，才能正式担任工作。她现系包干制[②]，每月可余数万元[③]。她进步快，身体好。她现住崔部长[④]家，在湖南路儿旧住处斜对门，地方很好，崔部长照料甚周。崔并言重坤进步快，德行好，才干逐步可以锻炼。现准其每周来院看一次，儿已多方教训她进步。她很高兴，认为前次不回川是对的。此事请双亲放心。另，儿家移南京，湖南路住宅已交公，小丹、小侉、小羊三个小儿读书有进步，小侉已能写数百字的文章，他们即在儿住处隔壁的小校内读书，往来甚便。孙女儿珊珊已八个月，牙牙学语，相貌像重坤妹，又肥又壮，专请一个人带她。一切请无念。

另外有一件事，即桃娃子[⑤]被谋害事，可要大爷具报向乐至县府要

---

① 这里指折实单位，是新中国成立初期为减轻通货膨胀对国家建设和人民生活的影响，所采取的一种以一定种类和数量的实物为单位，按其价格折算为货币的支付方法。折算单位的价格，由各地人民银行按日或按旬用当地市场平均批发价格计算，并挂牌公布。

② 包干制，是新中国成立初期实行的一种分配方法。即对原来实行供给制的干部，改为将其服装、伙食等基本供给项目折算成货币，连同津贴一起作为生活费，以现金的形式发给本人。

③ 这里指当时流通的人民币。自1955年3月1日起，中国人民银行发行新人民币代替旧人民币，按规定，新币1元等于旧币1万元。

④ 崔部长，指崔义田，当时任华东军区卫生部部长、华东军政委员会卫生部部长。

⑤ 桃娃子，陈毅的堂妹。

求昭雪，这是应办的，请双亲考虑。唐家心科、心和[1]两老表跑到剑阁，屡来信求救，请孟熙[2]写信要他们回家为好，他们不是恶霸，何必远走自讨苦吃。

杨仲赤[3]甥来信已收到，证明思想进步，望努力。请转告杨三姐[4]要宽心服从土改，土改后过劳动生活实应分也。对裴先生、陈凤梧[5]弟、柳叔堪表叔（恨未能一见，后会有期）及其他亲友亦均恳代致意问候。他们来沪公家只能按例招待，儿为一工作人员，更不可能破格办事，这方面均要求知我谅我，不以为罪。实际是很优厚了，昨天百老汇把前后招待费用算了一个账，要儿过目，数目很大，已转请报销去了。昔赵子昂〔李绅〕[6]诗曰“谁知盘中餐，粒粒皆辛苦”，此确为实情。又，韦应物诗“身多疾病思田里，邑有流亡愧俸钱”[7]，又曰“所惭居位崇，未睹斯民康”[8]。一切均从人民出发，儿窃愿勿愧于此，故不得不反复言之。

今年双亲以在渝居住为宜，千斯门住地热天不大宜，可商请乡居，不必要在城市，可与李处长静一商量，能住下即住下免多麻烦。

近日住院摆脱事务，故写此长信禀报，请双亲宽心。

此请

万福金安！

---

① 心科、心和，即唐心科、唐心和。他们是陈毅的表兄弟。
② 孟熙，即陈孟熙，陈毅的哥哥。当时任重庆市工商业联合会秘书、副科长。
③ 杨仲赤，陈毅的外甥。
④ 杨三姐，即陈世芳，陈毅的妹妹。
⑤ 裴先生，指裴野堂，早年曾在陈毅读书的小学校任教员。陈凤梧，陈毅的堂弟。
⑥ 现考，“谁知盘中餐，粒粒皆辛苦。”出自唐朝诗人李绅的《悯农》。
⑦ 见唐代诗人韦应物《寄李儋元锡》。
⑧ 见唐代诗人韦应物《郡斋雨中与诸文士燕集》。原句是：“自惭居处崇，未睹斯民康。”

另，张茜开车伤牙已补好，请母亲放心。

二儿　世俊禀

四月十六日

孟熙大哥：你三月廿三日信收到，《忆南泉》[1]已读了，甚好。不过我希望你把名士派收起，切实做人民服务工作。你血压高，主要要减食、多运动。请你同意我的建议，谅不以为忤。仲弘又及。

【品读导航】

这封信是陈毅1951年4月16日在上海为禀报自己及家人近况写给父母亲的。当时，陈毅担任华东军区司令员兼上海市市长，在赴福建前线各地巡视工作途中，不幸患病而住进医院。住院期间，他给父母亲写下了这封长信。信中，陈毅除了禀报自己的病情及治疗情况，“故祈大人勿念”外，重点禀报了妻子张茜专修俄文一事。在陈毅看来，在新中国为人做事必须各有专长，“养成专门俄语人材，才更能切实可靠，有巩固的发展前途”。并强调“中国人人人如此何愁不富强”。这种“学有专长，立身有道”于国于己都有大益的思想，给人以深刻的教育，在今天仍具有现实意义。信中，陈毅还请求父母代为向来沪探访的亲戚、师长解释“只能按例招待”，“不可能破格办事”，恳切希望“知我谅我，不以为罪”，体现了陈毅严于律己、不谋私利的高尚情操和真情实感。

①《忆南泉》，陈孟熙写的一首诗。

要从宽处远处想问题
——致张茜

1952年6月10日

茜：

七日来信收到。重坤[①]妹返沪所要各物均带上。俄文打字机我二十号到上海带来，重坤个人带恐遗失。你八日信中所说各节，我到沪再面谈，你病中不宜多想这类问题。我头经常痛，我亦不愿多想这一类麻烦的问题。革命胜利第一个满足，家庭样样都是好的第二个满足，彼此身体无大病尚可多有几年第三个满足，为什么不从宽处远处想呢？近来四个儿女天天绕膝嬉娱，甚乐甚乐！我不仅关心老辈，同样也关心儿幼，两者并不矛盾。“五反”[②]之后陈卓君[③]仍要照顾才近人情，只要不超过原则。

家事，由陶、韩[④]等处理，颇好，请放心。四个儿女衣服穿得甚清

① 重坤，即陈重坤，陈毅的妹妹。
②“五反”，指1952年在全国资本主义工商业中开展的反对行贿、反对偷税漏税、反对盗骗国家资财、反对偷工减料、反对盗窃国家经济情报的斗争。
③ 陈卓君，张茜的表姐。当时在上海经营工商业。
④ 陶，指陈毅的秘书陶旭斌。韩，指陈毅的管理员韩保贵。

洁整齐，请放心。一切养好病再说，吾定把您放在第一位。重坤来要好好接待。

仲　吻

六月十日夜

今晨头痛现略好。

【品读导航】

这封信是陈毅1952年6月10日写给妻子张茜的。信中，陈毅指出三个满足："革命胜利第一个满足，家庭样样都是好的第二个满足，彼此身体无大病尚可多有几年第三个满足。"同时嘱咐妻子处理问题要从宽处远处想，表现了陈毅豁达的性格和宽广的胸襟。

望你学习好，身体好
——致陈昊苏①

1956年12月31日

昊苏：

十二月二十日来信收到了。你的功课和写信有进步，我和妈妈听了很欢喜。写家信要详细把我们要知道的都交代一下，是必要的。比如我们很关心爷爷、婆婆与你弟妹的情况，可惜你未提到。我们也很关心张秘书、魏管理员以及其他各同志的情况，你都未提到，希望以后写信带上一笔。自然你这次写信只讲自己的事，这不能怪你，不过希望你以后注意。

我到广东从化温泉休养十九天，又到琼崖岛②去游览了十天，今日回广州。现在已是年终了，明天就是新年了。我还打算再休养一个月才回京与你们同过旧历年。

你妈妈的身体很好，我的健康已逐渐恢复。

希望你把此信转念给爷爷婆婆和弟妹听，代问好，并请他们不要挂念。

① 陈昊苏，陈毅的长子。
② 琼崖岛，即海南岛。

冰鞋可以买三双，你三弟兄一个人一双，珊珊明年再买，可请张镜源同志代办。

明年一月份还望你三弟兄每人与我写一封信。

望你学习好，身体好。

父　示

一九五六年，十二月卅一日，

守岁之夜，于广州。

【品读导航】

这封信是陈毅1956年12月31日写给长子陈昊苏的。陈毅关心子女的心情跃然纸上。信中，陈毅要求陈昊苏写信时内容要尽量详细，不要只讲自己的事，同时希望儿子好好学习。陈毅这封普通的家信，除了写自己的工作情况外，还讲了其他一些事情，如妈妈的身体、买冰鞋等，客观上就如何写信为儿子作了示范。

要想到全国人民和重灾区人民的困难，自力更生节约

——致陈孟熙①

1962年4月10日

孟熙大哥如晤：

四月一日信悉。母亲拔牙获痊愈，闻讯极欣喜。程子健、周钦岳②来开会，面告母亲情况，他们说母亲出院返家甚好。至慰至慰。兄来信说得更明白，弟更放心。兄以近晚年奉侍双亲，尽孝道，弟亦感激不尽。万望在双亲前多致安慰，使宽心静养，使寿更高，为祷为祝。德成侄儿应到农村锻炼，做到自食其力，他少爷气息太重。无吾家穷人要争气之概。至于如何安排望兄多加严督，不应再累公家。近三年灾情严重，遍及七省，也波及吾川。吾家靠公家照顾帮助才能渡过至今。今后仍有大困难要克服，要想到全国人民和重灾区人民的困难。这样对党政的照顾，便觉太过，不应不自足，也不仅致感谢，还要想办法，自力更生节约，

① 陈孟熙，陈毅的哥哥。当时任重庆市文史馆研究员、政协四川省委员会及重庆市委员会委员、民革中央团结委员会委员。

② 程子健，当时任中共中央西南局统战部部长兼中共四川省委统战部部长、政协四川省委员会副主席。周钦岳，当时任重庆市副市长、第二届全国人民代表大会代表。

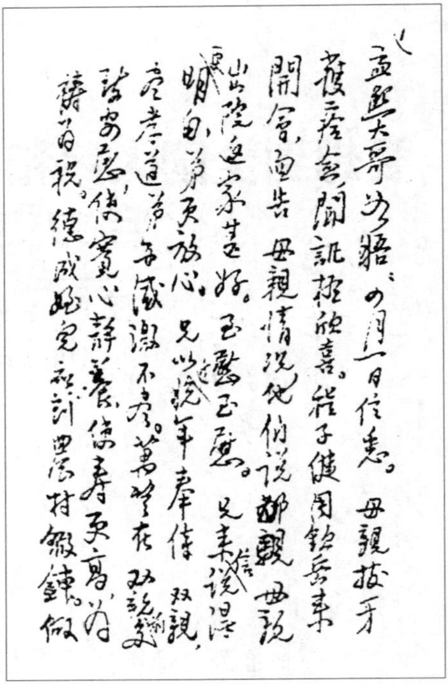

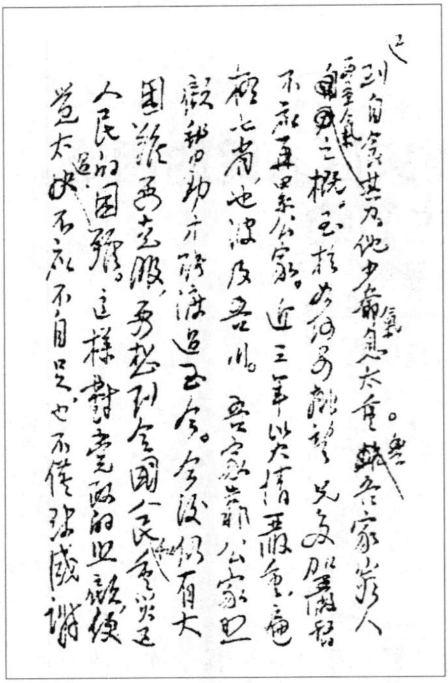

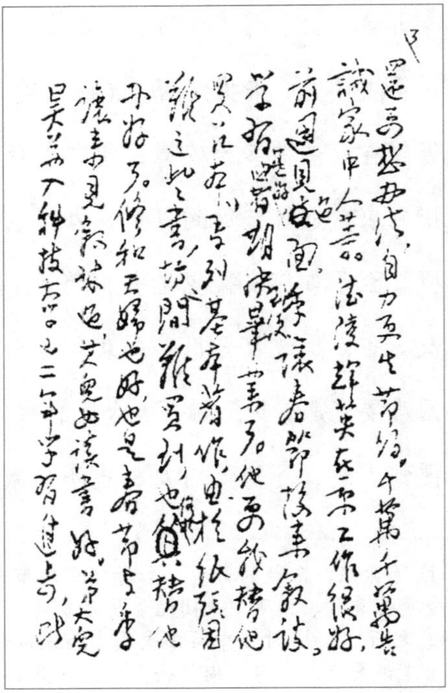

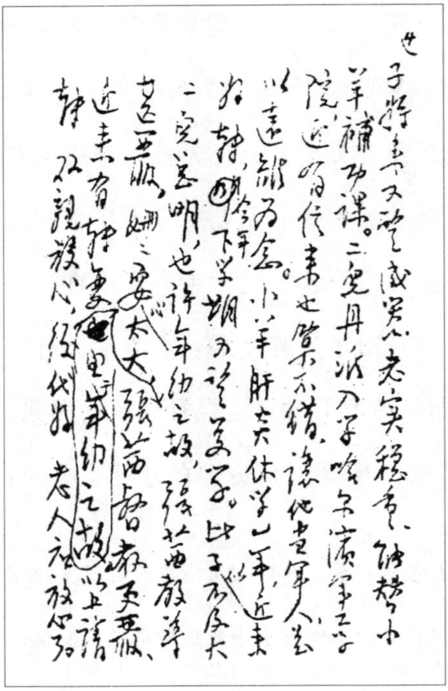

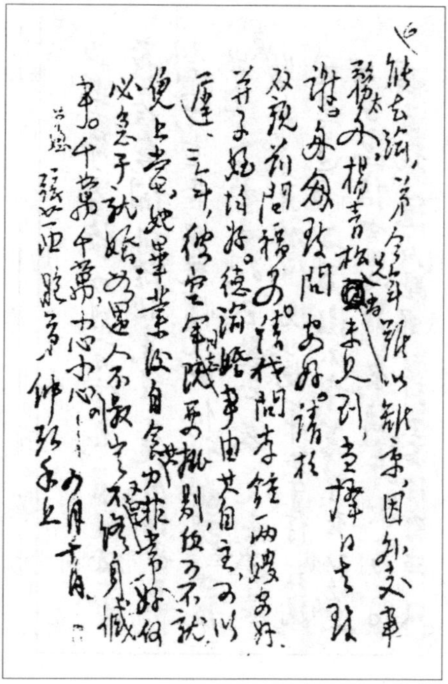

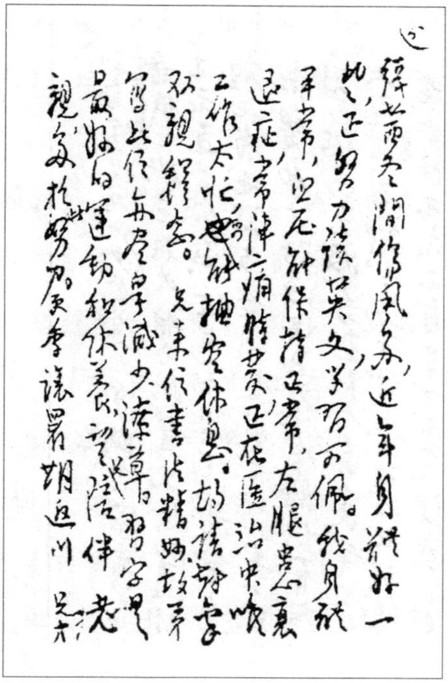

千万千万告诫家中人等。德陵、辉英[1]在京工作很好，前周见过面。季让[2]春节接来叙谈，学习甚好，暑期快到便毕业了。他要我替他买几本马列基本著作，由于纸张困难这些书坊间难买到，也终于替他办好了。修和[3]夫妇也好，也是春节与季让来见叙谈过，其儿女读书好。弟大儿昊苏入科技大学已二年，学习进步，此子将来可望成器，老实稳重，能替小羊补功课。二儿丹淮入学哈尔滨军工学院，近有信来也算不错，让他当军人，总以远离为念。小羊肝炎休学一年，近来好转，今年下学期

① 德陵，陈毅的侄子。辉英，德陵的妻子，后离异。
② 季让，即陈季让，陈毅的弟弟。当时任政协四川省委员会常务委员兼副秘书长。这时正在北京社会主义学院学习。
③ 修和，即陈修和，陈毅的堂兄。当时任国务院参事室参事。

可望复学。此子似不及大、二儿聪明，也许年幼之故，张茜教导甚严。珊珊要心太大，由于年幼之故，张茜督教更严，近来有转变。以上请转双亲放心，后代好老人应放心了。张茜冬间伤风多，近年身体好一些，正努力读英文，学习可佩。我身体平常，血压能保持正常，左腿患衰退症，常阵痛时发，正在医治中，惟工作太忙，要能抽空休息。均请转禀双亲释念。兄来信书法精妙，故弟写此信亦尽量减少潦草。习字是最好的运动和休养，望兄陪伴老亲，多于此努力。要季让暑期返川，兄才能去渝。弟今年难以离京，因外交事务太多。杨青松[①]兄尚未见到，当择日去致谢。匆匆致问安好。请于双亲前问福安。请代问李钟两嫂安好，并子侄均好。德渝[②]婚事由其自主，可以迟一二年，彼空军同志既要挑剔，便可不就，免上当。她毕业后自食其力非常好，何必急于就婚。如遇人不淑，岂不又是终身憾事。千万千万，小心小心。

弟媳张茜、胞弟仲弘手上

四月十日

【品读导航】

这封信是陈毅1962年4月10日写给胞兄陈孟熙的。陈孟熙当时任重庆市文史馆研究员、政协四川省委员会及重庆市委员会的委员、民革中央团结委员会委员。信中，陈毅嘱咐亲属要想到全国人民和重灾区人民的困难，自力更生，艰苦节约。信中也可看出陈毅严格要求子女及后代，希望他们努力学习，成为国家的有用人才。

---

① 杨青松，当时任中共重庆市委常委兼统战部部长、政协重庆市委员会副主席。
② 德渝，陈毅的侄女。

我一生都想努力克己、守纪律
——致兄弟姊妹们

1963年5月9日

孟熙大哥、季让、三姐、漱秋均鉴：

前访印尼、缅甸，归得讯知母亲去世。她老人家亦属福寿双全，是好结局，故弟反觉得春间返蓉见母一面亦属幸事。但要感谢你们数十年侍养之劳，今亦了一人生大事矣！父亲前望代请安，更望你们加意承欢。我明日访越南，五月底返京，能否返川不能预言，祈勿念！

我已遵嘱寄六百余元作母亲后事料理费，又每月寄六十元给父亲作开销。全国仍在克服困难中，希本此精神不再要省方补贴，至要至要。否则蒙格外照顾，于心不安，且难逃“五反”，希大哥、三弟、三姐、漱秋不要怪我。我一生都想努力克己、守纪律，不愿累公家，此是实言语也！能否做到多少尚待努力，不能以此自满也！

此次陪刘主席访印尼、缅、柬三国已毕，收获甚大，我及张茜均好。明日访越南，月底可返京。

匆匆写此信，释念并祝

健康！

父亲面前代问安好致慰！

弟　仲弘手上

五月九日

【品读导航】

这封信是陈毅1963年5月9日写给兄弟姊妹们的。那年春天，陈毅的母亲黄培善病故于成都。老人逝世之前，成都军区负责同志前去探望。为了表达对长辈的安慰，还送去一笔水果费。这件事很快被陈毅知道了。当时，他陪同国家主席刘少奇出访印尼、缅甸、柬埔寨三国后刚返回昆明，第二天即5月10日又将启程访问越南。尽管公务繁忙，但一贯廉洁奉公的陈毅，硬是挤出时间给兄弟姊妹们写了这封信。他恳切地告诫家人，不要搞特殊化，不要公家补贴。这样的告诫在我们党反腐倡廉的今天仍具有积极的现实意义。

★ 故事分享 ★

贪污对精神的摧残

胡雨石

相比精神上的消耗，物质上的损失可以说微不足道。然而贪污，就是一个表面上只消耗物质，实际上可以摧残人心、毁灭国家的利器。

贪污表面上看，好像只是偷偷拿点东西，偷喝点小酒。然而如果一个国家的贪污行为盛行，达到了不可控的地步，这个国家其实早已名存实亡。当贪污盛行时，官员早已不是人民的管家，他们天天想着怎样以各种理由从已剩得的微乎其微的政府资金中再“剥下”点钱，怎样以各种证据逃过惩罚。其实这些行为不但会把国家掏空，还可以使国家失去人心、不团结，并导致国家灭亡。

为什么贪污会导致国家内部不团结呢？其实原因很简单。第一，人民和政府之间会出现极大的裂痕。当人们知道有政府官员飞机运狗不运人时，会多么的仇恨和愤怒；当人们得知自己辛辛苦苦募捐的钱被用来给政府官员装饰房屋、买山珍海味时，又会是多么的失望、无奈。第二，一旦有人开始贪污，这种行为就会泛滥。刚开始，这些以后成了“贪污大户”的人只是存在着侥幸心理，此后，他们发现代价是如此之小，利益却是异常巨大，便开始怂恿别人，“大干特干”，于是贪污行为就像爆炸了一样，犹如强大的病毒，在一个本来就瘦弱不堪的肌体里肆意繁殖，后果可想而知。第三，贪污使政府内部分裂。当贪污蔓延开后，各个官员都想从中获得最大的利益，因而拉帮结伙，互相告状，又埋头捞钱，于是政府便成了一个个小“军阀”，犹如民国初期一样，互相混战，大打出手，足以使国家覆灭。

如果把国家比喻成一座大厦，那么精神便是钢筋，物质便是砖块。当贪污发生时，钢筋断裂了，砖块没有了，大厦的根基——人民与上层分离破碎了，各个板块之间分裂了，这个国家岂不是早已崩塌、支离破碎、荡然无存了。拿一个形象的例子就可以看出国民党后期贪污行为泛滥的直接结果：民国初年，有人为商务印书馆捐了50万元的银元。经过银元变法币、法币变伪币、伪币变法币、法币变金圆券、金圆券变回银元后，到1949年，民国初期50万元的银元合计为一毛五厘。同样是银元，同样是那么多钱，经过30多年贪污导致的通货膨胀，50万元变成了一毛五厘！

学生感言

一个没有脊梁的民族，只能是行尸走肉；一个有精神根系的民族，才能源远流长。千年不朽的精神之根一旦一点点被腐蚀，到那时，精神缺乏最起码的养分供给，还谈什么振兴、腾飞呢？

徐向前

（1901 ~ 1990）

无产阶级革命家、军事家。原名徐象谦，字子敬，山西五台人。1924年入黄埔军校学习。1925年参加第一次东征。1926年随军北伐，任国民革命军第二军参谋、团副。1927年3月加入中国共产党。同年12月参加广州起义。1929年6月赴鄂东北坚持游击战争，先后任中国工农红军副师长、师长，湘鄂边军委主席。1930年后，任红一军副军长兼第一师师长，红四军参谋长、军长，红四方面军总指挥。1932年10月开辟川陕根据地。在长征中，与张国焘分裂主义进行了坚决的斗争。抗日战争期间，任八路军一二九师副师长。1938年4月，开辟冀南根据地。1939年6月，任八路军第一纵队司令员。1942年任陕甘宁晋绥联防军副司令员兼参谋长。解放战争时期，先后任晋冀鲁豫军区副司令员、华北军区副司令员。新中国成立后，历任中国人民解放军总参谋长、人民革命军事委员会副主席、国防委员会副主席、全国人大常委会副委员长、国务院副总理兼国防部长、中共中央政治局委员等职。1955年被授予中华人民共和国元帅军衔。1990年9月21日在北京逝世。

攻下临汾 指日可待

——致黄杰①

1948年5月

黄杰：

这里存的衣服太多，啰哩啰嗦，行动甚不方便。我不需要夹衣与衬衣，不知什么人又要给我做，做了又穿不了，不只浪费经济，而且存而不穿，把衣服放在那里，实在不划算。以后我需要什么衣服时，叫做再做，并且每人有每人的供给制度，超过制度亦很不好，故把些不用的衣服与棉衣送回。

攻下临汾，指日可待。因敌人伤亡惨重，弹药奇缺，再打一时已无兵可守。现我已打到城边，控制了外壕，只要再过几天，坑道成功便可大功告成。我已几年不直接指挥打仗了，这次一出马就遇上一个硬核桃，而部队又多系新成立的，战斗经验不多，战斗力不很高，真是使人焦心。现在要熬过难关。只要最后打下临汾，过了难关，大家信心亦会提高。以后难关尚多，必须过五关、斩六将，才可算是个老部队。但第一难关

① 黄杰，徐向前的夫人。

过后，算稍稍打下了一点点基础，以后也就好办了。

我近来身体精神尚好，惟因作战拖延时日甚久，消耗伤亡甚大，不免常感不安。然一想到敌人损失比我们还大，而我又系啃核桃，最后快要把敌啃下来时即又稍感轻松耳。鲁溪[①]是否已去干校，小岩[②]身体结实否，你准备做点什么工作？

在冶陶时积雪满地，现已麦穗如浪，时光虽快而临汾将下，思之心将释然矣。

专此　并祝

夏安

乾[③]

五月

【品读导航】

1948年3月7日，中国人民解放军晋冀鲁豫野战军第八和第十三纵队与太岳、吕梁军区部队共6万余人，向国民党军和地方顽固反动势力聚集固守的晋南临汾发起进攻。经过72天的争夺，于1948年5月17日攻克临汾城，歼灭国民党军2.5万多人。临汾战役胜利后，晋南地区全部解放，使晋冀鲁豫和晋绥两个解放区连成了一片。时任华北军区第一副司令员的徐向前，是此次战役的主要指挥者之一。这封信就是徐向前在

① 鲁溪，徐向前的女儿。
② 小岩，徐向前的儿子。
③ 乾，徐向前自称。

临汾战役正在进行之际写给夫人黄杰的家书。从信中得知，徐向前指挥的部队多是新组建的，战斗经验不多，战斗力不高，攻打临汾困难较多。但在徐帅的指挥下，部队的战斗力提高很快，克服了一个又一个的困难，快要把这个“硬核桃”啃掉了。这封信体现了徐向前善于带兵和敢打硬仗的顽强作风，也反映出临汾战役的艰苦和我年轻的解放军战士英勇善战的可贵精神。

新兵团在这次战斗中得到了实战的锻炼
——致黄杰

1948年5月22日

黄杰：

临汾于十七日最后为我兵团攻下，顽敌为我全歼，总计自三月七日开始作战以来已整整七十天矣，不管伤亡消耗如何大，但总算最后取得了全胜，而我精神上之重负第一大包袱算已解除。因这个新诞生的婴儿新兵团，战力不强，装备又差，我自作战以来常常担心，甚至有时通夜少眠而焦虑万分。万一伤亡很大，消耗很大，而临汾又未能攻下，那时如何办呢？现总算最后的努力把它打下了，伤亡与消耗虽大，但总算过了难关，缴获亦不小（你看公报就可知道了），对以后内地打通后方的建设意义更大。尤其我们这个新兵团在这次战斗中得到了实战的大大锻炼，战〈斗〉力、士气大为提高，攻坚信心更为提高，这是物质以外难得到的收获。但因时间拖延甚久，伤亡和消耗甚大，心中深以为憾，有时自己竟觉得惭愧万分！

现晋南战役已结束，部队和我正忙于休息与总结经验，准备新的晋中战役的一切工作。作战后忙，似乎比打仗还要忙得多了。不过，我的身体还算争气，不只没有垮下去，而且日益有点进步。

这次部队对城市政策纪律执行得很好，系长时的多方教育与再三严申纪律所获的结果。但东关之商业区因久处于战斗中，已破烂不堪了；城内尚好，惟不及以前东关之繁荣。

已嘱张双友注意给鲁溪和小岩儿买点好弄的东西。因时间来不及，如能买到的话，下次有便当带来。请告诉他们姐弟二人，不是爸爸忘记了，而是时间来不及。

你如还在冶陶，以早搬去邯郸附近找一适当村子住下为好，万不可让小孩住在市内，免飞机轰炸受惊。

乾

五月二十二日于临汾东之南乔村

【品读导航】

这封信是徐向前1948年5月22日临汾战役结束后写给夫人黄杰的家书。这封信主要是徐向前向夫人黄杰传报临汾战役胜利的喜讯。徐向前带病指挥临汾战役，夫人黄杰十分挂念。将我军攻克临汾的喜讯及时传达给夫人，也是徐向前对夫人的最好安慰。

★ 故事分享 ★

伟大的元帅

赵敏行

徐向前是共和国十大元帅中较长寿的一位，他参与指挥了革命战争年代许多重大战役，为中国革命的胜利付出了艰巨的努力。

在长征前，他作为红四方面军的主要领导人之一，一次又一次打败了国民党的重重“围剿”。在红一、红四方面军会师后，他积极与朱德等同志一起和张国焘分裂主义作斗争，成功迫使张国焘率军北上。他指挥西路军执行宁夏战役，在没有根据地、没有群众基础的条件下，孤军奋战，英勇不屈，两万多革命英烈付出了惨重牺牲，演绎了一曲艰苦卓绝的西路军魂战歌。

抗日战争爆发，他任129师副师长，率领该师重创日军。在守卫太原时，烧毁日军24架飞机，有效支援了正面战场，打碎了日军“三个月灭亡中国”的梦呓。他还组织抵抗日军的“囚笼”政策，令日军损兵折将。在敌后开辟根据地，打击了日军的嚣张气焰。

解放战争初期，刘邓大军外线出击，陈谢兵团随后挺进豫西，虽然沉重打击了国民党军队，但国民党依然拥有强大的兵力。徐向前创造了一个奇迹，以仅有的6万人与国民党近20万人对抗，成功地解放了山西。徐向前迅速发动攻势，趁胡宗南没来得及防守就攻占了运城，然后攻占晋南重镇临汾。他发起晋中战役，消灭敌人一个大兵团，解放14座县城，歼敌10万人，并顺势包围太原，一役就获得了决定性胜利。太原城防坚固，有无数碉堡、10万大军防守，而固守太原的阎锡山与胡宗南不同，给我军擅长的运动战制造了麻烦。徐向前只有10万人，但他策略性地发动了一系列战斗，拿下了东山。为配合平津战役，防止傅作义逃跑，他主动搁置了太原战役。直到渡江战役发起时才解放太原，然后和平解放大同。山西这个大后方全境解放。

新中国成立后，徐向前被授予元帅军衔，“文化大革命”中他阻止了造反派冲击军队的行为，并与其他几位元帅在1967年怒斥林彪、江青反革命集团，坚持斗争。十一届三中全会后，我们党及时拨乱反正，中国从此走上富国强民的道路。

1990年9月，徐向前将星陨落，与世长辞。纵观他的一生，总是百折不挠，越挫越勇，为中国革命贡献了毕生的精力，他的人生堪称伟大，他的革命精神令人永远铭记。

学生感言

于是我们珍藏它们，连同珍藏我们一路走来并一路阅读中收集的点滴感动瞬间。

聂荣臻
（1899 ~ 1992）

无产阶级革命家、军事家。四川江津人。1919年11月至1925年7月，先后赴法国、比利时勤工俭学和在苏联学习。1923年加入中国共产党。1925年9月任黄埔军校政治部秘书。1926年任中共两广区委军委特派员，随军参加北伐。1927年参与领导南昌起义，任前敌军委书记、第十一军党代表。后参加广州起义。1930年任顺直省委组织部长。1931年12月先后任中国工农红军总政治部副主任、一军团政委，后率部参加长征。抗日战争时期，任八路军一一五师副师长，创建晋察冀抗日根据地。1941年任晋察冀分局书记。解放战争时期，任晋察冀中央局书记、军区司令员兼政委、华北局第三书记兼华北军区司令员、平津卫戍司令、军委副总参谋长、北平军管会主任、北平市市长。新中国成立后，历任北京市市长、人民革命军事委员会副主席，解放军副总参谋长、代总参谋长，国务院副总理兼国家科委主任、国防科委主任。1955年被授予中华人民共和国元帅军衔。还历任军委副主席，第一届、第二届、第三届国防委员会副主席，第四届、第五届全国人大常委会副委员长，中共第七届至第十二届中央委员，在八届十一中全会上当选为中央政治局委员，中共第十一届、第十二届中央政治局委员。1992年5月14日在北京逝世。

拯父老出诸水火，争国权以救危亡，是青年男儿之有责①

——致父母亲

1922年6月3日

父
　亲大人膝下：
母

不得手谕久矣，海外游子，悬念何如？又闻川战复起，兵自增，而匪复猖，水深火热之家乡！父老之苦困也何堪？狼毒野心之列强！无故侵占我国土！二十一条之否认被拒绝，而租地期满，又故意不肯交还！私位饱囊之政府，只知自争地盘，拥数十万之雄兵，无非残杀同胞，热血男儿何堪睹此？男也虽不敢云以天下为己任，而拯父老出诸水火，争国权以救危亡，是青年男儿之有责！况男远出留学，所学何为？决非一衣一食之自为计，而在四万万同胞之均有衣有食也。亦非自安自乐以自足，而在四万万同胞之均能享安乐也！此男素抱之志，亦即男视为终身之事业也！

前日男与同乡数友，为贷费事呈文驻比使馆转咨省署，兹已回文批

---

① 这是聂荣臻留学比利时时写的一封家信。

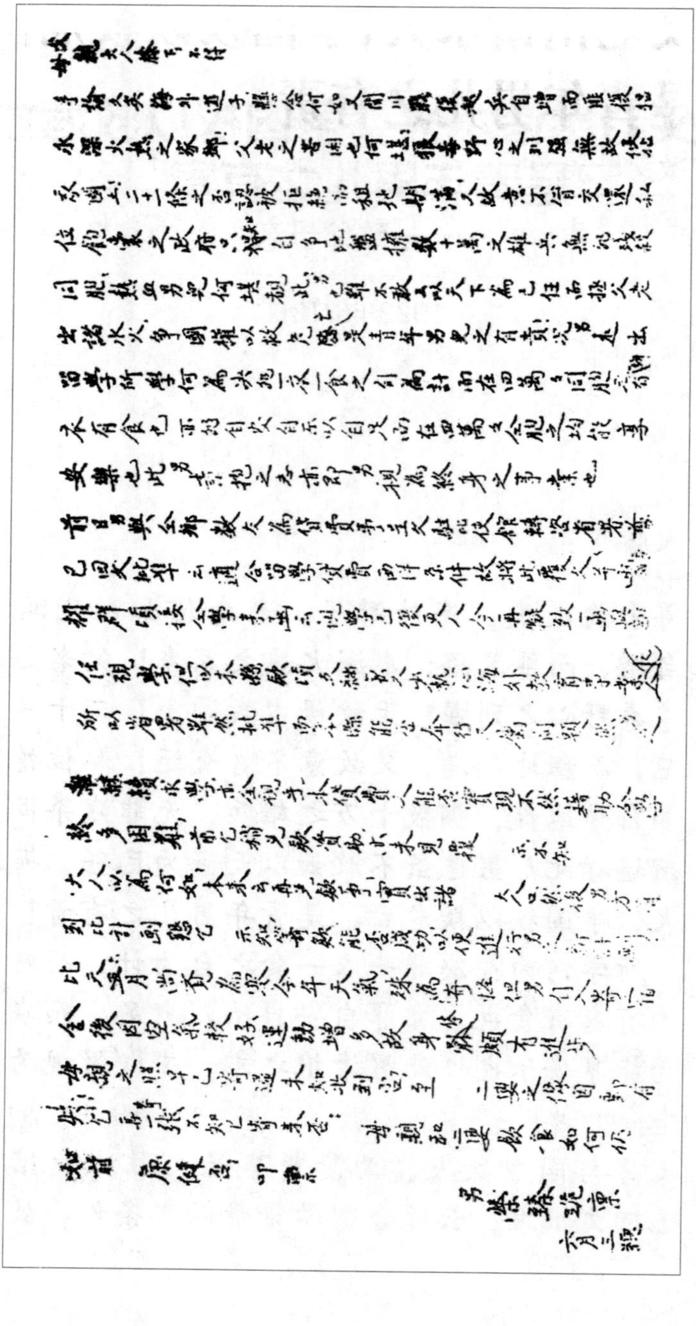

准，云适合留学贷费西洋条件，故将此复文并函寄李耀群[①]。顷接同学来函，云视学已复更人，今再拟致一函与新任视学，但以本县款项支绌，兼又少热心海外教育事业之人，所以省署虽然批准，而本县能否奉行又属问题。然男之继续求学，亦全视乎本贷费之能否实现，不然藉助同学，终多困难，前乞稍兑款资助，亦未见复示，不知大人以为何如？本来云再兑款事，实出诸大人口，然后男方有到比计划。恳乞示知，筹款能否成功？以便进行男之新计划。

比天六月，尚觉为寒，今年天气，殊为奇怪，但男自入寄宿舍后，因空气较好，运动增多，故身体颇有进步。

母亲之照早已寄归，未知收到否？至二婆之像，因邮有失，乞再寄一张，不知已寄来否？母亲和二婆饮食如何？仍如前康健否？

叩禀

男　荣臻跪禀

六月三号

【品读导航】

这封信是聂荣臻1922年6月3日在比利时留学时写的一封家书。

聂荣臻是在1919年11月下旬从重庆出发，经上海，于1920年1月14日到达法国马赛港，开始留法勤工俭学的。1921年10月，被法国政府驱逐，到达比利时。以后又到法国。1924年9月赴苏联学习。1925年

① 李耀群，当时是江津县政府主管教育的专员。

8月回国。

作为海外学子，聂荣臻忧国忧民，认为“拯父老出诸水火，争国权以救危亡，是青年男儿之有责！”这一时期，聂荣臻的思想起了比较大的变化。1922年6月，在巴黎郊外布伦森林召开了旅欧中国少年共产党第一次大会。“少共”成立不久，聂荣臻就向刘伯坚表明希望加入“少共”的愿望。同年8月，经在沙洛瓦劳动大学学习的刘伯坚和熊味耕介绍，聂荣臻加入旅欧中国少年共产党，完成了世界观的转变，开始走上为共产主义事业奋斗的道路。

罗荣桓

（1902～1963）

无产阶级革命家、军事家。湖南衡山人。1927年加入中国共产主义青年团，随即加入中国共产党。同年参加鄂南暴动。1930年起，历任红军第四军政委，第一军团、江西军区、第八军团的政治部主任。抗日战争时期，历任八路军一一五师政治部主任、政委、代理师长，山东军区司令员兼政委，中共山东分局书记。解放战争时期，先后任东北民主联军副政委、东北人民解放军政委和中国人民解放军第四野战军第一政委。新中国成立后，历任最高人民检察署检察长、人民革命军事委员会副主席、总政治部主任和总干部部部长、全国人大常委会副委员长、国防委员会副主席和中国人民解放军总政治部主任等职。1955年被授予中华人民共和国元帅军衔。为中共第七届、第八届中央委员，第八届中央政治局委员。1963年12月16日在北京逝世。

非我无情，实处此国难当前

——致罗晏清①

1937年9月12日

晏清兄：

四月间在延安接到来信，因忙于事务未克作复，殊为歉甚。

现随军北上抗战，以后对家庭更无法顾及，非我无情，实处此国难当前，奈何！弟十年②志之所在，想久已谅解，无详述之必要。

玉英③小孩蒙兄等爱护，当表示感谢，还希继续维持，使她能够有所成就，不致陷于无知无识。弟虽战死沙场，毫无顾虑。

以后通讯如在可能条件之下，当给以传递捷报。

即此，敬祝

全家安好

罗荣桓

九月十二号

---

① 罗晏清，罗荣桓的二哥。
② 十年，指1927年至1937年第二次国内革命战争的10年。1927年8月，全国笼罩在一片白色恐怖中，罗荣桓被中共湖北省委派到鄂南组织秋收暴动，率领农民武装转至修水，参加了毛泽东领导的秋收起义。此后，参加了中央苏区历次反“围剿”斗争和二万五千里长征。
③ 玉英，即罗玉英，是罗荣桓寄养在二哥家的大女儿。

【品读导航】

这封信写于1937年9月12日烽火弥漫的抗日前线。短笺仅百余字，但字里行间不难看出在国难当头的关键时刻，罗荣桓以革命事业为重，视民族存亡高于一切，置个人家事和个人生死于度外的革命气节，表现了革命将领大无畏的英雄气概。

爸爸是在为人民服务，不是在做官

——致罗玉英

1949年12月7日

玉英：

你已生育，又获一男孩，甚喜。

你明年可同德定、爱英[①]等一路来京，但你还须考虑，初次出门，作长途旅行，而带一未满周岁之婴儿，是否可行？望先征求你翁姑之意见后，才作决定。

你爸爸廿余年来，是在为人民服务，已成终身职业，而不会如你所想的，是在做官，更没有财可发。你爸爸的生活，除享受国家规定之待遇外，一无私有。你弟妹们的上学，是由国家直接供给，不要我负担，我亦无法负担，因此陈卓[②]等来此，也只能帮助其送入学校，不能对我有其他任何依靠。

今乘你二伯[③]由京返里之便，你这里的妈妈寄给一点小孩用的东西，

① 德定，即罗德定，罗荣桓的侄子。爱英，即罗爱英，罗荣桓的侄女。
② 陈卓，罗玉英的丈夫。
③ 二伯，指罗晏清，罗荣桓的哥哥。

及你用的布料、毛衣，其中还有貂皮旗袍，是送你母亲的。

即此，祝

你的健康

罗荣桓

十二月七日

桂英[①]给我的信收到，请代转问候。

【品读导航】

1949年，罗荣桓任中国人民解放军第四野战军政治委员，中共中央华中局、中南局第二书记，华中军区、中南军区第一政治委员。在第一届全国政治协商会议第一次全体会议上，他当选为中央人民政府委员，并被任命为最高人民检察署检察长。

同年12月，罗荣桓的二哥罗晏清带着他自己的两个儿子陪同罗玉英和她的丈夫陈卓来到武汉。中南军区副司令员萧劲光一面热情接待，一面发报向罗荣桓报告。与此同时，罗玉英也给爸爸写了一封信，要求到北京来。信中她认为爸爸当了大官，可以进北京享享福了。罗荣桓针对女儿信中流露出的错误想法，给她回了这封信。信中，罗荣桓首先告诉女儿，爸爸参加革命20多年来是在“为人民服务”，并“已成终身职业”，不是在做官，也无财可发。同时劝诫女儿，要打消对他有任何依靠的思想。这封信充分表明，罗荣桓地位变了，为人民服务的本色没有变，显示了建国初期一位共和国高级领导人严守纪律、严于律己而不以权谋私、坐享安乐的高尚品质。

---

① 桂英，即罗桂英，罗荣桓的侄女。

你们学不成专业，就有负党和国家的期望

——致罗东进

1962年3月12日

东进：

我们已于五日从广州乘火车，经过武汉休息一天，八日回到北京。

我身体在逐渐好转，准备进医院作一次全面检查，请勿念！

你上学期系科给你的评语甚好，决不能满足，丧失自知之明。你上学期电工课考试不及格，亦不是偶然的。是否分散心思，学习受了影响或学习方法没有重点呢？空谈政治的倾向，你要再三记住，力加避免。你们学不成专业，你们就没有实现党和国家期望，有负党和国家的期望。

你们这学期新增加八项专业基础课，是否因为上几学年耽搁，现在要赶进度？你要加倍努力，集中精力学习，不要纠缠于一些生活小节，耗费自己时光。

荣　桓

三月十二日于北京东交民巷

【品读导航】

这是罗荣桓写给儿子罗东进的信。信中一再勉励儿子要努力学习，力戒和避免空谈政治的倾向。他指出，如果学不成专业，就是没有实现党和国家的期望，就是有负党和国家的培养。

★ 故事分享 ★

浅薄与深远

林一衡

《战争与和平》下卷描述了一个战火纷飞的时代。从几百万法军入侵俄国到他们几乎全军覆没、从无数奴隶和贵族背井离乡到战后得以重返家园，中间涌现出了许多鲜活而有个性的人物。而其中身份最特殊的莫过于拿破仑和库图佐夫。

这两人都是当时双方军队的最高统帅，左右着这场战争的历史进程。每个法国人看到拿破仑都高呼“皇帝万岁！”；而库图佐夫则是当时鲜有的民选总司令，每个俄国军民都看好他在数次战斗中积累下的丰富经验。两个人都可谓是众望所归，但当这两位统帅在规划法俄战争的进程、发布命令时却体现出他们当时思想上的巨大差别。

拿破仑的浅薄表现在他的自大和无知。在鲍罗金诺战役中，他自以为已经深入了解了战场，要求部下一有特殊情况就要向自己请示。但他身处后方，根本不了解战斗的实际情况，加之战场形势瞬息万变，情报传递需要时间。拿破仑的独断专行使得法军的调度缺乏协调，遭受了惨重损失。当拿破仑的军队付出重大代价后终于侵入莫斯科时，他异想天开地想“赐”给俄罗斯人民一部宪法，试图依靠它阻止士兵们烧杀抢掠。但早已被胜利冲昏头脑的士兵又哪会听他摆布呢？两场大火烧尽了美丽的莫斯科，也烧灭了拿破仑扩充领土的野心。

库图佐夫的思虑深远体现在尽管他对战场情况了如指掌，但却从不为前线制定具体的计划，他只鼓励将士们根据现场情况顽强防守，伺机进攻。决战当天的傍晚，库图佐夫了解到一些俄军准备退却抛弃阵地，便下达了一条没有被执行的命令："明天进攻！"短短几个字，却让战士们了解到己方胜利在望。他们纷纷转过头来迎击法军，收复丢失的阵地。库图佐夫比拿破仑更明白坚持长期战争的有利性和保持士气的重要性。后来，库图佐夫力排众议舍弃了莫斯科，因为他早料到保存力量才是胜利的关键。当法国人被金银财宝迷得斗志全失时，怒火中烧的俄军卷土重来，一举把法军赶到了几千里之外的俄国边境。库图佐夫深远的谋略终于打败了拿破仑的自大无知，挽救了自己的祖国。

这两个人在这场战争中的不同表现告诉我们，长远的思考终将打败浅薄的疯狂。

学生感言

正如中国古语所说："不入虎穴，焉得虎子？"不去独立地在逆境中打拼，你如何锻炼自己的能力，锻炼自己的意志，升华自己的精神？把找借口的精力用于思考解决方案上，那么，展现在眼前的将是一片光明、灿烂、广阔的天地。

叶剑英

（1897 ~ 1986）

无产阶级革命家、军事家。原名叶宜伟，字沧白。广东梅县人。早年追随孙中山参加革命斗争。1926年参加北伐战争，先后任国民革命军师长、军参谋长。1927年7月加入中国共产党。同年12月领导了广州起义。1928年冬赴莫斯科学习，1930年秋回国。1931年初进入江西中央革命根据地，先后任红一方面军参谋长、军区司令员。1934年参加长征。1935年任红军前敌总指挥部参谋长，及时揭露了张国焘危害中央的阴谋。1936年12月参与解决西安事变。抗日战争时期，曾任八路军参谋长、中央军委参谋长兼军事学院副院长。1945年当选为中共第七届中央委员。抗战胜利后，参加重庆谈判，出任北平军调处执行部中共代表。1947年后任中共后方委员会书记、中国人民解放军参谋长、华北军政大学校长兼政委、北平市军管会主任兼市长、中共中央华南分局第一书记、广东军区司令员兼政委等职。新中国成立后，历任广东省人民政府主席、中共中央中南局代理书记、中央书记处书记、中央军委副主席、国防部部长。在“文化大革命”中，同林彪、江青反革命集团进行了坚决斗争。积极支持和参与周恩来的纠“左”和邓小平的整顿工作。在粉碎江青反革命集团的斗争中起了决定性的作用。1978年当选为第五届全国人大常委会委员长。1983年任中华人民共和国中央军事委员会副主席。中共第八届至第十二届中央委员，第八届、第九届中央政治局委员，第十届、第十一届中央政治局常委和中央副主席，第十二届中央政治局常委。1955年被授予中华人民共和国元帅军衔。1986年10月22日在北京逝世。

我想你们没有一个是“坐享其成”的人
——致叶楚梅①

1946年12月6日

亲爱的梅儿：——爸爸有你而感觉骄傲。

鼓起你的劲儿，踏上你的长路。

这不是日暮途远呀！红日恰在东升。

阳光照着艰险的途程，比起黑夜里摸索，要便宜得万万千千。

急进吧！追上那先头出发的人们。

急进吧！再追上一程。

那里有广漠无边的地盘，等待着你们去开垦。

那里有大批优良的种子，等待着你们去拿回来散布，赶上春耕。

人民要翻身了，许多人已经翻了身。

敌人着慌了，不顾一切的起来作绝望的抗衡。

这是人类历史上最热闹的场面。

① 叶楚梅，叶剑英的女儿。当时在苏联莫斯科财经学院读书。

急进吧！再追上一程。

我们不是速胜论者。

欢迎你们能够赶上这一场翻天覆地的斗争。

我想你们没有一个是“坐享其成”的人。

你们是铁中铮铮。

爸　爸

6. Ⅻ. 1946. 北平

【品读导航】

这是叶剑英写给女儿的一封词句优美的家书。它是一封普通家书，又是一首鼓舞心灵的诗歌，表达了作者对女儿的殷切期望，希望她早日学成回国参加革命实践，“那里有广漠无边的地盘，等待着你们去开垦。那里有大批优良的种子，等待着你们去拿回来散布，赶上春耕”。他还抒展革命豪情，预示了革命未来：“这不是日暮途远呀！红日恰在东升。阳光照着艰险的途程，比起黑夜里摸索，要便宜得万万千千。”

对于你的伤情，爸一直在惦念

——致叶选宁、钱铃戈

1970年5月31日

馨儿、铃戈[①]：

五月二十七日信，今（三十一日）收到。对于你的伤情，爸一直在惦念，不知结果如何？读来信，看来还是要手术。所谓观察三个月，进展甚微。是用什么方法诊断出来的？X光是看不见的，还有其他科学方法吗？陈中伟[②]医生是很高明的，我们都相信他。记得今年一月二日有二位同志到叶办[③]打电话时，说到五条神经断在根部，联系到大脑，手术必须慎重云云。现据来信证明，有三根全断，两根重伤，正考虑手术，陈中伟医生只拟制方案，到今天为止，我还没有得到他们的消息。正如来信所说：从组织到医生都关心、慎重，爸应当放心。爸的想法：如果脑、手不能两全，还是保护脑。不让在神经根上手术时伤及脑，这是关键。大丈夫一舌尚存，还可以闹革命，何况全部身心都健全，只差一只手，

① 馨儿，即叶选宁，叶剑英的儿子。馨儿，取宁馨儿之意，是父母对叶选宁的爱称。他在“文化大革命”中因受株连遭到迫害。铃戈，即钱铃戈，是叶选宁的夫人。
② 陈中伟，骨科和显微外科专家，当时任上海第六人民医院外科副主任。
③ 叶办，指叶剑英在北京的办公处。

决不气馁。当然，依靠科学依靠掌握了毛泽东思想的医生，精心设法，估计可以得到康复。

爸也想到上海，不知你何时动手术？也不知“人大”[①]何日开？北京有些同志又劝我相信医生，不一定要去。总之正在考虑中。望与陈中伟医生商量一下，大概何时手术？给一个大概的时间，以便进一步肯定。目前养伤期间，千万注意饮食起居！

阿玖[②]曾到湘，和胡叔叔[③]一块住宾馆，我没有见到。只委托胡叔鼓励一番。现在沪，请你代祝愿她的手术顺利成功。此子有可敬之处，“纯而有疵”，可以磨炼。胡到沪，如有见面，请铃戈将所听的告知。在湘，除文件外，一概无闻无见。“千里寄书能慰我，似逃空谷听人声。”不过独居旅寓，习惯成自然了。

许卓亭[④]同志就到沪，会来看你，爸的情况他会告诉，一切都好，勿念。

家事说不完，以不了了之吧。小英[⑤]来信要明年初才能探亲。又说她拟在部队中多呆两年。已安心在部队生活。就呆下去亦好。来湘看我，当然欢迎！可是千里迢迢，花人民币不少，望打打算盘。

在湘潭，庙子很大，和尚只有一个。[⑥]暮鼓晨钟，悠然自得。如果不

---

① 人大，这里指第四届全国人民代表大会。
② 阿玖，即张玖玖，张鼎丞的女儿。
③ 胡叔叔，即王震，晚辈称他“胡子叔叔”。
④ 许卓亭，当时任叶剑英的主任秘书。
⑤ 小英，叶剑英的女儿。
⑥ 1969年10月林彪的“一号命令”发出后，叶剑英被“疏散”到长沙、湘潭等地，处境困难。当时叶剑英在湘潭。

从全人类出发，只拘拘于目前小事，那么头发不仅要白，而且要掉光了。

小庆[1]在洞庭湖西，从事劳动（养猪），结婚后生一子。不久前到湘潭住了五天。情绪很好，据说不久可回京。宁宁[2]在山东当技术员，通过信，近因通信址失落，无法去信了。

就写到此，祝愉快、康复！

爸

五月三十一日

【品读导航】

这封信写于1970年5月31日，是叶剑英写给病中的儿子叶选宁与儿媳钱铃戈的。信中教育儿子要正确对待疾病，鼓励儿子“大丈夫一舌尚存，还可以闹革命，何况全部身心都健全，只差一只手，决不气馁”。对儿子的关爱之意呼之欲出，一腔豪情也跃然纸上。

这封不同寻常的信，还反映了叶剑英被“疏散”期间的特殊处境。身处逆境，而“从全人类出发”，为国为民痴心不改，这正是老一辈革命家留给我们的宝贵精神财富。信中说了很多事情，有着珍贵的史料价值。

---

① 小庆，傅大庆的女儿。
② 宁宁，边章五的女儿。

邓颖超

（1904～1992）

无产阶级革命家、政治家，中国妇女运动的先驱。原籍河南，生于广西南宁。1913年至1920年在京津受小学和师范教育。1919年参加五四运动，曾为天津女界爱国同志会评议委员，后参加组织觉悟社。1923年加入中国社会主义青年团，是天津最早的团员之一。1925年转为中国共产党党员，任中共天津地委妇女部长、中共两广区委委员。1926年10月在国民党第二次全国代表大会上当选为候补中央执行委员。1927年任中共中央妇委书记。1932年进入中央苏区，1934年参加长征。1937年先后在武汉、重庆从事抗日民族统一战线工作。1938年当选为国际反侵略运动大会中国分会理事。1935年至1946年，任中共中央南方局委员兼妇委书记。1945年当选为中共第七届中央候补委员。1946年当选为国际民主妇联理事。1949年3月任中华全国民主妇女联合会副主席。新中国成立后，任第一届至第五届全国人大常委会委员、第一届至第三届全国妇联副主席、第四届全国妇联名誉主席。1976年当选为全国人大常委会副委员长。1978年在十一届三中全会上当选为中共中央政治局委员、中纪委第二书记。1983年当选为全国政协主席。1992年在北京逝世。

你快出院了，我真快活
——致周恩来

1942年7月7日

来：

正以你为念，接到泰隆[①]信，知你昨夜睡眠好，不曾受日间多人谈话的影响，悬念着的心，如一释重负，而感到恬适轻松！

真的，自从你入院，我的心身与精神，时时是在不安悬念如重石在压一样。特别是在前一周，焦虑更冲击着我心，所以，我就〈情〉不自禁地热情地去看你，愿我能及时地关切着你的病状而能助你啊！

现在，你一天比一天好起来，而且快出院了，我真快活！过去虽不应夸大说度日如年，但确觉得一日之冗长沉重——假若我未曾去看你的话。我希望这几天更快地度过去，企望你，欢迎你如期出院。我想你一回来，我的心身内外负荷着的一块重石可以放下，得到解放一番，我将是怎样的快乐呢！

明天不来看你，也不打算再来，一心一意地在欢迎你回来，我已在

---

① 泰隆，即颜太龙副官长。

开始整洁我们的房子迎接你了。现仅提〈醒〉你注意，出院前定要详细问〈一〉下王大夫，以后疗养应注意的各种事项，勿疏忽为盼！

白药已搽了么？是否还分一点留用？我拟明晚去看乃如兄并送药给他。情长纸短，还吻你万千！

颖妹　手草

七·七前夕

最好在出院前一二日试下地走动走动为宜，不知你以为如何？望问王大夫！

【品读导航】

1925年8月，周恩来和邓颖超在广州一间极其简朴的小房子里，结成了一对同心同德、患难与共、并肩战斗的革命伴侣。半个多世纪以来，他们在共同的革命生涯中互敬互爱、互助互勉，共同培育着忠贞不渝的夫妻之情、战友之情、同志之情和师生之情，共同谱写了人生最光辉灿烂的乐章。他们在人们的心目中，是最成功、最忠诚、最美满的模范夫妻。

八年抗战时期，周恩来和邓颖超大部分时间是在武汉、重庆、延安度过的。由于战争环境、工作需要，他俩时分时聚，书信成了夫妻之间感情交流的纽带。1942年6月下旬，周恩来患病住进医院。经过医生的精心医治和邓颖超无微不至的照料，周恩来的病情逐渐好转。7月7日这天，邓颖超得知周恩来快要出院的消息后，写下了这封信。

邓颖超在信中，表达了自周恩来病重住院后，自己焦虑不安的心情及周恩来即将病愈出院时“我真快活”的心情。读来让人感动，抒发了两位革命伴侣浓浓的情义、深深的爱怜。

和农民“老粗”在一起，引起了我的喜爱

——致周恩来

1947年11月11日

来：

四个月来在忙于开会、忙于听、忙于读的生活中度过，这样的生活从昨天起已告一段落。不久即下乡去，在阜平[①]的一个区选一个乡作为重点的，与当地同志一起参加土改。这几个月的会议，把脑筋又开通了许多，对许多问题，较以前弄得更明确，特别是阶级立场、阶级路线的问题。另一点认识，则是愈接近下层得益就愈大，尤其是和农民“老粗”在一起，他们的阶级性可强哩！他们引起了我的喜爱和感情，我真愿和他们在一起，向他们多学习一些。此间情况，想叶[②]已向你谈及一些。但首脑部诸人自认识问题本质及严重性后又求得了一致，复经过全区的干部九百多人的大会以后，提高党的纯洁性与土改结合

① 阜平，当时是晋察冀中央局和晋察冀军区所在地。
② 叶，指叶剑英。

起来，从各方面都必会有新的进步的。王梓木[①]同志赴东北过此曾一见，他给你信附上。今晚王力[②]同志准备去石家庄进城工作，经此亦得晤谈，他要我致意你。现寄上少奇同志结论[③]之一部、王菊谈话记录、土改小册子四种各两册、《毛主席印象记》、《湖南农民运动考察报告》、《近代中国地租概说》、《患难余生记》[④]各一册，以供你和诸同志传阅。对黑弟，极以其坚强性为念也！匆匆。

超

十一月十一日

【品读导航】

1947年7月至11月，邓颖超积极响应党中央的号召，主动提出参加土改运动。在土改中，她严格按照党中央政策办事，实事求是，掌握政策很稳，工作十分细致；与老百姓打成一片，为他们做主，替他们办事。同志们称赞她“办事公正，水平高”，老乡们称她是“咱庄稼人的贴心人”。这封信就是邓颖超在河北省阜平县二区细沟村参加土改时写给周恩来的。信中不仅表示了邓颖超对土改工作的极大热情，而且表现了她虚心向群众学习、甘当群众小学生的真挚情感。

---

① 王梓木，当时任嫩江省人民政府副主席。

② 王力，1918年生，江苏人。当时被派去石家庄工作。新中国成立后曾任河北省副省长、中共石家庄市委第一书记。

③ 少奇同志结论，指1947年9月13日，刘少奇在于河北省平山县西柏坡村主持召开的全国土地会议上所作的《在全国土地会议上的结论》的报告。见《刘少奇选集》上卷，第384页。

④《患难余生记》，指邹韬奋在病势垂危中所写的一部未完成的遗著，共5万余字。1946年春由生活书店出版。

花从重庆红岩来，又把我的脑思带回到红岩
——致周恩来

1950年1月21日

来：

你走后，我之紧张忙碌，非你所能想象的。今晚是有意识地给自己放一下假，又恰值礼拜六，楚平回家了，刘昂[①]、陈浩[②]亦去过礼拜六了，李琦[③]已南下，后西花厅显得寂静得很，于是掀起了我对远人的怀念，提起笔来写几个字给你。

首先告诉你一件意想不到的事：在月之十八日午夜，我在外面开完会拖着疲乏的身体回来，掀帘走入大客厅，即觉清香扑鼻，遂对楚平说，哪里来的香味？再向里走，发现在花瓶里插着两束水仙花，我马上问小鬼哪里来的这种鲜花？（因北京无此产）他答：“今天人家送来的，还有信。”我赶快到房中看信，乃知是夏静[④]赴渝省母，是日由渝飞返北京，她的母亲给我带来的生长在红岩土壤里的新鲜水仙花。我不仅由衷地喜

① 刘昂，当时任政务院总理办公室秘书。
② 陈浩，当时任政务院总理办公室秘书。
③ 李琦，当时任政务院总理办公室副主任。
④ 夏静，饶国模的女儿。当时在国家计委工作。

悦，并感激红岩房东芳邻的刘太太[1]的深厚友谊，我马上折回到客厅去，从瓶里拿出那两束水仙花，抚摩着她，欣赏着她；花从重庆红岩来，又把我的脑思带回到重庆红岩去。三年红岩，一切往事萦绕脑际，历历如在目前，我的心情复杂，对花无言，半晌才迸出一句“百感交集”语。楚平复，快呼人换水来把花儿分插在两个花瓶中，以此来打破自己的万感心绪。可惜你没有在家，如果你在的话，你一定和我具有同感，而且是最能了解我的心情的人。没到过红岩的人，固不能了解。即于次晨我高兴地告陈浩、刘昂时，她们听着看着花儿亦不过乐乐，平淡处之。我真是奇怪，她们对红岩何其薄耶？可惜花儿不能久留待你归来。为此特寄三枝给你，到时水仙花想已干萎，但终是来自红岩土壤里的花，或能余香犹在吧。望分一枝给女儿[2]，把我的想念和祝福托花儿带给她！望分一枝给何谦[3]，谢谢他的关心和提醒，我才能够收到你在旅途写给的一封家书。

你走后，我是倍加忙碌，因大姊[4]入院治病，区大姊[5]又南下，妇联和党组，里里外外一揽子都交给我。说不上休息。所好的，就是夜眠安静，不再提神吊心地挂着隔房犹有未眠人，仅此一点安静而已。待你回时，我只要不加病就好了。年轻的希望，还是还诸你罢。望你忙中注意休息！

---

① 刘太太，即饶国模，抗日战争时期第十八集团军驻重庆办事处驻地红岩村的房东，是一位具有进步思想、爱国心和民族感情的妇女。新中国成立后，当选为全国政协委员。
② 女儿，指孙维世。
③ 何谦，当时任周恩来的警卫秘书。
④ 大姊，指蔡畅。当时任中央人民政府委员、中华人民共和国民主妇女联合会主席。
⑤ 区大姊，指区梦觉。当时任中华人民共和国民主妇女联合会秘书长。

女儿未出我料留下了，我很高兴十年后她能在莫斯科有助于你的工作，虽然这次没有我。匆匆。祝好！

超

一月二十一日　晚

【品读导航】

新中国成立后，外交工作面临的第一个问题就是如何同其他国家建立外交关系，走向国际社会。中华人民共和国成立的第二天，苏联政府就致电周恩来，决定同新中国建立外交关系，并互派大使，这是第一个承认中华人民共和国并与我建交的国家。1949年12月6日，中央人民政府主席毛泽东率中国政府代表团对苏联进行友好访问。1950年1月10日，周恩来率领随行人员赴莫斯科协助毛泽东与苏联领导人谈判，这次谈判缔结了《中苏友好同盟互助条约》等重要文件。这封信是邓颖超在周恩来离京抵莫后所写的。

自周恩来出访后，邓颖超在全国妇联及党组的工作，备加忙碌。1月18日晚，当她收到抗日战争时期曾居住过的重庆红岩村13号的房东饶国模托女儿带来的水仙花时，感到“由衷地喜悦”，感激红岩房东的“深厚友谊”。她信中写道：“花从重庆红岩来，又把我的脑思带回到重庆红岩去。”邓颖超和周恩来于1940年四五月间相继离开延安赴重庆，至1943年7月离开重庆返回延安，三年中，他们夫妇在重庆主要住在红岩的八路军办事处。周恩来主持中共南方局的工作，并负责重庆方面国共关系的全面工作。他们共同生活，并肩战斗，亲自指导处理了震惊中外的皖南事变等。因此，这“一切往事萦绕脑际，历历如在目前”。邓颖超随信特寄三枝水仙花给周恩来，使周恩来也能分享她“百感交集”的“喜悦”之情。

我们对于你的爱，是从多方面结合着的
——致孙维世

1958年4月28日

亲爱的闺女——维世同志：

上次写给你的那封信，是我病后第一次试笔写的。信发出以后，我一直担心，是否我的忠告，使你会感到逆耳？今天早晨我看到你在廿五日给我的回信，给我带来了异常的欣慰！

昨天一早，我就给你们的医生——沈大夫通了电话，知道了你的近况，体温有了显著的好转，这自然与改换了药物的疗效有关，但说不定，不，可以肯定的说和你抛弃了长时间地看大而又厚本头的书，多休息亦是有关系的。

在我和医生通了电话不久，接到了你的爸爸①从南方给我来的电话，他头一件事就是问到你的病好些吗？我把去看你，给你写信，劝你不看书，医生告诉的你的近况，告诉了他。他说北京医院院方对我们的一些干部不守规矩，不好好治病有意见——不满意。从而我就热望我们的女

① 你的爸爸，这里指周恩来。孙维世称周恩来“亲爱的爸爸”，称邓颖超“亲爱的妈妈”；周恩来和邓颖超称孙维世“亲爱的女儿”、“我们的女儿”。

儿，能够在住院期间，做一个守规矩、听医生话、配合治疗的模范！

廿年来，我们老两口，对于你的感情和爱，是从多方面结合着的；我们和你之间的真挚无间的父母女儿之间的高尚的感情和爱，对于革命烈士遗孤的责任感和爱，前一辈的共产党员对后一辈的共产党员的同志之爱，对于一个女的青年艺术工作者的爱护，以及对你的一些长处的喜爱，加上廿年的时间和我们和你之间的互相了解的基础上发展的感情和爱，总之是多方深厚，亦正如你说的是高尚可贵的。对彼此不仅仅是一种安慰，更重要的是一种鼓舞的力量——为了共产主义的事业而努力奋斗！你同意吧？

亲爱的维世！你要继续注意得到充分的休息，不要因为病有好转就又松劲了。你越能积蓄力量，力量越大时，你就能更快更好的战胜疾病，缩短时间，早日出院。在恢复了健康的时候，你才能在工作上跃进！

《红色风暴》的演出，反应还不错，我认为是有意义的，但金山要切忌增长骄傲，永远记住毛主席的话——“虚心使人进步，骄傲使人落后”的真理名言。

不尽欲言，就此打住罢。吻你！

你的妈妈超　书

1958. 4. 28

（你可不必写回信，免费精神，有碍你的休养）

【品读导航】

1958年4月，周恩来和邓颖超的养女孙维世患病住院，使两位老人非常挂念。4月24日，邓颖超带病亲自到医院看望了她，回家后仍不放心，给孙维世写去一封信。信发出之后，邓颖超一直担心维世女儿能不能听她的忠告。28日早晨，邓颖超看到孙维世从医院寄给她的回信后，感到异常的欣慰；随即亲笔给女儿写下了这第二封信。

邓颖超这封信也带去了周恩来的关爱。孙维世患病住院时，周恩来正在外地，4月27日一早，周恩来从广州给邓颖超打电话，第一件事就是询问孙维世的病情，让邓颖超转达爸爸对女儿的问候，“热望我们的女儿，能够在住院期间，做一个守规矩、听医生话、配合治疗的模范！”

20年来，周恩来和邓颖超对孙维世的爱是多方面的、无微不至的。1939年秋，周恩来到苏联就医，孙维世随同周恩来、邓颖超一起去往莫斯科求学。她在苏联学习六年多，先后以优异成绩毕业于莫斯科东方大学和莫斯科戏剧学院。新中国成立后，在北京新组建的中国青年艺术剧院当导演。她导演的苏联名剧《保尔·柯察金》获得巨大成功。1950年她与扮演保尔·柯察金的著名演员金山结婚。邓颖超参加了他们的婚礼，送给新婚夫妇一件别具一格的礼物，一本刚刚颁布的《中华人民共和国婚姻法》。扉页上亲笔写了“亲爱的维世女儿，爱你的、你爱的妈妈赠”。

维世女儿理解父母、疼爱父母。1950年8月初的一个星期天，孙维世兴冲冲地带着新郎金山“回娘家”，中午时分，她宣布说：“今天给爸爸妈妈举行银婚纪念仪式。”她把带来的两朵大红花分别佩戴在周恩来与邓颖超的外衣上，簇拥着他们到庭院中摄影留念。邓颖超和周恩来结婚后没有举行过什么纪念仪式，这唯一的一次，是由心爱的维世女儿给他们主持操办的。

周恩来和邓颖超时刻关心维世女儿的学习、事业、家庭。他们对孙维世的这种无私的慈爱，正如邓颖超在给女儿的这封信中所表达的，“是从多方面结合着的”“是多方深厚的”“是高尚可贵的”，总的来说，是深沉伟大的。

人身上器官的功能是有限度的，不宜使用过度
——致周恩来

1971年6月13日

来：

新形势下有多许工作要做，你不仅要在工作上需要准备，同时，在身体方面亦要做些准备，这是迎接新任务必不可少的条件！在人身上的各种器官的功能作用是有限度的，不宜使用过度，因此不要过度疲劳，忙中总要有些松弛，才好继续再忙。务望你在体力和精神方面都需要留有余地，做些储备，以便届时能够迎接新的任务。斗争还是长期的，因此，需要你能够长期地战斗。故写此寄意，不尽欲言，请维珍摄，是所至盼！

超

一九七一年六月十三日　晚九时

【品读导航】

“文化大革命”时期，周恩来日理万机，每天只有两三个小时的

睡眠，有时甚至几昼夜得不到休息。因过度操劳，周恩来患有严重的心脏病、胃功能紊乱等疾病。邓颖超看在眼里，疼在心上，她经常写简信、留便条提醒他注意休息。

1971年，是中国历史上颇不寻常的一年。在这一年中，中美、中日关系开始缓解，联大恢复中华人民共和国在联合国的合法席位，发生了“九一三”事件等。已是73岁高龄的周恩来为处理国际国内这些重大事务付出了全部心血。为使周恩来保重身体，注意休息，这一年的3月3日晚，邓颖超留条致周恩来，“你从昨天下午六时起床，到今天晚上十二时睡的话，就达三十小时”，“万望你不可大意才是！！”3月24日晚，邓颖超留条：大夫说“你的胃功能紊乱，非胃本质变化引起”，“除服必要药外，尚需注意饮食保暖适宜为要”。但由于公务繁忙，周恩来常常做不到。为使周恩来“能够迎接新的任务”“能够长期地战斗”，6月13日晚，邓颖超又一次给周恩来写下了这封信，再次从生物学角度规劝周恩来：“在人身上的各种器官的功能作用是有限度的，不宜使用过度”，“忙中总要有些松弛，才好继续再忙”，“请维珍摄，是所至盼！”

这封信充分显示了两位久经考验的无产阶级革命家为祖国、为人民鞠躬尽瘁死而后已的革命情操。

★ 故事分享 ★

文弱背后的坚强

汪子骐

她，一个文文弱弱的女子；她，戏份不重，却“扮演”着孙媳、儿媳、妻子、嫂子、母亲、管家这么多的角色；她，一个最忍辱负重却又隐忍不发的机敏女人；她，一直坚强地支撑着整个家，她的生命和这个家里的挂钟一起摆动着……她，就是韵梅，在这个四世同堂的家庭中，微不足道但却不可替代。

上有老，下有小，用这句话形容韵梅的处境再准确不过了。在那个战火纷飞、人人都提心吊胆的日子里，上要顺承老人的心意，下要照顾、教育子女，还要给丈夫筑建一个温暖的港湾，尽己所能让全家人过得更好一些，这是一件多么艰难的事啊！而韵梅，这个长着一双水灵灵的大眼睛的弱女子做到了。她无时无刻不在为这个四世同堂的大家庭操劳着、奉献着：照顾生病的老人、安慰失意的丈夫，还要护着孩子不受欺负，更要让全家人都吃饱饭、吃好饭……她不辞辛苦地付出着，为了她爱的这家人，从无怨言！即使面对丈夫的无端冷淡，即使小叔子是那样粗暴无耻，即使天上还挂满星星的时候就去排队领粮，即使巡警的鞭子在脸上抽出一道道深深的血痕……但为了这个家的和睦，她无怨！为了这个家的幸福，她无悔！哪怕有再多的即使，她还是坚强地屹立在那儿，在国难家患中撑起了一片天空。真不知道这个四世同堂的大家庭里如果少了她，该怎样继续运转下去。

其实，韵梅的默默操劳、默默奉献，她温柔的心、伟大的爱，她无私无畏的精神、永不服输的心灵……正是那个特殊时代中国一个个普通妇女的缩影：当北平沦陷、抗日战争爆发，她们走出家庭，心里不再只有小家，而是国家；虽然不能像男人一样亲临战地，但她们平凡生活中的勇敢和坚强，是对国家、家人和亲人的最大的理解和支持。

我又看到了默默走在夜色中的她，文弱但却坚强……

学生感言

那中华民族血液中汩汩流不尽的坚强与不屈是永远。阅读使我们更加坚毅，有一种直面现实的勇气。总能给我以极大的激励，让我对生活充满勇气和信心。

叶 挺

（1896～1946）

无产阶级革命家、军事家。字希夷，广东惠阳人。1919年加入中国国民党，曾任孙中山的警卫团营长。1924年加入中国共产党，不久赴苏联莫斯科东方劳动大学学习。1926年5月率国民革命军第四军独立团参加北伐战争，战功卓著，后任第二十四师师长兼武汉卫戍司令。大革命失败后，参加领导南昌起义，任国民革命军第二方面军副总指挥兼前敌指挥，并兼第十一军军长。后参加领导广州起义，任工农红军总司令。起义失败后去国外，同党失去联系。抗日战争爆发后回国，出任新四军军长。1941年1月在皖南事变中被国民党当局所扣，先后囚禁于江西上饶、湖北恩施、广西桂林等地。在狱中坚贞不屈。1946年3月4日，经中共中央营救出狱，次日致电中央请求重新加入中国共产党，7日中共中央复电批准。同年4月，在由重庆飞赴延安途中，因飞机失事不幸遇难，时年50岁。

囚诗

1942年11月21日

为人进出的门紧锁着，

为狗爬走的洞敞开着，

一个声音高叫着：

爬出来呵！

给尔自由！

我渴望着自由，

但也深知道人的躯体哪能由

　　狗的洞子爬出！

我只能期待着，那一天

地下的火冲腾把这活棺材和我一齐烧掉，

我应该在烈火和热血中得到永生。

六面碰壁居士

卅一[①]·十一·廿一

① 卅一，指民国三十一年，即1942年。

进出的門緊鎖着，
為狗爬走的洞敞開着，
一個声音高叫着：爬出來呵，給爾自由！
我渴望着自由，但也深知到人的軀體那能由狗的洞子爬出！
我只能期待着，那一天
地下的火衝騰，把這活棺材和我一齊燒掉，
我應該在烈火和熱血中得到永生。

六面碰壁居士　卅一、十一、廿一、

【品读导航】

这是1942年11月叶挺在狱中写给郭沫若的一封信中所附的一首诗。作者以高超的艺术手法再现了一个共产党员宁死不屈的高大形象。共产党人为人民的自由、解放而奋斗，但决不为个人的自由而变节投降。他们宁愿把牢底坐穿，宁愿让自己和旧世界这个“活棺材”一齐烧掉，也不向黑暗势力低头。“士可杀不可辱”“杀身成仁”，这是中华民族千古传颂的美德。作者把优秀的文化传统与坚定的共产主义信念有机结合，用笔墨同时也是用行动写下了共产党人不屈不挠的壮丽诗篇。郭沫若曾评价道：“他的诗是用生命和血写成的，他的诗就是他自己。”

今天，我们诵读这首诗，就是要把先烈们留下的宝贵精神财富发扬光大。在和平时期这个没有硝烟的战场上，不怕困难，用自己的青春为祖国谱写出更加美好的未来，为民族独立及人民幸福不懈努力，让革命志士的高贵品质、坚强斗志抚慰我们的愁思，催促自己做一个正直向上的人，不断进步和超越自我的人。

★ 故事分享 ★

我读懂了词坛飞将

张雨辰

有一种天赋叫作狂傲。

——题记

是什么让他仕途屡遭挫折？是什么让他在归隐与入世间徘徊不决？是什么让他成为词坛飞将？

答案是相同的一个字：狂。

他的狂，是才子之狂。

狂傲的他写词霸气十足，将宋词豪放派推到巅峰。他的狂是“看试手，补天裂”地以女娲自比；他的狂是“几人真是经纶手”的“天下英雄，唯使君与操耳！”；他的狂是“老子平生，笑尽人间，儿女怨恩”的宽广胸怀；他的狂是“近来始觉古人书，信着全无是处”的对社会的批判与鞭挞。

他的狂，是英雄之狂。

懂他的人也只能是真正的英雄，比如陈亮。忘不了那年稼轩害病，陈亮冒雪探望，二人同韵而作的六首《贺新郎》怎个惊天地、泣鬼神！“管精金只是寻常铁。龙共虎，应声裂。”这是何等的铿锵有力！“看买犁卖剑平家铁！壮士泪，肺肝裂。”又是何等的愁肠寸断！这不仅是陈亮的心声，也是辛弃疾的心声，更是古今狂傲英雄的心声！英雄最怕的是寂寞，最怕的是岁月空老，事业无成，自己的呐喊听不到回声。可以说，落寞的辛弃疾不寂寞，他的呐喊引来了亿万年山河的回声！

他的狂让他吃了不少苦，但他不后悔："不恨古人吾不见，恨古人不见吾狂耳！知我者，二三子。"

狂傲的人注定孤独，而这份孤独也成就了词坛飞将的独一无二。

然而，现在这份狂傲正在慢慢消逝。物质、欲望、奢华……太多太多有诱惑力的东西正悄悄吞噬着它。时光穿越近千年，我们又该到哪里去寻回这份被人遗忘的狂傲呢？

学生感言

当我读这些诗词的时候，总是感觉世间是那么的宁静，仿佛置身于一幅幅水墨画中。我爱读诗词，我爱在内心空旷的时候读它，从才华横溢的诗人与词人精短的语句中感受中华语言博大精深的魅力。回想这一路，有你，诗词，我们一起走过。

左 权

（1905～1942）

无产阶级革命家、军事家。原名左纪权，又名左自林，湖南醴陵人。五四运动时期，投身反帝爱国运动，参加学校的进步组织“社会科学研究社”。1924年考入广东湘军讲武堂，后并入黄埔军校第一期。1925年加入中国共产党，后被党选送留苏深造。1930年回国后到中央苏区工作，先后任红军学校教官、红军野战司令部作战科科长、红十五军政委兼军长、闽西苏维埃秘书长等职。长征中任红一军团参谋长。1936年任红一军团代军团长。抗战时期任八路军副参谋长。1942年6月2日，在山西辽县（今左权县）麻田指挥部队与十倍于我的日军激战，不幸壮烈牺牲，时年37岁。

我今日即在上前线的途中[1]

——致左铭三[2]

1937年9月18日

叔父：

你六月一号的手谕及匡家美君与燕如[3]信均于近日收到，因我近几月来在外东跑西跑，值近日始归。

从你的信中已敬悉一切，短短十余年变化确大，不幸林哥[4]作古，家失柱石，使我悲痛万分。我以己任不能不在外奔走，家中所恃者全系林哥，而今林哥又与世长辞，实使我不安，使我心痛。

叔父！我虽一时不能回家，我牺牲了我的一切幸福，为我的事业来奋斗，请相信这一道路是光明的，伟大的，愿以我的成功的事业，报你与我母亲对我的恩爱，报我林哥对我的培养。

叔父！承提及你我两家重新统一问题，实给我极大的兴奋，我极望早日成功，能使我年高的母亲及我的嫂嫂与侄儿、女等，与你家共聚一

---

① 原信无标点，标点为编者所加。
② 左铭三，左权的叔父。
③ 燕如，左权族中亲友。
④ 林哥，左权的大哥左育林。

堂，度些愉快舒适的日子。有蒙垂爱，我不仅不能忘记，自当以一切力量报与之。

卢沟桥事件后，迄今已两个多月了。日本已动员全国力量来灭亡中国。中国政府为自卫应战亦已摆开了阵势，全面的战争已打成了，这一战争必然要持久下去，也只有持久才能取得抗战的胜利。红军已改名为国民革命军，并改编为第八路〈军〉，现又改编为第十八集团军。我们的先头部队早已进到抗日的前线，并与日寇接触。后续部队正在继续运送。我今日即在上前线的途中。我们将以游击运动战的姿势，出动于敌人之前后左右各个方面，配合友军粉碎日敌的进攻。我军已准备着以最大的艰苦斗争来与日本周旋，因为在抗战中中国的财政经济日益穷困，生产日益低落，在持久的战争中必须能够吃苦，没有坚持的持久艰苦斗争的精神，抗日胜利是无保障。

拟到达目的地后，再告通讯处。专此敬请

福安

侄　字林

九月十八晚于山西之稷山县

两位婶母及棠哥[①]二嫂均此问安。

【品读导航】

这是1937年9月左权写给叔父的一封回信。当时，朱德、左权等八

① 棠哥，指二哥左纪棠。

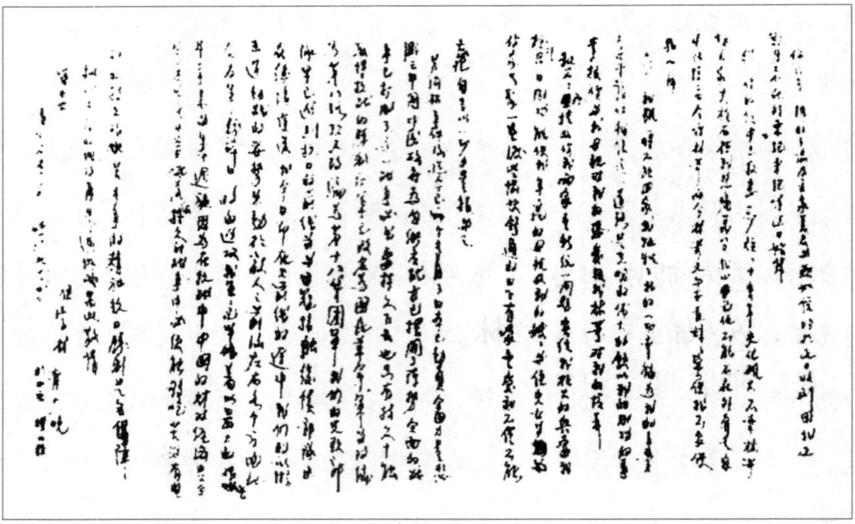

路军部分领导人正率部东渡黄河开赴抗日前线，这封信写于途经山西省稷山县时。

从信中可以看出，左权的哥哥不幸逝世，只剩下年迈的母亲与嫂嫂、侄儿等，“家失柱石”，老母无所恃，侄嫂无所依，不得不请求叔父加以照料。与此同时，卢沟桥事变刚刚发生两个月，“日本已动员全国力量来灭亡中国”，抗日战争已全面展开。国难家愁两副重担摆在了左权面前。同其他仁人志士一样，他义无反顾地承担起了拯救国难的重任，“我牺牲了我的一切幸福，为我的事业来奋斗”。这个事业就是抗日救亡，救人民于水火、挽狂澜于既倒的伟业。他把“有国才有家”的道理通俗地告诉叔父，表示要以自己成功的事业来报答老一辈的养育之恩。与此同时，他还向叔父分析了抗日战争的形势，“这一战争必然要持久下去，也只有持久才能取得抗战的胜利”，“我军已准备着以最大的艰苦斗争来与日本周旋”。

这封平凡的家书宣传了抗日战争的长期性和艰巨性，表明了左权自己已作好了吃苦准备的决心，表现了革命者不平凡的思想境界。在家事与国事发生矛盾的时候，能够以大义舍小家，慷慨赴国难，这就是一代共产党人的价值观。我们有责任在社会主义新时代将这一高尚情怀更多发扬光大。

为了民族的利益，我们要抗战到底
——致母亲

1937年12月3日

母亲：

亡国奴的确不好当，在被日寇占领的区域内，日人大肆屠杀，奸淫掳抢，烧房子等等，实在痛心。有些地方全村男女老幼全部杀光，所谓集体屠杀，有些捉来活埋活烧。有些地方的青年妇女，全部捉去，供其兽行。要增加苛捐杂税。一切企业矿产，统要没收。日寇不仅要亡我之国，并要灭我之种，亡国灭种惨祸，已临到每一个中国人民的头上。

现全国抗日战争，已进到一个严重的关头，华北、淞沪抗战，均遭挫败，但我们共产党主张救国良策，仍不能实现。眼见得抗战的失败，不是中国军队打不得，不是我们的武器不好，不是我们的军队少，而是战略战术上指挥的错误，是政府[①]政策上的错误，不肯开放民众运动，不肯开放民主，怕武装民众，怕改善民众的生活。军官的蠢拙，军队纪律的坏，扰害民众，脱离民众等。我们曾一再向政府建议，并提出改善良策，他们都不能接受。这确是中国抗战的危机，如不能改善上述这些

① 政府、当局，均指国民党政府。

缺点与错误，抗战的前途，是黑暗的，悲惨的。

〈我们〉不管怎样，我们是要坚持到底，我们不断督促政府逐渐改变其政策，接受我们的办法，改善军队，改善指挥，改善作战方法。现在政府迁都了，湖南成了军事政治的重地，我很希望湖南的民众大大的觉醒，兴奋起来，组织武装起来，成为民族解放自由战争中一支强有力的力量。因为湖南的民众，素来是很顽强的，在革命的事业上，是有光荣历史的。

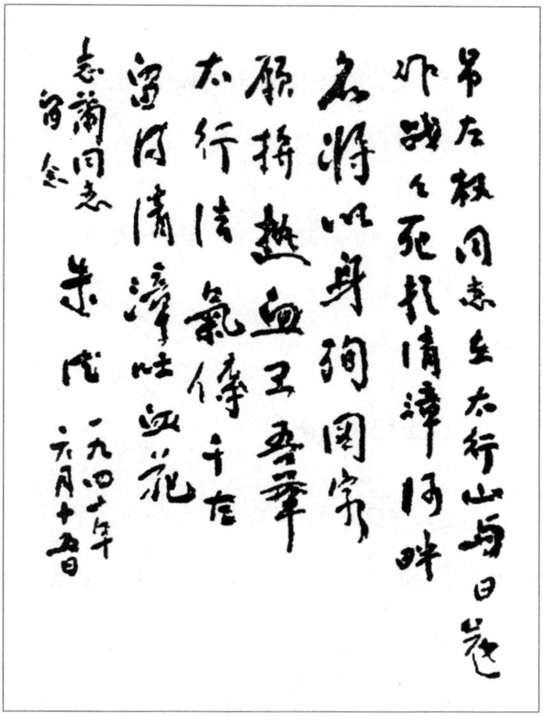

● 朱德一九四二年六月十五日悼左权诗的手迹

我军在西北的战场上，不仅取得光荣的战绩，山西的民众，整个华北的民众，对我军极表好感，他们都唤着“八路军是我们的救星”。我们也决心与华北人民共艰苦，共生死。不管敌人怎样进攻，我们准备不回到黄河南岸来。我们改编为国民革命军后，当局[1]对我们仍然是苛刻，但我全军将士，都有一个决心，为了民族国家的利益，过去没有一个铜板，现在仍然是没有一个铜板，准备将来也不要一个铜板，过去吃过草，

① 政府、当局，均指国民党政府。

准备还吃草。

母亲！你好吗？家里的人都好吗？我时刻记念着！

敬祝

福安

男　自林

十二月三日于洪洞

【品读导航】

这是1937年12月左权写给母亲的一封信。信中首先揭露了日本帝国主义的暴行，谴责日寇在敌占区烧杀掳掠，无恶不作，“不仅要亡我之国，并要灭我之种”。同时指出，全国的抗战也到了危急关头，国民党方面采取的错误政策给抗战的前途抹上了阴影，只有共产党领导的八路军才是人民的救星。作为八路军的一位高级将领，左权告诉自己的母亲，也是在告诉全中国千千万万个母亲，不管怎样“我们是要坚持到底”。他寄希望于“民众大大的觉醒”，从而“成为民族解放自由战争中一支强有力的力量”。尽管国民党政府对内不断制造摩擦，对八路军“仍然是苛刻”，但作为共产党领导的人民军队，也要与人民“共艰苦，共生死”。为了民族的利益，“过去吃过草，准备还吃草”，最终战胜敌人。这是共产党及其领导下的人民军队时时以人民的利益为重、不怕困难、不怕牺牲、无私无畏的崇高品格的真实写照，是对青年一代进行爱国主义和革命传统教育的极好教材。

★ 故事分享 ★

屠刀下的觉醒

周润皓

城破!

国亡，家焉在?

小羊圈，北平千百胡同的缩影，而生活于其中的人，代表着中华惨遭外夷践踏时的社会剪影。

同为中国人，却又呈三种，即殉道者、叛国者和无为者。祁家四世，有人浮想寿辰，有人安于生意，有人惶恐徘徊，有人奋起抗敌，还有人为抢得汉奸之名而欣喜若狂……大宅之景如此，小羊圈更是如此……

论此三类，殉道者可敬，叛国者可憎，无为者可悲。殉道者与残垣断壁一道陨落，叛国者与侵略者一同被斩首，唯无为者有心护国，却无心行动，强忍外族奴役，却无心反抗，直到敌寇的屠刀已然架于脖后，方才惊醒，方才觉悟……

而钱默吟便是在屠刀下幸运存活的一位老人。

钱默吟，乱世中中国传统文人的代表。他一生与人无争，纵情于诗文、字画、花鸟虫鱼，为人正派，通晓大义，却在抗战之初未曾与侵略者进行任何形式的抗争。

冠晓荷之徒听闻其子坠车以令30余日寇亡，遂借此机，将钱老先生举报，以使他的卖国之路更长更稳……

在如此情况下，钱先生被押送至一间经过改造的院中。院内的惨叫声和敌人连续的毒打，让他对国仇家恨有了更清晰的认识。随后在牢房中，那怒火中烧的中年人、那惨死的青年，让他忘记了他的诗、画、酒、草和布满伤痕的身体，而只记得一个中国诗人应有的气节！

钱先生是幸运的，因为抗争的火焰将与日后的岁月一起燃烧！然而，在这黑夜的伊始，有太多太多所谓“无为者”苟活于世。他们中间，有才、有力、有钱者不计其数。国家视此三点为珍宝，而此类人多视之为自保身家的本钱。荒唐与可笑便不过如此。在沦陷的国土上，侵略者用尽手段掠夺钱财，抢用劳力，而“才智”，若不为其所用，便是一刀了事。

屠刀下，旧的历史，与其所造就的中华文化及君子只得惨死！而新的历史下，只得在血中获得新生！而血洒中华大地者必是觉醒的“战士”——抱必死之决心，甘在黑暗中为黎明的到来而献身的义士！

学生感言

在这种看似已经绝望的环境下，一股股抗争的星星之火和所有人民尽自己的全力来抗击日寇的精神，让我为中华民族在外族压迫下释放的巨大能量而感到自豪。

彭雪枫

（1907～1944）

无产阶级革命家、军事家。河南镇平人。1925年加入中国共产主义青年团，1926年转为中国共产党党员。1930年起，历任中国工农红军第五军、第八军的大队、纵队政委，第三军团二、四师政委，江西军区政委。长征中曾任红五师师长、中央军委第一局局长。长征到达陕北后任红一军团第四师师长。抗日战争爆发后，任八路军总部参谋处处长兼驻晋办事处处长。1938年组建新四军游击支队，任司令员兼政委。1939年任八路军第四纵队司令员。1941年任新四军第四师师长。1944年9月11日，在河南夏邑八里庄战斗中壮烈牺牲，时年37岁。

革命者的爱才是最伟大、最持久的

——致林颖（节录）

1941年9月14日

楠[1]：

……

决心是果断的具体表现，我俩应为我们的前途庆幸！方式虽由于“介绍”，然而“爱”乃是由于同志关系、政治条件、工作利益、双方前途，特别是性格与品质相互印象诸复杂因素而自然促成的，而逐渐浓厚起来的。尤其是在击破困难排除波折之过程中而更会浓厚起来的！倘若“轻易”而成，当不会事后回味之深长吧？比如我们的事业，要不经过艰难缔造的奋斗过程，那么巩固和壮大的程度当不如我们所愿望的那样伟大吧！当然，一种小资产阶级的恋爱观，是另一种——花前月下，卿卿我我，这究竟是小资产阶级的呀！无产阶级先锋队则不然，这首先建立在政治上、工作上、性情上和品格上，自然同样也有花前月下，然而已经不是卿卿我我了，而是花前谈心，月下互勉，为了工作，为

① 楠，林颖的别名。

了事业，为了双方的前途！你同意我的话吗？我想同意的吧！因为你已经在做着了。

我郑重提出：双方对对方的希望上，千万不要“过奢”，尤其是在今天，在初恋、在恋爱定局之初期。俗话说：情人眼里出西施，一般人对他的爱人，是不容易看到缺点的。所以在起初，感情无限好，但日久天长，弱点逐渐暴露，情感就会淡了，因为这里头没有辩证地观察问题，更没有辩证地认识问题，当然也不会有正确的方法去解决问题了。人都有其优良的一面和缺陷的一面的，两面相照，发展其优良的一面，同时又要扬弃其缺陷的一面。主要靠自己，同时靠他人。只要对方在基本上是可爱的，是值得可爱的，那就够了，把功夫用在相互帮助、相互教育、相互鼓励上。这是我党对待同志的态度，也是恋爱双方互相对待的态度。倘若能够这样，则双方情感不仅不会越来越淡，相反必会越来越浓，以至白头偕老的。

在上述基本观念和基本态度之下，我们相爱了，这种爱才是最正当最伟大最神圣的！同时也必能是最坚持最永久的！

所以，你对我的认识和了解，我知道乃是基于政治、党性、品格，而不是什么地位。地位算什么东西呢？同时，要求你必须还要了解我的另一面：急躁、激动，工作方式、方法上之不够老练，对人对物有时过于尖锐，使人难堪，对于部有时态度过于严肃，加上某些场合下的不耐烦，使人拘束，涵养不到家，这一切都是我自己实行自我批判自我斗争而同时请求你在更接近更了解的情况下帮助我去纠正的。对于你，聪明，豪爽，忠诚，多情，不怕危险、困难，忠于党，这是好的一面，优良的一面；可是在另外的一面，高傲，虚荣心——像你所说的，再加上还欠切实，正是你的缺点，却需要你来努力克服的。倘若有了彻底认识，克服虽然必须一个过程，相信是会收到完满成果的。

我希望你的（虽然你已经在做着）是：

（一）加强自己思想意识上的锻炼。你的家庭生活环境熏陶着你，带来了非无产阶级的某些意识，在党对你不断的教育中，特别是在敌后两年烽火的斗争中已经锻炼得使你更坚强起来了。然而进步是无止境的，还需要加倍努力！最近党中央关于增强党性的指示，是我党自有历史以来最有意义最有教育价值的文献之一，你必熟读，妥为笔记，而主要还依靠于左右同志们的相互坦白检讨。区党委会有具体指示，如何去检讨，特别应当认真看洛甫①的《论待人接物》那篇文章，胡服②同志《论共产党员的修养》那本小册子，这对于我辈为人为党员为一个革命家，是有着极大的作用的。

（二）留心政治，养成对政治的浓厚兴趣。一切应从政治观点上去观察问题。政治是任何一种工作职业的同志所必须具备的。理论修养之外，尤须注意政治形势，根据形势布置工作，分析形势，推动形势，改变形势。要多多地经常地在这方面用心下功夫啊！报纸电讯不应该放过一个字，一条新闻不能单独看作一件新闻，而应分析它的实质。先从近处做起，渐而致于国际形势，抱定志向，做一个最实际的政治工作者，有修养的政治工作者。

---

① 洛甫，即张闻天。
② 胡服，即刘少奇。

（三）待人接物上，不要过于锋芒外露，大方之中含有腼腆。我始终没有忘记过一次毛主席在我外出进行统战工作时的临别叮嘱的一句话："对人诚恳是不会失败的！"这句话今天拿来送给你，共同勉励吧。注意我们的态度，我们的言语，我们的待人接物，更谦逊些，更诚恳些，更大方些，更刻苦努力些！

（四）工作，越下层越好锻炼，越深入越能具体了解，也就越能正确解决问题，越能建立信仰。女子生下来长大了是革命的，是工作的，是为大众谋利益的，而不是为的什么单纯性的问题。女子应有其独立的人格，更应有其培养独立人格的场合和环境，即便结婚了之后，我还是主张你应有你的独立的工作环境，我无权干涉你，也不会干涉你。

（五）你写得很好，你应该努力学习写作，记日记，写文章。把材料系统地组织起来写在纸上，这就是文章。要具体材料，不要空洞说理，要提高文化水平，要加强理论修养。你还年轻，我希望你工作之外，又是作家，必会有一天，你是一个帮助我写作的有力助手！

亲爱的同志！一切美满的愿望，都是建立在政治理智、情感热心、努力互助互谅之上的！

枫

一九四一年九月十四日

【品读导航】

这是1941年彭雪枫在淮北根据地写给林颖的一封信。当时，两人正在热恋之中。信中向人们展示了一种全新的恋爱观。作者认为，革命者之间的爱不应是“花前月下，卿卿我我”，而应是建立在共同的性格爱好、共同的革命目标基础上的，这种爱应该是“花前谈心，月下互勉”，要“把功夫用在相互帮助、相互教育、相互鼓励上”。信中还诚恳地讲明了自身的缺点，并指出了对方的不足和克服这些不足的方法。作者所持有的恋爱观很值得今天的年轻读者学习和借鉴。

罗炳辉
（1897～1946）

无产阶级革命家、军事家。云南彝良人。1915年到昆明投军，次年参加讨袁护国战争。1922年随朱培德的滇军到广州，参加孙中山号召组织的北伐军。大革命失败后，到赣西南的吉安县任靖卫大队队长。1929年7月，加入中国共产党。10月底率民团千余人起义，加入中国工农红军，先后任红军独立第五团团长、红五军二旅旅长、二纵队司令、红十二军军长等职。在反“围剿”战斗中屡建战功，荣获中央军委颁发的勋章。长征时任红九军团司令员，担负长征部队的后卫。抗日战争爆发后，奉调到新四军，先后任一支队副司令员、五支队司令员、二师师长和副军长等职，开辟了皖东抗日根据地。抗日战争胜利后，任新四军第二副军长兼山东军区副司令员。1946年6月21日，带病在鲁南峄城镇指挥所指挥反击进犯枣庄的国民党军队，突患脑溢血，病逝在战斗岗位上，时年49岁。

抗战才是中华民族的出路

——致温国桢[①]（节录）

1939年9月4日

国桢乡弟台鉴：

正在忙于率部突破津浦路以东，〈到〉来安、天长、六合等县一带，即南京浦口附近去袭击日寇，接阅我十团来电，该团两个连在浦口南京对岸公路埋伏，日本鬼子乘两辆汽车前来，将至埋伏网内，给以手榴弹猛掷，立刻将汽车击毁，打死鬼子六十余名，日寇闻枪声即增加空、炮、骑、步兵数百名，激战一小时。将鬼子打退的捷报传来，我军只伤亡九名，得安全撤回。……

正在高兴时，忽然传令兵送信来，接过手来一看，是我家乡来的，信面是交张秀明[②]收，两人抢拆……两人争阅，一阅到家严弃养[③]我就晕了〈一〉样。即说父亲已亡故了，当时秀明说我瞎说，要详细再读下去，一往下读，完全证明确已西归。这当然使人子之心痛伤难忍，使

① 温国桢，罗炳辉的生前好友，开明人士。当年罗炳辉的家信均通过他传递。
② 张秀明，罗炳辉的夫人。
③ 弃养，指父母死亡。

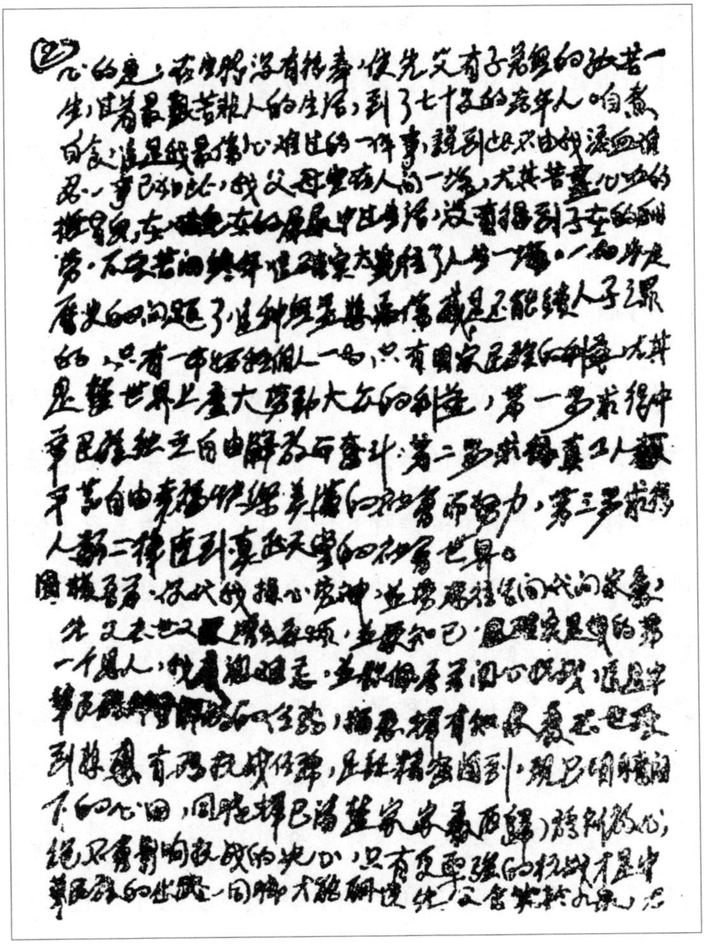

我不安心的是在生时没有侍奉，使先父有子若无的孤苦一生，过着最艰苦非人的生活，到了七十岁的老年人，自煮自食，这是我最伤心难过的一件事，说到此不由我泪血难忍。事已如此……一切已是历史的问题了，这种无益〈的〉悲痛伤感，是不能赎人子之罪的，只有〔一个〕牺牲个人一切，只有〈为〉国家民族的利益，尤其是整〈个〉世界上广大劳动大众的利益……而奋斗……

……家严西归……绝不会影响抗战的决心，只有更坚强的抗战，才是中华民族的出路，同时，才能酬答先父含笑于九泉。……

罗炳辉　手启

九月四日

【品读导航】

这是罗炳辉于1939年9月写给家乡好友温国桢的信。从中可以看出，作为新四军高级指挥员的罗炳辉，正在接阅袭击日军的胜利捷报的时候，同时也接到父亲逝世的噩耗。作为儿子，他为自己没能在父亲跟前尽孝而感到不安；作为战士，他更知道怎样“才能酬答先父含笑于九泉”，那就是，不惜“牺牲个人一切”，把“无益的悲痛伤感”，化作对敌人的仇恨，化作为“国家民族的利益”，为“世界上广大劳动大众的利益……而奋斗”的力量。他明确向好友表示，“家严西归”“绝不会影响抗战的决心”，因为他坚信，“只有更坚强的抗战，才是中华民族的出路”，只有打败日本侵略者，才能使许许多多的父亲不再过“有子若无”的艰苦非人的生活。这显示了一个无产阶级革命战士以天下为己任的宽广胸怀，显示了共产党人公而忘私的高贵品质。为“国家民族的利益”，不惜“牺牲个人一切”，这些闪光的誓言应化作我们后人建设伟大祖国、建设和谐幸福社会的不竭动力。

★ 故事分享 ★

走，抗日去!

张璟华

“这是你的战争！This is your war！”

是的，战争已经不是报纸上、广播里的消息，也不是头顶上的轰炸，它已经近在咫尺，就在你身边，在你床侧。敌人，荷枪实弹的敌人正在向你瞄准。

走，让我们扛上枪，背上弹，抗日去!

学校召开了征调大会，各位老师的讲话都包藏着一颗炽热的心，所有的学生都感受到了它的热度、滚烫的温度，国家需要我们！胜利需要我们!

走，扛上枪，作为一名战士，抗日去!

“爹爹，娘，我要去从军。”一句话惊醒了沉默中的弗之和碧初，在他们眼前，嵋的脸是那样明亮，“可你是女孩子。”“我认真考虑过了，我要为胜利加一把力。”

“如果家里真需要我，我就不去。”之薇望着母亲憔悴的面孔，把抗日的心思先搁在一边。士珍摇头：“小处需要你比不上大处，你去吧。”

走，扛上枪，巾帼红颜女儿志，谁言女子不如郎，抗日去!

一名送炭人，从保山逃难过来，没过几日，便被抓去做壮丁。终于，通过别人帮助，进了正规的军营，他叫苦留。

一个孤儿，住在山上，家人被杀。但在中国军队上山时，第一时间跑到了军营，告诉部队这里的地理秘密，帮助部队打了胜仗，他叫福留。

走，扛上枪，不论你是谁，抗日去！

祖国土地上每一棵草、每一粒沙都动员起来了。哪怕滚着、爬着，都在酝酿准备，要去打赢那无论多么惨烈的战争，为了祖国，为了自己。

走，扛上枪，抗日去！

学生感言

《野葫芦引》中的文人墨客，在北平散不尽的滚滚烟尘中，在昆明澄澈的蓝天之下，在梦回午夜辗转反侧之际，苦苦支持的忧国忧民之心是永远。我开始明白，原来战争，可以缔造永远的爱国之心。

陈 赓

（1903～1961）

无产阶级革命家、军事家。湖南湘乡人。1922年先后加入中国社会主义青年团和中国共产党。1924年入黄埔军校学习。1926年9月赴苏联学习，次年2月回国，8月参加南昌起义，后又参加广州起义。先后任中共中央特委情报科科长、红四方面军师长、彭（湃）杨（殷）步兵学校校长、红军干部团团长、红一军团师长。抗日战争时期，任八路军第一二九师第三八六旅旅长、太岳军区司令员。解放战争时期，任晋冀鲁豫野战军纵队司令员、二野兵团司令员。新中国成立后，历任西南军区副司令员兼云南军区司令员、云南省人民政府主席、中国人民志愿军副司令员、中国人民解放军副总参谋长、代总参谋长、国防部副部长。是中共第七届候补中央委员、第八届中央委员。1955年被授予大将军衔。1961年3月16日在上海逝世。

凭吊过去的老战友和难友，一时情不自禁，潸然泪下

——致傅涯①

1957年3月8日

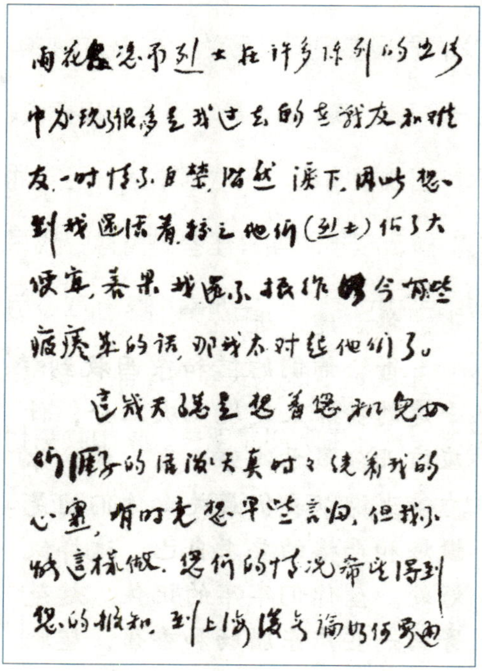
雨花台憑弔烈士，在許多陳列的照片中發現很多是我過去的老戰友和難友，一時情不自禁潸然淚下。因此想到我還活着，較之他們（烈士）佔了大便宜，若果我還不振作，[illegible]做些[illegible]的話，那我太對不起他們了。

這幾天總是想着您和兒女們，孩子的活潑天真時時繞着我的心靈，有時也想早些言歸，但我不能這樣做。您們的情況希望得到您的報知。到上海後[illegible]

亲爱的涯：

在南京整整工作十一天，检查了军事学院、总高步校及南京军区的工作，收获确是不少，但是没有得到休息。失眠又作，只好恢复吃水药，吃水药后又可以每夜睡到六小时了，只是没有水药就不行。明天准备去长江两岸及宁沪线上作实际勘察，预料半个月后才能到达上海，这

① 傅涯，陈赓的夫人。

样的勘察旅行，可能对我的身体有好处。这次在南京曾乘暇去雨花台凭吊烈士，在许多陈列的照片中，发现了很多是我过去的老战友和难友，一时情不自禁，潸然泪下。因此想到我还活着，较之他们（烈士）占了大便宜，若果我还不振作，乃今有些疲倦感的话，那我太对〈不〉起他们了。

这几天总是想着您和儿女们，涯子的活泼天真时时绕着我的心灵，有时竟想早些言归，但我不能这样做。您们的情况，希望得到您的报知，到上海后无论如何要通一次电话。我这次准备到宁波，我很想去沥海所一游。到上海再写信给您。

祝

你好！吻你并建、进、树、涯！

您的赓

三・八日

【品读导航】

这是陈赓1957年3月8日在南京视察工作期间写给妻子傅涯的信。在视察期间，他乘暇去雨花台凭吊烈士。在陈列的照片中，他发现有许多是和他一起出生入死的老战友，一时情不自禁，潸然泪下。他感慨万千，于是给妻子写下了这封信。

在信中，他一面抒发自己对亡友的怀念之情，一面想到自己还侥幸活着，就应该为党、为人民多做工作，如若不然，“那我太对不起他们了”。

中国革命的胜利，是无数革命先烈用生命和鲜血换来的。我们作为后人，更应继承先烈们的遗志，建设和守护好美丽家园，不然，我们也太对不起他们了。

你们在各方面是否都很刻苦地锻炼和严格地要求自己
——致儿女们

1959年12月22日

飞、琴、建、进[①]：

寄给你们的信和东西收到了吧！怎么不回信？甚念。小建的功课又发现几次三分，什么原因，检查过吗？小进应该五分多于四分。飞、琴，你们的工作和学习是不是在力争上游？我们最关心你们的是不是在各方面都很刻苦的锻炼和严格的要求自己，这样做对于你们的将来有极大的好处。望你们牢牢的记住。趁范叔叔回京之便，又给你们寄回一些广东腊肠和香蕉，望收。望你们都要好好尊重叔叔和阿姨，并听他们的话。我们均好。

祝你们好。

涯、赓[②]

十二·廿二日黄昏

① 飞、琴、建、进，即陈赓的大儿子陈知飞、儿媳钱如琴、二儿子陈知建、女儿陈知进。
② 涯、赓，即傅涯、陈赓。

【品读导航】

这是陈赓和夫人傅涯1959年12月22日写给在家的儿女及儿媳的信。陈赓在得知儿女们的学习成绩有所下降后，甚为焦虑，遂给他们写信，问其原因，并希望他们在各方面都要刻苦锻炼和严格要求自己，因为“这样做对于你们的将来有极大的好处”。望子成龙，盼子成才，天下父母莫不如此，陈赓大将亦不能免俗。

★ 故事分享 ★

体味幸福

熊若茜

每一次翻开沈从文的《边城》，都是一次纯净的心灵之旅，都会有一些新的收获。其中令我感触最深的，是那个小城镇中人们简单而幸福的小生活。

书中曾有一大段文字描写老祖父进城的情景，我至今记忆犹新。他的生活平凡而又简单：上城中买几斤肉，陪人喝两口小酒，乐呵呵地怀揣着虾米和米价油价涨跌的新闻，又回到家中替人摆渡。或许是老祖父为人憨厚，或许是他的差事所致，他似乎同谁都是一家子，从不吝惜个啥。正因此，他整日沉浸在自己的小幸福与小满足中，在这个小城镇中过得自在而幸福。

老祖父满足而幸福的生活，使我不禁想起读过的许多名著中，那点点滴滴的幸福：在《呼兰河传》中，幸福是回忆中与祖父一起在小花园中嬉闹的短暂而又美好的童年时光；在北平的祁老太爷心中，幸福是拉着重孙的手，一起极慢极慢地去逛护国寺大街……这就是幸福，看似简单却无比丰富，而这背后，是最为淳朴的人心。幸福是人们内心深处所珍藏的最美好的感情，是生活给予我们的珍贵礼物。

幸福其实也简单，它就在身边，不需要再过多地为幸福而忙碌奔波。就像边城中的人们一样，他们的生活从容、简单，平凡而琐碎，但他们无忧无虑，悠闲自得。因为只有这样的人们，才有闲暇去感受幸福、迎接幸福，在每一件家常事中体味那一份温暖与幸福。

带着这样一份感悟，我开始重新“检阅”我的生活，在生活细微处，学会捕捉这样那样的点滴幸福。运动会上，所有人的奋力呐喊中，我体味到了幸福；每天放学回家后，手捧一杯暖茶，与妈妈分享各自遇到的趣闻，两个人在一起捧腹大笑的时候，我体味到了幸福……这才发现，其实每个人的身边都洋溢着小幸福，只要学会捕捉幸福，就能拥有幸福。

再读《边城》，让我体味幸福、懂得幸福，在忙碌的生活中做一个真正幸福的人。

学生感言

什么是幸福？“幸福是人们内心深处所珍藏的最美好的感情，是生活给予我们的珍贵礼物”的感悟，是多么的难能可贵。

张 炽

（1898～1933）

革命先烈。字子昌，化名章阿昌，云南路南人。1924年考入北京民国大学政治经济系，同年加入中国共产党。曾任中共民国大学支部书记、中共北京地委西部委员会委员。1926年5月，任中共北方区的特派员，由北京到大连巡视工作，任中共大连地委宣传部部长。七八月间赴广州参加北伐，任营指导员。大革命失败后，在江西、广州、香港等地从事革命工作。1930年到上海党中央训练班学习，任支部书记，并从事工人运动。后不幸被捕，1933年4月在南京雨花台壮烈就义，时年35岁。

男是一欲为社会造幸福者

——致父母亲

1923年12月8日

父母亲大人膝下：

敬禀者，第二次之谕[①]及银已收到。归家之期约在初五六，药与货归时当即买回。惟是男此次归家拟略住一二星期即仍转省补习英文及数理化等，预备考东陆大学[②]。盖东陆大学现已出招生广告，考试之期在明年正月半。〈时〉间距今仅二月余了，向〈来〉升学者必须到外省、北京或外国，程途经费种种困难。今云南竟亦办起大学，并由各县给学生津贴，此诚千载一时之〈机〉会，亦云南学生界之幸也。男在此时毕业，再补习一二月即可投考。为时无多，机会难得。男所以回家一转即须来省补习，以应时势之要求，并偿男之素志也。未知尊意以为如何？现男之心已决矣！应走之路已找出矣！无论如何总要照我之目标（投考大学）努力走。盖中学校所学得者，不过普通之学科，仅能在地方教乡学而已。若欲做出几件轰轰烈烈之大事，则非入大学求高深学问不可。

① 谕，长辈对晚辈的吩咐。
② 东陆大学，今云南大学的前身。

现在执中国之各机关之要权者，虽尽非大学生，然可断定其大半数为大学生也。处今之世一族一家非有一人作而活运，虽有家产亦等于无。而况身命亦有危险乎，如欲做一常人被人主动听人宰割，则〈不〉啻为奴隶也。虽生之何乐？总之，男是有志者，是一有大志者，是一欲为社会造幸福者。只不知达到我之目的，要经若干困难若干险阻了。我之方针早已计好，一种不能长驱直入，即以他一种代之。我以后之工作无论如何均以求学为第二生命。我之生命谓之学问养之可也。东陆大学内所教之学科是文学、法学、工科三科。若欲做事则以法学为好。欲为著作家则学文学好。欲为工业制造家，则学工科好。男如能考取，亦视各科之教授之好不好而定了。

余俟面禀　敬叩

近安

男　炽敬禀

十一月初一[①]

【品读导航】

这是张炽1923年在云南省立第一中学毕业时写给他父母亲的一封信。

1923年11月，张炽由云南省立第一中学毕业。此时，云南东陆大学开始创办，发出招生广告。此前，云南的学生报考大学都必须到外省、北京或外国，这就带来经费短缺等种种困难。东陆大学创办后，由各

① 此为旧历日期。公历即12月8日。

县支付学生津贴，这给了云南籍学生以很大便利。张炽决定报考东陆大学。

在这封家信中，张炽表达了自己要报考大学的愿望。他说，自己投考大学是“应时势之要求”，实现自己平素的愿望。认为要想干出几件轰轰烈烈的大事，就应该进入大学探求高深的学问。如果只做一个普通人听从他人宰割，那与做奴隶没有什么区别，那么活着还有什么乐趣？作者表示，自己是一位有志者，是一位有大志者，是一位想要为社会造幸福者。尽管达到目的，不知要经历多少艰难险阻，但他方针早已订好，一种不能长驱直入，就以另一种代之。“我以后之工作无论如何均以求学为第二生命。我之生命谓之学问养之可也。”这些话，表明了张炽的革命志向和决心。

时至今日，“做出几件轰轰烈烈的大事”仍然是许多现代青年的理想。尽管时代变了，“大事”的意义也有不同，但是“求高深学问”仍然是青年人实现理想、成就大事的重要条件。以求学为第二生命，以为社会造福为生命坐标，奋斗不息，正是许多人成就大事，为社会、为人民所记怀的原因之所在。

现在要救国救同胞救自己都非革命不可
——致张子昭

1926年4月2日

子昭三弟：

来信——二月二十八日写的——前两星期即已收到，因杂事太忙——这两星期内，因为组织北京青年学会（北京十八个大学的学生发起组织此会），开会数次。此外我参加的读书会、平民教育研究会等都有会开。在星期二、五，又要到本校平校任教（系尽义务，无薪水），所以差不多天天有事，天天课后，都要去应付。——所以不能即时回信。你说“前进呀！……跟着你的弟弟，随后就来了”，你这种精神，志气，不失为一个青年，为一个有希望的青年，令我多么的高兴！弟呀！我们一同前进罢！反正有志者是会事竟成呢！（“反正”二字是北京话，它的意思是：无论如何或终归）我十年前在私立高小时，很有志留省、晋京，当时我不管能不能达到这目的，我只是每日读书并大改一切旧习惯（恶劣习惯），因此能稍有所得，并得了家庭和地方的信用，今日竟能达到目的。你最后又说要我原谅你这抱悲观的我，这一点又不能不令我大惊了！为什么你前面还说前进呀！前进呀！后面竟说出抱悲观来？我以为青年人不应当抱悲观……可是不如意抱了悲观，万不能就会如意。暂时一不如意，只有拿出勇气来努力奋斗，将来才有如意之日。于此我不多言，惟望你“吃苦耐劳，努力奋斗”。

……现在我要说的是：国内的政治经济情形，和今后我们应走的路与应做的工作。这话我早就想同你说，又因为非千言万语说不尽，不见面说不尽，所以竟未吐出。现在可待不住了，所以约略的同你说说，说不尽的，只好等到明年见面时再说。

亲爱的弟弟呀！你们晓得现在中国的政治情况如何？简直是什么鬼政治，无时不日趋愈下，无时不是军阀和洋大人们在后面支派着（英法美日……各强国），名虽共和、民主，实是专制，一人主。（他们比军阀还恶得很，处处都可以看得见他们侮辱我们的同胞，干涉我们的内政——虽不是直接的，间接则免不了。）名虽是独立国，实在与印度安南[①]等亡国园也差不了多少了（无日中国不在洋大人的掌握中，加税要得他们的许可才能加，借款要向他们借……所以驱逐不尽洋鬼子一日，我国就不能太平一日）。有学有才的人不得见用，见用的，尽是些无用的东西（好的自然也有，不过太少了）。只知道害民，吞公款，这派与那派争，有实力的上来，无实力的下去，堂堂的政府机关，尽是他们升官发财的场所。主人翁的国民，反做了他们的牛马奴隶。办教育，办实业等的钱都被他们拿去争地盘打仗去了（中国每年为私战所买进的枪械不下数千万或数万万）。中国的政治，不仅是说不上轨道，我以为恐怕

① 安南，即越南，公元1175年—1803年称为安南，1803年后改国号为越南，但当时中国民间仍沿旧称。

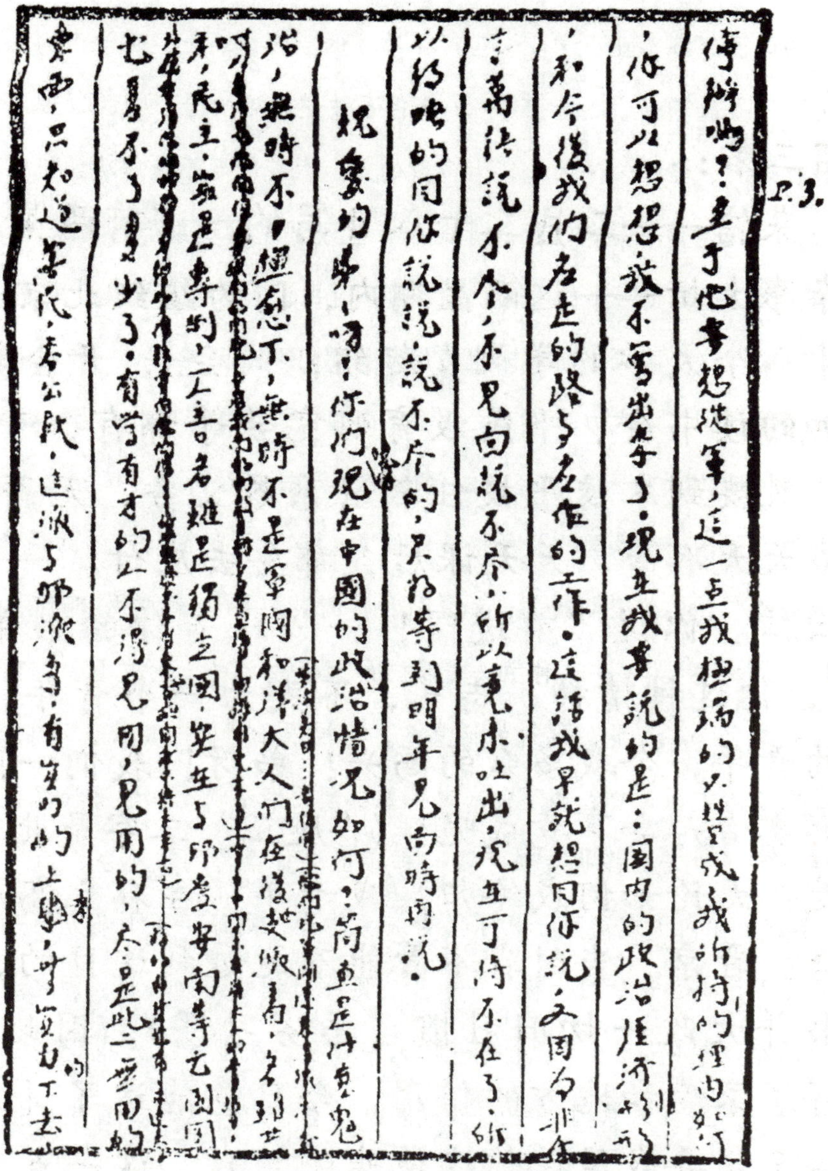
傳播嗎？至于他要想從軍，這一点我極端的反對。我所持的理由如何，你可以想想我不寫出來了。現在我要說的是：國内的政治經濟和形，和今後我們應走的路與應作的工作。這話我早就想同你說，又因為非三言萬語說不个，不見面說不完，所以竟未吐出。現在可待不住了，所以將我的同你說說。說不完的，只好等到明年見面時再說。

現象的第一呀！你們現在中國的政治情况如何？簡直是什么鬼治，無時不極恐怖，無時不是軍閥和洋大人們在後边做着，名雖共和，民主，實是專制。工人者名雖是獨立國，实在是印度安南等亡國也差不多，差不多了。有学有才的人不得见用，见用的，太是些無用的東西，只知道害民，奉公既。這派与那派争，有益的的上戰，叫苦的下去轨道也还没有。我们国民现在言论、书信、结社集会等什么自由？我们的国民经济事业、学业、生产（物品的生产，还是经济学上的一个名词，不是普通所说的生产）……哪件不被这种鬼政治影响，以致不能发展、进步、增加……因此，大多数的人，饭碗问题不能解决，饥寒起盗心，因之遍地皆是的土匪，于是乎产生了。这种现象产生的原因，“帝国主义”也要负一半的责任。其原因一时也说不尽，留待以后再说。“帝国主义”这个名词，解起来也是麻烦得很，现在简单的说一说就是英法日美等强国，以武力为工商之后盾，向殖民地（如印度、安南、朝鲜等）半殖民地（如我国）行经济的侵略（如洋货充斥，每年卖得数万！拿去他们外国，和我国的关税权被他们掌握等），更进而行政治的侵略（如他们的各种条约限制我国，和其他种种的限制等）。这叫做“帝国主义”或“资本主义”——这种主义是我国最大仇敌之一，此敌不去，我国永无强盛之一日。此处要说的话甚多，可惜限于时间与篇幅，不能多说。现在政治方面，暂且搁下，来说一说中国的经济状况。经济状况也是不堪一言了，差不多也要破产了。每年出口货卖得的钱不多，而进口货（军械也在内）被洋鬼子卖了〈得〉去的钱，则每年不下几万万——注意万万为亿，这数目大极了——土货则一日销路不如一日，因之造成土货的小规模的工厂，停业的一日比一日多，失业的工人也是一日比一日多——匪多的原因之一——军阀争地盘，打一次仗，直接间接的损失，少的几十万、几百万，多的几千万、几万万（去年江浙战争，公私损失约二十万万元）。各省的税厘金等，被军阀加的一日比一日多，国民的负担一日比一日重——也是匪多的原因之一——各省都被军阀强迫种烟，占地过多，因之杂粮之出产少，而米粮之价值贵，得食之人，其何能全？也是匪多的原因之一——是以百物昂贵（本省更甚，书至此我不禁流泪矣！呜呼，云南！呜呼，云南之同胞！），金融恐慌，生计日难。而可恶之辈，尤日日大借外债，加国民之重担负。这种影响（听说本省汇京之汇水——每百元的汇水已涨至一百零五元了！唉，怎么办呀！），我们是受着的，真是不小。中国现在，真是民穷财尽了。——上面说了这么多的话，我把他归纳了起来简单的说一说就是：我国之所以贫弱，我民之所以穷苦，是因为外国的侵略——指经济政治两方面——和军阀的胡闹，所以弄得政治不良，而政治复影响经济，所以弄成这种现象。再简了来说就是：我国之所以贫弱与我民之所以穷苦，都是帝国主义和军阀所致——用所造成或罪恶均可。军阀和帝国主义者是常相勾结作奸。因为军阀勾结他们，好向他们求军械的供给；帝国主义勾结军阀，好求他们履行条约或新订有利于他们的条约。这种例子很多，只要人留心看，就发现了。——所以我们现在要救国救同胞救自己都非革命不可，非国民革命不可（这种话在外省已成一种口号了，只是云南人尚未知道）。什么叫做国民革命？就是大家国民要组织起来（打倒帝国主义和军阀的方法与步骤，各种报上说得详，以后寄来给你们看罢），打倒帝国主义者与军阀（改造政治、建设政府也是包在内的）！舍了这条路，我国就无希望了。青年是社会的中坚，所以青年的我们，应当走这条路——革命——应当做这种工作——革命工作——（革命二字在外省已经是看得很平常了，只是在中国的云南不然，你们切莫听了生畏）我现在不忍心见国家沦亡，不忍心见同胞穷苦，将为亡国奴、奴隶。立志走这条大路，做这种有价值的工作。你说你要跟我前进，就请一同前进罢！要说的话甚多，说不尽了，再谈！

……我今年不能回家，拟明年暑假回家，回来前两〈天〉当先通知。望转告受益大兄。我们今年本想回家，可与你们晤谈，并可以替地方做一点事——教育、实业、风俗等的改良和建设——只是事实上不能回来。现在我们只有将我们的一些主张，拟成具体的意见书寄来（正在起草中不日即可寄来，请地方办事的先生们采纳罢了。自来水笔，不日定当买了寄来）。书籍是要些什么书（这〈么〉久不买书寄来，就是因为不知道你们是要些什么书）？可以开个单子来，因为我们看的是政治经济一类的书，恐怕你们不能看或不爱看，并且寄书也是不方便得很。其他下次再说。

祝你

安好

立信、立中诸表弟代我致意！

老历四月初二日午

兄　炽于北京客次

再者，此信可以拿给立信表弟他们看看。有相知的友人或你的同学都给他们看看。四舅父等也可以拿给他们老人家看看，使他们知道中国真正贫弱的原因在哪点。

又外国的传教者，看外面他们是慈善，实在他们是帝国主义者的侦探，在外省早已有人反对，可惜云南人尚不知道，尤其是路南人。你们不肯信，可以细细的调查罢。其详下次再说。

吾邑放足的人是否现在尚少？为什么汝嫂日前来信问我菊英他们究竟缠不缠？人家的女儿现在大家都是缠足。听见了，真是又惊又好笑，这样容易的事都做不到，这样无益的勾当还要保存，路南人真是可笑亦可怜了！

又我们学校日前赴颐和园旅行。此园建筑费去了七千余万，风景极佳，红楼梦上的大观园比着它，恐怕是小巫见大巫吧。我今提笔书此，已近三千言了，颐和园的详细情景不能再写了。

【品读导航】

这是张炽1926年在北京民国大学政治经济系就读时写给弟弟张子昭的一封信。

1924年，张炽考入北京民国大学政治经济系学习。当时，北京是北洋军阀反动统治的中心。自1916年袁世凯死后，北洋军阀分裂为几个派系，各以帝国主义为靠山，争夺中央政权和地盘。各地方军阀拥兵自重，全国出现了造成人民极大痛苦的军阀割据和长期混战的局面。英、法、日、美等帝国主义国家操纵各派军阀，互相攻扰，以此争夺在中国的权益。

张炽在北京目睹北京政局的不断更迭，各派军阀的倾轧斗争，外国人的专横跋扈，痛感国难深重，民不聊生。感慨系之，给弟弟写了这封信。

张炽在信中，联系中国的国情，系统地阐明了中国真正贫弱的原因和“现在要救国救同胞救自己都非革命不可”的道理，表达了作者立志救国、投身革命的雄心壮志。

失败与小挫是我的事业成就的母亲
——致胡素冰

1930年4月29日

冰妹妹[①]：

你二月二十九〈日〉写给我的信，我早已收到了。这是我与你别后第一次接着你的信。漂泊无定，客中孤寂的我，看后是多么的欣慰啊！尤其是你勉励我的许多话，令我十二万分的感动。我决定把它刻在我的心上，永不敢忘。

冰妹妹，我决不灰心、消极。我相信，十分相信，我的前途仍旧是很光明的。失败与小挫是我的事业成就的母亲。只要我们肯努力奋斗，我相信，十分相信是终有一日会偿了我们的夙愿的。不过为了我的四方奔走，使你五年来感受着许多的痛苦、烦闷，完全没有得着人生的乐趣，即使再小一点的，也说不上。因此，我想到了这些，念到了你就心痛得很……冰妹妹，你的幸福是旧社会把你牺牲了，但我也□要负一点责的吧？妹妹，我们的幸福确实是被旧社会牺牲了。我们的成功之日，就是

① 冰妹妹，即胡素冰，张炽的妻子。

我们的幸福到来之日了。我们忍着痛一些罢！莲英姊妹已长大听话，你的痧久已不发……这些都是使我十分的欣慰的。我日来同三个朋友住在一处，不像以前的寂寞了。我们每日除看书看报等外，也常到各处玩玩，并且做些家乡口味吃吃。说到我的身体，更是比以前好得多了，我到永安公司去称过，比我初来上海时重了十多斤了，看我脸也是比前还要年轻一点，你不信，等我回来你看就相信了。我在二三日内，如有伴即将整装回来了。其他下次再叙。

祝你们和家中老幼都

安好！

你的昌于上海

四月二十九日

【品读导航】

这是张炽1930年在上海写给妻子胡素冰的一封信。

1927年4月，蒋介石发动反革命政变，随后长沙、武汉等地相继反共，大革命失败。在政治形势阴云密布的情况下，张炽先后到江西、广州、香港等地从事革命工作。1930年到上海党中央训练班学习，从事秘密革命活动。几年革命生涯，漂泊无定，大革命的失败如阴云笼罩心头。妻子胡素冰写信勉励他振作精神，使张炽很受感动。于是他给妻子写了这封回信。

张炽在信中表达了坚定的必胜信念：“我决不灰心、消极。我相信，十分相信，我的前途仍旧是很光明的。失败与小挫是我的事业成就的母亲。只要我们肯努力奋斗，我相信，十分相信是终有一日会偿了我们的夙愿的。”在恶劣的斗争环境中，作者仍然相信真理一定会胜利，革命一定会成功，同时又于点滴文字中道尽了为人夫、为人友的日常温馨话语，这种朴实坚定的信念与情感读来令人动容。

★ 故事分享 ★

战士的无畏让我自豪

张景开

我自豪，我是中国人，我们的战士在朝鲜半岛上立下属于自己的丰碑；我自豪，我是中国人，有无数无畏英雄用自己的热血证明着中华之强盛。

《决战朝鲜》中，那一个个奋勇杀敌的身影，那与阵地共存亡的豪气，那誓死保卫祖国的呐喊，无不让我热血沸腾。人固有一死，或轻于鸿毛，或重于泰山。朝鲜战场上，战士们的无畏让我无比自豪。他们的死，是比泰山还要重的，他们的无畏，是任何人不能想象的。松骨峰上，一句“来世再见吧——好兄弟！”让我热泪盈眶；上甘岭上，一把把挖秃了的铁铲让我呐喊加油；机枪口上，黄继光没有一滴血的身躯让我肃然起敬。战争是要死人的，可为祖国之尊严而死，我们何惧？为祖国之安危而死，我们何恐？为祖国辉煌而死，我们何等光荣！奋勇的拼杀，震天的呐喊，豪情万丈，中国人无所畏惧！

九个战士一声含泪却豪迈的告别，昭示着他们的无畏。我自豪，大中华的队伍里有千千万万这样的英雄。他们无名却伟大，无畏而光荣。为国家献出生命，他们的生是有价值的，他们的死是有意义的！上甘岭上为何血水如流？因为无畏的战士们在战斗、在拼命，在捍卫荣誉与尊严！从师长到营长，再到连长。剩下一个人也要拼搏！正如师长所说：

打剩一个营，我当营长！打剩一个排，我就当排长！通讯员喊出百万志愿军的心声：过了鸭绿江，我就没打算回头……

他们，十分清楚“生”的欢乐，他们也曾惧怕死亡。但在国家安全受到威胁、国家尊严遭到侵犯时，他们心中没有别的，只有报国！我自豪，中国军队有如此无畏的勇士，舍生忘死地冲锋；我自豪，中国军队有无数英魂无所畏惧，慨然赴死！他们，为了祖国的利益；他们，一扫中国头顶的屈辱与不平；他们，用生命证明中国人肩膀的坚实；他们，用热血书写着泰山般雄壮的绚丽史诗；他们，是无畏的战神；他们，是我、是大中华不朽的自豪！

学生感言

读罢英雄英勇壮烈的故事，你怎会感受不到沸腾的热血和发自肺腑的自豪感带来的冲击！

俞秀松
（1899 ~ 1938）

革命先烈。浙江诸暨人。五四运动时在杭州积极参加反帝爱国运动。1920年初在北京参加工读互助团，后到上海。同年8月加入中国共产党，并参加上海社会主义青年团的创建活动，任团的书记。1921年3月赴莫斯科出席少共国际第二次代表大会。回国后，出席中国社会主义青年团第一次全国代表大会，任第一届团中央执行委员。曾参加孙中山领导的军事斗争。1925年受中共委派赴苏联，在东方大学、中山大学和列宁学院学习、任教。1935年被派到新疆工作，任新疆民众反帝总会秘书长、新疆学院院长。1937年12月，被王明、康生诬为托派。1938年6月被军阀盛世才押往苏联，旋即被害，时年39岁。

使全人类共享快乐、自由的新生活
——致家人

1920年3月4日

我亲爱的父亲母亲和诸弟妹：

我同你们长久不见了，从今以后，我不知几时好和你们会见？

我到北京来，是从杭州出发，你们是不得知的。

我来的目的是：实验我底思想生活，想传播到全人类，使他们共同来享受这甘美、快乐、博爱、互助、自由……的新生活才算完事！

所以我此番出来，是和你们长别了！这张照片是我入北京工读互助团[①]第一组第一天摄影的——1920.1.10——你们见了发生甚样的感想？

秀　松

1920.3.4夜11时

① 北京工读互助团，由陈独秀、李大钊、王光祈等发起的进步社团。数十名热血青年以半工半读形式试验共产生活，具有空想社会主义性质，不久即失败。

【品读导航】

这是俞秀松在寄给父母和诸弟妹的照片背后题写的一段文字。1919年五四运动以后，各种新思潮在中国广泛传播，热血青年纷纷投身于对真理的探求和实践中。其中一种工读主义，也称工读互助主义，主张劳心与劳力相结合，工与读相结合，教育与职业相结合，学问与生计合一。工读主义者希望通过工读互助的办法创造一个“人人工作，人人读书，各尽所能，各取所需”的理想的新社会。1919年12月4日，王光祈在北京《晨报》上发表了《城市中的新生活》一文，首次提出工读互助主义。随后，陈独秀、李大钊、王光祈等在北京发起组织北京工读互助团。俞秀松在得知这一消息后，立即从杭州赶到北京，与数十名热血青年一起以半工半读形式试验共产生活。入该团的当天，即1920年1月10日，俞秀松照了一张相以作纪念。在寄给家人的这张照片背后，他写了这封充满激情的短信。

作者对自己的行动感到欢欣并充满信心，他告诉家人：“从今以后，我不知几时好和你们会见？”他告知家人自己此行的目的是要实验自己的思想生活，“想传播到全人类，使他们共同来享受这甘美、快乐、博爱、互助、自由……的新生活才算完事！”兴奋之情洋溢于字里行间。表现了作者在五四运动后追求新思想、体验新生活的热情。

五四时期的新青年，用自己的满腔热情去接受新思想，探求和实践真理，尽管他们也饱经挫折，但他们不安于现状，勇于探索，敢于创新，最终选择出正确的道路，创造了一个崭新的世界。

我的志向就是要救最大多数的劳苦群众
——致父母亲

1923年1月10日

父母亲：

十二月十六日寄来的信，于二十二日收到。军官讲习所大约不办了，因为广东现在内部非常纷乱，滇军桂军已集中肇庆，所以我们也积极准备进行，直驱羊城①当非难事。我现在的职务是关于军事上的电报等事，对于军事知识很可得到。并且现在我自己正浏览各种军事书籍，将来也很足慰父亲的希望罢。父亲，我的志愿早已决定了：我之决志进军队是由于目睹各处工人被军阀无理的压迫，我要救中国最大多数的劳苦群众，我不能不首先打倒劳苦群众的仇敌——其实是全中国人的仇敌——便是军阀。进军队学军事知识，就是打倒军阀的准备工作。这里面的同事大都抱着升官的目的，他们常常以此告人，再无别种抱负了！做官是现在人所最羡慕最希望的，其实做官是现在最容易的事，然而中国的国事便断送在这般人的手中！我将要率同我们最神圣最勇敢的

① 羊城，即广州。

赤卫军扫除这般祸国殃民的国妖！做官？我永不曾有这个念头！父亲也不致有这样希望〈于〉我吧。

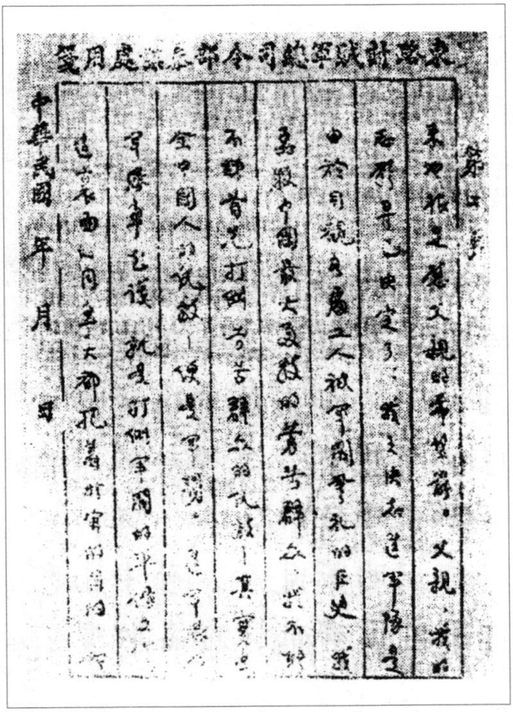
東路討賊軍總司令部参謀處用箋

中華民國　年　月　日

我现在的身体比到此的时候更好了，每天起居饮食比上海更有秩序而且安宁。我自己极快乐，我的身体这样康强，精神上也颇觉自慰。我是最重视身体的人，知道身体不好是人生一桩最苦楚的事，社会上什么事更不用说干了。这一点尽可请父亲母亲放心。

家中现在如何？我很记念。我所最挂心者还是这些弟妹不能个个受良好的教育，使好好一个人不能养成社会上有用的人——更想到比我弟妹的命运更不好的青年们，我不能不诅咒现在的制度杀人之残惨了！我在最近的将来恐还不能帮忙家中什么，这实在没法想呢。请你们暂且恕我，我将必定要总报答我最可爱的人类！我好，祝我父亲、母亲和一切都好！

秀　松

中华民国十二年[1]一月十日于福州布司埕

① 中华民国十二年，即公历1923年。

【品读导航】

这是俞秀松在福建写给父母的回信。

俞秀松在出席少共国际第二次代表大会后即回到国内。1922年5月参加在广州召开的中国社会主义青年团第一次代表大会，当选为第一届团中央执行委员。1922年8月，中共中央执委会西湖会议决定共产党员以个人身份加入国民党，与国民党实行党内合作。此时，孙中山在广州遭陈炯明叛乱，离粤赴沪。俞秀松即开始追随孙中山先生从事军事斗争。

陈炯明叛乱后，孙中山积极联系、争取滇军杨希闵部和桂军刘震寰部，准备收复广州。1923年1月，滇、桂军队已集中肇庆，准备进攻广州。俞秀松正是在此时写这封信的。

从对理论、知识的探求和追随孙中山的过程中，俞秀松已充分认识到军事斗争的重要性。他在信中向家人表明了自己从事军事的目的："我之决志进军队是由于目睹各处工人被军阀无理的压迫，我要救中国最大多数的劳苦群众，我不能不首先打倒劳苦群众的仇敌——其实是全中国人的仇敌——便是军阀。"俞秀松表明了自己进军队绝不是为了"升官"这一崇高志向，"做官是现在人所最羡慕最希望的，其实做官是现在最容易的事，然而中国的国事便断送在这般人的手中！"作者要"率同我们最神圣最勇敢的赤卫军扫除这般祸国殃民的国妖！做官？我永不曾有这个念头！"

中国几千年社会发展都充满着官僚政治的色彩，为官一任，危害一方，学而优则仕，仕则作威作福。作者以天下为己任，要进军队学军事知识，打倒祸国殃民的军阀、官僚，而不慕图自身荣华。由此我们可以看出那个时代无产阶级革命者的崇高志愿和远大胸襟。现在，仍有一些人为官不仁、高高在上，只念一己之私，不甘做人民公仆，俞秀松的豪情壮语当使这些人汗颜、反思。

★ 故事分享 ★

那一缕遮掩不住的灿烂阳光

于瀚洋

关于狱中革命者的书，在《掩不住的阳光》之前，我已经读过一本了，那就是《红岩》。两部小说都有真实的历史背景，都写革命者英勇顽强、可歌可泣的英雄事迹，都表现革命先驱不屈不挠、视死如归的斗争精神，读来都惊心动魄，感人至深。我发现《掩不住的阳光》有其明显的独到之处。

首先，《红岩》的监狱里虽然危机四伏，但犯人中除了少数“特务”与“叛徒”，其他人都是十分坚定的革命者，大家非常容易团结，斗争也容易取得效果。但在《掩不住的阳光》中，监狱里不仅有革命者和群众，还有“军事犯”。这些人都是国民党中的小人物，但因为中国民党的毒很深，容易在狱中为看守们通风报信。在斗争中他们也十分不积极，有时还起到负面作用。然而，在这种恶劣的环境下，革命者却通过自己的劝导，团结了一大批“军事犯”。八爷、周顺、王彬的转变是革命者狱中工作最巨大的果实。

其次，《红岩》中的革命者已经看到了胜利的曙光，听到了重庆解放的隆隆炮声；人民解放军马上就要打过长江，全中国即将解放，自己的流血牺牲马上就要获得回报。而《掩不住的阳光》中的人们，全国解放的目标是那么的遥不可期，即便被解救出狱还会面临更严峻的考验，前进的道路还凶险莫测甚至四顾渺茫。但是，他们仍然满怀希望和激情，拼尽全力进行反抗，只希望和全国人民一起投入抗日斗争，挽救民族危亡。在这样的情况之下，革命者那金子般的心就显得更为高贵。

此外，《掩不住的阳光》一书的独到还在于名称。在我看来，阳光不仅象征着革命者自身是阳光，还象征着雨中的人们对阳光的渴望以及敌人对革命者狱中斗争的能源——阳光的无能为力，敌人掩不住阳光。

狱中的人们每天最盼望的，就是清晨那第一缕阳光。从“窗户”外面射进来的阳光是敌人掩不住的！

在监狱中，敌人用尽一切办法来对革命者进行残害。从克扣伙食费、医药费，到交食物税。国民党的走狗想尽所有的办法搜刮革命者的钱——即使那钱少到可能还不够他们买上一包烟。这让狱中人们的死亡率极高，每天几乎就要死一两个人。

什么看守长、监狱长、军法处长、军统特务，全都是穷凶极恶的法西斯。各种灭绝人性的行为在他们眼里看起来是那么的自然，自然得超乎想象，简直成为了一种规律，一种习惯。就像一日三餐一样，不吃饭会感到饿，而他们不对囚犯们进行摧残就觉得手痒。

为了破坏狱中的党组织，再顺便拿点棺材钱，监狱长居然让医生为囚犯打“致”病疫苗，向所谓的“仙水”之中投入掺有剧毒的“梁上尘”的“香灰”。这些恶狼，迟早有人会跑到他的上司那里为他领着一份“棺材钱”的。

革命者在身体受到摧残的同时，他们建立的党组织内部混入奸细。

面对这些法西斯走狗的迫害，人们并没有退缩。斗争、团结、捉奸细，战友们互帮互助，共渡难关，敌人掩不住阳光！

每天，都有一缕阳光照向囚室，不论敌人如何摧残革命者，如何遮掩狱中的黑暗，他们都掩不住那一缕金灿灿的阳光！

学生感言

对一本书的敬畏，也就是对一种精神的敬畏，对文化的敬畏。

李启汉
（1898～1927）

革命先烈。湖南江华人。1920年在上海外国语学社学习，参加中国共产主义青年团。1921年加入中国共产党。曾任中国劳动组合书记部干事兼《劳动周刊》编辑，在第二、三次全国劳动大会上被选为中华全国总工会执行委员兼组织部长。1925年参加领导省港大罢工，任罢工委员会委员、干事局局长和党团书记。1927年在广州四一五反革命大屠杀中被害，时年29岁。

现代的文学要革命
——致父母亲（节录）

1920年

双亲大人膝下：

儿祀生敬禀，从前大人的信说：“今年汇款惟难，明年余亲来此经纪则疑易，而接洽更有希望也。”登时儿即回一封信来问大人，现今已三四个星期了，还没有来信，胸中道有点奇怪。后来又寄了两次报同杂志，想必都已收到了。那杂志同报都是白话的，我想必大人看了总觉得有些奇怪，总会有些厌气、不喜欢的处所，这是怪不得〈的〉。现今的时事已变了，不会像从前一样，所以初初的见了这新的总会有点奇怪。现今的书报杂志大多数是用白话的为好，怎么说？据现今的大文学家说：古文同白话文有两大比较，知道这两大比较就晓得白话文的好处了。一是效用的比较，二是时间的比较。效用怎么比较？他说文字是代表意思的，就是代表言语的。为什么我们要用文字来代表言语，是不是因为我们想把我们的意思传达四方，达之大众才用文字的？若是这样的，那么我们所以用文字的意思，是想人人懂得我们的意思的，是愿意普遍的。倘若我们用起古文的文字、做成古文的样子来传播我们现今的意思，试

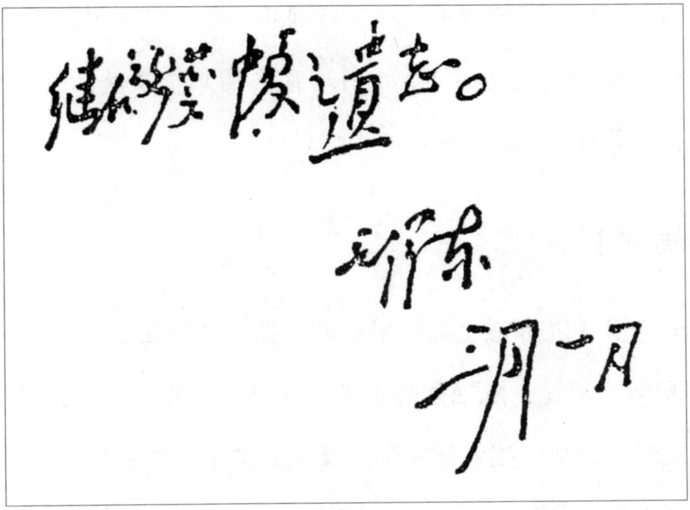

● 毛泽东纪念李启汉、邓中夏的题词

问能懂得几人？不讲农、工、商、贾，就是读书十多年的，几个能了解完全？照这样看来，这文字就不是传达意思的，完全是一种古董玩器，又有什么用呢？并且不能够完完全全达出我们的真意思来，总觉有些朦朦糊糊的处所，所以文言的文学是不适用的。白话的文学就不然，与讲话的效用同而更大。讲话只能在一小团体中传播意思，用白话文能四方传播，那是〈不〉待言了。并且口不能讲完全的，可以完完全全写出，与本有的意思不变一点，又没有一个人能不懂，就是不识一个字的人若听得人家读起，也就可以领略他。繁难的科学要研究，哪有什么闲暇时间去做那无用于现代人生的事？所以现代的文学要革命。再总括上面来看，古文可知难做、难懂、又难达完全意思。白话文易做、易懂、更易达出真意。岂不〈是用〉白话〈文好〉得多吗？并且现今的思想也大大起了革命，所以这些好杂志同报都是革新的思想。望大人细细看那内里的思想。那新生活是现今的大改革家、大文学家等组织的，有些是在北京大学当教员的，所以切莫看细他。今天时间不早了，有事本想下回再禀，无奈儿在学校的时间太经济了，有许多服务的事情要做，办报啦，办平民学校啦，就是自己的功课……

【品读导航】

这封信是李启汉1920年在上海读书期间写给他的父母的。

从1917年初起，胡适、陈独秀等发表文章，提出文学革命的口号，提倡白话文，反对文言文，提倡新文学，反对旧文学，文学革命成为新文化运动的重要内容。此时，李启汉还在湖南衡阳省立第三师范学校读书。1919年五四运动前后，他在长沙参加学生爱国运动，年底随毛泽东到北京，参加驱张（敬尧）请愿活动。1920年夏到上海，在外国语学社学习。北京之行使李启汉开阔了视野，他接触了各种新主张、新思潮，思想也迅速发生转变。他将一些用白话文写成的宣传革新思想的报纸、杂志寄给在家乡的父母。又担心老人看了不理解，就写了这封信，对老人进行解释、劝导。

信中主要谈了古文同白话文的比较，指出“古文可知难做、难懂、又难达完全意思。白话文易做、易懂、更易达出真意”。作者向父母推荐这些报纸、杂志，指出：“现今的思想也大大起了革命，所以这些好杂志同报都是革新的思想。望大人细细看那内里的思想。那新生活是现今的大改革家、大文学家等组织的，有些是在北京大学当教员的，所以切莫看细他。”作者一方面希望父母能理解他，接受新的思想、新的变革，同时又指出了五四文学革命的重要意义，表现了作者早期进步的革命思想。

杨介人
（1898 ~ 1936）

革命先烈。原名杨介臣，字廉泉，河南沁阳人。1919年赴法勤工俭学，1922年在法国加入中国共产党，并主办《廉泉》周刊，宣传马克思主义。1923年回国后，负责安阳、新乡、焦作等地的工运工作。1924年任安阳县委书记。1925年参加了著名的焦作煤矿工人大罢工。1932年因叛徒出卖，在天津被捕。1936年在保定监狱被反动派杀害，时年38岁。

你的儿子，要大大地与洋人做个对头

——致母亲

1922年1月16日

母亲大人：

儿这两三月没有往家写信，实在因为儿的事情太忙了。

儿来法国，漂洋过海，做工，求学。这都是因为家中贫困不能不来外国了。儿这几年来，东跑西走，不但是为家，当然是为国。咱家贫穷，我是知道的，洋人每年把咱中国黄金都运往外洋去，你是不知道的。洋人们买咱中国的麦，把麦就买贵了。咱们中国人要不想法子把洋人们打跑，咱们都成洋奴了。你的儿子，在外国亲眼看见洋人戴着钢盔，〈拿着〉刺刀和大炮、洋枪，到咱中国去了。你的儿子，要大大的与洋人做个对头。你的儿子，一二年就要回中国了。母亲不要忧念，不要挂念。我快回中国了，儿快回中国了。

你的儿媳妇，上学读书，这是应该的。女人们不读书不识字就是睁眼瞎子。你的儿媳妇不识字、不读书，是很可怜而可恶的。这怨她的娘家，她的娘自小就不叫她读书识字，叫她一辈子当个睁眼瞎子，这不可怜吗？

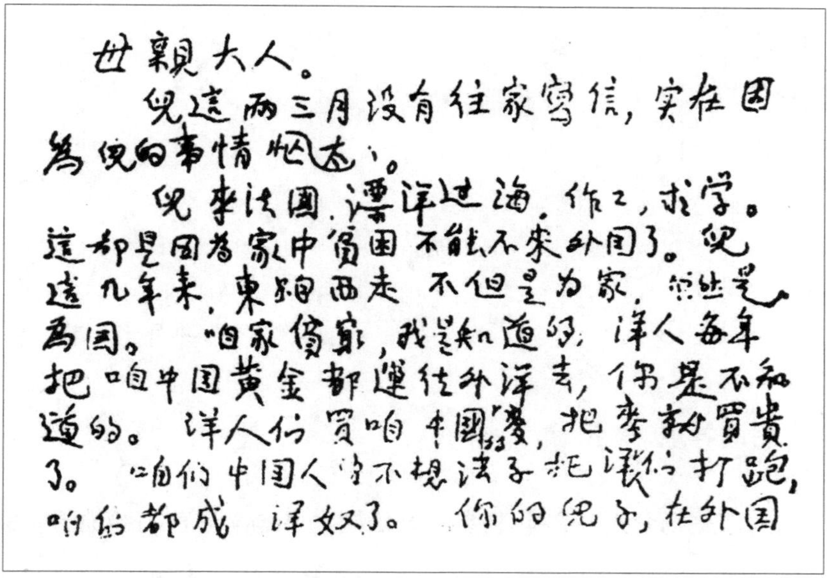

母親大人。

兒這兩三月没有往家寫信，实在因為兒的事情忙太。

兒来法国，漂洋过海，作工，求学。這都是因為家中貧困不能不来外国了。兒這几年来，東跑西走，不但是為家，然也是為国。咱家貧窮，我是知道的；洋人每年把咱中国黄金都運往外洋去，你是不知道的。洋人们買咱中国貨，把麦麸買貴了。咱们中国人得不想法子把洋们打跑，咱们都成了洋奴了。你的兒子，在外国

我的姐姐，不识字，不读书，这怨我的爹，我的爷，为什么叫我读书、上学，不叫我姐、我姑上学读书哩？这是很不对〈的〉。我现在知道了，女人们不上学不识字是很不对的。洋大闺女没有不上学不读书的。

你的儿媳妇，你要叫她好好上学，叫她能写信，会算账，能看下来书信。我不能在家，她就是你的大儿。你没有闺女，你要把她当作闺女。

我的兄弟火泰，今年已十二岁了。他是你的小儿，你要叫他读书上学，不要叫长大了，连个信都看不下来，这是不对的。儿不能在家，不能教他读书。我心中时时刻刻忧念他。

我不久要回来，要在俄国过，再住一二年。俄国是穷人的国家，有钱人家的房院土地都充公了。没贫没富，男女上学，男女都做工。“谁不做工没有饭吃”，这是俄国的俗话。我上的大学也不出钱。

母亲，我要起身了，一半年就回中国了。儿想说的，千言万语，说

不尽。

敬问

母亲身体安康！

咱家人口平安。

儿　介臣

一月十六日，法国

【品读导航】

这封信是杨介人1922年将要离开法国赴俄国学习前写给他母亲的。

杨介人于1919年赴法勤工俭学，逐步接受了马克思主义。他在这封信中用深入浅出的话语表明了自己对时事的看法："儿这几年来，东跑西走，不但是为家，当然是为国。"作者用浅显的语言告诉家人，中国贫穷落后，饱受洋人的欺凌，自己要"大大的与洋人作个对头"。他在信中反复说明了要振兴中国必须反对帝国主义的侵略及学习文化科学知识的道理。他要求自己的妻子、弟弟都要好好上学，不能"一辈子当个睁眼瞎子"。

作者即将离开法国前往苏俄，因此他在信中表达出对社会主义俄国的向往。

全信感情浓烈而真挚，读后让人能强烈地感受到作者那颗滚烫的赤子之心。

刘伯坚
（1895～1935）

革命先烈。四川巴中（今平昌）人。1920年赴法国和比利时勤工俭学。1922年在法国加入中国共产党。1923年11月，赴莫斯科东方大学学习，被推为中共旅莫支部书记。1926年回国后，任国民军冯玉祥部政治部副部长、部长。大革命失败后，再赴苏联学习。1930年回国，到江西革命根据地任中国工农红军学校政治部主任、中华苏维埃临时中央政府执行委员、红五军团政治部主任。红一方面军主力长征后，留在根据地坚持斗争，任赣南军区政治部主任。1935年3月，在江西省信丰、会昌交界处作战时负伤被俘，坚贞不屈。21日在江西省大庾（今大余）县英勇就义，时年40岁。

带镣行

1935年3月11日

带镣长街行，蹒跚复蹒跚，
市人争瞩目，我心无愧怍。
带镣长街行，镣声何铿锵，
市人皆惊讶，我心自安详。
带镣长街行，志气愈轩昂，
拚作阶下囚，工农齐解放。

【品读导航 ✎】

这是刘伯坚在监狱中写的一首诗，记述了1935年3月11日他戴着沉重的脚镣，被国民党士兵押解移狱时在路上的情景。

1934年10月，由于第五次反“围剿”失败，红军主力被迫退出苏区，开始长征。在“左”倾错误领导的排斥打击下，刘伯坚没有能随红军长征，而是被派往赣南军区任政治部主任，同时也在中央分局军委工作，坚持敌后斗争。主力红军撤离后，当时的苏区主要负责人项英仍然采取原来

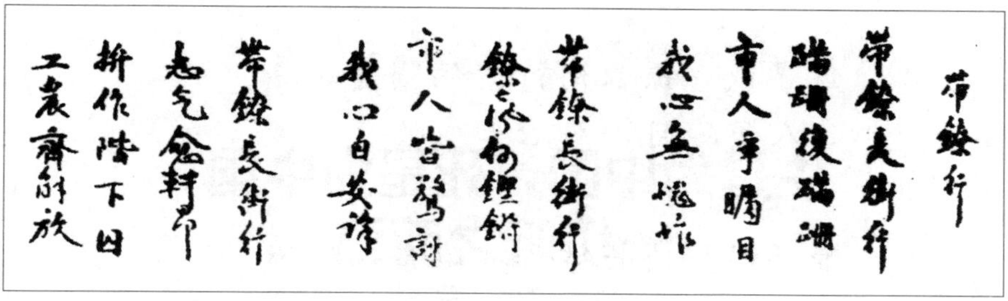

的斗争方式，不肯分散作战，致使苏区和留下来的部队进一步遭到严重损失，苏区的斗争越来越艰苦。1935年2月，中央分局、中央办事处和赣南省机关、部队，陷入敌人重围，军政机关、部队被迫分五路突围。由于敌众我寡，突围战打得异常艰苦，红军损失惨重。3月4日上午，刘伯坚在战斗中身中数弹，不幸被敌人俘获。

刘伯坚被俘后，先被押在国民党军的一个团部。由于蒋介石曾悬赏缉拿刘伯坚，国民党官兵凭照片很快认出了他。国民党在劝降未果的情况下，于3月9日将他押解到粤军第一军所在地大庾（今大余）县，关在大庾监狱。3月11日，刘伯坚被从大庾监狱转移到绥靖公署候审室。为显示战功、威吓群众，在移狱时，敌人故意押着戴镣的刘伯坚在一条繁华的大街上走过。但敌人的阴谋没有得逞。虽然“市人”争睹押解犯人的场景，但看到的是一个正义无畏的英雄形象。此时刘伯坚镇定自若，高昂着头，从容走过街市。“市人”见其伟岸不屈，一个个惊讶不已。至狱中，刘伯坚用诗句记述了移狱时的情景，抒发内心感怀。

《带镣行》这首诗字句铿锵，表现了共产党人不怕牺牲的英雄气概和为正义事业勇于献身的革命精神。

生是为中国，死是为中国，一切听之而已

——致诸兄嫂

1935年3月16日

凤笙大嫂[①]并转五六诸兄嫂：

本月初在唐村写寄给你们的信、绝命词及给虎、豹、熊[②]诸幼儿的遗嘱，由大庾县[③]邮局寄出，不知已否收到？

弟不意现在尚留人间，被押在大庾粤军第一军军部，以后结果怎样，尚不可知，弟准备牺牲。生是为中国，死是为中国，一切听之而已。

现有两事须要告诉你们，请注意！

一、你们接我前信后必然要悲恸失常，必然要想方法来营救我。这对于我都不须〔需〕要。你们千万不要去找于先生[④]及邓宝珊[⑤]兄来营救我。于、邓虽然同我个人的感情虽好，我在国外叔振[⑥]在沪时还承他

① 凤笙大嫂，刘伯坚爱人的兄嫂。
② 虎、豹、熊，即刘伯坚的儿子刘虎生、刘豹生、刘熊生。
③ 大庾县，今江西省大余县。
④ 于先生，即于右任。
⑤ 邓宝珊，曾任国民党陕西绥靖公署驻甘肃行署主任。
⑥ 叔振，即王叔振，刘伯坚的妻子，早年参加革命，后在闽西牺牲。

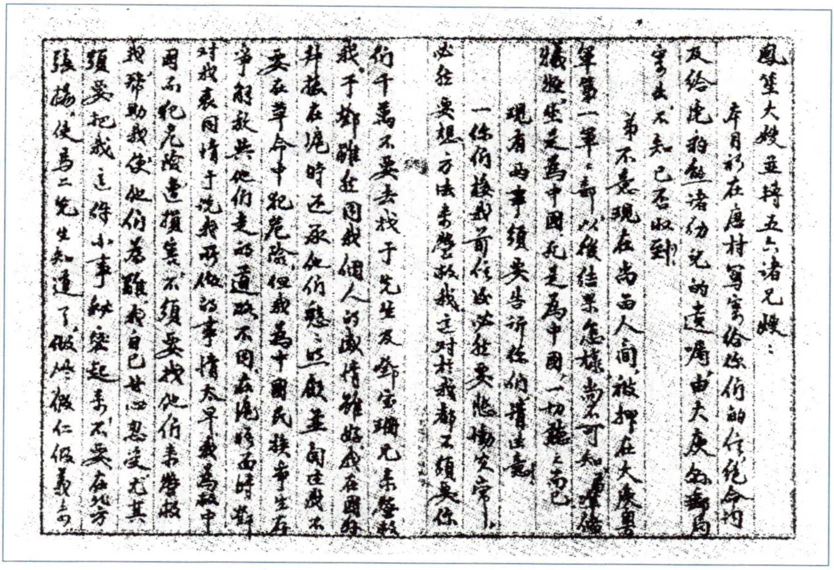

凤笙大嫂并转五六诸兄嫂：

本月初在唐村写寄给你们的信，绝命诗及给彪豹熊诸幼儿的遗嘱，由大庾邮局寄去，不知已否收到？

弟不意现在尚留人间，被押在大庾粤军第一军部。以后结果怎样，尚不可知。弟准备牺牲，是为中国死，是为中国，一切听之而已。

现有两事须要告诉你们，请注意：

一、你们接我前信后，必然要悲伤哀痛，必然要想方法来营救我，这对于我都不须要。你们千万不要去找于先生及邓宝珊兄来营救我。于邓虽在国民党，个人的感情虽好，在国外并孩在沪时还承他们殷殷照顾，并关注我不要在革命中犯危险。但我为中国民族争生存争解放与他们走的道路不同。在沪晤面时，邓对我表同情，于说我所做的事情太早。我为救中国而犯危险遭损害，不须要找他们来营救我，帮助我，使他们为难。我自己甘心忍受。尤其须要把我这件小事秘密起来，不要在北方张扬，使马二先生知道了，做些假仁假义来

们殷殷照顾，并关注我不要在革命中犯危险。但我为中国民族争生存争解放与他们走的道路不同。在沪晤面时，邓对我表同情，于说我所做的事情太早。我为救中国而犯危险，遭损害，不须〔需〕要找他们来营救我，帮助我，使他们为难。我自己甘心忍受。尤其须〔需〕要把我这件小事秘密起来，不要在北方张扬，使马二先生[1]知道了，做些假仁假义来对付我。这对于我丝毫没有好处，而只是对于我增加无限的侮辱，丧失革命者的人格。至要至嘱（知道的人多了就非常不好）。

二、熊儿生后一月，即寄养福建新泉芷溪黄荫胡家；豹儿今年寄养在往来瑞金、会昌、雩都、赣州这一条河的一只商船上，有一吉安人罗高，廿余岁，裁缝出身，携带豹儿。船老板是瑞金武阳围的人，叫

① 马二先生，即冯玉祥。

赖宏达，有五十多岁，撑了几十年的船，人很老实。赣州的商人多半认识他。他的老板娘叫郭贱姑，他的儿子叫赖连章（记不清楚了），媳妇叫做梁照娣。他们一家人都很爱豹儿，故我寄交他们抚育。因我无钱，只给了几个月的生活费，你们今年以内派人去找着，还不致于饿死。

我为中国革命没有一文钱的私产，把三个幼儿的养育都要累着诸兄嫂。我四川的家听说久已破产，又被抄没过，人口死亡殆尽。我已八年不通信了。为着中国民族，就为不了家和个人。诸兄嫂明达，当能了解，不致说弟这一生穷苦，是没有用处。

诸儿受高小教育至十八岁后即入工厂做工，非到有自给的能力不要结婚，到卅岁结婚亦不为迟，以免早生子女自累累人。

叔振仍在闽，已两个月余不通信了。祝诸兄嫂近好！

弟　坚

三月十六日于江西大庾

【品读导航】

这是刘伯坚在狱中给各位兄嫂写的一封家书。刘伯坚被捕后，自知必死无疑，因此在狱中写了几封家书，对身后之事作了详细的安排。第一封信是3月初被俘不久发出的，同时还附有绝命词及给孩子的遗嘱，可惜这份宝贵的历史文献没有保留下来。这是他给诸兄嫂写的第二封信。就有可能为他进行的营救活动及三个孩子的下落和教育问题说明情况，提出了自己的想法。

刘伯坚和国民党西北军有很深的渊源。1926年春天，冯玉祥在国内的军事斗争中失败后，随即通电下野，携家眷赴苏联考察。当时，刘伯坚正在莫斯科创办《前进报》，于是，他便以记者的身份拜访了冯玉祥，并做了一系列的接待工作，两人由此建立了友谊。1926年8月，在冯玉祥的请求下，共产国际派刘伯坚随他回国，在西北军中工作。西北军改称国民军联军后，冯玉祥自任总司令，刘伯坚任政治部副部长。刘伯坚深受冯玉祥的信任和器重，他为西北军的整顿和改造做了大量的工作，并和西北军中的国民党政要及一些高级将领建立了良好的关系，如于右任、邓宝珊、杨虎城、吉鸿昌等都对他很敬重。但1927年6月，在蒋介石和汪精卫背叛革命后，冯玉祥公然投靠蒋介石，扣押并驱逐了西北军中的共产党员。刘伯坚异常气愤，从此与冯玉祥决裂。因此，在这封信中，刘伯坚希望亲属不要想办法营救他，尤其不要找西北军中的故旧想办法。这充分表现了刘伯坚在原则问题上毫不妥协的性格和在任何情况下都以党和人民的利益为重的崇高品质。

在对孩子的问题上，刘伯坚希望他们将来都能自立、自强。寥寥数语，表现了一位父亲的慈爱之心。

统观全信，虽没有慷慨陈词，但有一种震撼人心的力量。“生是为中国，死是为中国，一切听之而已”，“为着中国民族，就为不了家和个人”，话语平淡，却表现了一个共产党人的坚定立场、无私情怀，以及对家人的深远寄挂。

弟为中国革命牺牲毫无遗恨
——致诸兄嫂

1935年3月20日

凤笙大嫂并转五六诸兄嫂：

弟于三月四日在江西信丰县唐村被粤军①俘虏，押解大庾粤军第一军部，三月二十二日要在大庾〔被〕牺牲了。

弟在唐村被俘时，就决定一死以殉主义，并为中国民〈族〉解放流血，曾有遗嘱及绝命词寄给你们，不知收到没有?

弟为中国革命牺牲毫无遗恨，不久的将来，中国民族必能得到解放，弟的鲜血不是空流了的。

虎、豹、熊三幼儿将来的教养，全赖诸兄嫂。豹儿在江西，今年阳历二月间寄养到江西瑞金武阳围的船户。赖宏达（四五十岁）老板，他的船经常往来于瑞金、会昌、雩都、赣州之间。另有吉安人罗高，二十四五岁，随行，是个裁缝。罗高很忠实很爱豹儿，他无论如何都同豹儿一起。你们在今年内可派人去找，伙食费只能维持四五个月。

① 粤军，国民党广东军阀部队。

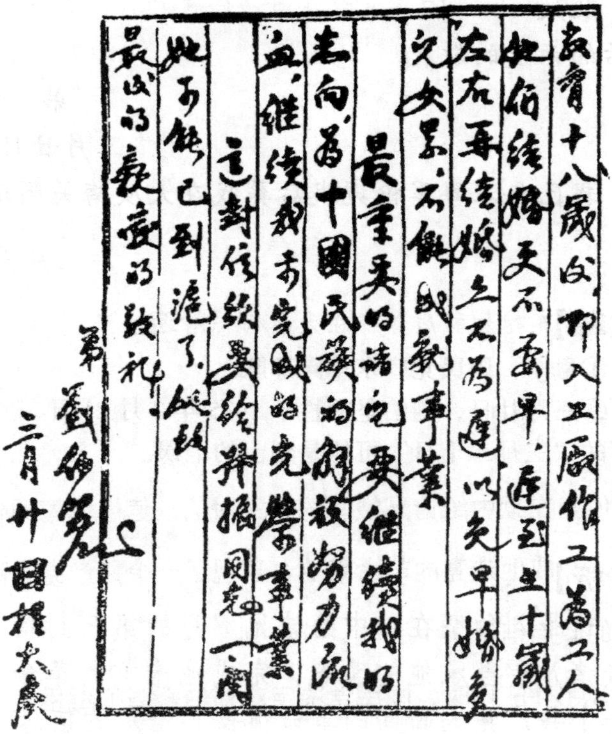

[illegible]育十八歲后，即入工廠作工為工人

他們結婚更不要早，遲到三十歲

左右再結婚亦不為遲，以免早婚多

兒女累，不能成就事業

最重要的諸兒要繼續我的

志向，為中國民族的解放努力流

血，繼續我未完成的光榮事業

這封信我要經拜托同志一閱

他可能已到滬了。人健致

最後的最後的敬禮

第 劉伯堅

三月廿四日于大庾

熊儿生后一月即寄养福建连城属之新泉区芷溪乡黄荫胡家中，黄业中药铺，其弟已为革命牺牲，弟媳名满菊，抚养熊儿，称熊儿为子，爱如己出，因她无子。

熊豹两儿均请设法收回教养。

诸幼儿在十八岁前可受学校教育，十八岁后即入工厂做工为工人。他们结婚更不要早，迟至三十岁左右再结婚亦不为迟，以免早婚多儿女累，不能成就事业。

最重要的，诸儿要继续我的志向，为中国民族的解放努力流血，继续我未完成的光荣事业。

这封信须要给叔振同志一阅。她可能已到沪了。

此致

最后的亲爱的敬礼

弟　刘伯坚

三月廿日[①]于大庾

我已要求粤军枪毙我后葬我在大庾梅关附近。

【品读导航】

这是刘伯坚在狱中给诸兄嫂写的第三封信，信中谆谆嘱告诸儿要继承他的遗志，完成他未竟的革命事业，表现了一个共产党人高尚的革命情操和坚定的政治信仰。

1935年3月21日12时，国民党决定对刘伯坚痛下毒手。临刑前，敌人问刘伯坚还有什么后事要办，他说："有！第一，我要写封家信，交代我的子孙后代要将革命进行到底！第二，我死之后要把我葬在梅关。"敌人不解地问："为什么要葬在梅关？""葬在梅关站得高望得远，使我死后也能看到革命的烈火到处燃烧！"敌人无奈，只好给了他纸笔。于是，刘伯坚写下了临刑前的两封家书，一封给凤笙大嫂，一封给妻子王叔振。

在这封给凤笙大嫂的信中，刘伯坚再次表达了献身革命事业的决心和对革命必胜的信心。他写道："弟为中国革命牺牲毫无遗恨，不久的

① 三月廿日，刘伯坚牺牲于1935年3月21日，此信所写的三月廿日，即三月二十日可能是烈士的笔误。

将来，中国民族必能得到解放，弟的鲜血不是空流了的。”刘伯坚怕上封信不能寄达，在这封信中再次向凤笙大嫂交代了三个儿子的下落。刘伯坚这样不厌其烦地再三讲儿子的下落，除了表达父亲的关爱外，还有一个重要原因，那就是信中所说的：“最重要的，诸儿要继续我的志向，为中国民族的解放努力流血，继续我未完成的光荣事业。”这是抱有坚定的共产主义信念的革命者对于子女的深切挂念和良苦用心。希望自己的子女也能沐浴在美好的正义信仰的阳光下，走大道，行正义，不辱人生，不堕危难。

★ 故事分享 ★

伟丈夫，真性情

魏 来

他思想透彻，语言犀利；他亲切热情，自然淳朴；他勇敢直率，从不矫饰；他胸怀大志，为国为民。他是我最喜爱的诗人、词人、画家、书法家——苏东坡。

我喜爱东坡的激情、豪放。

“老夫聊发少年狂”，一时兴起，他豪情万丈地带领千骑城外狩猎。爱戴太守的百姓倾城而出，看他亲射猛虎，雄姿英发堪比当年孙郎。酒至胸中，胆量倍增，纵然鬓角微微白了，那又怎样！只盼能得到朝廷的重用，才显出那壮志未平的英雄本色：必将弓弦拉开如满月，放眼西北，射杀入侵的强敌，为国为民保卫边疆！

我喜爱东坡的释然、旷达。

“一蓑烟雨任平生”，东坡当时谪居黄州已三年，几上几下，宦海沉浮，经历过人生的风风雨雨，他已看透官场的争斗，参透人生的玄机。任由当权派风吹雨打，谁怕？最后“回首向来萧瑟处，归去，也无风雨也无晴”。这份豁达并非消沉无奈或怨天尤人，而是智者闲听花开花落、坐看云卷云舒的洒脱。

我由衷地赞叹、钦佩东坡这位无所畏惧的伟丈夫。“处此乱世，他犹如政坛风暴中的海燕。”面对暴风骤雨、电闪雷鸣，他依然高傲地飞翔。

但东坡的豪放只是令我敬佩，真正感动我、叩动我心弦的，是苏东坡的另一面——婉约。

“十年生死两茫茫，不思量，自难忘。”当年琴瑟和鸣的恩爱夫妻，一朝撒手永诀。时光飞逝，阴阳相隔已十年。从来也不需想起，但永远也无法忘记。十年时间，可以“尘满面”，可以“鬓如霜”，变不了当年的衷肠。默然相视，千言万语涌上，却无从说起，唯有化作泪千行。年年到这心碎的忌日，在凄清的明月夜，短松冈，总断肠。

东坡之情，时间改变不了，距离改变不了，生死也阻隔不了。字字句句，至情至性，至诚至深，令人唏嘘，催人泪下。

“无情未必真豪杰，怜子如何不丈夫。”东坡或许是一个秉性难改的乐天派，或许是一位悲天悯人的道德家，或许是黎民百姓的好朋友，或许是一个保民抗暴的好勇士……但他更是一位有着真性情的伟丈夫！

学生感言

苏东坡在最平凡的日子里写下了一首又一首流传千载的诗篇词作。这是超凡脱俗的风骨，安贫乐道的操守。

罗世文
（1904～1946）

革命先烈。原名罗世闻，四川威远人。1923年加入中国社会主义青年团。1925年转为中共党员。后赴莫斯科东方大学学习。1928年回国后，从事兵运工作，领导士兵和农民暴动。1930年后，历任中共四川临时省委宣传部长、军委书记，四川省委书记，中共川陕苏区省委委员。曾被张国焘逮捕监禁，直到1936年10月红军长征会师后才获自由，任红军大学教授，抗日军政大学教授，川陕苏区党校校长。抗日战争爆发后，被派往四川做统战工作，先后任中共四川临时工委书记、川康特委书记兼《新华日报》成都营业分处主任等职。1940年3月，在成都被国民党当局逮捕，在狱中坚持斗争，组织中共临时支部，任书记。1946年8月18日在重庆“中美合作所”集中营被害，时年42岁。

请命为民惟正义

——别渝留赠张弟[1]

1925年9月

同窗萤火十三年，
贫富原来不共天。
请命为民惟正义，
王侯蛇蚁[2]似云烟。

南浦凄清字水秋[3]，
励余书剑出梁州。
长空奋翮苍鹰翼，
千古大江日月流。

① 1925年9月，党组织决定派罗世文取道上海赴苏联留学，这首诗是即将离开重庆时写给堂弟罗世良的。张弟，即罗世良。
② 蛇蚁，蚂蚁。
③ 南浦、字水，均指重庆。

【品读导航】

这是罗世文写给堂弟罗世良的一首诗。

1924年，罗世文担任中国社会主义青年团重庆地委书记，协助萧楚女、杨闇公等成立平民学社、学生励进会、社会科学研究会等组织，吸收进步青年学习革命理论，参加革命斗争。1925年秋加入中国共产党。同年9月，党组织决定派罗世文取道上海赴苏联，到莫斯科东方劳动者共产主义大学学习。这首诗是罗世文即将离开重庆时写给堂弟罗世良的。

诗中反映了作者对社会的看法，“贫富原来不共天”。作者要做为民请命的正义事业，而不贪图一时的荣华富贵。作者讲到，自己接受党组织委派赴苏联学习，要“长空奋翮苍鹰翼”，为人类幸福做万古流芳的伟业。

来此可能在蓉政界做点事

——致罗汉材[①]

1937年12月25日

汉材：

许多时间没写信回家，想来叔婆又在挂念吧？自抗战发动以来，事情当然更忙一些，兼之形踪无定，所以才少写信。

（昨日）由西京[②]乘欧亚机返蓉，晨七时半起飞，十时十分即在凤皇〔凰〕山机场平安降落。十一时就会见了伯群[③]七叔。

我此次回川，打算在蓉长住一些时候，当然还不能定。年底如能抽空或可返家小住数天。

来此可能在蓉政界做点事，这对于我们，当然不是要做官，名字也是改了的，此事对家中任何人均不可提及。至要至要。对叔婆也无须提及，只说我到了成都安好便了。

① 罗汉材，罗世文的侄儿。原信中有些句子没有标点，为方便读者阅读，编辑时根据文意加了标点。
② 西京，指西安。
③ 伯群，罗伯群，罗世文的七哥，当时在会川银行工作。

南墅[1]有信给我，她很平安，她不便写信回家，对任何人都不可提及我同她的事，我不久曾同她在上海会见过，她现在不在上海，但也不在四川。

我这些情形只告诉你和伯群七叔，因为我相信你们是不随便说话的。如叔婆问及南墅，只说她有信给我就是了。

十二叔[2]处今天曾抽暇去过，但他同仲甫[3]二婶均外出，只会见三妹及两弟[4]。

如有信给我可交伯群叔转（顶好装在给他的信内或封面写他收）。

家中情形盼便中告知！

顺询

近好

叔　自元

二十五号

仲亨[5]兄弟现在家如何？我对他们真是颇难照料，我在此不可令他们知道，仲亨的烟不知戒了没有？

在西京曾晤世鸾[6]，但他不知我来川。

---

① 南墅，王南墅，又名王一苇，罗世文的爱人。
② 十二叔，指罗世文的十二哥。
③ 仲甫，罗仲甫，罗世文的堂哥，当时在川大教书。
④ 三妹，仲甫的女儿。两弟，即罗永彰、罗永乾。
⑤ 仲亨，罗世文胞兄罗世庆的儿子。
⑥ 世鸾，罗世文隔房的兄弟，当时在西安工作。

【品读导航】

这封信是罗世文由西安到达成都后于1937年12月25日写给侄儿罗汉材的。

抗日战争爆发后，1937年底，中共中央派罗世文由延安回四川领导统战工作，并指导成都、重庆等地的抗日救亡运动。公开身份是刘湘的高等顾问和《新华日报》成都分销处负责人。12月24日，罗世文由西安乘飞机到达成都凤凰山机场。当时国共已经实现第二次合作，罗世文可以公开活动了。他立即会见了久别的七哥罗伯群，并立即写信告知家人自己已经回到四川。

作者在信中表示自己返回四川可能在成都政界做点事，“这对于我们，当然不是要做官”，并嘱咐对家中任何人均不可提及。信中主要讲述了作者的行踪，表现出作者对革命事业的认真、谨慎和对家人的关怀。

侯绍裘

（1896 ~ 1927）

革命先烈。字墨樵，化名苏绍裘，江苏松江（现上海松江）人。1917年考入上海工业专门学校读书。1918年考入南洋公学。1921年和1923年先后加入国民党和中国共产党。主持出版了《问题周刊》和《松江评论》。1925年任国民党上海执行部宣传委员和教育委员。同年主持建立了中共苏州第一个党组织。1925年至1926年，任国民党江苏省党部常委兼省党部中共党团书记。上海工人第三次武装起义时，当选为上海特别市临时政府委员。1927年3月赴南京准备就任江苏省政府委员兼建设厅厅长，4月10日被国民党反动派逮捕，惨遭杀害，时年31岁。

望你做一篇关于汉口惨案的英文文章
——致唐鸣时

1927年初

鸣时[①]：

现在有一件事要求你，望你作一篇关于汉案[②]的英文投稿到大陆、字林西报，口气用非党员而了解党者。其要点大略如下：(一) 租界[③]上盗案等迭出，外人维持治安之能力并未能高于华人。而租界当局往往无故公然杀戮华人，华人久蓄愤懑之心，触机爆发。如五卅案[④]后，香港、

---

① 鸣时，即唐鸣时，系侯绍裘的妹夫。1927年1月3日英帝国主义制造汉口惨案后，侯绍裘写信给唐鸣时，要求他撰文揭露英帝国主义制造汉口惨案的真相，并警告在华帝国主义必须安分守己。

② 汉案，指汉口惨案。1927年1月3日，汉口工人、学生和市民集会游行，庆祝北伐战争的胜利，游行队伍在江汉关前，遭到英国水兵屠杀，死伤30多人。1月5日在中国共产党的领导下，汉口工人、学生和市民数十万人举行大示威，驱逐了英帝国主义巡捕，收回了英租界。1月6日，英国军队在九江枪杀中国工人，在中国人民革命意愿高涨的形势下，英帝国主义被迫与武汉政府签订协定，正式承认汉口、九江英租界无条件地交还中国。

③ 租界，帝国主义国家强迫半殖民地国家在通商都市内，以“租界”的名义划一些地区作为他们进一步侵略的据点。

④ 五卅案，即五卅惨案，1925年1月，中国共产党第四次全国代表大会后，群众运动蓬勃发展，上海、青岛等地的日本纱厂工人先后举行大规模罢工，遭到日本帝国主义和北洋军阀的镇压。5月15日，上海日本纱厂资本家枪杀工人顾正红，打伤工人10余人，激起全市工人、学生和市民的愤怒。30日，上海学生2000余人在租界内宣传声援工人，号召收回租界，被帝国主义巡捕房逮捕100多人。随后群众万余人，集中在英租界南京路巡捕房门前，要求释放被捕者，高呼“打倒帝国主义”等口号，英国巡捕开枪屠杀，群众死10余人，伤无数，造成震惊全国的五卅惨案。

上海之罢工，英人损失实为至大，在此种情势之下，外人强欲保留租约不惜失民。党之主张收回租界，实亦所以缓和民众之反感，且图根本消灭此种两不利益事件之发生，实属两利之举，非必与外人过不去也。（二）至汉口事件，则因英人仍故态复萌，无故公然惨杀华人，民众之愤怒不可遏抑，而租界当局亦实已表颂无维持治安之能力，国民政府为显示威信，维持治安及保全外人之安全，以维持邦交计，不得不暂行接管。此属事势所迫，不得不尔。（三）汉口英界之接管，目前仅为暂时接管性质，以便实现如上述之各项企图。其初本未有贸然以武力收回之心，即事后亦并非借口而实行收回。乃现在且暂行接管，再行交涉汉案之善后。如英当局能承认人民之要求，保证将来无此等事件之发生，以触怒华人，且实能保证其有维持治安之能力，则交涉结束后，亦未始不可，仍行交出，再行用和平谈判收回。（四）收回租界，虽属民党[1]之究竟目的，然并不欲用强制之手段，且亦不一定即欲在此时局未定之际率然用武力或其他强硬之方法收回。汉口英界乃时势所迫，其他各地各国之租界，如无惨杀华人等案件发生，则无论此时或将来归入国民政府势力范围，亦必用和平之谈判收回之。汉口之他国人及别地之各国人均无所用其惊慌也。（五）至于收回租界为一事，尽国际之礼貌及义务又为一事。故无论收回与否或暂行接管，而对于居留之外〈国〉人生命财产必尽保护之责。其自相惊扰者，则必系故意慌张，欲挑拨一切外〈国〉人对我之反感之阴谋也。

绍　裘

① 民党，即国民党。

【品读导航】

1927年1月3日发生的汉口惨案，激起了全国人民的反帝怒潮。由于中国人民革命形势高涨，在中国共产党的正确推动下，武汉政府迅即无条件收回了汉口、九江英租界，取得了反帝斗争的局部胜利。侯绍裘请妹夫唐鸣时写英文文章在报纸上发表，目的就是要为这次斗争进行劝说。从他列出的文章要点来看，事实清楚，有原则，有礼让，可以说是无懈可击，如果由他本人写出来，也是一篇很有说服力的文章。收回汉口、九江英租界的胜利，也有侯绍裘、唐鸣时等人尽的一份力。

武汉革命形势的不断高涨，使蒋介石终于露出狰狞面目，发动了四一二反革命政变。长期公开活跃在国共合作前线的侯绍裘，在4月10日惨遭杀害，成了先期罹难的烈士。

★ 故事分享 ★

永久的伤痛

季北辰

战争的废墟上早已重建起高楼大厦，明媚的阳光早已代替了可怕的阴霾，漂满尸体的湖水也已重新变得清澈而洁净。没有了血腥的气息，没有了撕心裂肺的哭喊，也没有了死亡的寂静。一切都变得美好起来，无尽的苦难已渐渐被淡忘，痛苦的折磨留下的疤痕似乎也已经渐渐愈合。然而，肉体的伤痛可以愈合，心灵的创伤却难以抚平。这是中国无法忘记的伤痛，也是历史无法忘记的伤痛——1937年，南京沦陷，“30万”，如此庞大的数字，超过30万人惨死于侵略者沾满鲜血的屠刀之下。

这是生命流逝的钻心之痛。每一个生命，都有着一个凄婉动人的故事。他们不该这样死去，然而，他们的生命却早已流逝，脸上还刻着死亡没能带走的痛苦。每一个生命，都充满着对人世的留恋。他们却在痛苦的泪水中，在屈辱与愤恨中离开了这个世界，还没闭上的眼睛里饱含着无限的眷恋。每一个生命的逝去，都给亲人带来了无尽的痛苦与泪水。望着最亲爱的人静静地躺着，他们眼里的泪水已经干涸，却早已滴进了心里，无时无刻不带来强烈的刺痛。千万亡灵在中华大地上悲哀地诉说着无人知晓的故事，千万双不愿闭上的眼睛黯然地注视着世界。现在，所有这些都淹没在了历史的尘封里，它们似乎被淡忘了。然而，这些伤痛是不会因为忘却而减轻的。一首安魂曲替他们倾诉了心中的痛苦，抚慰了他们未能安息的灵魂，也让我们懂得了生命之痛。

这是充满绝望的切肤之痛。一场战争，让所有的梦想都变成了幻想，让所有的希望都变成了绝望。这里已经被世界抛弃，这里没有任何希望，这里充满着无尽的痛苦，这里是人间地狱。当生存变成奢望的时候，当生命随时可能完结的时候，人们只好舍弃那些美好的梦想，唯一的目标就是生存下去。活下去，活下去，一定要生存下去，在战争中生存下去。只好盼望着，盼望着，盼望着胜利的那一天，尽管这一天遥遥无期。除此之外，人们只能沉浸在无穷无尽的痛苦中，不知痛苦何时结束，只能在痛苦中等待。等到长久盼望的一天时，却发现这痛苦已永远无法抹去。一首安魂曲让我们得知了他们心中的痛苦与煎熬。

这是饱含耻辱的刻骨之痛。中国当时的首都被外国侵略者的铁蹄践踏，中国人民被随意杀害、蹂躏。面对手无寸铁的中国人，日本侵略者任意残害，惨无人道地剥夺了一批又一批人宝贵的生命。侵略者把中国人的生命看得一文不值，将中国人的尊严踩在脚底！中国的大片国土被玷污，中国人民蒙受了难以忍受的屈辱。然而，手无寸铁的中国人也许想反抗，却敌不过敌人残酷的机枪大炮；他们爱国，但他们面对的是一群冷血杀手。他们只有逃避，把屈辱与愤怒、悲伤与仇恨压抑在心底，变成深深的痛苦和无奈。中国人受到的侮辱，不仅是对个人的侮辱，更是对一个民族的侮辱。这种侮辱是一种对生命的亵渎，给中国带来无尽的痛！这种侮辱不能被忘记！这种侮辱不能被原谅！

南京之痛，既是个体之痛，也是民族之痛；既是肉体之痛，又是心灵之痛。它是生命之痛，它是人性之痛，它是国家之痛，更是人类之痛。

这是一种不能忘记的伤痛。历史没有忘记，中国人民也绝不会忘记。铭记这份痛苦，并不是要将自己沉溺在无用的悲伤之中，而是要记住民族的历史，民族的血泪史，民族的屈辱史。铭记这份痛苦，使我们更加珍惜今天和平的生活，对生命更加尊重与热爱。铭记这份痛苦，使我们时刻警醒，发愤图强，把我们的祖国建设得更加美好。那样，我们就可以告慰在南京大屠杀中罹难的亡灵了。这是他们最好的安魂曲，也是我们的安魂曲。

愿这伤痛仍留在每一个中国人的心中，哪怕只是想起它时的隐隐作痛。

学生感言

也许，战争使国破家亡、妻离子散，但正是因为战争，人们才得以为国家浴血奋战，为民族贡献力量，让自己的灵魂变得高贵，并融入泱泱华夏的灵魂之中。正是有了他们，祖国的领土才得以保卫。直到今日，我相信，他们的英魂还保存在那里，向后人讲述着当年的故事。余音袅袅，只有感动与敬佩回荡在心底。

唐 克
（1903～1930）

革命先烈。原名唐绍尧，号哲夫，化名赵逸民，湖南零陵（今永州）人。1924年去广州黄埔军校第二期学习，之后任国民革命军第一军第八团第五连党代表及第八军第十二团、第三十六军第六团政治指导员等职。1925年加入中国共产党。参加过惠州战役。大革命失败后回到故乡，坚持地下活动，遭敌人追捕，为此被调往驻南宁的广西省警备第五大队工作。1930年2月，参加龙州起义，任红八军顾问，3月在龙州战役中不幸受伤被俘，惨遭杀害，时年27岁。

走光明之路

——致亲人[①]

1927年7月5日

走光明之路。

昔者汉班超[②]投笔从戎，志欲万里封侯。今吾辈则不然，抱努力革命之牺牲精神，而求中国国家之自由平等，解放全人类于倒悬[③]也。

十六·七·五[④]

【品读导航】

1927年大革命失败后，黄埔军校第二期学生、曾在国民革命军中担任过很多工作的唐克，并没有被国民党的血腥屠杀所吓倒，反而更加坚定了自己为“求中国国家之自由平等，解放全人类于倒悬”而不惜牺

① 这段遗墨是唐克写在照片上的题词。1927年夏，唐克由河南回到武汉，任革命政府总指挥部警卫团一个连的连长，值此，他寄往家中一张与战友的合影。这段话就题在照片的背面。

② 班超，东汉名将。

③ 倒悬，比喻处境的困苦和危急，像被人倒挂着一样。

④ 十六·七·五，即民国十六年七月五日，也就是公元1927年7月5日。

牲的决心。他在寄往家中的一张照片上大胆题写的这几句话，表明了自己的崇高志愿。尽管他过早地仆倒在了追寻光明的道路上，但他所渴盼的光明终究还是如他所愿地到来了。

沙文求
（1904～1928）

革命先烈。浙江鄞县人。1925年入上海大学学习，参加过五卅运动，同年加入中国共产党。1926年赴广州中山大学学习，并担任共青团工作。1927年参加广州起义，担任少年先锋队总队长。起义失败后到香港，旋又潜回广州，坚持斗争，任中共广州市委委员兼市委秘书长。1928年8月在广州英勇就义，时年24岁。

应更求技术之精良和知识之充实[1]

——致三弟

1928年5月21日

三弟：

自同文书院寄来的一封信已收到，雄大的胆量是可贵的，但是不要以这一点引为自满，应更求技术之精良，去贯彻和增进原有的胆量；更求知识之充实使在行为上完全和一只猛兽有所区别，猛兽是很易落阱的——最怯弱的人还是要笑它。

这里最近有些事情使我不能不对你说那些话，请记着生平的悲愤，责任的严重和事情的艰难，切不要把我的话平淡看过。

四弟[2]已累恶疾，这里，把年来的事情回想起来，真是惨凄得很！处此扰乱之世，除了有强大的自恃精神以外，还是要有一种自爱的挚诚。

兄　文求

五月廿一日

---

① 这封信写于1928年。大革命失败后，为了应付这一险恶的环境，沙文求写信叮嘱正在上海从事地下斗争的三弟：要提高做秘密工作的技术，要有胆识，有勇有谋，切忌猛冲直闯，坠入敌人的陷阱之中。

② 四弟，即沙文威，当时他在乡下养病。

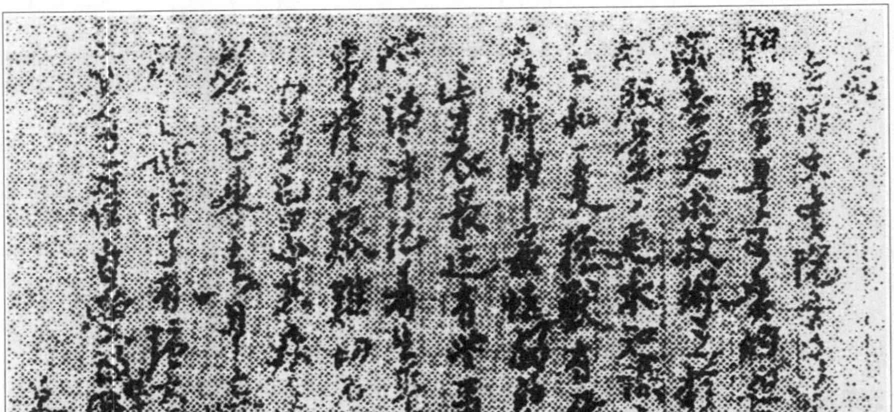

【品读导航】

沙文求不仅自己是个坚定的革命者，他的三弟、四弟、五弟也都在各自岗位上进行革命活动。这封信就是沙文求写给在上海从事地下工作的三弟的。

大革命失败后，中国共产党的地下组织屡遭破坏，斗争环境极端险恶。沙文求十分牵挂三弟的人身安全。三弟给他的来信中显露出的“雄大的胆量”固然可贵，但他担心弟弟以为胆大就是勇敢，而忽视了秘密工作应有的高度警惕，因此用含蓄的语言告诫他：要提高做秘密工作的技术，要有勇有谋，切忌图一时痛快猛冲直撞，而招致落入敌人陷阱的危险。

★ 故事分享 ★

让我懂得了根

陆天明

读了钱学森在美国求学、搞科研的经历，我脑海中原本模糊的他渐渐清晰起来。

他曾是博闻强记、聪颖勤奋的好学生。每天除了上课外要花10个小时阅读学术杂志和研究资料，常常通宵达旦地思考、演算。他虽然平时沉静少语，但当美国学生嘲笑中国的贫穷与落后时，却敢于义正词严地与之争论，清秀矜持的脸上写着倔强和自尊。

他曾是严厉古板的教授，不屑解答学生提出的“愚蠢”问题，但对有潜质的人却不惜时间和精力。他看上去像中国的皇帝，孤傲的脸上写着不容置疑的权威和自信。

他曾是冯·卡门的得意门生，帮助导师创建了著名的喷气推进实验室，并以中国人的身份获准参与美国政府的机密项目。他功成名就，生活殷实，手拿老父的家书，为留在美国还是回国效力举棋不定，沉思的脸上写着惦念和迷茫。

他曾被指控为共产党间谍，被剥夺了保密许可证。突如其来的调查和不信任使他不再迷茫，决意回国，坚毅的脸上写着失望与疏离。

他也曾是锒铛入狱的囚徒，莫须有的罪名抹杀了他的学位、奖项及对美国的一切贡献，延迟了他回归祖国的步伐。他从一位德高望重的科学家沦为名誉扫地的“阶下囚”，在“自由民主”的美国处处受到限制和监视，憔悴的脸上写着恐惧和愤怒……

当经历了五年的磨难终于踏上中国的土地时，他受到了英雄般的热烈欢迎，脸上溢出淡淡的笑容。呼吸着祖国纯洁、清新和健康的空气，是“多么的不同”！那是逃出桎梏的轻松，那是温暖亲情的慰藉。“我准备尽我最大的努力，来帮助中国人民建设一个能令他们活得快乐而有尊严的国家。”“美国人能做的，我们中国人也能做！”他倾其所有学识培养了新一代的中国航天人才，经历十年艰辛，从零开始，领导并创立了中国航空航天的伟业，创造了一个又一个令美国人、苏联人刮目相看的奇迹。他所做的一切为中国赢得了世界的尊重，而中国的发展和强大也成就了他事业的辉煌。

宋末画家郑思肖画兰，连根带叶均飘于空中。人问其故，他说：“国土沦亡，根着何处？”国就是根，没有国的人，是没有根的草，不待风雨折磨，即行枯萎了。当时身处美国的钱学森正像一棵飘于空中的兰草，无处着根。回到祖国才让他找到了一片蓬勃生长的沃土。

他的人生经历让我懂得：一个人的前途和命运其实是与祖国休戚相关的。离开了祖国，人就是失根的兰草、逐浪的浮萍、随风四散的蒲公英，前途充满了未知数。将来我无论身在何处，都要在心中铭记：中国是我的根。

学生感言

尘世的名利情缘是树上的花果叶，春去秋来，水逝云飞，终将化为泥土。唯有真实的内心、崇高的灵魂是不朽的根，时刻向大地诉说生命的寄语。

江竹筠
（1920 ~ 1949）

革命先烈。原名江竹君，四川自贡人。幼年家境贫寒，做过童工，住过孤儿院。1939年在中学加入中国共产党。1940年任重庆新市区区委委员，负责学运工作。1947年11月与爱人彭咏梧在下川东发动武装起义，担任联络工作。两个月后，彭咏梧不幸在奉节竹园镇战斗中牺牲。1948年2月重返万县，参加县委工作，并任下川东地委委员，因叛徒出卖，同年6月被捕，囚于渣滓洞。狱中，经受了难以想象的酷刑，始终坚贞不屈。1949年11月14日在“中美合作所”电台岚垭英勇就义，时年29岁。

我有必胜和必活的信心①
——致谭竹安

1949年8月27日

竹安弟：

友人告知你的近况，我感到非常难受。幺姐及两个孩子给你的负担的确是太重了，尤其是现在的物价情况下，以你仅有的收入，不知把你拖成甚么个样子。除了伤心而外，就只有恨了。……我想你决不会抱怨孩子的爸爸和我吧？苦难的日子快完了，除了这希望的日子快点到来而外，我想甚么都不能兑现。安弟，的确太辛苦你了。

我有必胜和必活的信心，自入狱日起（去年六月被捕）我就下了两年坐牢的决心。现在时局变化的情况，年底有出牢的可能。蒋王八②的来渝，固然不是一件好事。但是不管他如何顽固，现在战事已近川边，这是事实，重庆再强也不可能和平、京、穗相比，因此大方的给它三四月的命运就会完蛋的。我们在牢里也不白坐，我们一直是不断的在学习，

① 这封信于1949年8月写于渣滓洞狱中，是江竹筠用竹签子蘸着用棉花灰制的墨水写在极薄的毛边纸上，托同室难友出狱时带出来的。
② 蒋王八，指蒋介石。

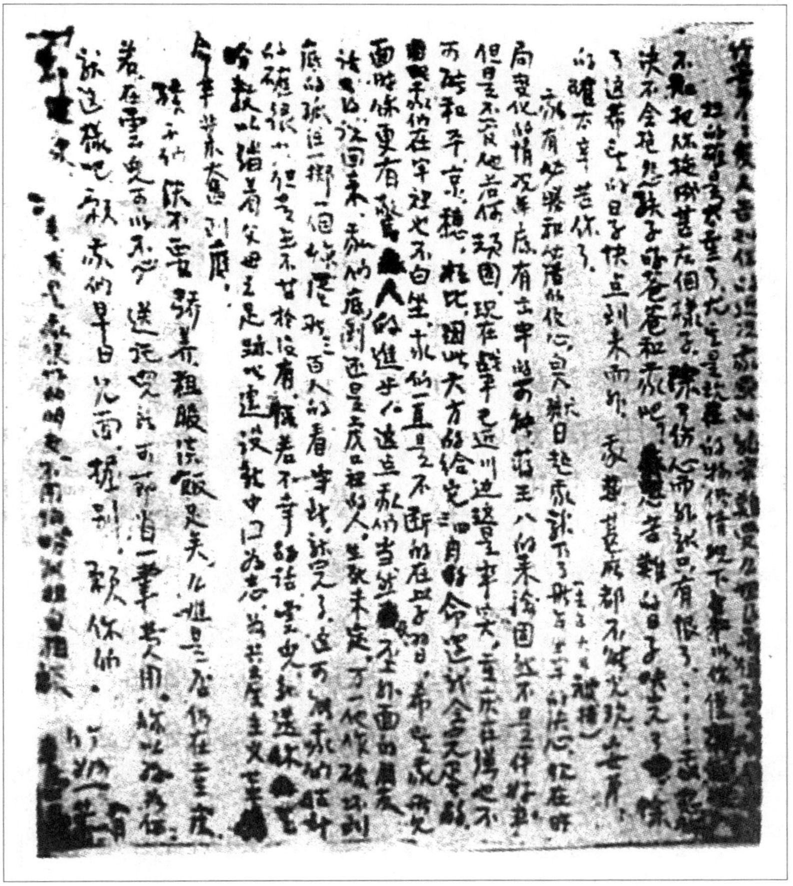

希望我俩见面时你更有惊人的进步。这点我们当然及不上外面的朋友。

话又得说回来，我们到底还是虎口里的人，生死未定。万一他作破坏到底的孤注一掷，一个炸弹两三百人的看守所就完了。这可能我们估计的确很少，但是并不等于没有。假若不幸的话，云儿就送你了，盼教以踏着父母之足迹，以建设新中国为志，为共产主义革命事业奋〈斗〉到底。

孩子们决不要娇养，粗服淡饭足矣。幺姐是否仍在重庆？若在，云儿[1]可以不必送托儿所，可节省一笔费用，你以为如何？就这样吧，愿我们早日见面。握别。愿你们都健康！

竹　姐

八月廿七日

来友是我很好的朋友，不用怕，盼能坦白相谈。

【品读导航】

江竹筠于1948年6月因叛徒出卖被捕，关押在重庆渣滓洞狱中。这封信是1949年8月27日写给谭竹安的。狱中没有笔，没有墨，是江竹筠用竹签子蘸着棉花灰制的墨水，写在极薄的毛边纸上，由同室难友曾紫霞出狱时带出，交给谭竹安的。这不是一封普通的信，而是一个共产党员身陷囹圄向在狱外的战友倾诉心声。1949年8月27日，中国已是“天翻地覆慨而慷”，全国大部分地区都已经解放。但蒋介石仍不甘心失败，还占据西南负隅顽抗。那时国民党政府发行货币金融券，一天几次贬值，早上一张500元的纸币，到了晚上就成了几十元，什么食品也买不到。公务员领了薪水，赶紧去抢购粮食。江竹筠在狱中听友人说，物价飞涨，货币贬值，谭竹安以一人微薄的薪水收入，要负担幺姐及两个孩子（其中有一个是江竹筠的儿子彭云）的生活，江竹筠心里感到很难过。这是倾诉之一。江竹筠从入狱之日起，“就下了两年坐牢的决心”。她认为，在两年之内，中国人民解放军一定会解放大西南。她对未来满怀信心，

① 云儿，指江竹筠的儿子彭云。

坚信胜利即将到来，“年底有出牢的可能”。这是倾诉之二。江竹筠考虑到渣滓洞三百难友都在敌人手里，当时，敌人是一只受伤的野兽，没有理性，什么丧心病狂的事情都能做出来，“假若不幸的话，云儿就送你了，盼教以踏着父母之足迹，以建设新中国为志，为共产主义革命事业奋斗到底”，这是托孤，一字一泪，可歌可泣。这是倾诉之三。江竹筠把云儿托付谭竹安，提出对云儿抚养和教育的意见：“孩子们决不要娇养，粗服淡饭足矣”，要教育孩子懂得革命道理，不在乎吃好穿好。为人民服务，要理解人民的疾苦，当思一粥一饭来之不易。要建设新中国，就要发奋图强，艰苦奋斗。娇生惯养的人是难以担负建设新中国的重任的。这就是江竹筠托付谭竹安教育云儿“以建设新中国为志”的主旨。

重庆解放前夕，丧心病狂的蒋介石下令把关押在渣滓洞狱中的共产党员、进步学生、民主人士全部处死。1949年11月14日，江竹筠在“中美合作所”电台岚垭英勇就义。江竹筠在狱中经受了种种酷刑，受尽了折磨，始终坚贞不屈，是党的好女儿。60年代，歌曲《红梅赞》唱遍全中国，家喻户晓，至今传唱不衰，歌颂的就是江姐——江竹筠。

★ 故事分享 ★

红梅花儿开

张璟华

初读《红岩》，我便被里面那些动人的故事所吸引。它为我们塑造了一组革命英雄的群体形象。这些不同年龄、不同性别、不同经历、不同性格的共产党员和革命者，都活灵活现地以各自生动的形象展现在我们面前。

如江姐，她对党忠贞，对敌斗争顽强不屈，在危急关头从容镇定，对革命同志血肉情深。

当她吃饭时，觉得城门口可能并不安全，便嘱咐华为慢慢吃饭，她先去查看一下，这时，我的心头忽然涌起了不安。

当她距城头越来越近时，我不由得在心里呐喊：江姐，快回去，先别去城门口。虽然起不到任何的效果，却依然禁不住这样想。近了，近了，当她来到城楼前，当她看清布告时，当她望见丈夫的头颅时，泪竟在不知不觉中滑下了脸庞。

我只好任由书中情节的发展，继续看下去。江姐看似很好地控制了情绪，但又有谁知道那份被掩盖在坚强底下的脆弱与悲痛呢！又有谁知道，她正全力控制着满怀悲愤，要把永世难忘的痛苦深深埋进心底。而那份深藏在心头的仇恨，却是比泪水更多、比痛苦更深呢！

反观，蒲志高便跟江姐有了天地一般的差异。他想让党信任他，便扩大书摊，未经组织考察私自吸收一名伪装正直的青年，却殊不知这样的做法令党遭受了巨大损失。他过于想表现自己，而且还随意猜疑别人、排挤他人，只为自己着想，最后因贪生怕死成了可耻的叛徒。

放下书，我的心里感想万千。书中众多英雄身上所表现出来的大无畏的精神和坚如磐石的理想与信念强烈地震撼着我的心灵……

学生感言

当信念的火种植根于当今学子的心中时，在未来的日子里，将会产生何等巨大的精神力量。

刘振美
（1916 ~ 1949）

革命先烈。四川叙永人。1935年，到北京中国大学旁听，在一二·九运动中被捕，经许地山先生营救返乡。1938年任报恩寺小学校长，联合进步教师出版《联合周刊》，大力宣传中国共产党的抗日主张。同年秋，进入四川省立剧校就读，1940年毕业，先后在成都、西昌演戏、教书、编报。1940年底，因在剧团痛打特务，被关进西昌邛海监狱一年又十个月，中间多次拉去陪杀场、活埋，一次土已埋至胸腹，仍不屈服，后被友人赎出，在江安、叙永等地教书。1945年春，在重庆创办“华美书屋”，1946年去上海创办“戏剧教育社”。1947年3月在泸县被捕，1948年转押渣滓洞看守所。1949年在“11·27”大屠杀中英勇牺牲，时年33岁。

小朋友，努力去创造你的新生吧[1]
——寄小朋友

1935年10月18日

……古今中外的大英雄，都是从艰难困苦中发展出来的。所以，你的困苦，正是替你将来的伟大建基础。小朋友，宽想些，努力些吧！并且大英雄要容忍得，受点苦不算一回什么事。

但是，你要把你所以受苦的原因认清楚。这不是别的，是社会的毛病。你要想完全解脱，除非摧毁了现实社会。在现社会没有摧毁之前，人家骂你，你不要管他；人们不爱你，你不要理他；人们嘲笑你，你不要睬他。你只管向着能安慰你的地方走去，能解救你的地方走去！

虽然有暴风雨，有荆棘阻碍你，你千万不要遇着暴风雨而退缩，你也千万不要遇着荆棘而不前。须知光明之域，在暴风之中，荆棘之后呀！

所谓暴风雨，我也曾遇过；荆棘的丛途，我也曾走过！可是都在我不畏缩的努力之下屈服了，消灭了。

---

① 这是作者留下的一个残篇。

小朋友，你走走我走过的路吧！人生的事，不是忧愁的悲观悲得了的，不是忧愁的苦德德得了的，是要创造，是要新生，才可以解决的。

小朋友，你重新努力吧！你努力创造你的新生吧！你虽然是一个弱者，被人嘲骂的弱者，可是我同情于你，我愿帮助你。

小朋友，何处不可以谋生。一个人只要有两手就够了。孙总理①说：两手是万能。未必我们的两手就不会万能吗？你也是生得有两只手呀！

人生总是漂流，好像水上浮萍，任随流水把它冲向不可思议之域……小朋友，你也听大潮的安排吧！

一九三五·十·十八

夜于泸州

【品读导航】

这封信是刘振美于1935年10月18日寄语小朋友的一封信。作为30年代长期从事文化工作的中国进步知识分子，他鼓励小朋友去创造自己的新生："只管向着能安慰你的地方走去，能解救你的地方走去！""虽然有暴风雨，有荆棘阻碍你，你千万不要遇着暴风雨而退缩，你也千万不要遇着荆棘而不前。须知光明之域，在暴风之中，荆棘之后呀！"

在这封信中，也体现了作者在腥风血雨的斗争中，勇往直前、永不退缩的精神。他说："所谓暴风雨，我也曾遇过；荆棘的丛途，我也曾走过！可是都在我不畏缩的努力之下屈服了，消灭了。"他一次次告诫

---

① 孙总理，即孙中山。

小朋友，“人生的事……是要创造，是要新生，才可以解决的”。

生活在今天的和平年代，面对出生成长于新世纪的子女，刘振美烈士的殷殷教诲能留给我们更多的启示：人生何处不可以谋生，“一个人只要有两手就够了”，放开我们长辈的双手，让孩子们用双手去奋力创造自己的人生。

高捷成
（1912～1943）

革命先烈。福建龙溪人。1931年参加红军，次年加入中国共产党。历任宣传队长、总务处长、会计科长等职。抗战爆发后，随军到冀南开展工作，曾任冀南税务总局局长、晋冀鲁豫财政经济处处长、冀南银行总行行长兼政委等职。1943年5月，日寇对我太行抗日根据地大举进犯，在部署工作途中与敌遭遇，壮烈牺牲，时年31岁。

救国才能有家，国亡家安在

——致高开国[①]（节录）

1937年4月10日

……

民国二十一年三月间离漳[②]，倏忽[③]于今已有六年了。在这六年中东西奔波，南北追逐，历尽一切千辛万苦，雪山草地，万里长征，在所不辞！无非只是挽救国家的危亡！志向所趋，海浪风波在所难阻！

……我还记得将临走的时候，曾留一信给你转添木我的父亲云："我要和你们离别了，或者是永远离别了，我不挂念家庭，希望家庭也无须挂念于我！"这是从戎的决心，这是救国抗战为国牺牲坚决的立志！救国才能有家，国亡家安在？而不是断绝人伦的无条件的弃家而不顾，想或可有以原谅于我吧！

……

民国二十六年四月十日

① 高开国，高捷成的叔父，从事银行业。
② 漳，福建有漳江，唐、元、明、清诸代均置有漳州府或漳州路，这里泛指福建。
③ 倏（shū）忽，很快地。

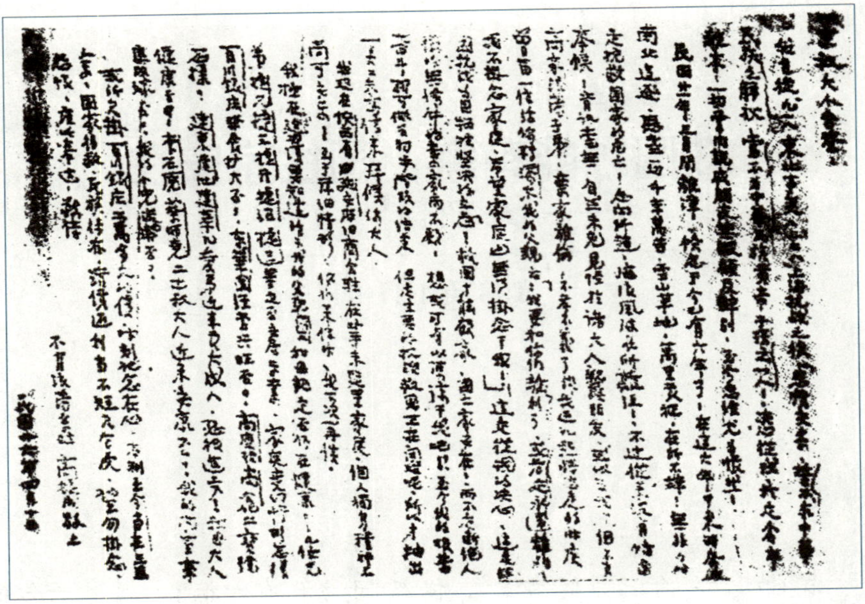

【品读导航】

这是高捷成1937年4月10日写给叔父高开国的家书。信中表达了他救国抗战、为国牺牲的坚决志向，“救国才能有家，国亡家安在？”

抗战爆发后，高捷成随军到冀南开展工作。日本侵略者为了把中国变成它进行太平洋战争的后方基地，在中国占领区残酷地进行殖民统治和经济掠夺，并且集中日、伪军反复“扫荡”共产党领导的敌后抗日根据地。在反“扫荡”斗争中，广大军民英勇顽强，做出了巨大的奉献，谱写出无数可歌可泣的英雄事迹。1943年5月，日寇对我太行抗日根据地大举进犯，高捷成就是在部署工作途中与敌遭遇，壮烈牺牲的。

今天，重读烈士书信，让人感慨万千。他们为挽救国家的危亡，“志向所趋，海浪风波在所难阻！”这种不畏强暴、反对侵略的革命精神，是反“扫荡”斗争胜利的源泉。中国人民将永远不会忘记抗日英烈们的爱国情怀与丰功伟绩。

★ 故事分享 ★

亮剑精神

汪子骐

这是一支如狼似虎的队伍，这是一支迎难而上的队伍，这是一支机智聪敏的队伍，这是一支勇往直前的队伍……八路军独立团，经历了多少血腥的斗争，多少风雨的磨洗，坚强地屹立着。它如同一把被磨砺了无数次的宝剑，锋利的刀刃狠狠地插进敌人的心脏，让他们无法继续苟活。然而，给予他们这种力量的，不是金钱，不是官职，而是一种精神，一种战无不胜的亮剑精神！

亮剑是一种勇气。狭路相逢勇者胜，面对敌人毫不留情，要敢于亮剑。无法忘记骑兵连的战士们，以及他们与日本黑森骑兵连的那场战斗；无法忘记，当战士们的子弹都已经用尽之时，他们毅然拔出雪亮的战刀，一次又一次地喊着“骑兵连，进攻！”，向敌人们策马奔去；无法忘记，寡不敌众的骑兵连只剩下了一位断臂连长，他用仅存的一只手将战刀高高举过头顶，做最后一次“注定失败”的冲锋，他的眼睛里是压倒一切敌人的勇气，是视死如归的威壮，即使知道寡不敌众，他也要与敌人血拼到底，一往无前。无法忘记，夕阳笼罩的丘陵上，血流成河，人尸马尸交错重叠在一起，独立团的骑兵连与如血残阳融为一体。但是，倒下的每一个骑兵的脸上却都写着坚毅与执着，大大睁开的双眼喷射着火焰，双手仍紧握着战刀，似乎随时都会站起来与鬼子搏斗……这才叫真正的勇气，在拔刀而起的那一刻，在喊出进攻的那一刻，在扬鞭策马的那一刻，这支队伍诠释了亮剑的真正含义。

共产党的军队是有军魂的。他们不为钱财所动，不为官职所动，他们懂得牺牲小我，顾全大局，只因为他们有着共同的信仰，他们愿意为这信仰奉献自己的所有，乃至生命。亮剑，更需要懂得奉献。我的脑海中不禁浮现出战场上奋勇杀敌的战士们；为战士们缝补鞋子、煮粥做饭，默默支持他们的妇女们；手握红缨枪，为大人们通风报信的童子军们；还有在背后运筹帷幄的指挥官们……如果没有他们，没有他们的奉献，还会有新中国吗？奉献，是一种崇高的感情，它不受金钱的束缚。在你把钱投入募捐箱时，在你把温热的一碗粥递给路边饿晕的乞丐时，你就是在亮剑，亮出一把温暖、令人感动的奉献之剑。

这支与亮剑精神共存的队伍，我们不仅记住那一道道威武不屈的身影，更记住了他们敢于亮剑的勇气、智慧、奉献与气魄！“面对强大的敌手，明知不敌也要毅然亮剑。即便倒下，也要成为一座山、一道岭。”我相信，这是对亮剑精神的最好诠释。宝剑出鞘，豪气万丈，锐不可当！

学生感言

学习本没有课堂内外之分。无论是读书、看报、赏画，还是看戏、听歌、观赛，都是学习的契机。当看到剧中我国军人的勇气、智慧、奉献等壮烈战争场面，怎能不为之动容，怎能不泪流满面，怎能不在内心深处感受到沉重和冲击。的确，好的影视剧为我们生命提供养分，它不仅给予我们欢笑与感动，更涵养着我们的心灵，给予我们渡过艰难、不断向前的希望与斗志。

申耀东
（1907～1944）

革命先烈。河南确山人。早年考入开封农专，积极参加了五四爱国运动。1921年在开封加入中国共产党。1922年农专毕业后，受党委派去四川做农运工作。1926年，回到家乡从事革命活动，不久建立了洪庙沟党支部。大革命失败后，在柏沟庙以教书为掩护，继续从事革命活动。1930年，组织发动了柏沟庙暴动。暴动失败后，带领部队在附近搞游击战争。抗战爆发后，又以教书为掩护，在地方做统战工作。1944年4月11日被日军杀害，时年37岁。

志在脑中不可须臾辞也[1]
——致王玉茹

抗战期间

玉如[2]妹：

知道你在这里。慰甚！慰甚！

往事不可追，不可致怨，生活是实际的现在。将来不可测，不可幻想，前途是演进的挣扎的。但挣扎是在现实的生活中表现着，挣扎要有方向，挣扎要有体魄，挣扎要有技能。愿你奋斗！愿你挣扎！

人云百年树人，我知终身树志。志在何方，终身见之；志在何事，终身行之；志可有节，困难试之；志可有价值，大评议之；志为立身之本，事业之本，人生要有意义，志在脑中不可须臾[3]辞也。你的志向怎样，现在可有根基?

整个地球要变色的，现在荡动得正紧，而中国，而东亚，更是厉害，血腥、烟火、炮灰、死尸、饥饿、穷困、死亡、流浪、辞别，混沌了整

① 该信写作年份不详。
② 玉如，即王玉茹。
③ 须臾，一会儿。

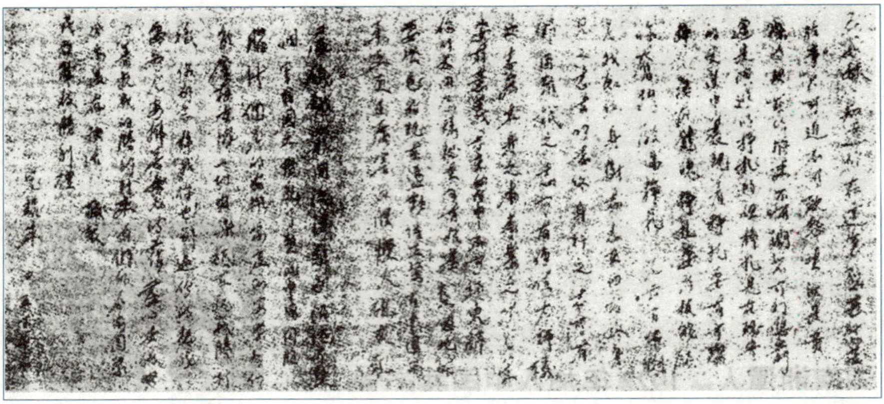

个中国国土，搅乱了整个中国同胞脑汁，个人的安乐，家庭的安乐，如何能存在呢？一切安乐只在抗战胜利后。

你别忘掉我，你也别过分的想我，咱要各人安排着各人的工作，尽心去做，努力着抗战的胜利到来，咱们全家团聚，全家温存快活！

敬致

民族解放胜利礼

兄　耀东

四·五下午

【品读导航】

这是申耀东在抗战时期写给妻子王玉茹的信。在信中，他告诉妻子“生活是实际的现在。将来不可测，不可幻想，前途是演进的挣扎的”，并鼓励妻子“愿你奋斗！愿你挣扎！”信中充分表达了一个革命者舍小家、为大家的革命情操。他与妻子共勉：“咱要各人安排着各人的工作，尽心去做，努力着抗战的胜利到来，咱们全家团聚，全家温存快活！”正是这样的革命信念，才使革命烈士不惜抛头颅、洒热血，为抗战的胜利而英勇赴死不吝捐躯。

信中，申耀东还谈到了立志问题：“人云百年树人，我知终身树志”，“志为立身之本，事业之本，人生要有意义，志在脑中不可须臾辞也”。

这些观点，对于今天的青年确立积极向上的人生观仍有重要的启示作用。先立志，方可立身。只有树立远大的革命志向、人生走向，才能为理想而奋斗，才能充分实现人生的价值。

★ 故事分享 ★

尊　严

张雅雯

合上书，目光扫过封面，那一幅幅黑白的老照片撕成了朝鲜地图的形状，可是我更知道那一段段鲜红的历史铸就了中国的尊严。

尊严不是用嘴说的，不是用鲜花与掌声堆砌出来的，那不是一条花团锦簇、莺歌燕舞沿路光明的平坦大路，而是用信念与生命前仆后继铺砌的一条血径。

如此残酷，如此无情，为何还要如此执著？我第一次发现，原来尊严抵得上那么多条生命，抵得上那么多美丽灵魂，一个个顽强的战士倒下，只留下一段段壮烈凄美的传奇，只为一个词——尊严。

他们为了捍卫国家的尊严，赢得自身的尊严，竟不惜用生命来做交换。为何？为何？尊严是别人对自己的一份尊重，是自己对人格的一份坚守。

杜鲁门对待战俘问题的声明真让人笑掉大牙。“所谓共产主义，是无视人类尊严和人类自由的一种制度。”是吗？是吗？那么美国之“自愿遣返”还让你们拥有尊严吗？

在野蛮的强盗面前，弱者的尊严不堪一击。百年积弱的中国受尽了太多的侮辱与蔑视，那一声声的“支那”就在时时刻刻地提醒中国，你们不配拥有尊严。这太久的欺凌，必须让中国用血的代价偿还。没有解释，没有理由，中国只有一条路——以战士的生命为代价，赢得胜利，赢得尊严。中华儿女没有让祖国失望，他们前仆后继，用尸体铺出了这条血路——获得尊严的血径。

他们当得起英雄二字，因为尊严是赠给英雄的赞歌，永远是最高的礼遇，他们的鲜血凝成的功绩，不会被时间之河洗去光芒，只会因历史的磨砺而厚重闪亮。今天英雄因尊严牺牲，他日中国因尊严鼎立！

战争，一段道不尽的历史；尊严，一个说不完的话题……

学生感言

阅读中的我发现，阅读经典给我精神上带来的财富是打游戏所不能比拟的。

邓 发

（1906 ~ 1946）

中国共产党早期工人运动领导人。又名邓元钊、邓云，广东云浮人。1922年参加香港海员大罢工。1925年加入中国共产党，同年参加领导了省港大罢工。不久参加北伐战争，任国民党广东省党部北伐青年工作队队长。1927年任广东油业总工会党支部书记。广州起义中任工人赤卫队队长。1928年起任中共香港市委组织部长、全国总工会南方代表。以后历任中共香港市委书记、中共广州市委书记、中共广东省委组织部长等职。1930年，在中共六届三中全会上当选为中央委员。同年调任中共闽粤赣边特委书记。1931年转任江西中央苏区保卫局局长。1934年参加长征。红军到瓦窑堡时，奉党中央指示赴苏联参加第三国际会议。1937年回国，任八路军驻新疆办事处主任。1940年到延安，历任中共中央党校校长、中共中央职工运动委员会书记及民运委员会书记等职。1945年去巴黎参加世界职工大会，当选为理事、候补执行委员。1946年1月去重庆参加政治协商会议，4月8日由重庆返回延安途中，因飞机失事不幸遇难，时年40岁。

国家未来的伟大前途都寄托在你们青年一辈的身上

——致邓碧群

1946年1月21日

碧群①：

抗战八年，我虽未死于战场，但头发却已斑白了，但我比起遭难的同胞，战场牺牲之英雄，不但算不得什么，而且感到无限惭愧！国家所受破坏是惨重的，人民的牺牲，房舍的被蹂躏，这一切固然付出了巨大的代价，然而中华民族不但在东方而且在全世界站立起来了。倘若国内和平建设十年八年，中国就会成为世界头等强国，人民生活文化将大大的提高。国家未来的伟大前途都寄托在你们青年一辈的身上。现在你在高中肄业当然很好，如果可能的话，我希望你能进大学。同时希望你除功课之外，应多阅些课外书籍和文学著作，以增加一些课外知识。

宏贤叔父在努力办学，这是个好消息，你若有暇，应帮助叔父，一则可以锻炼办事本领，二则可予叔父一些鼓励。我不敢对你有所指教，

① 碧群，邓碧群，邓发的堂弟，当时在香港读书。

只提供一点意见作你参考而已。

兹附上照片两张以作纪念！在不妨碍你功课条件下，望常来信为盼！

顺祝

学习进步

元　钊

一月廿一日草于渝市

【品读导航】

这是邓发1946年1月写给堂弟邓碧群的一封家书。当时，邓发正在重庆参加政治协商会议（即“旧政协”），而邓碧群正在香港读书。

邓发是中国共产党历史上著名的工人运动和保卫战线的领导人，是党的领导集体中的重要成员，国民党政府曾悬赏5万元要他的头颅。抗日战争初期，邓发继陈云之后任中国共产党驻新疆代表、八路军驻新疆办事处主任，主管党在新疆的全面工作。他全面贯彻党的抗日民族统一战线政策，对新疆军阀盛世才既团结又斗争，使党在新疆的工作非常活跃。1940年初，邓发奉中央指示回到延安，不久，任中共中央党校校长兼中共中央职工运动委员会书记。在延安整风运动中，中央对党校进行了改组，毛泽东亲任校长，邓发任副校长。邓发认真贯彻党中央和毛泽东的指示，常以自己的经历，向广大学员讲述工农大众与知识分子结合的重要性。在中央职工运动委员会任职期间，邓发主持创办了《中国工人》月刊，发动、组织了边区工业建设的群众运动——“赵占魁运动”，为解放区工人运动的发展做出了重大的贡献。

1942年前后是抗日战争最艰苦的年代，解放区的财政经济存在严重的困难。为了使工业建设战线上的群众运动进一步开展起来，1942年，邓发等工运干部深入工厂，调查研究，发动群众。在边区农具厂，邓发发现了赵占魁这个解放区工人的典型。他找赵占魁谈话，研究和总结赵占魁的优良品质，并加以推广。很快，学先进、赶先进的“赵占魁运动”便发动起来，成为工业战线上声势浩大的群众运动，并持续了六七年之久，有力地推动了解放区工业建设的发展。

“赵占魁运动”是我国职工运动史上的一个伟大创举，是中国共产党卓有成效地领导工业建设群众运动的开端。在这场运动中，邓发不仅成为了中国工人运动的一位领袖，而且成为了一位优秀的工业建设领导者和国内外知名的工会活动家。1945年9月，邓发作为中国劳动协会代表团的成员，参加了在巴黎召开的世界职工代表大会，并当选为该会理事及候补执行委员。

邓发写这封家书时，刚结束欧洲之行回到国内。他亲历了八年抗战，又目睹了欧洲战后的满目疮痍，对和平的来之不易感触很深，对和平建设国家更是寄予了殷切的期望。信中流露出强烈的民族自信心和革命的乐观主义精神。

我愿同你一直漂流到理想的新大陆

——致邓碧群

1946年4月8日

碧群弟：

三月廿一日信已收到，你希望到大学读书，我非常赞成，而且我一定负责你到大学读书的一切！当我答复你二月十九日来信时，已把目前交通困难情形告诉你了，现在的问题不是能不能送你入大学的问题，实因交通困难，无法叫你立即来。只要交通方便，我当即通知你，请放心！

我本想送枝钢笔及名画[①]给你，无奈邮政无法寄，拟待朋友赴港时再托人带给你。以后我陆续先寄些书给你。我不久即到京、沪[②]，望接此信后，不要再寄信来渝[③]，到京、沪后当另告新的通信处给你。

你希望我清明回乡扫墓，我也曾这样想过，但交通困难及琐事繁冗，致不能成行，奈何！我虽久别了故乡，但我时刻怀念故乡，留恋故乡，想念着兄弟父老。你说他们也一样怀念着我，这样久他们还没有把我忘

① 名画，当时邓发刚自欧洲归来，带回一些印有欧洲名画的画片，准备分赠友人。
② 京、沪，南京、上海。
③ 渝，重庆。

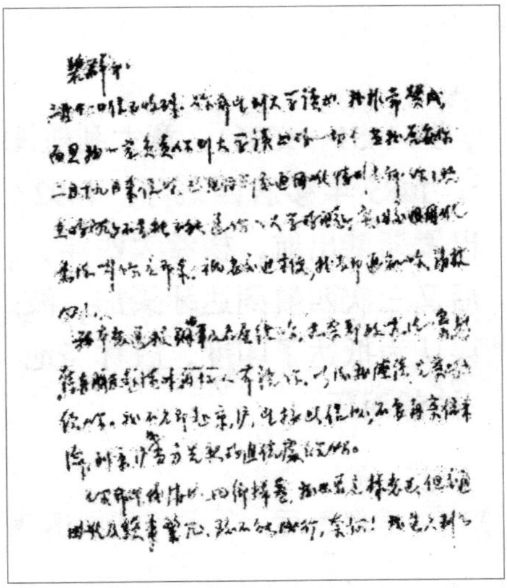

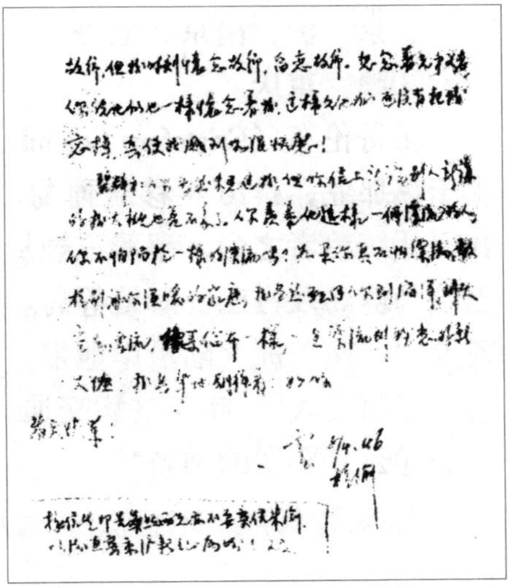

掉，真使我感到无限快慰！

碧群弟：你虽然未见过我，但你信上所说别人所讲的我大概也差不多了，你羡慕我这样一个漂流的人，你不怕陷于一样的漂流吗？如果你真不怕漂流，敢于别开你温暖的家庭，我当然愿同你到海洋、到天空去漂流，像哥伦布①一样，一直漂流到理想的新大陆！我真挚地期待着！

祝你

春天快乐！

云②

8/4.46于渝

① 哥伦布，意大利航海家。生于热那亚，1476年移居葡萄牙，1485年移居西班牙。1492年奉西班牙统治者之命，率船三艘从巴罗斯港出航，横渡大西洋，到达巴哈马群岛及古巴、海地等岛。后又三次西航到达牙买加、波多黎各及中、南美洲大陆沿岸地带，误认为抵达了印度，故称当地居民为“印第安人”。晚年贫病交加，抑郁而死。

② 云，邓发的别名。

接信望即告燊、熙两兄亦不要寄信来渝，以后直寄京、沪新址为盼！又及

【品读导航】

这是邓发接到堂弟邓碧群的信后写的一封回信。信中充满了对故乡和亲人的思念与关心，表现了为国家、为人民、为革命的利益不怕吃苦、以苦为乐的革命乐观主义精神。

邓发和堂弟并未见过面，但自从取得书信联系后，兄弟之情便迅速升温。从这封信和上封信中可以看出，在不到4个月的时间里，兄弟俩至少互相写了3封信。先是邓碧群给邓发写信，汇报学业情况，接着邓发回信（1946年1月21日信），畅叙革命感想，并希望堂弟能进大学继续读书；2月19日邓碧群又给邓发来信，表示想到内地来，邓发回信写了交通困难、不易成行的问题；3月21日，邓碧群又写信给邓发，再次表示想到内地读大学的愿望，并希望邓发能回故乡扫墓祭亲，于是邓发又写了这封回信。

从邓发的两封信中不难看出，邓发对堂弟的学习非常关心和支持。其实，邓发在革命斗争实践中，一直非常重视学习和教育工作。在新疆工作期间，他就通过民族文化联合会在各地建立学校，对宣传革命和组织群众起到了积极作用；在中共中央党校任职期间，他还亲自到班上同学员研究学习计划，检查和督促计划的执行。这一切都是因为他对青年人寄予了殷切的期望，就如他在1月21日的信中说的那样："国家未来的伟大前途都寄托在你们青年一辈的身上。"他希望年轻人都能多学知

识，以承担起建设中国的重任。信中，邓发对堂弟的进步追求给予了及时的鼓励，像一个引路人，“真挚地期待”他走上革命之路。

写这封信的当天下午2时，邓发和王若飞、秦邦宪、叶挺等同机离开重庆，飞赴延安，结果途中因飞机失事而不幸全部遇难，这封信便成了邓发一生的绝笔。

★ 故事分享 ★

积极的乐观主义精神

吴玥灵

读了《长征》，心中有着许多的感慨，有被红军坚持不懈的精神所震撼，有被红军舍生忘死、舍己为人的举动所感染，但更多的是被一种火热的精神力量所征服，那就是充盈整个长征之路的红军的乐观主义精神。

长征是艰苦卓绝的，同时也是充满乐观主义精神的。这种乐观不是盲目的，也不是稍纵即逝的，而是由于具有坚定的共产主义信念，怀有必胜的决心而发自内心的乐观。无论敌人多么凶残，条件多么艰苦，环境多么恶劣，红军们始终保持着高昂的斗志，坚定的信念，以压倒一切敌人的英雄气概一路前进。冥冥雪山，白色恐怖，狂风呼啸，滴水成冰，红军战士们风雪前行，永不放弃；茫茫草地，杳无人烟，缺少衣食，饥寒交迫，以繁星作被，以刀枪为枕，围着篝火谈笑风生，引吭高歌。革命乐观主义精神，就像熊熊燃烧的火炬，照亮着漫漫长征路，照亮每一个红军战士的心。正是这种精神，为长征中的红军注入了巨大的力量，引领红军走向胜利。

在困难面前，红军没有忧愁，没有悲伤，而是积极地去面对。红军领袖们所具有的乐观主义精神，感染并鼓舞了大批战士们。毛泽东在行军途上给战士们出谜语，让大家猜“慢慢走”是谁。战士们争相回答“是我们的徐向前总指挥”。刘伯承考大家数学题：“一个桌子砍掉一个角，还剩几个角？”有的战士脱口而出：“三个！”爽朗的笑声久久回荡……这样的故事在长征中不胜枚举。正是领袖们坚定的信念、乐观的精神感染了许许多多的战士，鼓舞了全体将士们的斗志，振奋了红军的精神。

长征中文化的匮乏也是令人难以想象的。红军绝大部分都是“大老粗”，不识字怎么办呢？好学的战士们想出了一个办法：行军路上，不少战士的背上都贴着一张白纸，上面写着生字，这是战士们在学习文化。看到这一幕时我被深深触动，那一张张纸上凝聚了战士们渴望知识的炽热的心啊！这让生活在和平年代的我们怎能不好好学习，发奋读书，珍惜我们现在的一切呢？！

长征是人类历史上的奇迹，它是艰苦卓绝的。但在红军的脸上，看不到忧郁与悲伤。张爱萍在《过草地》中写道：“随意坐地堪露宿，卧看行云逐浪翻。帐月席茵刀枪枕，谈笑低吟道明天。”它完美地诠释了红军的这种精神。正是因为对革命理想有着坚定的信念，才可以苦中作乐，取得一次次胜利；正是因为对光明平等的生活有着不懈的追求，才可以笑对人生，实现伟大的理想。我敬佩红军这种积极向上的革命乐观主义精神，是它使我受益匪浅。

学生感言

万里长征，多少英魂涅槃，在那滔滔的大渡河上，在那巍峨的雪山之巅，在那泥泞的茫茫草甸，那亘古不灭的信仰是永远。

毛岸英
（1922～1950）

革命先烈。湖南湘潭人。毛泽东的长子。1930年10月随母亲杨开慧被捕。杨开慧牺牲后，和两个弟弟被送往上海，安置在地下党领导下的大同幼稚园里。1936年11月，被送往苏联学习。1940年加入苏联共产主义青年团。1941年积极投身于苏联卫国战争，入列宁军政学校学习。1943年1月，加入苏联共产党。不久，作为坦克连党代表，参加了解放波兰和捷克斯洛伐克的战斗。1944年底回到莫斯科，斯大林接见了他，并赠送他一支手枪作为纪念。1946年1月，回到延安，在中宣部工作。同年3月受毛泽东委派到模范村吴家枣园去学习劳动。1947年参加土改工作团，先后在山西、山东等地进行土改整党工作。新中国成立后，担任北京机器总厂党总支副书记。1950年参加抗美援朝战争，任志愿军总部机要秘书，同年11月25日因敌机轰炸光荣牺牲，时年28岁。

一切从人民利益出发
——致舅父

1949年12月18日

舅父：

数次来信均收到，勿念。外婆即日自板仓接来同住，快慰万状！望你们以衷心的爱与革命的德待之，缪家及其他忠厚穷苦乡民请代我向他们致谢并问候他们。友姨事，我觉得你们的胸襟应该放宽点，不去计较小事，万事总以“和为贵忍为高”（只要不是阶级敌人）。她们有她们的苦处，正如你们也有你们的苦处一样。我根本不清楚她们的人品，但我总首先从团结出发。其实我对于你和舅母也不大了解，你们的人品性格到底如何，几乎一概不知，但知道你们不会是革命的敌人，我想友姨她们也绝对不至于是革命的敌人的。既如此，则我和你们和她们之间，你们和友姨她们之间就不应该有什么原则上的了不起的分歧，从而也就没有不和的重大根据，要有不和，那只是你们两方面胸襟狭小不能容人罢了，但只要有一方面胸襟宽阔能容人事情就好办了。希望你们，尤其是希望你多注意团结（当然不是无原则的团结），少注意意气。世界上没有不犯错误的人，尤其是在旧社会，世界上更没有没有缺点的人，但错误和缺点都是可以慢慢改掉的。如果对方有缺点，犯了错误，我们决不能因此而仅仅表示不满甚而愤恨，拒人于千里之外，而是以明确的立场去分析对方犯错误的原因和环境，并用各种方法去帮助他逐渐改正这个错误或者去掉这个缺点，“与人为善”对于我们革命阵营说来，是一句极其中肯的名言。

再则，来信中说到你工作很忙，负的责任很大很多，甚至负有“拟好明年全省增加生产计划”，“复兴全省茶园，改良制茶方法的责任”，这决不是一件小事情，因为它有关千百万人民的福利，关于工作我有以下几点意见，供给你参考（作为一个同志对同志的建议）：

一、不要孤立的办事，要一方面经常收集下边干部和群众的意见，

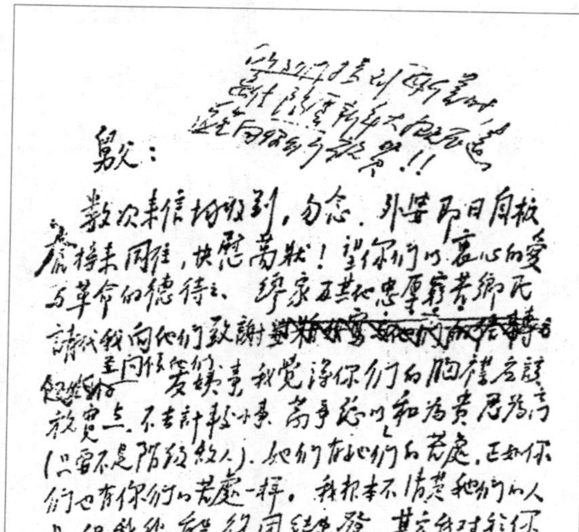
舅父：
数次来信均收到，勿念。外婆[illegible]向板仓杨家来往，快慰万状！望你们以衷心的爱与革命的德待之。[illegible]请代我向他们致谢[illegible]
表姨妹[illegible]我觉得你们的胸襟应该放宽点，不去计较小事，[illegible]和为贵[illegible]（只要不是阶级敌人）。她们有她们的苦处，正如你们也有你们的苦处一样。我根本不清楚她们的人品，但我总希望以团结为重。其实我对于你和舅母也不大了解，你们的人品性格倒底如何几乎一概不知，但知道你们不会是革命的敌人，我想表姨她们也绝对不致于是革命的敌人[illegible]
[illegible]

一方面多向上边请求商酌，譬如要拟定一个全省农业生产计划，决不可一个人去拟，光一个人一定拟不好的，领导者的艺术就在于善于汇集大家的意见，加上自己的意见，将其判断综合。

二、不要急躁火（而无当），宁少勿滥。计划要适合实际情况（包括人力物力和各个不同

的实施地区，但还要估计到全国），不急求漂亮完满而多求实际。

三、自己干出来的工作要经得起批评，甚至可能根本被推翻，得重新做起，不要觉得这很难堪，面子上过不去等，不要拒批评，相反要欢迎尖锐的批评，不仅欢迎上级和同级的批评，而且尤其要发扬和欢迎下级的批评，群众的批评，而且要作老老实实不是说空话的自我批评。

四、不要摆老资格，更不要以为自己的知识已经很丰富，比别人强，相反，要时刻在业务上学习，学习怎样将过去的旧的一套加以分析，取其好的，摒其坏的。

五、在工作中和日常生活中要善于团结人，团结大家，一个不会团结大家的领导者非跌跤不行。当然，团结它总是原则性的团结，而不是什么做好好先生。

六、努力学习马列主义毛泽东思想，没有应有的政治水平是不能做领导者的，对新鲜事物要善于感觉。

七、一切以人民利益出发，个人利益服从大众利益。一个在旧社会过惯的人这点非常重要。

以上七点是我从内心中向你，向一位革命同志提出的建议，接不接受全权在你，也许你这些都早已洞察，并在实际工作中没有犯以上七种错误中之一种，但因为我还不了解你，把你（除了舅父这一资格外）当一个新的革命工作人员看待，而又极愿你进步，故冒昧地写了这一套，你如了解我的心是好的，即有语气重些，也是不会怪我的。

另：黄镉等六人来京已在安置。他们都是很好的青年，但组织上有些困难，因学期早已开始，一般的说，今后最好不要介绍人来京工作或学习，因为多了对我父亲影响不好，起码你们也应该预先写信通知我们，取得我们的同意才好。

问候舅母及黄佩心先生

岸英　叩

12. 18　北京

【品读导航】

这是毛岸英1949年12月写给舅父杨开智的信。信中主要谈了作者本人对舅父工作的几点建议。他希望舅父做工作“一切以人民利益出发”；注意团结大多数人一道工作；工作中要“善于汇集大家的意见”；作计划要从实际出发，“不急求漂亮完满”；要欢迎群众对自己的工作进行批评。

这是作者思想修养和工作方法的集中体现，需要我们在新时期认真加以总结和借鉴。无论从事什么工作，都应在“一切以人民利益出发”这个大前提下，发扬党的优良传统和实事求是的思想作风，兢兢业业做好自己的本职工作。

★ 故事分享 ★

高尚的灵魂——人生之根

王雪馨

有一个叫西蒙的犹太人，“第二次世界大战”中曾经遭到德军的残酷迫害，但他侥幸活了下来。战争结束后，他全身心致力于追捕曾杀害过犹太人的纳粹分子。尽管缺乏经费，工作量繁重，甚至还要冒着被纳粹分子追杀的危险，但西蒙仍然坚持了下来。西蒙战前曾学习过建筑，一次，他的一个珠宝商朋友对他说：“如果你战后从事建筑业，你现在早已成为富翁了。”而西蒙回答说：“当我们死后到了天堂，见到那些在战争中死去的犹太人，他们问我们都干了些什么时，你会说：‘我成了一名珠宝商。’有的人会说：‘我成了一名建筑师。’而我会说：‘我没有忘记你们。’”

这就是西蒙的人生。想想看，在自己一贫如洗，却还要为了工作而到处筹措经费的时候，在面对着浩如烟海的纳粹档案，却又人手不足的时候，在生命受到威胁，纳粹分子恶狠狠地盯着他的时候，西蒙是否也想到过放弃？我想是的。然而又是什么力量使他义无反顾地继续做下去了呢？是他高尚的灵魂，是他人生大树坚韧有力的根系，才成就了他这伟岸的一生。

曾经看过这样一个故事：有一个下岗工人去一家公司应聘。在进行笔试的时候，前面的题他都对答如流，卷子做得得心应手，然而最后一道题他犯了难。这道题是这样的：请写出你原来所在工厂的经营秘诀。说实话，他困窘的家境和应聘公司所提供的优厚条件确实令他非常想得到这份工作，然而若是公布了原先工厂的经营秘诀，那么那些现在还在工厂里惨淡经营的工人们又如何生活呢？思前想后，他毅然决然地在纸上写下四个字“无可奉告”。走出公司的大门，他想又得去另找一份工作了。可没过几天，应聘公司通知他：他已经被录用了！而录用的原因，就是他那道未答的题。

在我们人生处于关键的时刻，我们总会遇到些艰难的抉择。一方面是金钱、成就的诱惑，一方面是道义和良心的呼唤。如今有很多人认为，放弃前者而去追求后者的人是傻瓜。然而这个故事却告诉这些人：你们错了！放弃高尚而去追随低贱的人也许会一时得势，但当他面对这样的考验时就会栽下马来。唯有那些具有真正高贵的灵魂的人，无论面对怎样的考验，他都会一如既往地听从自己灵魂的指挥，而正是因为有了这牢固的“根”的支持，他的人生之树才屹立不倒，也只有这样的人才真正能够取得伟大的成就，活出一个真正无悔的人生！

生命之树时时需要根来吸收水分和养料滋养它，只有这根延伸得长，延伸得远，生得坚韧，才能够使生命之树常青。而高尚的灵魂，即是这给予生命无限能量的根。

学生感言

使内心不断丰富、强大，领悟真知，拥有人生阅历，继续探索，我要做一位灵魂高尚的人；帮助他人，用自己的行动见证爱心，我要做一位灵魂高尚的人；在生活中不断努力拼搏，不断前进，用自己的汗水见证成功，我要做一位灵魂高尚的人。前面的路还很远长，我将继续跋涉，在生活的海岸上踏出一串新的足迹……

国家出版基金项目
NATIONAL PUBLICATION FOUNDATION

革命先辈家书家训丛书

《革命先辈家书家训丛书》编写组 编著

革命传统教育读本

青少年成长修身指南

革命家训

革命先辈家书家训丛书

《革命先辈家书家训丛书》编写组 编著

国家出版基金项目
NATIONAL PUBLICATION FOUNDATION

革命传统教育读本
青少年成长修身指南

『十三五』国家重点出版物出版规划项目

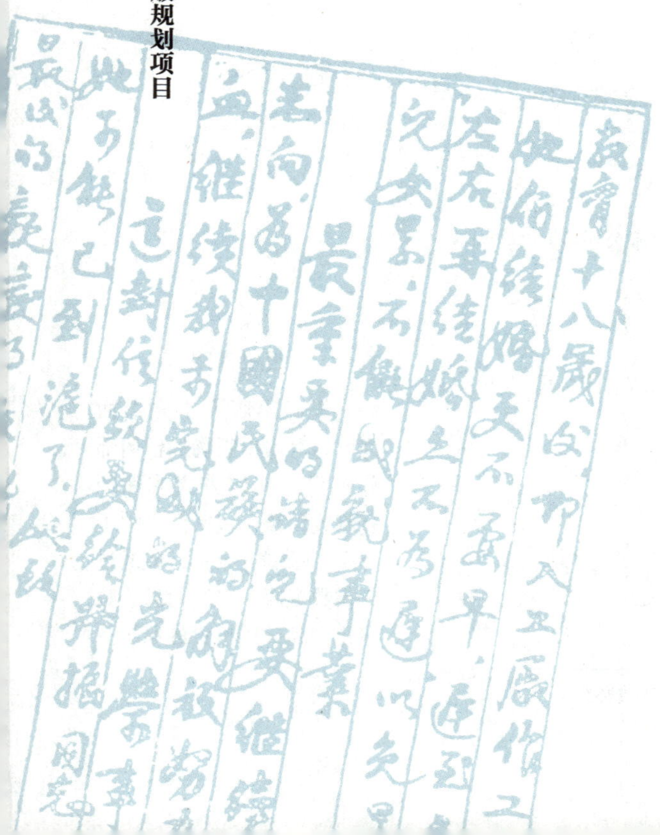

中国青年出版社
CHINA YOUTH PRESS
中青文传媒

图书在版编目（CIP）数据

革命先辈家书家训丛书：革命传统教育读本 青少年成长修身指南·革命家训 /
《革命先辈家书家训丛书》编写组编著；
—北京：中国青年出版社，2021.1
ISBN 978-7-5153-6235-9
Ⅰ.①革… Ⅱ.①革… Ⅲ.①革命传统教育—中国—青少年读物 Ⅳ.①D642-49
中国版本图书馆CIP数据核字（2020）第236498号

革命先辈家书家训丛书：
革命传统教育读本 青少年成长修身指南

革命家训

作　　者：《革命先辈家书家训丛书》编写组
责任编辑：周　红
美术编辑：杜雨萃
出　　版：中国青年出版社
发　　行：北京中青文文化传媒有限公司
电　　话：010-65511270/65516873
公司网址：www.cyb.com.cn
购书网址：zqwts.tmall.com
印　　刷：大厂回族自治县益利印刷有限公司
版　　次：2021年1月第1版
印　　次：2021年1月第1次印刷
开　　本：787×1092　　1/16
字　　数：215千字
印　　张：18
书　　号：ISBN 978-7-5153-6235-9
定　　价：118.00元（全3册）

目录
contents

革命家训

CONTENTS

目录

CONTENTS

目录

CONTENTS

目 录

CONTENTS

目 录

CONTENTS

毛泽东

（1893.12.26～1976.9.9）

伟大的马克思主义者，伟大的无产阶级革命家、战略家、理论家，中国共产党、中国人民解放军和中华人民共和国的主要缔造者，中国各族人民的伟大领袖，毛泽东思想的主要创立者。字润之，湖南湘潭人。辛亥革命爆发后，在湖南新军中当了半年兵。1913年入湖南省立第四师范学校预科。1914年2月随第四师范学校并入湖南省立第一师范学校，在此成为具有资产阶级民主主义思想的激进知识分子。后创办《湘江评论》等刊物，建立新民学会、长沙的共产党早期组织等。1921年7月出席中国共产党第一次全国代表大会。先后任中共湖南支部书记、中共湘区执行委员会书记，领导长沙、安源等地工人运动。1923年6月出席中共第三次全国代表大会，被选为中央执行委员。会后被选为中央局成员，任中央局秘书，参加中央领导工作。1924年国共合作后，在国民党第一、第二次全国代表大会上都当选为候补中央执行委员，曾在广州任国民党中央宣传部代理部长，主编《政治周报》，主办第六届农民运动讲习所。1926年11月，任中共中央农民运动委员会书记。国共合作全面破裂后，中共中央于1927年8月7日在汉口召开紧急会议，在会上提出“政权是由枪杆子中取得的”，即以武力革命夺取政权的思想，并被选为中央临时政治局候补委员。9月，到湘赣边界领导秋收起义，并在井冈山建立中国第一个农村革命根据地。1928年同朱德、陈毅领导的起义部队会师，成立工农革命军（不久改称红军）第四军，任党代表、中共军委书记。1930年红军第一方面军成立，任总政治委员、总前委书记。1931年被选为中华苏维埃共和国中央执行委员会主席。1933年1月被补选为中央政治局委员。从1930年底起，同朱德领导红一方面军战胜了国民党军队的多次“围剿”。长征途中，1935年1月在贵州遵义中共中央政治局扩大会议上，增选为中央政治局常委，确立了毛泽东在中共中央和红军的领导地位。1935年10月红军到达陕北。随后被选为中央革命军事委员会主席，担任这一职务直到逝世。1936年12月，同周恩来等促使“西安事变”和平解决，实现国共第二次合作。1937年7月全国抗日战争爆发后，以毛泽东为首的中共中央坚持统一战线中的独立自主原则，努力发动群众，开展敌后游击战争，建立了许多大块地区的抗日根据地。1942年领导全党开展整风运动。1943年3月被选为中共中央政治局主席。1945年主持召开中共第七次全国代表大会，在这次大会上，毛泽东思想被确立为中国共产党的指导思想。从七届一中全会起，一直担任中共中央主席。1945年8月赴重庆同蒋介石谈判。1946年夏蒋介石发动全面内战后，和朱德、周恩来等领导中国人民解放军从战略防御转入战略进攻，经过辽沈、淮海、平津三大战役和1949年4月渡江以后的作战，推翻了国民党政府。1949年3月，主持召开中共七届二中全会。1949年9月在中国人民政治协商会议第一届全体会议上，当选为中央人民政府主席。随后，又当选第一届全国政协主席。1949年10月1日中华人民共和国成立后，领导全国人民完成了繁重的土地制度改革和其他民主改革任务，指挥了抗美援朝战争，同时迅速恢复了国民经济。1954年，在第一届全国人民代表大会上当选为中华人民共和国主席。1958年，他发起“大跃进”和人民公社化运动。在1960年冬到1965年对国民经济进行“调整、巩固、充实、提高”期间，提出了一系列措施，初步纠正了农村工作中和其他方面“左”的错误。从50年代末开始，领导中共同苏共领导人奉行的大国沙文主义和干涉、控制中国的企图进行了坚决的斗争。70年代，提出三个世界划分的战略思想，并且开始打开对外工作的新局面。1966年，错误地发动“文化大革命”，由于形势被林彪、江青两个反革命集团操纵和利用，使中国许多方面受到严重的破坏和损失。1976年9月9日在北京逝世。1981年6月，中共十一届六中全会通过的《关于建国以来党的若干历史问题的决议》指出，毛泽东同志“虽然在‘文化大革命’中犯了严重错误，但是就他的一生来看，他对中国革命的功绩远远大于他的过失。他的功绩是第一位的，错误是第二位的。他为我们党和中国人民解放军的创立和发展，为中国各族人民解放事业的胜利，为中华人民共和国的缔造和我国社会主义事业的发展，建立了永远不可磨灭的功勋。他为世界被压迫民族的解放和人类进步事业作出了重大的贡献”。主要著作收入《毛泽东选集》（四卷）、《毛泽东文集》（八卷）、《毛泽东诗词集》等。

勤耕守法，不应特殊
——致石城乡党支部、乡政府

1954年4月29日

文家任何人，都要同乡里众人一样，服从党与政府的领导，勤耕守法，不应特殊。

石城乡支部
石城乡政府　诸同志：

毛月秋[①]同志来北京，带来你们的报告，甚为感谢。

我的亲戚唐家圫文家，过去几年常有人来北京看我。回去之后，有些人骄傲起来，不大服政府管，这是不对的。文家任何人，都要同乡里众人一样，服从党与政府的领导，勤耕守法，不应特殊。请你们不要因为文家是我的亲戚，觉得不好放手管理。我的态度是：第一、因为他们是劳动人民，又是我的亲戚，我是爱他们的。第二、因为我爱他们，我就希望他们进步，勤耕守法，参加互助合作组织，完全和众人一样，不

---

① 毛月秋，湖南湘潭人。大革命时期参加革命，新中国成立后曾在韶山毛泽东旧居做过接待工作。

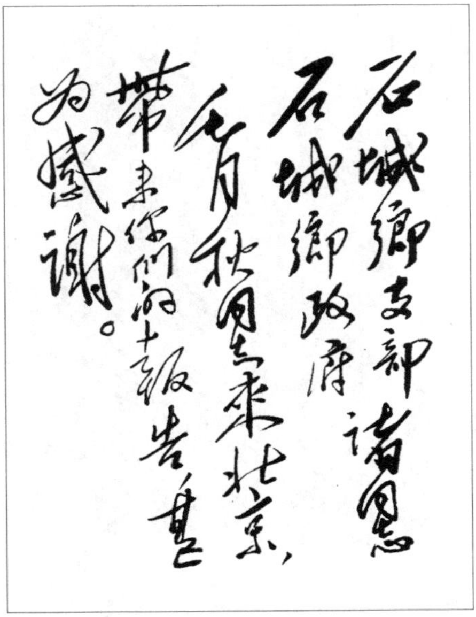

石城乡支部
石城乡政府诸同志：
毛月秋同志来北京，
带来你们的报告，甚
为感谢。

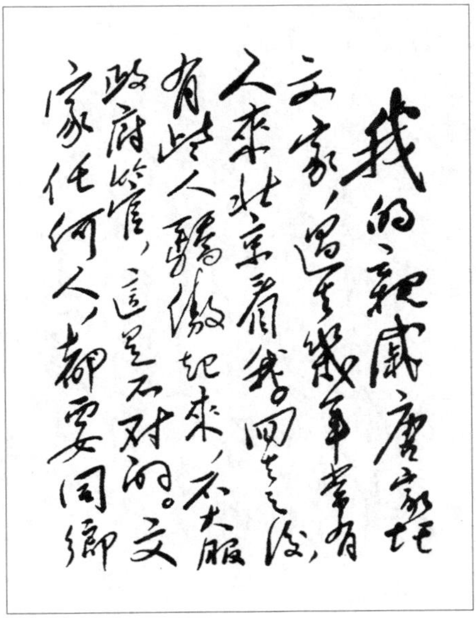

我的亲戚唐家圫
文家，过去几年常有
人来北京看我，回去之后，
有些人骄傲起来，不大服
政府管，这是不对的。文
家任何人，都要同乡

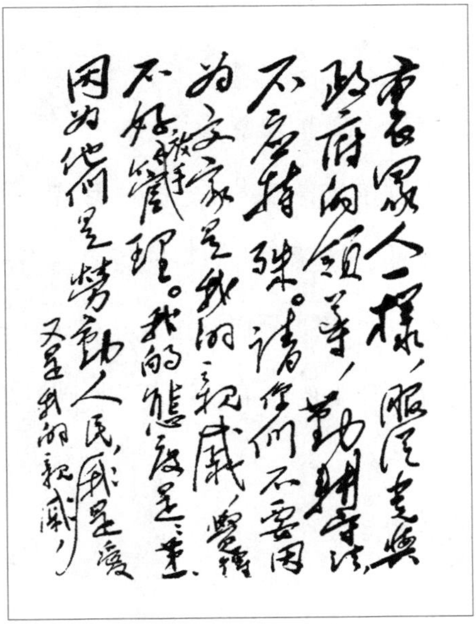

里众人一样，服从党与
政府的领导，勤耕守法，
不应特殊。请你们不要因
为文家是我的亲戚，觉得
不好放手管理。我的态度是：第一、
因为他们是劳动人民，又是我的亲戚，我是爱

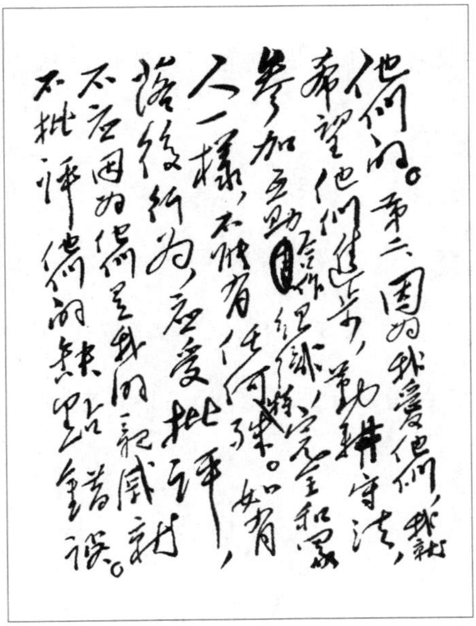

他们的。第二，因为我爱他们，我就
希望他们进步，勤耕守法，
参加互助组织（合作社），完全和众
人一样，不能有任何特殊。如有
落后行为，应受批评，
不应因为他们是我的亲戚就
不批评他们的缺点错误。

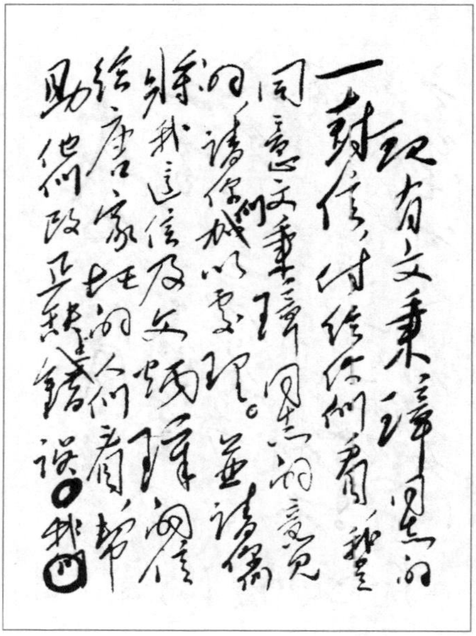
现有文秉璋同志的一封信，付给你们看，我是同意文秉璋同志的意见的，请你们加以处理。并请你们将我这信及文秉璋的信给唐家圫的人们看，帮助他们改正缺点错误。我

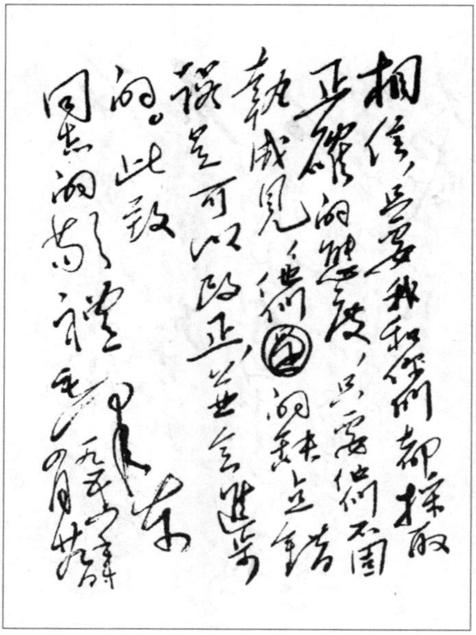
相信，只要我和你们都采取正确的态度，只要他们不固执成见，他们的缺点错误是可以改正，并会进步的。此致
同志的敬礼
毛泽东
五四年四月廿九

能有任何特殊。如有落后行为，应受批评，不应因为他们是我的亲戚就不批评他们的缺点错误。

现有文秉璋[1]同志的一封信，付给你们看，我是同意文秉璋同志的意见的，请你们加以处理。并请你们将我这信及文秉璋的信给唐家圫的人们看，帮助他们改正缺点错误。我相信，只要我和你们都采取正确的态度，只要他们不固执成见，他们的缺点错误是可以改正，并会进步的。

此致

同志的敬礼

毛泽东

一九五四年四月二十九日

---

① 文秉璋，毛泽东的表侄。

【品读导航】

新中国成立后，毛泽东的亲戚常有人来北京看望他，或口头或以书信反映一些情况。但有些人借和毛泽东的亲友关系，自视尊贵，不把当地政府放在眼里。石城乡党支部、乡政府将这些情况写成报告，托到北京的毛月秋捎给毛泽东。毛泽东于1954年4月29日给当地乡支部和乡政府写了这封信。

毛泽东在信中，首先对当地乡支部和乡政府托人带的报告表示“甚为感谢”。信中提到的“我的亲戚唐家圫文家”，是指毛泽东母亲这边的亲戚。毛泽东的母亲文七妹，娘家在湘乡唐家圫，与韶山隔一座云盘大山，相距十多里路。毛泽东的亲戚中不少人为革命作出了重大贡献，但毛泽东对自己的亲戚要求仍是极为严格的。当毛泽东得知他的亲戚中一些人从北京回到家乡之后“骄傲起来，不大服政府管”时，立即明确表示“这是不对的”。毛泽东从小就很爱他的母亲，与母亲文家方面的亲戚关系极为密切，他少年时代还曾向表兄文运昌借阅过对他极有影响的两本书《校邠庐抗议》和《盛世危言》。毛泽东在信中表达了他对亲戚文家的关爱，这种关爱集中体现在他对他们的严格要求方面。毛泽东认为，一方面，“他们是劳动人民，又是我的亲戚，我是爱他们的”，另一方面，“希望他们进步，勤耕守法”，“完全和众人一样，不能有任何特殊”。毛泽东在信中希望当地政府对自己的亲戚一视同仁，秉公办事。毛泽东还将他的表侄文秉璋的一封信转给当地乡支部和乡政府看，说“我是同意文秉璋同志的意见的”，“请你们加以处理”。为了帮助和教育自己的亲戚，他请当地政府“将我这信及文秉璋的信给唐家托的人们看，帮助他们改正缺点错误”。毛泽东相信：“只要我和你们都采取正确的态度，只要他们不固执成见，他们的缺点错误是可以改正，并会进步的。”

毛泽东是一位伟人，又是一位普通人。他极其看重革命情谊，也极其看重亲情、乡情。毛泽东终生把为人民服务作为最高宗旨，也要求自己的亲戚这样做。信中表达的丰富感情，令人肃然起敬。

意志可以克服病情
——致李讷

1958年2月3日

意志可以克服病情。一定要锻炼意志。

诗一首：青海长云暗雪山，孤城遥望玉门关。黄沙百战穿金甲，不斩楼兰誓不还。这里有意志。

李讷：

念你。害病[①]严重时，心旌摇摇，悲观袭来，信心动荡。这是意志不坚决，我也常常如此。病情好转，心情也好转，世界观又改观了，豁然开朗。意志可以克服病情。一定要锻炼意志。你以为如何？妈妈很着急，我也有些。找了小员、院长计苏华、主治大夫王历耕、内科大夫吴洁诸同志今天上午开了一会，一致认为大有好转。你昨夜睡了九小时，你跑出房门在小廊上看画报。白血球降下来了，特别是中性血球，已恢复正常。他们说不成问题，确有把握，你可以放心。这点发烧，应当有的，

① 害病，指女儿李讷连续两次住院做外科手术，术后伤口感染，引起发烧。

完全正常。妈妈很不放心，打了电话给她，她放心了。李讷，再熬几天，就可完全痊愈，怕什么？我的话是有根据的。为你的事，我此刻尚未睡，现在我想睡了，心情舒畅了。诗一首：青海长云暗雪山，孤城遥望玉门关。黄沙百战穿金甲，不斩楼兰誓不还。[①]这里有意志。知道吗？你大概十天后准备去广东，过春节。愿意吧。到那里休养十几天，又陪伴妈妈。亲你，祝贺你胜利，我的娃！

爸　爸

二月三日上午十二时

半睡状态执笔，字迹草率，不要见怪。有话叫小员来告我。

【品读导航】

这是毛泽东写给小女儿李讷的一封情真意切的信。

1958年，李讷得了急性阑尾炎，借住院手术之便，决定一并取出因幼时不慎断在肉里的针头。这次毛泽东亲自联系，由北京医院院长计苏华和该院外科医生王历耕、内科医生吴洁等一起做手术。割阑尾的手术很顺利，取断针的手术却遇到了麻烦，最后不得不借助于X光，才把针头取出来。手术后，因伤口感染，引起高烧。几天来，毛泽东忙于工作，又时时关心着李讷的病情，精神非常疲倦。2月3日，他在临睡前，仍不放心女儿，便给李讷写了这封信。

这封信是毛泽东给李讷信中最长的一封，表现出了一个父亲对女儿

① 唐代王昌龄《从军行》（七首）之一，其中第四句原文是“不破楼兰终不还”。

的一片深情和疼爱。信中，毛泽东在关心女儿病情的同时，又以古诗来勉励，并用天下父子亲人惯用的口吻，告诉女儿去广州陪伴妈妈，大家一起过年。这是一封充满人伦亲情的家书，反映出毛泽东细腻的感情世界。从中可以看出，毛泽东不仅是全国人民衷心爱戴的伟大领袖，也是一位慈祥的父亲。

★ 故事分享 ★

真正的英雄

刘 钊

毛泽东、周恩来、雷锋、林则徐、黄继光……

这是社会调查中学生们心中的英雄，我们心中的丰碑。

看到这些名字，便知世殊事异，沧海桑田，莘莘学子们心中，仍是一片片丹心，便知道有些理想不可磨灭，有些英雄不可消逝。无论咖啡馆的烟气如何缭绕，无论“世风日下”的腔调如何悲懊，万千学子心中，仍印刻着真正的英雄！

真正的英雄，心怀理想，知其不可而为之。

学生们仍铭记着林则徐，虎门的硝烟已然散尽，但熊熊烈火却在少年心中永远燃烧。远走边疆，风吹雪莲，那圣洁的风铃仍在吟唱一个传说：那清明如镜的“皇渠”，便是林则徐汗水与泪水的流淌。

于是，我们懂得志存高远，家国利害，不以祸福趋避。生命本是平庸的干柴，那么理想便是点亮它的火花。一个生命的燃烧或许微弱，但那理想的火种却可燎原。英雄如孤独的流星划破天际，身后便有璨灿的流星雨点亮黑暗的亘古长夜！

真正的英雄，景行行止，高风亮节。

学生们仍铭记着周恩来，灾区中那一碗一饮而尽的浊水，日内瓦会场上那块毅然丢下的手绢，两弹一星庆功会上的畅饮，更有联合国秘书长的悼词：他的国家人口最多，他却没有一个孩子，他的国家博大富庶，他却没有一分存款。

于是，我们懂得了恪持操守，砥砺清节。千里良驹，不称其力而称其德，真正的英雄，闪耀的是他的德行。才智谋略并不珍稀，珍稀的是追随道德的谋略。

真正的英雄，将生命与民族命运融合，写下不朽的史诗。

学生们仍然铭记着毛泽东，那个将一生融入民族大业的人，犹记同学少年，便能独立湘江，臧否万古，粪土万户侯；弱冠之年，便将革命的火种引入校园。北大红楼半载光阴，可有半分化作风月？嘉兴南湖红船上，始是红日初耀时。埋首书斋，通读二十四史，将两千年学问，化作瑞金赤水奇兵，傲立山岗，博学马列著作，让红色经典，炼就救国医民良药！他一生的足迹，便是中国革命成长的足迹，他满腔热血，便是插遍全国的万面红旗，便是涛涛黄河，滚滚长江，便是一个自强不息的中国！

学生们仍记得黄继光，用半尺胸膛化为坚不可摧的中国之盾；

学生们仍记得罗盛教，用一腔热血种下了中朝两国友谊之花；

学生们仍记得董存瑞，用八尺身躯爆发出承载天地的力量；

学生们仍记得……

梁启超作《少年中国说》，断言少年强则国强。

万千学生心怀真正的英雄，那么，在那稚真的眼眸中，你已看到一个个燃烧着的梦想，一个个奋发向上的灵魂，一条腾飞巨龙的投影，一个自强不息的民族。

学生感言

几十年后，仍有许多青少年被毛泽东的人格所吸引，将他视为英雄，在他的影响下成长，追寻英雄的人格魅力。有外媒评价说："在互联网、可口可乐中长大的中国的新一代，并没有放弃他们父辈的理想。"我想，这就足够了。

周恩来

（1898.3.5～1976.1.8）

伟大的马克思主义者，伟大的无产阶级革命家、政治家、军事家和外交家，中国共产党和中华人民共和国主要领导人之一，中国人民解放军的主要创建人之一。字翔宇，祖籍浙江绍兴，生于江苏淮安。1917年在天津南开学校毕业后，赴日本求学。1919年回国，在著名的五四爱国运动中成为天津学生界的领导人。1920年赴欧洲勤工俭学。1921年加入中国共产党。1923年任中国共产主义青年团旅欧支部书记、中共旅欧组织领导人。1924年回国后，任黄埔军校政治部主任、国民革命军第一军政治部主任，并先后任中共广东区委委员长、军事部长，两次参加讨伐军阀陈炯明的东征。1927年3月，领导了著名的上海工人第三次武装起义。5月，在中共五届一中全会上当选为中央政治局委员。7月12日，中共中央改组，参加主持临时中央常务委员会的工作。8月，领导八一南昌起义。1928年，在中共六届一中全会上当选为中央政治局常委，后任中共中央组织部部长、中央军委书记。从中共六大后到1930年春这段时间内，实际上是中共中央工作的主要主持者。1931年12月到中央苏区，先后担任中共苏区中央局书记、中国工农红军总政委兼第一方面军政委、中央革命军事委员会副主席等职务。1933年春与朱德一起领导和指挥红军粉碎了国民党军对中央苏区的第四次“围剿”。1935年1月，在遵义会议上，支持毛泽东的正确主张，对确立以毛泽东为代表的新的中央的正确领导，起到了关键作用，遵义会议后继续担任军委副主席，是全权指挥军事的新“三人团”成员，参与领导和指挥红军胜利完成二万五千里长征。1936年12月西安事变发生后，作为中共全权代表，同蒋介石进行谈判，促成了事变的和平解决。抗日战争全面爆发后，代表中共长期在重庆及国民党控制的其他地区做统一战线工作并先后领导中共中央长江局、南方局的工作。1945年，在中共七届一中全会上当选为中央政治局委员、中央书记处书记。8月，和毛泽东、王若飞一起到重庆同国民党谈判。《双十协定》签订以后，继续率领中共代表团在重庆和南京同国民党进行斗争。1946年11月回到延安。1947年3月，为粉碎国民党军的重点进攻，同毛泽东、任弼时一起，在陕北率领中央机关和中央精干机关艰苦转战，指挥人民解放军从战略防御转入战略进攻。1948年9月起在西柏坡协助毛泽东组织和指挥解放战争，同时指导国民党统治区的革命运动。1949年10月中华人民共和国成立后，一直任共和国政府总理，曾兼任外交部部长，并任中共中央军委副主席，中国人民政治协商会议副主席、主席。50年代，成功地组织领导了国民经济的恢复工作和以156个建设项目为中心的工业建设。1954年，提出建设现代化工业、农业、交通运输业和国防的“四化”目标。1961年至1965年，领导了国民经济的调整工作，使国民经济逐步得到恢复。参与制定和亲自执行重大的外交决策。1950年朝鲜战争爆发，协助毛泽东指挥了中国人民志愿军作战，领导了中国代表团的停战谈判。1954年参加日内瓦会议。代表中国倡导和平共处五项原则，作为国与国之间关系的准则。1955年在万隆会议上主张和平共处，反对殖民主义，提倡求同存异、协商一致。先后访问欧、亚、非地区的几十个国家，接待大量来自世界其他各国的领导人和友好人士。“文化大革命”中，同林彪、江青反革命集团进行了各种形式的斗争，为减少“文化大革命”所造成的损失，为保护大批党内外干部群众作了坚持不懈的努力。为实现中美、中日关系正常化和恢复中国在联合国的合法席位做出了卓越贡献。1975年，在全国人大四届一次会议上，代表中国共产党重新提出在中国实现工业、农业、国防和科学技术现代化的目标。1976年1月8日在北京逝世。主要著作收入《周恩来选集》、《周恩来外交文选》、《周恩来军事文选》等。

人生赖奋斗而存

——致周恩夔、陆淑珍[①]

1946年6月11日

人生赖奋斗而存。

铁仙四哥嫂：

相别几近三十年，一朝晤对，幸何如之。旧社会日趋没落，吾家亦同此命运，理有固然，宁庸回恋。惟人生赖奋斗而存，兄嫂此来，弟处他人檐下[②]，实无可为助。倘在苏北，或可引兄嫂入生产之途，今则只能以弟应得之公家补助金五万元，送兄嫂作归途费用，敢希收纳。目前局势，正在变化万端，兄嫂宜即返扬，俾免六伯父悬念。弟正值万忙之中，无法再谋一面。设大局能转危为安，或有机缘再见，届时亦当劝兄嫂作生产计也。

---

① 周恩夔，周恩来的堂兄。陆淑珍，周恩夔的夫人。

② 当时为谋求国内和平、制止内战，周恩来率中共代表团驻南京，同国民党政府的代表进行谈判。

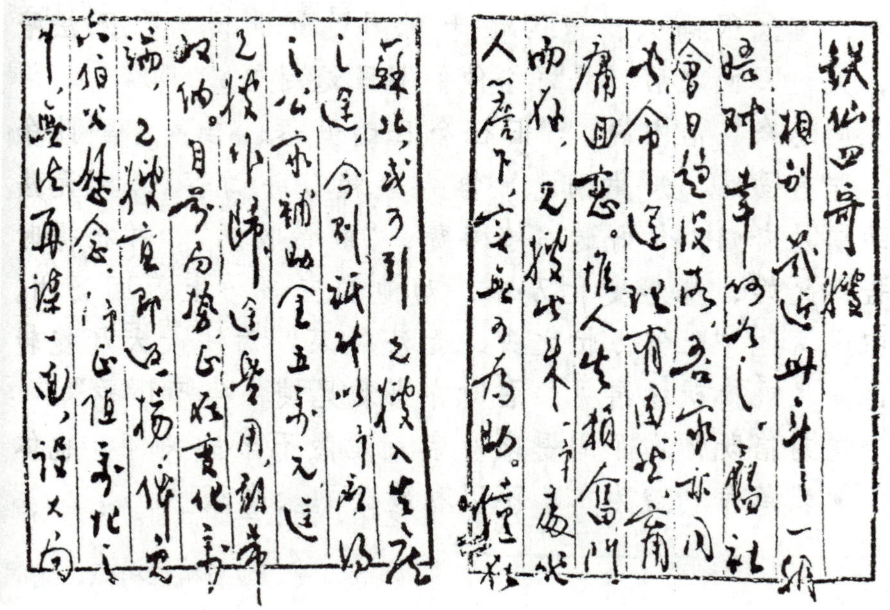

匆匆函告，恕不一一。顺颂旅安，并祈代向六伯父问候安好为恳。

七弟　拜启

六月十一日

弟妹附笔。

【品读导航】

这是周恩来1946年6月11日写给堂兄夫妇周恩夔、陆淑珍的信。

当时周恩来正率中共代表团在南京与国民党政府的代表进行和平谈判。相别近30年，他的堂兄周恩夔夫妇的到来，使他很高兴，但因忙于同国民党的谈判，无法陪伴，见过一面之后，只好给他们写了这封信。

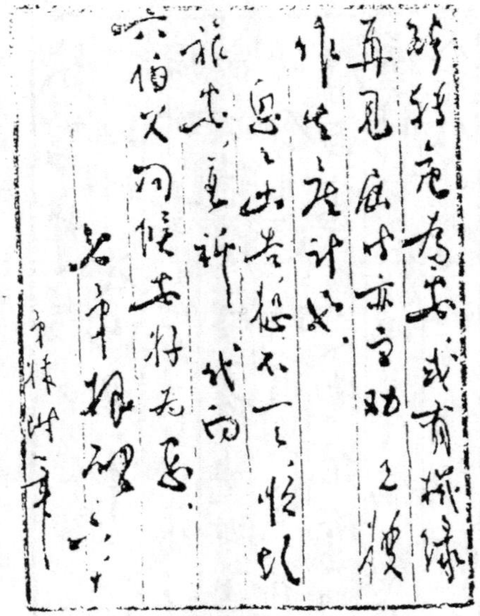

转危为安，或有机缘再见，届时亦当劝兄嫂作生产计也。

周恩来在信中说，“旧社会日趋没落，吾家亦同此命运，理有固然，宁庸回恋。惟人生赖奋斗而存”，实无法帮助堂兄夫妇，只好送一些路费，“敢希收纳”。并根据时局告诉兄嫂，形势变化万端，劝他们应该马上返回扬州。信中说，他“正值万忙之中，无法再谋一面。设大局能转危为安，或有机缘再见，届时亦当劝兄嫂作生产计也”。

这封信既表达了周恩来对亲人无微不至的关怀，也体现了他以革命利益为重、不以私废公的崇高精神。

时代总是要求我们多向前看
——致邓颖超

1959年3月18日

这个时代总是要求我们多向前看，多为后代着想，多向青年学习。偶一不注意，便有落后的危险，还得再鼓干劲，前进再前进啊！

超：

等了几天没接到你来电话，今午听说你又病了，甚为惦念。明日当与你通话，希望你能提早回京。我大约可迟到二十三日再走。这几天为报告忙起来了，而国内外又有些文电和事情要办。睡眠便又少了起来。现已夜深，听说明午琮英去穗，写此短笺，聊表怀念。“三八”之日虽未通话，却签了一个贺片，而且还是三十年前的笔名，你看了也许引起一些回忆。老了，总不免有些回忆。但是这个时代总是要求我们多向前看，多为后代着想，多向青年学习。偶一不注意，便有落后的危险，还得再鼓干劲，前进再前进啊！

问好

翔　宇

一九五九年三月十八日夜

【品读导航】

这是周恩来1959年3月18日写给当时正在广州养病的邓颖超的信。1959年春，邓颖超因病到广州休养，终于实现了她到广州重游的愿望。广州是她和周恩来婚姻的起点，所以邓颖超特别希望和周恩来同游广州，重温过去。但周恩来因为工作忙，没能与她同往。

繁忙中的周恩来时刻记挂着病中的邓颖超，前后两次寄去贺卡表示

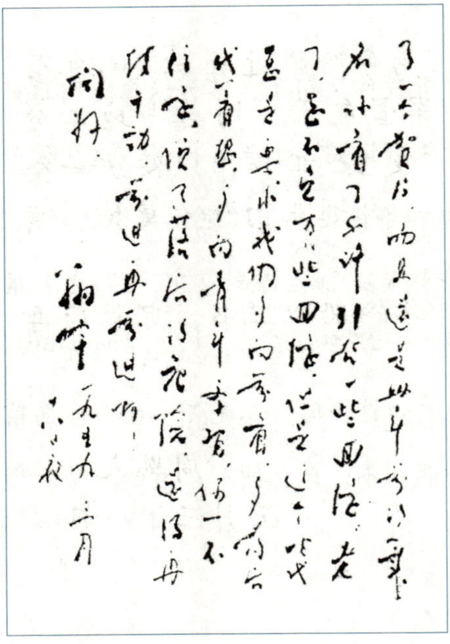

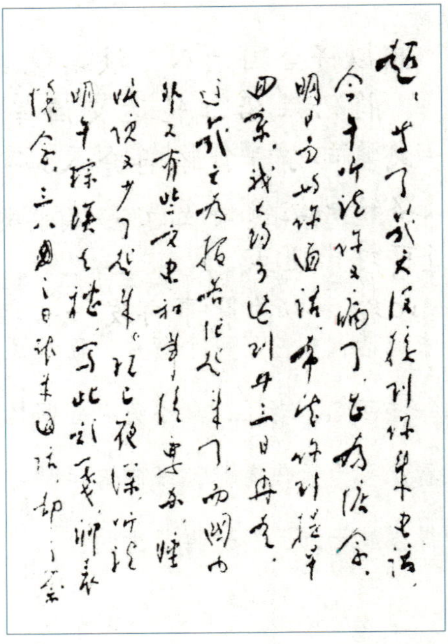

问候。3月18日，他又于百忙中抽出时间给邓颖超写了这封信。信中除了惦念、关切之外，还特地用了30年前曾用的笔名“翔宇”，引邓颖超和他共忆30年前他们共同度过的美好时光。信中还勉励叮嘱邓颖超：“这个时代总是要求我们多向前看，多为后代着想，多向青年学习。偶一不注意，便有落后的危险，还得再鼓干劲，前进再前进啊！”从一个侧面表现出周恩来对邓颖超的关心关切以及共同携手进步的高尚情怀。

★ 故事分享 ★

珍存那一刻的智慧

马子麒

忙碌，在那些虚浮的欲望中生存，或许只有在读书时，才算是将灵魂从那凡俗百味中救赎，即使我们不能脱俗，在读书冥想那一刻的灵光闪现中，却可以感受到那样一种精神世界的存在，一种真切却无形的存在。这，或许就是读书时那短暂的一刻，生出的智慧。

从《四世同堂》到《野葫芦引》，从《正红旗下》到《崩溃》，从《南怀瑾》到《浮士德》，存在于真实或是虚幻世界里的人物、家庭，乃至社会，都似在某一种规律的牵引之下，由生至死，由兴至衰。就是在一个个细节中，种种人们所真实经历或构想可能发生的场景中，展露着那些现实真理与旧有存在的想法或臆断的矛盾，乃至于同一理论所衍生出的悖论。在这样出人意料的情节发展乃至于令人瞠目结舌的现实之中，在那些矛盾与悖论的中心，便是展示着那一种规律的真谛。往往矛盾之中的冥思，存在于那些荒谬理论中的犹疑、那一种对于真理的追寻中，有那样一刻，我们可以忘记了那些凡俗的欲望，触到了那个超越了生死、兴衰等自然规律的精神世界的真实存在，或说它就是那个规律本身，蕴藏于这些世俗的苦乐纠缠里。那一刻，称为智慧。

我的那一刻智慧，由悲剧开始。悲剧，美好的事物撕成碎片，彻底触动了我原本认定的善有善报恶有恶报的思想，善良的人们落得悲惨的下场，在作者的合情合理的构想安排之中。我疑问着悲剧为何而悲，其源于所撕碎事物的美好。因而，既有美好才有悲，没有原本的美好也就不存在其后的悲哀。我才明白阴阳、黑白也是相生的。这些一切的总和，到底都是盈亏相抵归于虚无的。这一点上，平等而公正。

大抵如此，读懂那某一种执著，某一种文化，乃至于某一种生死衰亡，某一种思想的悲哀，某一种凡俗之世不可脱离，某一种世事变更的道理。在那一次次智慧的闪现中，一点点触到无形的道，一次次颠覆之前的世界观与人生观，一次次的震撼中，世界如雨后初晴，眼前又一次的澄澈如初，旧时的一切一洗而去。

读书的可贵，就在于那一刻的智慧，在于那一次次新旧观念间的剧烈碰撞，在于作者思想中那些凡俗苦乐与世俗牵绊之中可以衍生出的矛盾与悖论，再从这些根本就来自于臆想中物质世界的矛盾之中寻到一些超脱物质的什么。哪怕灵魂永远要受到肉体的牵累不能自由飘飞，在那一刻的智慧中，即使就像被牵着线在空中滑翔的风筝，只有一刻被束缚的飞翔，也毕竟有那随风飘扬的喜悦与幸福。

因此读书，为了那一刻的智慧，那一刻的腾飞，那一刻的矛盾爆发中的巨变，那一刻巨变中的平静。或许在哪一次的闪现中便是真正的智慧，灵魂真正自由的飞跃。

所以，珍存那一刻的智慧——读书。

学生感言

读书是门槛最低的高贵行为。读书不受地位高低、身份贵贱的限制；读书也是最容易远离世俗、结晶智慧的生活方式。和古今圣哲、革命先辈进行生命的对话和精神沟通时，智慧的甘霖就会从天而降，静静滋养你的生命和心灵，一切因庸常而生的烦恼、焦虑便会烟消云散。

刘少奇
（1898.11.24～1969.11.12）

伟大的马克思主义者，伟大的无产阶级革命家、政治家和理论家，中国共产党和中华人民共和国主要领导人之一。原名绍选，字渭璜，湖南宁乡人。1920年加入中国社会主义青年团。1921年到莫斯科东方劳动者共产主义大学学习，同年转为中国共产党党员。1922年回国，在中国劳动组合书记部工作。不久受党委派领导安源路矿工人大罢工，任安源路矿工人俱乐部代理总主任、总主任。1925年5月在第二次全国劳动大会上当选为中华全国总工会副委员长，参加领导五卅运动和省港大罢工。1927年5月在中共第五次全国代表大会上当选为中央委员。大革命失败后，在上海、天津、北平、哈尔滨等地从事秘密工作。1930年夏出席在莫斯科召开的赤色职工国际第五次代表大会，当选为执行局委员。1931年1月在中共六届四中全会上当选为中央政治局候补委员。同年秋回国，任中共临时中央职工部部长、中华全国总工会组织部长。1932年冬进入中央苏区。1934年10月参加长征，在遵义会议上，支持毛泽东的正确主张。会后任红军第三军团政治部主任。1936年春赴华北，任中共中央代表，执行中共中央关于建立抗日民族统一战线的政策。1937年七七事变爆发后，任中共中央北方局书记，领导了华北抗日根据地和山西抗日新军的创建工作。1938年11月在中共六届六中全会上被任命为中共中央中原局书记。1941年皖南事变后，任新四军政治委员、中共中央华中局书记，同陈毅一起重建新四军军部，恢复和发展了长江中下游地区中共领导的抗日武装力量，扩大了华中抗日根据地。1943年3月任中央书记处书记和中央军事委员会副主席。1945年6月在中共七届一中全会上当选为中央政治局委员和中央书记处书记。7月，任中共中央军委副主席兼总政治部主任。抗日战争胜利后，在毛泽东赴重庆谈判期间，代理中共中央主席职务，主持作出“向北发展、向南防御”的决策。1947年3月，任中共中央工作委员会书记，同朱德、董必武等转移到华北，负责中央委托的工作。1949年4月至5月间，受毛泽东的委托，赴天津调查研究，扭转天津经济恢复工作中的混乱局面。1949年9月，在中国人民政治协商会议上，当选为中央人民政府副主席，并任人民革命军事委员会副主席等职。1950年他主持制定的《中华人民共和国土地改革法》等文件，成为新中国成立初期指导全国各地土地改革健康发展的基本依据。1954年在第一届全国人民代表大会第一次会议上当选为全国人民代表大会常务委员会委员长。1956年9月在中共八届一中全会上当选为中共中央政治局常务委员、中央副主席。1959年4月在全国人大二届一次会议上当选为中华人民共和国主席、国防委员会主席。60年代初期，与周恩来、陈云、邓小平一起制定了一系列注重实效的政策措施，支持和指导实施“调整、巩固、充实、提高”的方针，使国民经济得到恢复和发展。先后出访苏联、印度尼西亚、缅甸、柬埔寨、越南、朝鲜、巴基斯坦、阿富汗、东巴基斯坦（今孟加拉国）等，发展了同这些国家的友好关系。1965年1月，在全国人大三届一次会议上，再次当选为中华人民共和国主席、国防委员会主席。1966年“文化大革命”开始后，受到错误的批判，遭到林彪、江青反革命集团的政治陷害和人身摧残，被免除一切职务。1969年11月12日在河南开封病逝。1980年2月中共十一届五中全会作出专门决议，为刘少奇平反和恢复名誉。主要著作收入《刘少奇选集》、《刘少奇论党的建设》、《刘少奇论新中国经济建设》等。

抛弃个人主义，接受集体主义

——致刘允若[①]

1955年5月6日

谁能坚持学习到最后，谁就能胜利，谁不能长期坚持学习，谁就要失败。所以必须把长期坚持学习放在第一位，把现在得多少分数放在第二位。

要你同先生们和同学们团结合作，在先生们和同学们面前不要怕自己吃了一点亏，不要去占别人的便宜，不要看不起别人。

你必须抛弃个人主义，接受集体主义。就是在任何时候，任何问题上都要首先考虑集体的利益，把集体的利益摆在前面，把个人愿望、个人利益摆在服从的地位；当个人愿望和个人利益同集体利益发生矛盾时，应该肯于为了集体的利益而牺牲个人的利益。你应该下决心成为这样一种人，决心改造自己，加强这方面的锻炼。

① 刘允若，刘少奇的儿子。1955年在苏联莫斯科航空学院读书，1960年夏回国工作，后加入中国共产党。“文化大革命”中受迫害致死。

亲爱的允若：

你三月二十六日、四月三日和四月二十五日的来信都收到了。关于你的身体、学习、饮食和休息等问题应该如何处理，在我上次给你的信里和光美[①]几次给你的信里都已着重地说到，我现在的看法仍然是和这些信中所说的一样，没有新的意见。关于学习、饮食、休息等问题，除了照那些办法处理以外，也不可能有更好的办法处理，你应照着这些办法去做。我们是认真地向你说这些话的，你必须认真地听取。大使馆规定的作息时间和生活制度是正确的，是保证学生们在长时期内健康地完成学习任务所必需的条件，是同我的意见一致的。你不按大使馆的规定做，就是不听大使馆的话，也就是不听我的话。可以看出，我上次写给你的信，并没有得到它应该产生的效果，这是很不能令人满意的。由于你坚持你的错误的做法，你的健康状况日渐坏下去，这就足以证明你自己的做法是根本行不通的。我劝你从现在起坚决地按大使馆的规定执行，也就是按我们和你的同学们的劝告执行，使生活正常起来，保持身体健康，以便长期坚持学下去，只有这样，才能完成国家给你的五年学习任务。如果你不这样做，你就不能长期坚持学下去，即使你这一年的学习成绩很好，最后你还是要失败的。我的意见和大使馆规定的主要意义，就是要保证你们能长期学下去，谁能坚持学习到最后，谁就能胜利，谁不能长期坚持学习，谁就要失败。所以必须把长期坚持学习放在第一位，把现在得多少分数放在第二位。你必须这样做，你才能真正完成学

① 光美，即王光美，刘少奇的夫人。

习任务。否则，你将会失败。如果你失败回国，那将引起很不好的影响，对国家对你个人都是有损失的。如果你现在已经病倒，经过校医的证明和介绍，是可以在苏联医治和休养一个时期，再继续学下去，决不能半途而废，决不可以起“身体垮了可以回国”的念头。国家送学生到苏联去学习是很严肃的事情，决不可以随着你个人的意愿去对待，搞不好跑回来是要受处分的。

关于调换学校的问题，如果你有足够的理由，是可以向组织上提出请求调换的。但根据你的来信，你要调换学校的理由是错误的。你说：“既不是因为功课重，又不是不喜欢学航空，而是和这一帮人处不下去。”这不能成为要求调换学校的理由。你同这个学校的同学搞不好，到另一个学校难道就能搞得好吗？再搞不好又怎么办？还能再调换？转学是要得到大家的谅解和同情的，但你的理由是不会得到任何人的谅解和同情的，而且我认为你现在的问题也不是转学可以解决的，所以你最好不要请求转学。转学对组织对你自己都很麻烦，都要引起损失的。

关于你同屋的那位苏联同学，如果他真如你所说的那样，成夜赌钱，经常酗酒，吵闹得同屋同学们不能学习和休息，这是不好的。对他的这种行为，是不应该赞成的，而应该劝告他、批评他，使他改正，他不改正，你向他报复是不对的。以后，你向直接领导你们学习的系主任反映是可以的，没有错误的。但是，处理中国同学和苏联同学之间的纠纷，应该遵循更有组织的办法，你应该先向自己所属的中国青年团的组织反映，经过中国的团组织或党组织向他所属的苏联团组织或党组织反映，再由苏联的团组织或党组织去批评他、教育他。这样做，就不会影响你们学校内中苏同学间的关系，而且可以加强中苏同学间的团结。你没有这样做，也是有一部分缺点的。你们团的组织在这件事的处理中，检讨经验教训是好的，但你却因此同中国同学们搞翻了，这是很难令人理解的。仅仅为了这件事是不应该同许多中国同学搞不好的。关于这件事，我没有接到你的组织方面的信，仅仅由你的信我也可以看出，真理并不在你这方面。如果大家都不理你，一定是你有错误，因此，你应先去找同学们谈，征求他们的意见，取得他们的帮助。

过去你常常同别人关系搞不好，主要的缺点或错误都是在你这方面。关于这点，我记得在你到延安中学读书以前，我就向你谈过，要你同先生们和同学们团结合作，在先生们和同学们面前不要怕自己吃了一点亏，不要去占别人的便宜，不要看不起别人。过去凡是你同家庭中或学校中的什么人搞不好时，我都是提出这个问题要你注意，屡次着重地向你讲过。虽然在你离京前一两年已有些进步，在你去苏联我们告别时，我仍旧提出这点要你牢记：不要骄傲，不要看不起人，要尊重大家的意见，要肯于为大家的事情吃一点亏。而且，我还引用了鲁迅的名言“横眉冷对千夫指，俯首甘为孺子牛”。不知这些话，你是否记得。你一贯的错误，就是你在劳动人民面前，在同志们面前，不肯“俯首甘为孺子牛”。现在根据你的来信看，你这个毛病不仅未改，而且有了发展。现在你应该向你的组织声明承认错误，请求同志们批评，虚心地接受大家的意见，使相互之间的关系正常起来。就是说，在你的同志们面前你要“俯首甘为孺子牛”。当你同你的同学们、你的组织方面搞不好，而且真理又不完全在你这方面时，我是不会支持你的，我只能相信和支持你的组织方面。你必须改正你的错误，否则坚持下去，还会要犯更大的错误。

你必须学会虚心听取同志们的批评。你必须了解，同志们对你最重要的帮助，就是当面指出你的错误和缺点。拒绝同志们的批评，就是拒绝同志们的帮助，就不能做一个共产党员。

你总以为你自己是对的，别人都是错的；人家都对不起你，你却没有对不起别人；你没有替别人着想，却要别人替你着想；你不肯为别人而有所牺牲，却要别人为你有所牺牲；你不去理别人，却要别人来理你，这是一种什么态度呢？在同志之间，这不是团结和合作的态度，而是同组织、同集体对立的态度，就是把自己个人放在同集体对立的地位，就是一种个人主义。而个人主义是一种资产阶级的思想，只有集体主义才是无产阶级的思想。你必须抛弃个人主义，接受集体主义。就是在任何时候，任何问题上都要首先考虑集体的利益，把集体的利益摆在前面，把个人愿望、个人利益摆在服从的地位；当个人愿望和个人利益同集体利益发生矛盾时，应该肯于为了集体的利益而牺牲个人的利益。你应该下决心成为这样一种人，决心改造自己，加强这方面的锻炼，经常注意个人与集体的关系，一有错误立即改正，否则，你将不会成为一个真正对人民有用的人。

你现在正在学习技术，也就是准备学会一门本领以便为祖国服务。如果你要对祖国有所贡献的话，仅只掌握了技术还是不够的，还要有为人民而学习、为人民而工作的观点，还要取得人民对你的信任。而要取得人民的信任，首先就要取得你的组织、你的同学们、先生们以及一切同你熟悉的人们的信任，如果熟悉你的人都不信任你，不熟悉你的人更不会信任你，人民也就不会信任你，人民不信任你，即使你学了什么本领也是没有用的。被集体被人民抛弃了的人，是最可耻的人，你无论如何也不应成为这样的人，但你必须立即警惕，改正错误，否则，你是有这种危险的。

组织上决定要派一个中国同学同你住在一个屋子，是应当接受而不应当拒绝的，即使是要监督你，也是不应拒绝的。你拒绝了并同小组长吵了一架，粗暴地坚持你的意见，是错误的。你应服从组织上的决定，欢迎搬来的同学，努力争取他对你的帮助。每个共产党员，包括我自己在内，都是要受群众、受组织监督的，而且是应该欢迎别人监督的。记得去年你曾提出申请加入共产党的要求，你既希望成为一个共产党员，而现在已是一个青年团员，是不能拒绝组织监督的。一切拒绝组织和群众监督的人，都不能做共产党员。

你现在是在一个新的环境中生活和学习，你应想办法去适应新环境，要创造条件使生活过得更好些，以保证身体健康。苏联的饮食是很好的，它的营养价值比中国的饮食要高得多，大多数到苏联去过的同志，回来时都增加了体重，我最近两次去苏联体重都增加了几公斤。但，在开始时对奶品及生鱼等我吃不惯，过一个时期吃惯了，觉得它们的味道很好。不要对苏联的饮食存成见，应习惯去吃苏联的有高度营养价值的饮食。过去我们曾寄了一些中国食品给你，这在你初到苏联时是可以的，以后不准备再寄了，因为可能发生不好的影响。你应该知道你现在的生活是很幸福的，学习条件也是很好的。一九二一年我在苏联学习，那时的生活条件确是很困难的，更没有什么人寄东西给我们，而我们都没有怨言，都是愉快地学习和生活着。如果你对你现在的生活还有什么怨言和牢骚，那是很不应该的，我是不会同情你的。

最后，希望你能接受我的意见，真正改正错误，与同学们关系搞好，长期坚持地学下去，经常注意克服个人主义的思想，培养自己成为国家的一个有用的人。希望你这样做，而且必须这样做，不要辜负祖国和我们对你的期望！

我对你写了两封长信是不很容易的。你必须认真对待我所讲的话，彻底抛弃你的错误思想，把思想转过来，你就会愉快的。

祝你健康、愉快、进步！

刘少奇

一九五五年五月六日

【品读导航】

这是刘少奇1955年5月6日给儿子刘允若写的一封长信。刘允若在苏联莫斯科航空学院读书期间，由于和同学们关系不好，要求转学转系。针对刘允若暴露出来的一些思想问题，刘少奇连续给他写了几封长信，对他进行了严厉的批评教育和帮助。这是其中的第二封信。信中批评了刘允若的个人主义错误思想，分析了这种思想产生的原因及危害，并为他今后的健康成长指出了正确的方向。

刘少奇一向重视对子女的教育工作，在刘允若身上就倾注了大量心血。刘允若生长在上海，1932年他4岁时，父亲刘少奇便去了中央苏区，后来母亲何宝珍被捕牺牲，他就被送到一个贫苦的农民家庭当养子，十二三岁时到上海当学徒。因此，他的童年和少年时代的经历很是坎坷。在刘允若15岁那年，刘少奇把他接到了延安，送进了学校。由于刘允若长期在大上海独立地生活，身上沾染了一些不良习气。为此，刘少奇多次和他谈心，指出他身上的缺点，告诫他不要骄傲，不要占别人的便宜，要尊重别人，同大家团结合作。也许是因为分离的时间太长了，父子间的关系不是很融洽，刘少奇的谆谆教诲并未让刘允若彻底改正自己的错误。1954年，刘允若被送往苏联学习，虽然学习成绩不错，但和周围的同学及中国团的组织的关系搞得很僵，因此他提出转学转系的要求。对于儿子的要求，刘少奇并不盲目地表示赞成或反对，而是分析问题的原因，找出刘允若头脑中的症结，认为这是刘允若的个人主义思想在作祟。因此，他要求刘允若向组织承认错误，虚心听取同志们的批评，接受群众和组织的监督，努力改造自己，获得大家的信任，使自己成为一个真正对人民有用的人。

刘少奇的这封信，既体现了他对儿子的严格要求，又体现了他对儿子的拳拳爱心，读后令人肃然起敬，深受教益。

希望你能决心做个进步的革命的青年

——致刘平平①

1963年5月9日

我们希望你能决心做个进步的、革命的青年，具有远大的共产主义理想，具有雷锋式的平凡而伟大的共产主义精神，能够真正继续承担起革命前辈的革命事业。

只要你真正决心献身于伟大的共产主义事业，决心把我们的国家建设成为富强的社会主义国家，真正关心全世界人民的解放事业，任何困难都是能够克服的，虽然吃了苦，吃了亏，你反而会心情愉快，心情舒畅的。

亲爱的平平：

祝贺你就要满十四岁了。希望你的十四岁生日过得有意义。满十四岁，在生理上，就已成长为青年；在智力方面也具有一定的思考能力。

---

① 刘平平，刘少奇和王光美的女儿。当时在北京上中学。

我们希望你在满十四岁以后，认真地考虑一下：你到底要做一个什么样的青年？在我们的社会主义新中国里，大多数青年都是有一定的社会主义觉悟的，但是，仍有先进的、一般的和落后的青年之分。做个落后青年，整天想不费力气、不费脑筋，而又能吃得好些、穿得好些、玩得多些，看来，似乎是最讨便宜，最“享福”的；实际上，这样的人，是最苦恼的。他们没有远大理想，不关心别人，只计较吃、穿、玩，计较个人得失，不仅当前不会心情舒畅，将来，也是没有前途，没有用处，经常要处在苦闷和困难中。在困难的、复杂的阶级斗争环境中，在某些关键的时刻，这样的人就很可能变为反对共产党、反对人民、反对共产主义的坏分子。你应当力争上游，不要安于中游，不要做落后分子和自私分子。我们认为，根据你的健康状况、智力条件和你自幼所受的党的教育，你不应当只安于中游，不应当马马虎虎地度过你的青春时期。我们希望你能决心做个进步的、革命的青年，具有远大的共产主义理想，具有雷锋式的平凡而伟大的共产主义精神，能够真正继续承担起革命前辈的革命事业。现在学习要认真、刻苦，热爱劳动，虚心学习别人的优点，关心集体，关心国内外大事，为了人民和集体，可以有所牺牲，并且注意锻炼身体。将来，党和人民需要你做什么，你就可以做好什么工作。当然，要这样做是会有许多困难，要吃苦，要吃一些亏，要受委屈，甚至要牺牲的；但是，只要你真正决心献身于伟大的共产主义事业，决心把我们的国家建设成为富强的社会主义国家，真正关心全世界人民的解放事业，任何困难都是能够克服的，虽然吃了苦，吃了亏，你反而会心情愉快，心情舒畅的。希望你认真地考虑。只要你真正决心做个进步的、革命的青年，永远听党的话，并严格地要求自己、管束自己，依靠老师、同学和家里的帮助，你一定能够给党和人民做出更多的工作，党和人民一定会更喜爱你的。

如果，你认为我们的意见是对的，那么，从现在开始，你就要以一个优秀的共青团员的标准要求自己，共青团员应做到的事，你都要做到，做错了的事，勇敢地改正。这样，等你满了十五岁以后，共青团的组织一定会欢迎你成为共青团的一个正式团员的。

吻你！

爸爸和妈妈

1963年，5月9日晚赴越前夕，于昆明

【品读导航】

这是刘少奇、王光美1963年5月9日在昆明给女儿刘平平写的生日贺信。当时，刘少奇和王光美刚刚结束对柬埔寨的访问，在昆明休息，第二天他们将前往越南访问。

在这封信中，刘少奇着重分析了先进的和落后的两种人生观，以及由这两种人生观造成的差别，教育女儿要力争上游，树立共产主义的远大理想，发扬雷锋式的平凡而伟大的共产主义精神，能够真正继续承担起革命前辈开创的革命事业。信中阐述的一些重要思想、一些谆谆教诲，对今天的青年人来说，仍具有重要的现实针对性和指导意义。

★ 故事分享 ★

牢记我们的根

罗婧清

一棵参天古木，必是有虬根盘结如云，才有地上的浓荫蔽日；一栋殿宇，必是有基础雄厚坚实如砥，才有眼前的巍峨高耸；一个伟大的民族，也一定有自己的根基——文化的、历史的、精神的、民族的根，这是让一个民族傲立千古、雄视当今、笑看未来的保障。

那么，或许你要问，中华民族的根，究竟是什么？这实在难以一语道出，因为它太繁复，太壮观，又太精妙。然而——从那一碗香气氤氲的豆汁里，从那一声吼彻阳关的秦腔里，从那一卷令人叹为观止的《清明上河图》里，抑或是春节响若惊雷的爆竹里……也许，你就会明白，这，都是我们的根。尽管有的博大，有的琐屑，有的精微，但一律亲切、淳厚而又温馨。它们带给你的，是中华民族那独特的文化与历史的气息，是其他任何一种异域文化所没有的。

然而，对于这样一种源自我们祖先文化的美，并不是所有的华夏子孙都能欣赏——肯德基、麦当劳的快餐之乐早已把炸酱面的香气冲得一干二净，人们宁肯花更高的价钱吃那种高热量低营养的洋食品，而不愿尝一口我们自己世代传承的美味；圣诞节的流行趋势显然已经赶上了春节——这个沿袭了几千年的传统节日，甚至有超过之势；而尚且还被人们惦记的几个节日——端午、中秋、元宵——又剩下了什么？除了“吃”

和“玩”，什么也没有。最关键的是，这些洋文化入侵的对象不是别人，正是那些尚不懂历史、文化与民族之根重要性之所在的孩子！他们是我们民族的希望，是我们历史与文化的传承者与续写者，更是我们民族之根的延伸方向！炎黄大树，根基倘若被撼，其枝干命运将会如何……这让人不禁想起八十多年前鲁迅先生发出的一声长叹：“救救孩子！”

反观许多其他民族的护根意识，我们似乎更堪忧虑：非洲的宽扎节——不，应该说是美利坚的，那里的非裔美国人每年都要聚在一起，七天七夜，探讨非洲及非裔移民的发展道路，追溯非洲的本土文化；近有韩国，端午节习俗自屈原投江之后就在我国出现，而率先以“文化遗产”申报世界文化遗产的倒是韩国人！而宝岛台湾，连战与宋楚瑜的大陆之行，首站无不是祭拜炎黄之祖、华夏之祖，这种对文化之根的尊重与崇尚程度令我们汗颜。反观国内某大学校长，居然在接待活动中把一幅字念错，引来媒体一片嗤笑。

这可笑吗？恐怕每一个有着民族根、中华魂的人都会为我们自己、为我们民族而忧虑、而悲哀。丢根，是许多民族失去自我的开始；忘本，更是一个民族衰败的祸因。而当上至象牙塔、下至学龄儿童都开始忘记本民族根本的时候，或许，中华民族就真的“到了最危险的时候！”

牢记我们的根，因为，没有她，民族的大树将失去支撑，我们的灵魂将无处存身……

学生感言

没有深厚的民族文化底蕴，没有对民族文化的深深挚爱，没有对民族文化现状的透视与思考，没有弥足珍贵的责任感与道义精神，就不可能写出有深度、有厚度、有力度的文章。在不知不觉之中，已经担负起社会的责任，民族文化薪火永传。

朱　德

（1886.12.1～1976.7.6）

伟大的马克思主义者，伟大的无产阶级革命家、军事家、政治家，中国人民解放军的主要创建人之一，中华人民共和国的开国元勋，是党的第一代中央领导集体的重要成员。字玉阶，四川仪陇人。1909年11月考入云南陆军讲武堂，同年加入孙中山领导的中国同盟会。1911年，在云南参加响应辛亥革命的武装起义。1915年参加反对袁世凯复辟帝制的护国战争。1917年任滇军旅长，在四川参加反对北洋军阀段祺瑞的护法战争。1922年，为寻求革命真理赴德国，在柏林加入中国共产党。1925年到苏联学习军事。1926年夏回国，受中共中央派遣到四川军队中进行革命工作。1927年初到江西南昌创办国民革命军第三军军官教育团，培训革命军事干部。1927年，国共合作破裂后，参加领导南昌起义，任起义军第九军军长。1928年率领部分南昌起义部队，发动了湘南起义，然后上井冈山，同毛泽东领导的部队会合，成立了工农革命军（不久改称红军）第四军，任军长。1930年8月任中国工农红军第一方面军总司令，中国工农红军总司令。1931年中华苏维埃共和国临时中央政府成立，任中央革命军事委员会主席。他先后同毛泽东、周恩来一起，指挥红军战胜了国民党军队对中央革命根据地的四次“围剿”。1934年1月在中共六届五中全会上当选为中央政治局委员，同年10月参加长征。1935年1月在遵义会议上支持毛泽东的正确主张。会议确立了以毛泽东为代表的新的中央的正确领导，决定仍由最高军事首长朱德、周恩来为军事指挥者。长征途中，坚决执行党中央的方针政策，同张国焘分裂共产党和红军的行动进行了坚决斗争。1937年全国抗日战争爆发后，任国民革命军第八路军总指挥（不久改称国民革命军第十八集团军总司令），并任中共中央革命军事委员会副主席兼军委前方分会书记。率八路军开赴华北抗日前线。1940年5月，从前线返回延安，参与中共中央和中央军委的领导工作，协助毛泽东指挥全国各抗日根据地的斗争。提出“南泥湾政策”，开展大生产运动，以打破国民党对陕甘宁边区的经济封锁。1945年在中共七届一中全会上当选为中央政治局委员、中央书记处书记。在解放战争中，任中国人民解放军总司令。1947年3月同刘少奇等组成中共中央工作委员会，到华北进行中央委托的工作，组织和领导了解放石家庄的城市攻坚战。在战略决战阶段，参与组织和指挥了辽沈、淮海、平津三大战役。1949年4月，和毛泽东一起发布《向全国进军的命令》。1949年10月中华人民共和国成立，当选为中央人民政府副主席，并被任命为中央人民政府军事委员会副主席、中国人民解放军总司令。在1954年第一届全国人民代表大会上当选为中华人民共和国副主席。在第二、第三、第四届全国人民代表大会上连续当选为全国人大常务委员会委员长。1955年被授予中华人民共和国元帅军衔。在中共八届一中全会上当选为中共中央副主席、中央政治局常委，并任中央军委副主席等职。在“文化大革命”期间，曾遭到林彪、江青反革命集团的侮辱和攻击，但受到毛泽东的保护。在十届一中全会上，继续当选为中央政治局常务委员。1976年7月6日在北京逝世。主要著作收入《朱德选集》、《朱德军事文选》等。

家中支持多赖你奋斗
——致陈玉珍[1]

1937年9月27日

家中支持多赖你奋斗，我对革命尽责，对家庭感想较薄亦是常情。

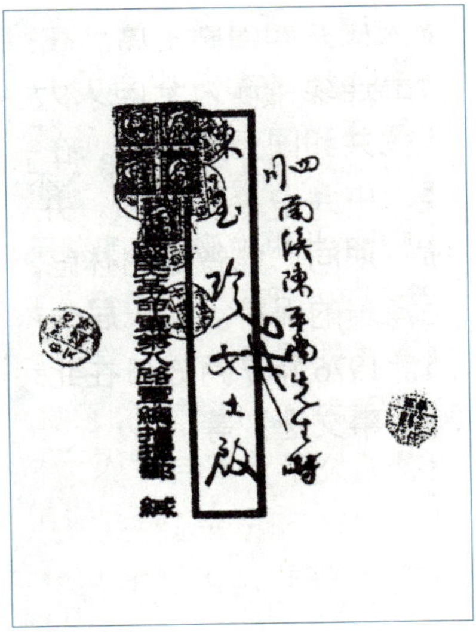

玉珍：

九月十二日的信于九月廿七号在前线作战区收到，知道你十年的苦况，如同一目。家中支持多赖你奋斗，我对革命尽责，对家庭感情较薄亦是常情，望你谅之。我的母亲[2]仍在南溪或回川北去了，川北的母亲[3]现在还在否，川北家中情况如何？

---

① 陈玉珍，朱德的前妻。

② 我的母亲，指朱德的养母刘氏。1888年，朱德过继给伯父朱世连、伯母刘氏为子。1934年刘氏曾去四川南溪县，由陈玉珍赡养。

③ 川北的母亲，指朱德的生母钟氏。她住在川北仪陇县。

望调查告知。庄弟[1]及理书、尚书、宝书、许明扬[2]等，现在还生存否，做什么事，在何处？统望调查告知，以好设法培养他们上革命战线，决不要误此光阴。至于那些望升官发财之人决不宜来我处，如欲爱国牺牲一切能吃劳苦之人无妨多来。我们的军队是一律平等待遇，我与战士同甘苦已十几年，快愉非常。因此，无论什么事都可办好。昨廿四五两日，我们的八路军参加上打了几个小胜仗，夺得大炮一门，弹两千多发，战车七十四辆，打死敌人千多个，俘二百多，得军用品很多[3]，全线士气为之一壮。如各军都同我们一样，那就不难打退敌人和消灭敌人。平南[4]飞陕尚未见面，是否来山西还不知道。以后不宜花去无用之钱来看我，除了能作战报国的人外均不宜来。我为了保持革命军队的良规从来也没有要过一文钱，任何闲散人来，公家及我均难招待。革命办法非此不可。家庭累事均由你处置，我从不过问。手此致复。并问

亲友均好。

朱　德

九月廿七

---

① 庄弟，指朱德的弟弟朱代庄。

② 理书，即朱理书，朱德的侄子。尚书，即朱尚书，朱德的侄子、养子。宝书，即朱宝书，又名朱琦，朱德的儿子。许明扬，朱德的外甥。

③ 1937年9月25日，八路军一一五师在山西东北部平型关附近伏击日本侵略军，这次伏击战歼灭日军精锐坂垣师团第二十一旅团1000多人，缴获大量军需物资，是抗日战争开始后的第一个大胜仗。

④ 平南，即陈平南，陈玉珍的弟弟。

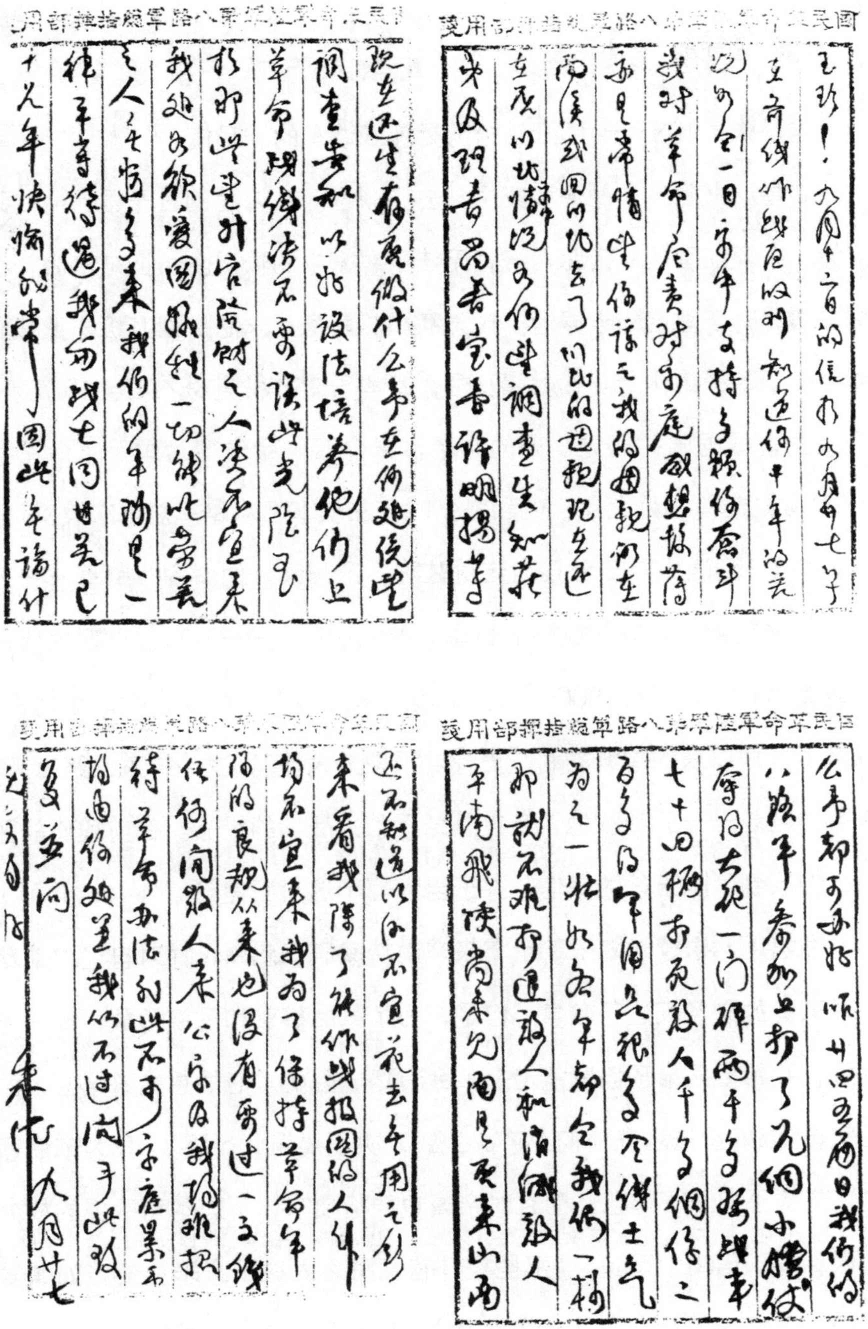
国民革命军陆军第八路军总指挥部用笺
国民革命军陆军第八路军总指挥部用笺
国民革命军陆军第八路军总指挥部用笺
国民革命军陆军第八路军总指挥部用笺

【品读导航】

这是朱德1937年9月27日给前妻陈玉珍写的一封信。

南昌起义后，朱德便和家里失去了联系。在以后的日子里，他戎马倥偬，率领红军转战南北，一直无法了解家中的情况。长征结束后，红军在陕北有了固定的根据地。作为红军总司令，朱德日理万机，把精力都用在了革命工作上。七七事变后，红军开赴华北前线抗日。1937年8月22日，根据国共两党谈判的结果，蒋介石任命朱德为国民革命军第八路军总指挥。9月上旬，他和任弼时、左权率领八路军总部东渡黄河，于9月23日到达山西五台县南茹村驻防。这一天，他命令八路军一一五师师长林彪侧击进攻平型关的日军。9月25日，一一五师在平型关伏击日寇坂垣师团，歼敌1000多人，击毁汽车80多辆，缴获大批军用物资，取得了抗战以来的首场胜利，史称“平型关大捷”。战斗结束的第二天，朱德即赶赴一一五师驻地，亲自总结平型关战斗的经验。在前线作战区时，他收到了陈玉珍的来信，并于当天写了这封回信。

在信中，朱德对陈玉珍十年来辛勤持家表示感谢，并对自己没能尽到对家庭的义务表达了歉意。但是，为了革命事业和民族解放，他义无反顾，并希望兄弟子侄辈能走上革命道路。因此，他很想知道这些人的现状，“以好设法培养他们上革命战线，决不要误此光阴”。作为革命领袖，朱德不仅严于律己，而且对亲属也严格要求，不去利用手中的权力滥谋私利。信中他写道：“那些望升官发财之人决不宜来我处，如欲爱国牺牲一切能吃劳苦之人无妨多来”，“除了能作战报国的人外均不宜来”。这些掷地有声的话语，表现了朱德无私的党性原则和坚定的革命信念，读后让人肃然起敬。

当年多少将士无私无畏、浴血奋战，艰难困苦、玉汝于成。这才有了我们今天人人平等、安宁幸福的新社会、新生活。我们要牢记先辈的恩泽和努力，将这面爱国奋斗、自立爱人的旗帜擎举下去，让中华大地沐浴在温暖、宁和的阳光里。

★ 故事分享 ★

吾善养吾浩然之气

杨　玢

“天地有正气，杂然赋流形。下则为河岳，上则为日星。于人曰浩然，沛乎塞苍冥……”

中华民族繁衍生息五千年，历经磨难无数。青史里数不尽的仁人志士，饱经忧患无穷。然自盘黄五帝，华夏儿女以一股浩然之气冲破艰难，将远古的文明传承至今并发扬光大，让人不能不叹，民族之魂曰正气。

文天祥身陷囹圄三年之久，所处之地污秽不堪，但他安然处之，并赋《正气歌》一首，永世流传。文天祥以一身正气敌牢狱中寒暑污臭等七气，且自曰：“阴阳不能贼。”想那浩然之气定能让文天祥百气不侵百病不生，让庭院中的“指南树”生出参天之势，让这位文人忠臣临行前南向叩首慷慨赴死。浩然正气，乃人受磨难而不低头的精神。

城里逮捕讯息纷扬，谭嗣同仍气定神闲。“不有行者，无以图将来；不有死者，无以酬圣主。”“程婴许臼，月照西乡，吾与足下分任之。”好一份镇定自若的大义凛然！谭先生以身赴国难，并不是一时的冲动之举。这背后是以嗣同之血昌国运的视死如归，是系于一身浩然正气的坚定信念。

中华民族忍辱负重的一百多年里，饱尝卑微与没落，但并未因此衰微而沉默。任豪强瓜分土地，精神掠夺不走。任军阀残害生灵，拯救中国之信念不灭。任五次围剿红军，革命火种仍在。任受尽百般屈辱，我仍不卑不亢，只缘我一股浩然正气长存。

养育一个民族，需要养育它的精神、它的灵魂，保证它在百般不如意的逆境中仍能传承文明的火种。这精神、这灵魂须得长久，不因波澜起伏而动摇瓦解。这样的精神、灵魂才是一个民族赖以生存发展的根本。

地维赖以立，天柱赖以尊，华夏文明正是靠着这一种浩然之气走到了现在，也必将基于这浩然之气传承复兴。

孟子曰：吾善养吾浩然之气……

学生感言

自古以来中华民族就是有脊梁的民族，我们向来为自己的骨气与气节感到骄傲。如果说不屈的精神是这个民族的精神根系，是让这个伟大民族生生不息的原动力，那么就需要我们为之奉献，为之添水加养。如果精神都缺乏最起码的养分与水的供给，还谈什么振兴、腾飞呢？一个没有脊梁的民族，只能是行尸走肉；一个有精神根系的民族，才能源远流长。

任弼时
（1904.4.30～1950.10.27）

伟大的马克思主义者，伟大的无产阶级革命家、政治家、组织家，中国共产党和中国人民解放军的卓越领导人。是以毛泽东同志为核心的中共第一代中央领导集体的重要成员。原名培国，号二南，湖南湘阴（今汨罗市）人。1920年8月加入上海共产党早期组织领导下的中国社会主义青年团。1921年5月赴莫斯科东方劳动者共产主义大学学习。1922年12月转为中共正式党员。1924年8月回国，担任中国社会主义青年团江浙皖区委委员，任教于上海大学。1925年1月当选为团中央执行委员，任组织部主任。积极领导青年参加五卅爱国运动。5月代理青年团中央总书记，7月任团中央总书记。1927年5月出席中国共产党第五次全国代表大会，在会上和瞿秋白、毛泽东等批评了陈独秀的右倾错误，并当选为中央委员。同月，主持召开共青团第四次全国代表大会，当选团中央总书记。国共合作破裂后，8月7日出席在汉口召开的中共中央紧急会议，积极主张土地革命，在会上当选为临时中央政治局委员。1928年中共六大在莫斯科召开期间，与李维汉、罗登贤留在国内主持中央日常工作，在中共六大上继续当选为中央委员。1928年和1929年，先后两次被捕，受严刑折磨，坚贞不屈，均经组织营救出狱。1930年先后任中共长江局委员、湖北省委书记、武汉市委书记。10月任苏区中央局委员、苏区革命军事委员会委员（次年4月到职）。1931年1月出席中共六届四中全会，当选为中央政治局委员。3月率中共中央代表团赴江西苏区，11月当选为中华苏维埃共和国执行委员，任苏区中央局副书记，兼组织部长及党校校长。1933年任中共湘赣省委书记、湘赣军区政治委员。中央苏区第五次反“围剿”失败后，1934年8月奉命率红六军团撤离湘赣苏区，突围西征，为中共中央和中央红军战略转移探路，任中共中央代表、红六军团军政委员会主席。10月底，到达贵州印江木黄与贺龙率领的红三军会合（会合后红三军恢复红二军团番号），共同开创湘鄂川黔边革命根据地，任红二军团政治委员、中共湘鄂川黔边临时省委书记兼军区政委。1935年11月和贺龙等率红二、红六军团突围长征，1936年6月底在四川甘孜与红四方面军会合。7月，根据中央革命军事委员会的命令，以红二、红六军团及红三十二军组成红二方面军，任政治委员和中共中央西北局副书记，和朱德、刘伯承等一起坚定地拥护已到陕北的中共中央，维护党的团结，同张国焘的分裂行为作斗争，力促红军三大主力胜利会师。11月任中国抗日红军前敌总指挥部政治委员。12月任中央革命军事委员会主席团委员。全国抗日战争爆发后，任中共中央军委前方委员会常委兼秘书长，八路军政治部主任，和朱德、彭德怀等率八路军开赴山西前线抗战。1938年3月，代表中共中央赴莫斯科向共产国际系统地汇报中国抗战形势与中国共产党的工作和任务，阐明以毛泽东为代表的抗日民族统一战线的正确路线，取得了共产国际的理解和支持。1940年3月回国，参加中共中央书记处工作。1941年8月任中共中央秘书长，此后协助毛泽东领导整风和大生产运动，并受中央委托主持《关于若干历史问题的决议》的起草工作。1945年在中共七届一中全会上当选为中央政治局委员、书记处书记。和毛泽东、朱德、刘少奇、周恩来组成以毛泽东为首的中共中央书记处。解放战争时期，和毛泽东、周恩来一起转战陕北，协助毛泽东指挥全国解放战争，制定中国共产党的土地政策和开展土地改革工作。1949年初，指导建立中国新民主主义青年团，被推选为团中央名誉主席。11月赴苏联就医。1950年5月回国，10月27日在北京逝世。主要著作收入《任弼时选集》。

把自己培养成为社会上最有用的人才

——致任远征[①]

1950年3月25日

希望你到中学后能像过去一样的继续努力学习，将来转进高中和大学一直好好的学习，把自己培养成为社会上最有用的人才。

亲爱的远征儿：

你的信收到了，知道你已考上了中学，并且是取了第三名，完小毕业取了第一名，以及某次会上把你的讲话录音转播，所有这些消息，使我非常高兴！希望你到中学后能像过去一样的继续努力学习，将来转进高中和大学一直好好的学习，把自己培养成为社会上最有用的人才。我这次买了一架女脚踏车送给你，就作为给你的学习优良的奖品吧！但是，当着你还没有熟习车子性能，驾驶没有十分把握时，就不要随便骑车上街，免出意外。

你现在是否同姐姐住在一个宿舍，还是分开很远呢？时常能与姐姐

---

① 任远征，任弼时的女儿，当时在北京上中学。

见面吧？你们是另成立的新班，还是插入原来的班次？功课忙否？中学的饮食自然是要比原来学校差些，但你已经过惯了没有？你和姐姐还需要一些什么学习上的用品（这次寄来三角板、计算尺分给姐姐和你各一件），望于下次来信告我，我可在回来时帮你们买好带给你们。

我养病的情形你可从给妈妈的信中看到。望你和姐姐弟弟在学校中好好注重身体，不要生病，这半年来姐姐真的没有生过病么？

我们这里已不大下雪了，但潮湿得很，还不如下雪的好。

征！妈妈近来没有生病吗？你现在星期六可同姐姐一道回家么？最好能回去使你妈妈不致太寂寞。

余后谈。祝

你努力学习。

你的爸

于三月廿五日

【品读导航】

1950年，在苏联疗养的任弼时收到当时正在北京上学的女儿任远征的来信，信中谈了她在学校取得的优良学习成绩和进步等情况。3月25日，任弼时给任远征写了这封信。

信中首先对女儿小学毕业取得了第一名、已考上了中学，并取得第三名的成绩，以及学校把女儿某次会上的讲话录音进行了转播等，表示“非常高兴”，殷切地希望女儿上中学后，“能像过去一样的继续努力学习，将来转进高中和大学一直好好的学习，把自己培养成为社会上最有用的人才”。

为了鼓励女儿再接再厉，信中说，这次给女儿买了一架女式脚踏车，“作为给你的学习优良的奖品”，并寄来三角板、计算尺，分给远征和姐姐远志。信中还问道，远征和姐姐远志“还需要一些什么学习上的用品”，望“下次来信告我”，“我可在回来时帮你们买好带给你们”。

信中还问到女儿们的生活、学习、饮食、身体健康等情况，还希望女儿们星期六一道回家，“使你妈妈不致太寂寞”，表现了病中的任弼时的慈父情、夫妻情。

这封信不仅反映了任弼时对女儿日常生活、学习等方面的关心，更主要的是体现了他从党和国家的根本利益出发，重视青少年的学习，重视教育的思想观点。

★ 故事分享 ★

根深才能叶茂

郎瑞田

一棵树有枝叶，有根系，枝叶从空气中获得原料制造自身需要的物质，根系则从大地中吸收养分，彼之于人，枝叶就像人的事业，要在物质的世界中创造出财富，根系则是人的积淀，从文化的沃土中汲取营养。

树木只有根深方能叶茂，同样道理，人只有具有深厚的文化底蕴，才能在事业中不断取得辉煌的成就。

几百年前的一天，在黑暗的房间中，一位科学史上的巨匠在熬煮一种液态的金属，有毒的蒸气弥漫在房间中，而他所期待的金黄的闪光始终未能出现。于是，他就在这有毒的空气中了却了他的残生。穿越时空的隧道来到20世纪，一位老人站在讲坛上倾吐自己对世界的忧虑和对青年的期望，他深邃的眼神似乎可以洞悉未来，看到“第四次世界大战”将使用木棍和石子作为武器。他同样是物理学界划时代的人物，而他晚年的言论永为世人传诵，他的高尚品德和睿智目光为后世景仰。

牛顿与爱因斯坦，在物理学上都做出了不可磨灭的贡献，却何以晚景有如此差别？一个在巅峰时悄然而逝，一个把辉煌留到永恒。他们的生命之树固然都枝繁叶茂，差别就在于根系的深浅。后者的根深深扎入地下，人文精神与文化气息不断滋养着他，于是他看到了深埋于地下的毒素——人类不可消除的贪欲，于是他懂得了科学要为人类的和平事业服务，他愿以自己深广的灵魂根系去化解人类文化深处那丑恶的东西。这棵伟岸的大树植根于文化的沃土，又在改良着它，于是他永为后世景仰。相形之下，牛顿由于文化底蕴欠缺，当贪欲袭来时，他便不遗余力地研究炼金术，试图把汞变成金。一棵如此粗壮的大树，渐渐枯萎。毒害他的不是水银，而是腐蚀他根系的那种物质。倘若那根系再长得深广一些，从更广阔的土地中吸取那些无害的物质，恐怕也不至于受一点毒素的侵蚀就葬送一根大树吧。

当人们欣赏树木时，总是喜欢称道那繁盛的枝叶，却看不见地下的根。但树自己明白，根深方能叶茂，于是它的叶子合成的有机物要从树干向下运输，让根更好地生长。人类的智者也明白这个道理，无论他的事业多么成功，他都要尽最大努力使自己的文化底蕴变得深厚。毛泽东不仅是政治家、军事家、战略家，还是一位才华横溢的伟大诗人，正因为他的根饱吸古今中外文化的精髓，所以才能指点江山，激扬文字，笑谈秦皇汉武、唐宗宋祖。著名科学家杨叔子把背诵《道德经》作为报考他的博士生的入场券，的确是高明之举。

一个人的事业要想取得一时成绩，单凭专业知识可以办到，但若想保持长久的辉煌，文化积淀必不可少。如果你想取得成功，那么让我们共同努力，一起从博大精深的文化中汲取养分吧！

学生感言

没有根系有力的支撑、不倦的滋养，再华美的树也会枯萎甚至轰然倒地。没有一个深沉的、真诚的、对真善美不倦追求的灵魂，多么声名显赫、腰缠万贯的人也会逐渐腐朽堕落，最终在天地间无立锥之地。

陈 云
（1905. 6. 13 ~ 1995. 4. 10）

杰出的马克思主义者，伟大的无产阶级革命家、政治家，中国共产党和中华人民共和国卓越领导人，中国社会主义经济建设的开创者和奠基人之一，是以毛泽东同志为核心的党的第一代中央领导集体和以邓小平同志为核心的党的第二代中央领导集体的重要成员。江苏青浦人（现属上海市）。1919年高小毕业后，入上海商务印书馆当学徒、店员。1925年加入中国共产党，开始职业革命家的生涯。至大革命失败后，历任中共江苏青浦县委书记、淞浦特委组织部部长、江苏省委沪宁巡视员、江苏省委常委兼农委书记、上海闸北和法南区委书记、江苏省委书记等职。1931年1月在中共六届四中全会上当选为中央委员，5月任中央特科书记，9月被指定为中共临时中央政治局成员。1932年5月任中共临时中央政治局常委、中华全国总工会党团书记。1933年1月进入中央革命根据地。1934年1月在中共六届五中全会上当选为中央政治局委员、常委，兼白区工作部部长。随后参加长征，任第五军团中央代表、军委纵队政委。在遵义会议上支持毛泽东的正确主张。1935年6月，受中央委派去上海，恢复和开展白区工作。同年赴苏联，向共产国际报告了中国工农红军长征和遵义会议的情况。1937年4月回国，任中共中央驻新疆代表。11月到延安后，任中共中央书记处书记兼中央组织部部长。1944年任中共中央西北局委员、西北财经办事处副主任兼政治部主任。1945年在中共七届一中全会上再次当选为中央政治局委员，8月任中央书记处候补书记。抗战胜利后，参加领导具有重要战略意义的东北解放战争，历任中共中央北满分局书记兼北满军区政委、中共中央东北局常委、副书记兼东北民主联军副政委、中共中央南满分局书记兼辽东军区政委、东北财政经济委员会主任、沈阳军事管制委员会主任等职。1949年10月中华人民共和国成立后，任中央人民政府委员、政务院副总理兼财政经济委员会主任、重工业部部长，主持全国财政经济工作。1950年10月任中共中央书记处书记。1956年在中共八届一中全会上当选为中央委员会副主席和中央政治局常委。20世纪50年代末60年代初，同刘少奇、周恩来、邓小平一道，为调整国民经济采取了一系列正确的措施。后来由于他的一些正确主张被认为右倾而受到冷遇。“文化大革命”中在党内只保留了中央委员的名义，并被下放江西。1972年4月回到北京，参加国务院业务组，协助周恩来领导外贸工作。1975年被选为第四届全国人大常务委员会副委员长。1976年积极参与了粉碎“四人帮”的斗争。1978年12月在中共十一届三中全会上重新当选为中央政治局常委、中央委员会副主席并任中共中央纪律检查委员会第一书记。1979年任国务院副总理、财经委员会主任。在中共十三大后，担任中共中央顾问委员会主任。在中共十四大后，过着离休生活。作为党和国家的主要决策人之一，他为制定和执行以经济建设为中心、坚持四项基本原则、坚持改革开放的党的基本路线，为成功地开创具有中国特色的社会主义事业，作出了重大贡献。1995年4月10日在北京逝世。主要著作收入《陈云文选》（三卷）等。

干部子弟千万不可以革命功臣子弟自居

——致陆恺悌[①]

1949年6月19日

千万不可以革命功臣的子弟自居，切不要在家乡人面前有什么架子或者有越轨违法行动，这是决不允许的。你们必须记得共产党人在国家法律面前是与老百姓平等的，而且是守法的模范。革命党人的行动仅仅是为人民服务，决不想有任何酬报，谁要想有酬报，谁就没有当共产党员的资格。

恺悌侄如见：

六月十日信此刻收到。同时收到霓云[②]从上海来电报说已向商务取了廿四万人民币。

十八年不见你，看你的来信，文字已写得很清通了，很高兴。从个

① 陆恺悌，陈云的战友陆铨之子。陆铨曾于1928年1月同陈云一起从事农民运动。1949年任石家庄市总工会主席。

② 霓云，即廖霓云，陈云的表弟。

人方面说，我与你父亲都顾不上子弟的入学和生活，没有尽到父兄的责任。但是这点我们当年都计算了的，如果只顾一个人的家庭子弟，就无法努力于改造整个社会，我们就这样决定了弃家奔走。现在解放全国的目标不久就会胜利了，但这还仅仅是改造社会的第一步，全国老百姓的生活水平仍旧低。我们的目的不仅要打倒反动势力，而且是为了改善人民生活，所以困难的长期的工作还在后面，而且这后一段的工作是要与全国人民大家一齐干的。

你祖父和祖母是最使我感动不忘的。一九二七年革命失败之后，我与你父亲和吴志喜[①]同志（当年冬被残杀了）在小蒸进行农民运动时就住在吃在你们家里。失败[②]后，使你们全家逃上海，仍旧是你祖父行医来维持这多人的生活，我们仍吃在你们家里。你祖父是很有气节的，他深信革命会胜利的，处在困难之中毫无怨言和后悔，真正难得。

此外，我以父兄的责任，还要叮嘱你一件事，而且你可以把这一段信上所说的抄给霓云要他也注意，就是你和霓云千万不可以革命功臣的子弟自居，切不要在家乡人面前有什么架子或者有越轨违法行动，这是决不允许的。你们必须记得共产党人在国家法律面前是与老百姓平等的，而且是守法的模范。革命党人的行动仅仅是为人民服务，决不想有任何酬报，谁要想有酬报，谁就没有当共产党员的资格。我与你父亲既不是功臣，你们更不是功臣子弟。这一点你们要切记切记。要记得真正

---

① 吴志喜，上海青浦人。黄埔军校第五期学生。1928年1月参加领导青浦县小蒸农民暴动后，被国民党杀害。

② 失败，这里指1928年1月江苏省青浦县（今属上海市）小蒸地区的农民暴动失败。

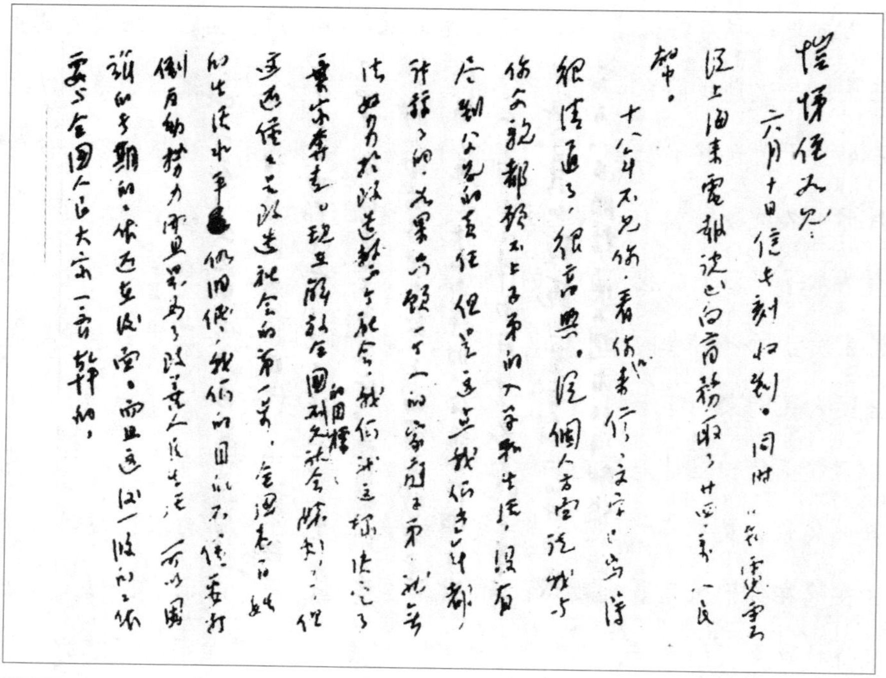

恺怿侄女：
六月十日信[illegible]刻收到。同时[illegible]
从上海来电报说已[illegible]
帮。
十八年不见你，看你来信，文字已写得
很通顺了，很高兴。从你个人方面说，我与
你父亲都顾不上子弟的大学和生活，很有
[illegible]的责任，但是这些我们[illegible]
[illegible]。如果成了一个小家庭子弟，就会
[illegible]我们决[illegible]
[illegible]现在解放全国，对于社会的目标[illegible]
[illegible]改造社会的第一步，全国[illegible]
的生活水平[illegible]低，我们的国家不能[illegible]
倒有劳动力[illegible]改善人民生活，所以[illegible]
[illegible]长期的。你还在[illegible]，而且适应这一阶段的工作
要与全国人民大家一齐艰苦的，

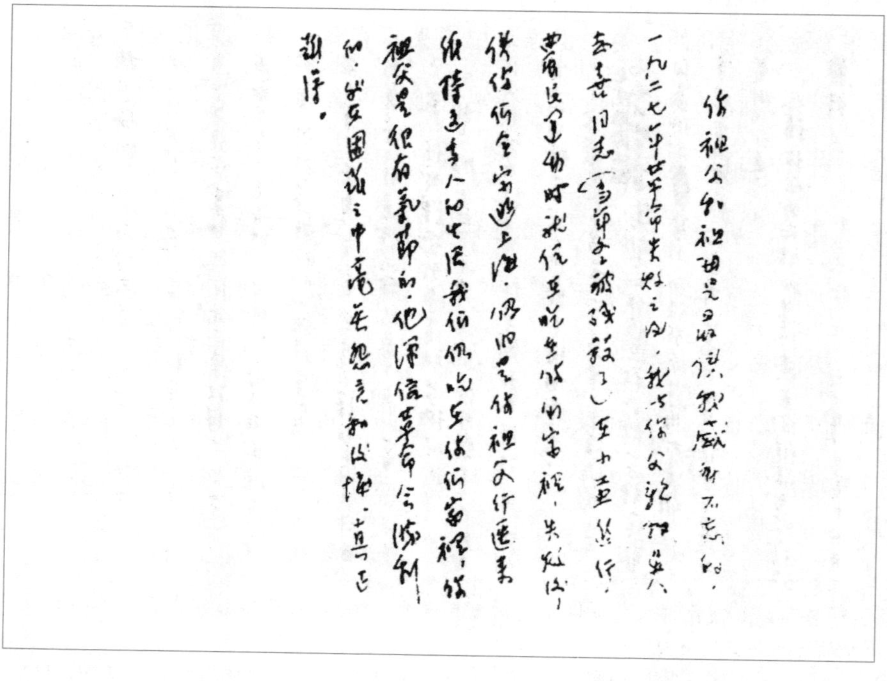

你祖父和祖母是[illegible]不忘的，
一九二七年革命失败之后，我与你父亲和吴[illegible]
[illegible]同志（当年在[illegible]被杀了）在[illegible]
[illegible]时就住在[illegible]你们家里，[illegible]
供你们全家[illegible]上海，仍旧是你祖父[illegible]
[illegible]这个人的生活，我们[illegible]在你们家里，你
祖父是很有气节的，他[illegible]信革命会胜利
的，[illegible]中毫无想[illegible]
[illegible]。

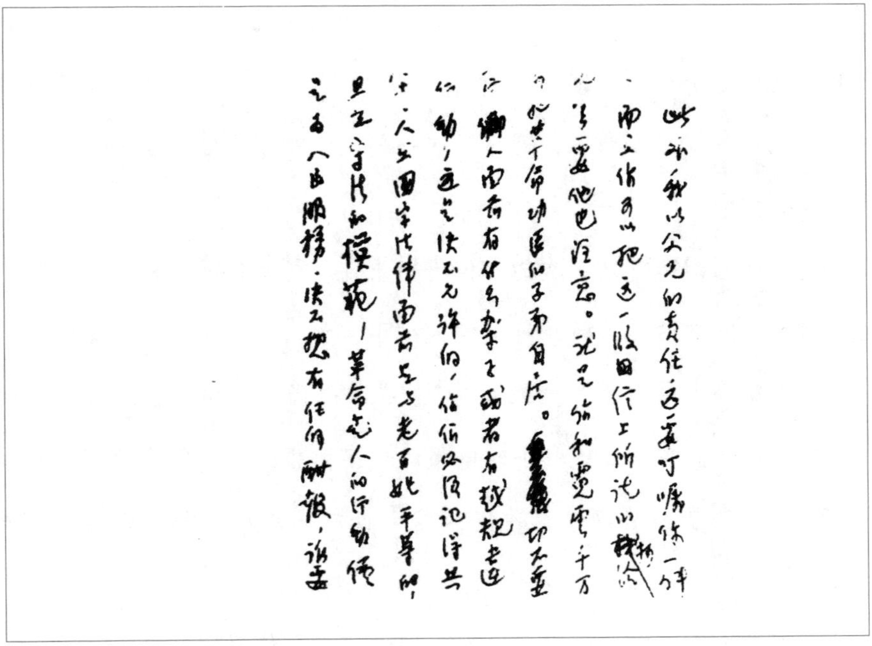

此外我以父兄的责任还要叮嘱你一件
事，你们不可以把这一次回乡上所说的[illegible]
的事要他也注意。就是你和觉云千万
不能以革命功臣的子弟自居。[illegible]切不要
向人面前有什么要求或者有越规违法
行动，这是决不允许的，你们必须记得共
产党人是国家代表，两者是与老百姓平等的，
只应当代表和模范，革命党人的行动便
是为人民服务，决不想有任何酬报，诸事

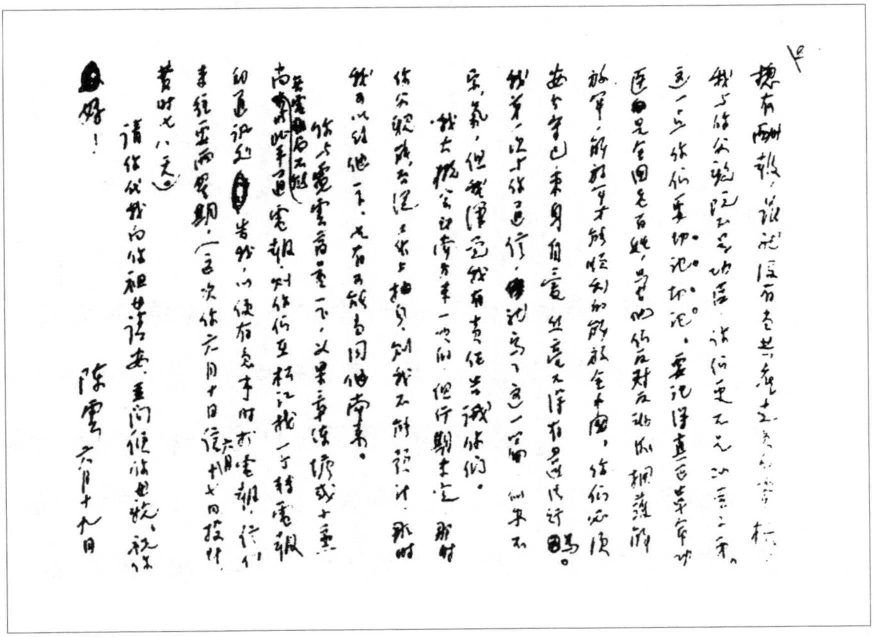

想有酬报，就就没有共产党员的资格。
我与你父亲说过的话，你们更不能不记取。
这一点你们要切记切记。要记得真正革命功
臣是全国老百姓，当时你们应对反动派的拥护解
放军，解放军才能胜利的解放全中国，你们必须
安分守己，本身自重，丝毫不得有违法行为。
我第一次给你通信，就说了这一篇，似乎不
客气，但我觉得我有责任告诫你们。
我在[illegible]你父亲来一次的，但行期未定，那时
你父亲[illegible]对我不能预计，那时
我可以给他一下，也有可能[illegible]。
你与觉云商量一下，如果家境或十分
[illegible]电报，对你们在杭州给我一封电报
的通讯[illegible]告我，以便有急事时打电报，你们
来往要两星期。（这次你六月十日信，六月十七日才接到，
费时七八天）
请你代我向你祖母请安，并问候你母亲、[illegible]
好！
陈云
六月十九日

革命功臣是全国老百姓，只有他们反对反动派，拥护解放军，解放军才能顺利地解放全中国。你们必须安分守己，束身自爱，丝毫不得有违法行为。我第一次与你通信，就写了这一篇，似乎不客气，但我深觉我有责任告诫你们。

我大概会到南方来一次的，但行期未定。那时你父亲能否从工作上抽身则我不能预计，那时我可以约他一下，如有可能当同他南来。

你与霓云商量一下，如果章练塘①或小蒸尚无电报局，不能与北平通电报，则你们在松江找一个转电报的通讯处告我，以便有急事时打电报，信件来往要两星期（这次你六月十日信，六月十七日投到，费时七八天）。

请你代我向你祖母请安，并问候你母亲，祝你好！

陈　云

六月十九日

【品读导航】

这封信是1949年6月革命胜利前夕陈云写给战友之子陆恺悌的回信。

在中国的历史上，在夺取政权以后，历来有两种态度：一种是居功自傲，贪图享受，其结果是，因胜而骄，因骄而败；另一种是谦虚谨慎，艰苦奋斗，其结果是，因谦而和，因和而兴。1949年6月，这个问题又尖锐地摆到中国共产党人的面前。因为这一年，中国人民的解放战争即

① 章练塘，今上海青浦县练塘镇。

将取得全国的胜利。作为无产阶级革命家的陈云，理所当然地在两种态度中摒弃前者，选择后者。他自己不但做到继续地保持谦虚、谨慎、不骄不躁的作风，继续地保持艰苦奋斗的作风，而且教育子女、亲朋都应束身自爱。这封信就是一个明证。

陈云在信中首先回忆了自己与陆家长期的革命情谊，这不仅仅是一种同志情，而且还有一种战友情。因此，陈云不是以领袖的身份，而是以长辈的身份教育陆恺悌不要以革命功臣子弟自居，要遵纪守法，尊重群众，要认识到只有全国的老百姓才是革命功臣。“革命党人的行动仅仅是为人民服务，决不想有任何酬报，谁要想有酬报，谁就没有当共产党员的资格。”告诫他们“必须安分守己，束身自爱，丝毫不得有违法行为”。这封信情真意切，言辞铿锵，体现了陈云作为一位老一辈革命家的高风亮节和浓厚的人情味。

★ 故事分享 ★

提出问题

苏 苏

世界上有各种各样的谜题。我们的心脏为什么会跳动？天边的星星为什么会眨眼睛？每个春天在屋檐下筑巢的燕子冬天会飞向哪里？正因我们人类对自然世界的感知能力有限，才使得我们对世界愈发地感到好奇；每当我们解开谜题的时候，我们总会倍加珍惜那些探索成果。然而，即使能够回答上来一个问题的确值得赞赏，我却想说：提出问题，比回答问题更加重要。

提出问题，代表着一个未知现象的发现，也代表着一段探索旅程的开始。你可知道？只有提出问题，才能够使“发现新大陆”成为可能。对于世界上种种我们无法理解的现象，我们通常会试图给出五花八门的回答，比如，当我们拔掉浴缸的塞子时，看到面前的水逆时针流动着消失，我们该如何解释？“碰巧是这样”，“是浴缸的构造不对称”，“下水道堵了吧”……或许在10000个人里，有9999个都会随便给出一个解释，作为他们对一个谜题的回答。然而，美国的谢皮罗教授却没有草率地用“回答”去敷衍这个未知现象，而是提出了“问题”——“为什么会这样？”抱着好奇心，他潜心研究了这个现象，最后才得出了水受到偏转的地球引力作用的结论。至此，一个谜题得以解开。可以说，谢皮罗教授不仅是一位聪明的学者，更是一位智者。能够有新发现的人——那10000人里杰出的一个人——他与平常人的不同之处不是“回答问题”的能力，而是“提出问题”的能力啊！

提出问题，更是一种谦卑的姿态。在奥妙无穷的大自然面前，人类是那样的渺小，那样的无知。我们必须承认，我们所不知道的事情比知道的要多得多。当人类放下了骄傲，放下了满足感和优越感，才能够有继续探索下去的动力。古希腊的大哲学家苏格拉底曾经说过，“我这辈子只知道一件事，那就是我的无知。”真正的智者从不会满足于自己已知的事物，他们更看重的永远是“提出问题”。为了使自己了解更多，苏格拉底经常在雅典的广场上游荡，时不时地抓住路人向他们提出各种问题。许多问题听上去很傻，可人们往往又答不上来，于是他们只得恼羞成怒地走掉。在那些无知的百姓眼中，苏格拉底简直无异于一个小丑。他们不知道——这就是哲学家。真正聪明的人恰恰是承认自己无知的人，他们从不为自己脑袋里充满疑问而感到羞愧。智者之所以喜欢向大自然提出问题，始终保持着孩童般的好奇心，是因为他们深知：他们在大自然面前不过是一群无知的孩子。

能够提出问题，永远是最可贵的。人的知识领域就像一个圆，圆越大，其周长也越大，与外界未知事物所接触的部分也越多。那正是我们在探索自然的过程中最最重要的东西——问题。有了疑问，不要怕被笑话，大胆地提出它吧。要知道，只有提出问题才能解开谜题，提出问题比回答问题要重要得多。我们大家都是无知的人，但我们不需沮丧。只要我们不断提出问题，不断探索，对新鲜的事物保持好奇心，我们就是在进步。

学生感言

"提出问题，比回答问题更重要"。没有角度不成文章，而有了好的角度往往就可以成就出色的文章。

李大钊
（1889 ~ 1927）

中国接受和传播马克思主义的先驱，中国共产党主要创建者之一。字守常。直隶乐亭（今属河北）人。1914年留学日本，曾参加反对袁世凯的运动。1916年回国，历任北京《晨钟报》主编、北京大学图书馆主任和《新青年》杂志编辑。俄国十月社会主义革命后，接受和传播马克思列宁主义，发表《庶民的胜利》等著名论文，创办《每周评论》，积极领导了五四运动，并同以胡适为代表的改良主义思潮作坚决斗争。1920年在北京成立共产党早期组织，任中共北京支部书记。中国共产党成立后，负责北方区党的工作。是中共第二届候补中央执行委员，第三、第四届中央执行委员。国共合作期间，在协助孙中山确定联俄、联共、扶助农工三大政策和改组国民党的工作中，起了重要作用。1924年作为中共代表团首席代表出席共产国际第五次代表大会，同年12月起任中共中央北方局书记。1927年4月6日被军阀张作霖逮捕，28日在北京英勇就义，时年38岁。

铁肩担道义　妙手著文章
——赠杨子惠

铁肩担道义

妙手著文章

守常李大钊

【品读导航】

1916年7月中旬，李大钊应汤化龙的邀请，出任《晨钟报》主编。为激励人们为创造新中华而奋斗，他特意请人设计了一古钟图案，排印在每天的社论前面，在古钟上面每天刊登一条警语。这副对联就是刊登在该报第六号上的那条警语。

这副联语取自明朝杨继盛（曾任兵部武选司员外郎，因弹劾大奸臣严嵩，下狱受酷刑而死）的诗句："铁肩担道义，辣手著文章。"李大钊将"辣"字改为"妙"字，便成了"铁肩担道义，妙手著文章"。后来，李大钊手书这副联语赠给亲戚杨子惠。由于李大钊与汤化龙在政见上有分歧，1916年9月辞去了主编职务，他仅在《晨钟报》工作了22天。时间虽短，但这副联语却永久流传了下来。它不仅是李大钊一生的座右铭，也是常为后人引用的做人做事的警句。

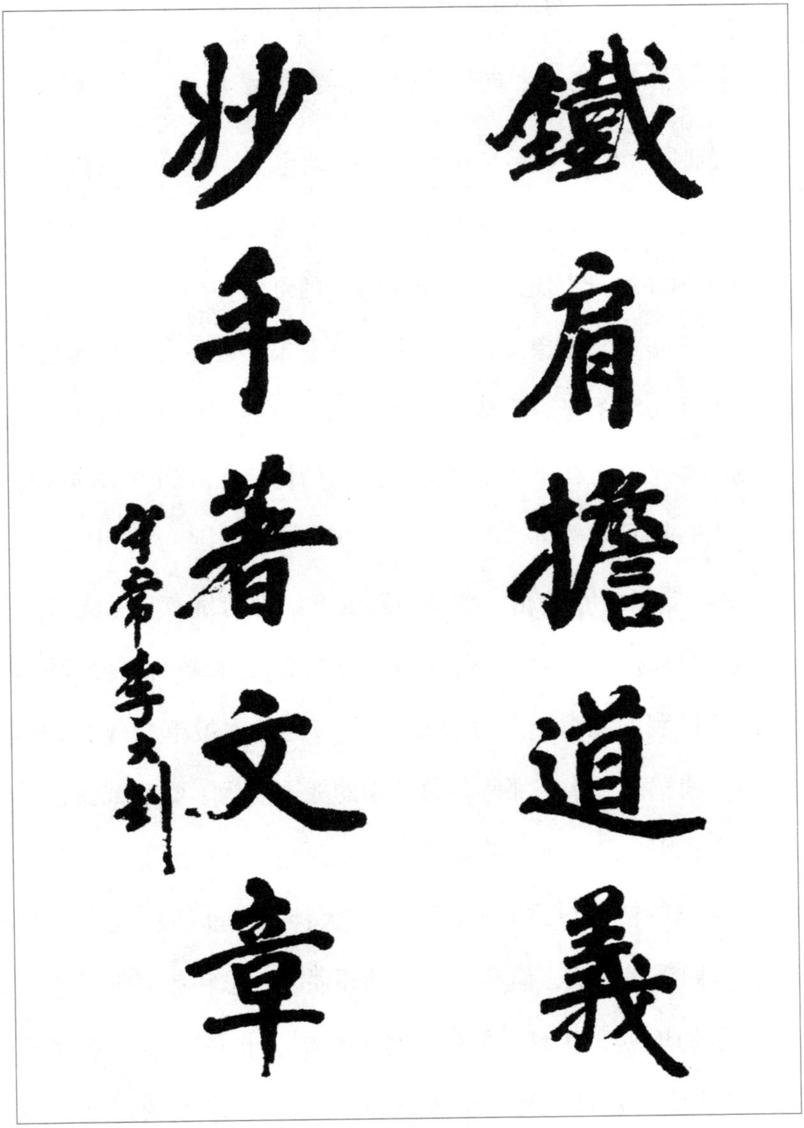

★ 故事分享 ★

为信仰奋斗，为革命献身

吴玥灵

“扫射吧！”他把双手叉在腰间，一动也不动地分开双脚，稳稳地踏住岩石。“子弹征服不了共产党人！”齐晓轩苍白带血的脸上露出冷笑，鲜血从洞穿的身上流出，染遍了脚下的红岩……

红岩——多么富有象征意义的名字，它象征着一代又一代共产党员为党的信仰而奋斗不息，无数正义凛然的党员前仆后继，用鲜血和生命维护了党的尊严，诠释了无私无畏的革命精神。在红岩背后演绎着一个又一个动人、真实的故事。

“齐晓轩僵化中的目光，渐渐昂向远方。他仿佛看见了无数金星闪闪的红旗在眼前招展回旋，渐渐融成一片光亮的鲜红……他的嘴角微微一动，朝着胜利的旗海，最后微笑了。”读完这本被革命烈士的鲜血浸满的书后，我感慨万千。那些英勇顽强的战士们为了党和革命，牺牲了自己的生命，用自己对神圣革命的爱来捍卫党的尊严。这是一种多么可贵的无私奉献的精神！这是一种多么伟大神圣的品质！在白公馆与渣滓洞里，他们受尽酷刑，但还是用极其顽强的意志和毅力挺了过来；面对死亡，他们坦然、从容，甩掉特务的夹锢，自己一步步坚定不移地走向前；“人生自古谁无死，留取丹心照汗青”，歌颂的正是他们，这些顽强的、坚定的、最忠诚的党员们！

书中的成岗、许云峰、齐晓轩等，他们在集中营里坚持自己的信仰，决不向敌人屈服，不向敌人低头。他们运用自己的智慧互相传递信息，写《挺进报》。面对敌人的拷问，他们不慌不忙却又坚定地说：“我是共产党员！”不透露出一丝一毫党的机密；而在酷刑中，任凭特务们怎样毒打，他们都一声不吭，用超凡的毅力去忍受剧烈的疼痛。这是真正的好汉！这是真正的共产党员！他们在这种恶劣的环境下都不放弃自己的信仰，不放弃一个共产党员应尽的责任，他们是最可爱的人！我以前并不理解什么是革命烈士，看完这本书后，才知道这个词背后更深刻的含义，也懂得了什么是为信仰而奋斗！

他们是临危不惧的勇士；他们有着舍己为人的品质；他们是坚贞不屈的钢铁战士；他们还是一个团结互助的集体。他们为了革命、为了党，为了他们的信仰，宁死不屈，英勇斗敌，“死得重于泰山”。没错，因为他们，我们才过上了安逸、幸福的生活。我向他们，这些永远向党的年轻战士们，深深地鞠一个躬。没有他们的殊死坚持，就没有我们现在的生活。这种美好的生活，却让我们淡忘了被血染红的岩石，淡忘了那血印下的历史。感谢《红岩》，它为我树立了榜样，使我对人生的价值有了新的理解，我要向这些共产党员学习，成为一个有毅力、有自尊、顽强勇敢的人！

写着写着，不由想起了叶挺将军的《囚歌》，不禁吟诵起来：

为人进出的门紧锁着，

为狗爬出的洞敞开着。

一个声音高叫着：

……爬出来吧！给你自由！
我渴望着自由
但我深深地知道……
人的身躯怎能从狗洞子爬出？
我希望有一天，
地下的烈火，
将我连这活棺材一齐烧掉，
我应该在烈火与热血中得到永生！

学生感言

没有英雄的民族可悲，有英雄却不知爱戴珍惜的民族，无可救药。时代更迭、淘洗，剩下的就是不朽，这已是历史给出的最公正的裁判。尊重历史，亦是一个民族的自尊、自重。

何叔衡
（1876～1935）

中国共产党创始人之一。原名何瞻岵，又名何启璿。字玉衡，号琥璜。湖南宁乡人。1918年参加新民学会。1920年参与组织文化书社，又同毛泽东共同创办俄罗斯研究会和党的早期组织，宣传马克思主义。1921年出席中国共产党第一次全国代表大会。后任中共湘区委员会组织委员。大革命失败后，赴苏联学习，参加中共六大。1930年回国，是上海互济会主要负责人之一。1931年到中央苏区，任中华苏维埃共和国临时中央政府执行委员、工农检察人民委员、内务人民委员、中央政府临时法庭主席等职。1934年10月中央红军主力长征后，留在根据地坚持斗争。1935年2月，在福建上杭县水口附近壮烈牺牲，时年59岁。

活的人要真活，不要活着还不如死[1]

——致何玉书、何玉明

1929年1月

只望活的人要真活，不要活着还不如死。

书明[2]两兄：

我阴历六月十九早，梦父亲无名指断，警醒时恍惚鲜红的血，犹注满一面盆也。昨接上海友人信，知湘弟[3]六月二十日逝世。唉，验矣！家中事总凭书信及意料可得其大概，不谈。我在此住在一个侯王旧宅。睡在一个有两丈高的玻璃窗下，求学做事，均能自如。此间的工人、妇女、小孩，极自由活泼。雪自九月以来，未曾融过，每日加落。冬天鲜见日头，且冬天日子极短，即在天晴之时，日头月光，只从东西角上挂去过而已。我在此阅中国的报纸，见白崇禧在北京演说辞上云湖南自去年起死去十七万人。又十二月报载，河南饥民有六百万人。即此

① 这封信写于1929年1月。当时何叔衡正在莫斯科中山大学学习。信中所写日期均为旧历。

② 书明，即何玉书、何玉明，何叔衡的两位哥哥。

③ 湘弟，即何玉湘，何叔衡的弟弟。

二事，可知中国之一切情形矣。

此间有教堂的牧师对我说，咒骂您的，到了您的兄弟妻子时；欢迎您的，自然要扩大到世界全人类。又云，贫穷、饥饿、纷乱、压迫四者，是一人的鬼门关，是众人的安乐园。我由此想到我一身一家的事，即怡然处之了。我不望我家活多人，只望活的人要真活，不要活着还不如死。我的老妻，您如果活到六十岁，我或者与您有见面之日。但您的生，要是捡柴、栽菜、喂猪的生，不要去求人的生。我是永远要对得起我的骨肉和您的呀。您请袁陈[①]各戚代您的手笔写几句话到我。要是琐碎的事呀。

璿

十二月初[②]

【品读导航】

这是何叔衡1929年1月在莫斯科中山大学学习期间写给两位哥哥的信。从中可以看出虽远在异国他乡，作者时时关心着祖国人民的疾苦，对自己“一身一家的事”，则“怡然处之”，宁愿受兄弟妻子的咒骂，而要为“世界全人类”的事业而奋斗。“只望活着的人要真活，不要活着还不如死”，即使年老的妻子，他也要求其“捡柴、栽菜、喂猪的生，不要去求人的生”。这是他对家人的要求，也是内心世界的表白，体现

① 袁陈，袁，即袁葆华，何新九（何叔衡的义子）的叔伯姐夫，共产党员，早年逝世。陈，即陈咏阶，何新九的表哥，共产党员，1950年逝世。

② 十二月初，此为旧历，阳历为1929年1月。

了一种蓬勃向上的人生哲学。这启发我们，每个人都应该去努力实现自己的人生价值，有一分热发一分光，把自己的一生融入探索真理、为人民谋幸福、为社会求真知的伟大事业中去。

凡事总要早做打算
——致何新九

1929年4月28日

只有求自己才有门径。

凡事总要早打算，明年要做些甚么事，下月要做些甚么事，明日要做些甚么事，总要脑子里先想一下。

莘玖[①]阅悉：

你二月初的信接到后，非常欣慰。你信中“急是空的”这一句话，十分扼要，凡事只有快快活活的去想，快快活活去做，总有办法，听他天大地大的事都是如此。至于不向人乞怜，须知现在被压迫的太多，都是可怜的人，所以乞怜也是空的。只有求自己才有门径。又，凡事总要早打算，明年要做些甚么事，下月要做些甚么事，明日要做些甚么事，总要脑子里先想一下。会了你伯父等姑丈等姊丈要问一些甚么事，要谈些什么话，也要先想一下。没有饭吃可以得，要烧一点烟。淡食也可以

① 莘玖，即何新九。

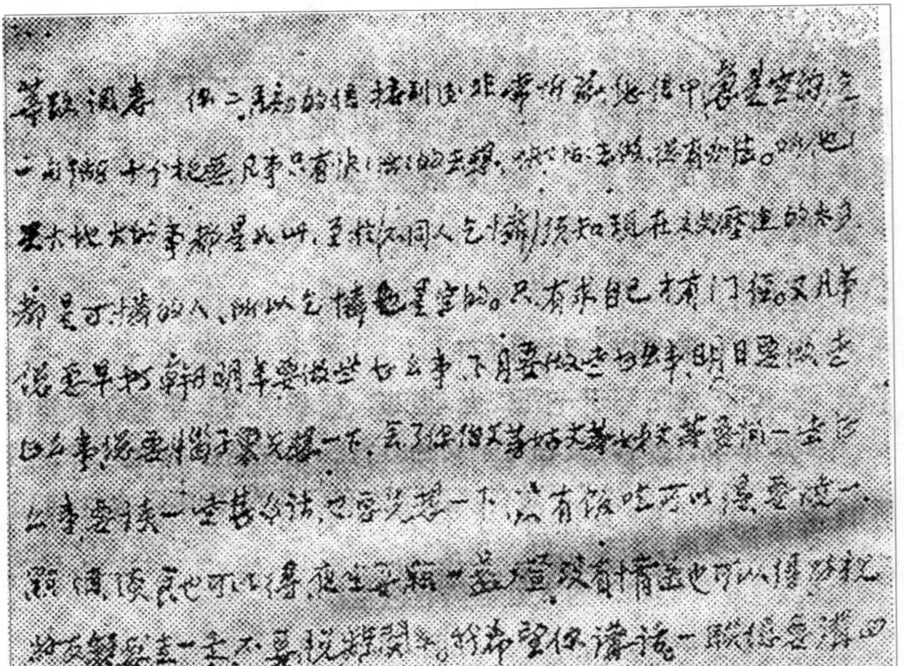

得，夜里要点一盏灯。没有情送也可以得，好亲好友家要走一走，不要脱离关系。我希望你讲话，总要讲四五十句，乃至一百句，不要讲几句就没有讲了。并且人亦不问你，你也就无话问人。我希望你一讲话，在十步外或隔壁的都听得到，不要在喉咙内。你此信或是你写的？但我想有些你还是写不出。我希望你自己写，自己做，每月一次，这就你为孝敬。田是谁几垅？塘里放些甚么鱼？猪有好重一只？柴是烧干的，还是烧湿的？蔬菜也晒干得有没有？这都可以做好多文章出来呢！

璿

新历四月廿八日

【品读导航】

这是1929年4月何叔衡给义子何新九的信。作者对儿子的一点一滴的进步都给予热情的鼓励，并以此为例，教育他“凡事只有快快活活的去想，快快活活去做，总有办法”。还进一步说明了“不向人乞怜”的道理，指出凡事“只有求自己才有门径”。在如何做事这一问题上，作者简明扼要地告诉儿子，凡事都要先想后做。“明年要做些甚么事，下月要做些甚么事，明日要做些甚么事，总要脑子里先想一下。”对于许多青少年朋友来说，把信中所阐述的处事准则贯穿到自己的工作学习中，大有好处。凡事多动脑，先想后做，从一点一滴做起，涓涓细流才能汇成浩瀚大海。

我不愿意你十分闭塞
——致何新九

1929年8月3日

甚不愿意你十分闭塞，对于亲戚邻近人家也要时常走谈一下，讨论谋生处世的事，一切劳力费财的事，总要仔细想想。要于现时人生有益的才做。幸福绝不是天地鬼神赐给的，病痛绝不是时运限定的，都是人自己造成的。

新九：

许久未发家信了，我亦未接得有家信，只有嗣女[1]转来数语，云你尚能负担侍养你老母的责任，这是非常欣幸的。前阅报章，云湖南夏秋又遭旱灾，并且非常普遍，到底情形怎样？颇难释念！我在外身体甚好，所学所行，均能如愿，毋烦挂念。你老母近况如何？全家大小怎样？各至戚家情形怎样？地方情形怎样？日用所需价格怎样？家中耕种畜牧情形怎样？务请你详细列表写告！我甚不愿意你十分闭塞，对于亲戚

① 嗣女，指何实嗣，共产党员，早年做党的地下工作，解放后在北京某单位工作。

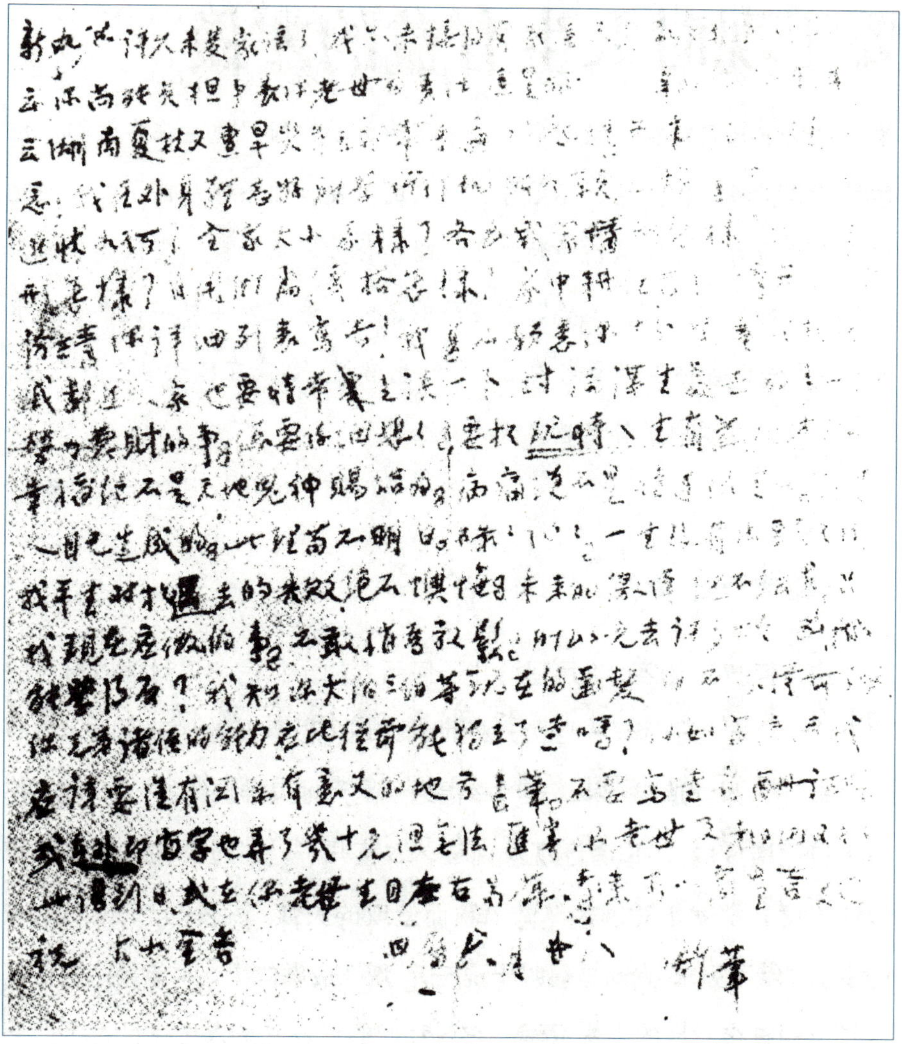

邻近人家也要时常走谈一下，讨论谋生处世的事，一切劳力费财的事，总要仔细想想。要于现时人生有益的才做。幸福绝不是天地鬼神赐给的，病痛绝不是时运限定的，都是人自己造成的。此理苟不明白，碌碌忙忙，一生没有出头一日。我平生对于过去的失败，绝不懊悔；未来的侥幸，绝不强求；只我现在应做的事，不敢稍为放松，所以免去许多烦恼。你能学得否？我知你大伯、三伯等，现在的齿发，怕不像从前了吧？你兄弟诸侄的能力，应比从前能独立了些吗？你如写信给我，应该要从有关系有意义的地方着笔，不要写些应酬的话呢！我在外即写字也弄了几十元，但无法汇寄你老母及老伯用。又知此信到日，或在你老母生日左右，苟葆倩来，可以商量答复也。祝大小全吉！

旧历六月二十八　衡笔

【品读导航】

这是何叔衡1929年8月写给儿子何新九的一封信。这封信以自己的亲身体会，向儿子谈了一些为人处世的道理：做事要做“对现时人生有益的事”；人人都追求幸福，但“幸福绝不是天地鬼神赐给的”，一切“都是人自己造成的”。作者还现身说法，教育儿子，对过去的失败采取积极的态度，那就是对因为“做事”而造成的失败“绝不懊悔”；对未来的幸福“绝不强求”，而是着眼于现在，“现在应做的事，不敢稍为放松”。这是一种脚踏实地的人生哲学。它对我们的启发是：人生在世，不但要做事，更要做对人民、对国家、对民族有益的事；我们追求未来的幸福，更要踏踏实实做好眼前的每一件事。从我做起，从现在做起，不断用自己的辛勤汗水浇灌未来的幸福之树。

★ 故事分享 ★

和文化苦行者的对话

王雅京

一场旅行，一场文化人的旅行，一场文化苦旅。我曾好奇你旅行学者的身份，也曾好奇你不停前行的过程。我问：为什么旅行？你答：寻找文化现场。

文化的旅行，是身体的旅行。“人们似乎在享用着各种文化，又不知它们的本味，这实在是一个巨大的悲剧”。寻找文化现场，寻找文化的初始状态，你说，这是你——一个文化人，应勇于承担下的责任，就像当年执着西去，感受佛教现场的玄奘。于是，你坚定了脚步，展开了旅行。你去了莫高窟，远藏它的深山没有让你止步不前；你去了阳关，漫天的大雪没有让你在关外古代将士的坟冢间少停留片刻；你去了醉倒无数骚客的西湖，转瞬，你又在流放过无数文人的宁古塔边凝视徘徊……我问，这样的奔波，不累吗？你答：远行非常劳累，但劳累本身就是对生命的拷问。我震撼，一个生命已经肩起如此沉重的文化道义，又不忘在艰苦的进程中恭敬地体会生命，那该是一副怎样坚强倔强的灵魂。你没有回答，只是继续前进，就像那位执着的苦行僧。我匆匆跟上，但分明在我的身体里，也开始涌动这样一种心绪：去天地间走走吧，去那文化之花在大地上的扎根点看看吧。苦行是一定有的，但将眼光投向天地，便能造就一种广阔的生命格局。

文化的旅行，更多的是心灵的旅行。身累也远不如心苦来的更加震人魂魄。于是，你一路行走，一路寻找失落，一路心如绞痛。你几乎是马不停蹄地赶到敦煌来的。你默默地走过王道士的圆寂塔，仿佛一切就发生在你的眼前：这位主管道士一面哼着小曲，一面粉刷着原本画满壁画的洞壁；泥匠们向着飞天的雕像挥舞起铁锹，执意要把它们重塑成大慈大悲的观音菩萨；外国冒险家的牛车消失在血一般的夕阳里，满载一卷卷宝贵的经书。你的心太痛了，痛得不知所措，只想跪下来，向他们哀求："等一等，请等一等……"新加坡却是你不经意去到的地方。你关心华语在东南亚地区的发展，不想却碰到了一个来自马来西亚的小伙子，一个将中国文学艺术看得比出国留学的机会还要重要的小伙子。你惊异于这位异国人对于国学的痴迷与尊重，同时，又只能吞咽苦涩：我们的文化，到底是谁在继承？你的旅行不为娱乐，不为名利，而只是为寻找遗失的文化，丢失的宝藏。所以你总是一脸严肃，因为你的心中尽是苦楚。作为一位文人，这种文化现场的亲临，是那么敏感，又那么凄凉。人们说，文人是社会的良心，你更是文化的良心。

读万卷书，行万里路。痛苦的身心经历能塑造一个强大的灵魂，所以，我敬你的苦，敬你的行，敬你文化苦行者的身份。你还在不停地出发，我也将不停跟随。寻着文化的印记，以苦为任，以苦为乐，你同意吗？

学生感言

当思考不再前进，当疑问纠结千年，当陷入思维怪圈，请以切实的行动去探究，探究出问题的答案，甚至是更广阔的思考天空。

向警予

（1895～1928）

中国共产党早期妇女运动领导人。原名向俊贤，湖南溆浦人。1919年底赴法国勤工俭学，1921年底回国。1922年加入中国共产党。历任中共中央妇女部长、中央妇女运动委员会书记、中央妇女工作委员会委员长，主编《妇女周报》。曾领导上海丝厂、纱厂、烟厂女工运动和罢工斗争。1925年去莫斯科东方大学学习。1927年回国，先后在武汉总工会、中共汉口市委和中共湖北省委宣传部工作，主编《长江》刊物。是中共第二届候补中央委员，第三、第四届中央委员。1928年3月在汉口被捕，5月1日英勇就义，时年33岁。

科学是进步路上唯一重要的工具

——致向功治[①]

1921年4月29日

科学是进步轨道上唯一重要的工具。

你于英、算、文、理能加以特别研究固好，但不要把别的抛弃了。

功侄[②]：

我来法年余，接得你两封信，第二次信文字思想迥异于前，几疑不是你写的。这样长足的进步，真是“一日万里”，不禁狂喜！

科学是进步轨道上唯一重要的工具，应当特别注意。你现在初级师范，程度与中学相当。所习的是普通科学（即基本科学），应当门门有点常识。你于英、算、文、理能加以特别研究固好，但不要把别的抛弃了。

你不愿做管理家业的政治家，愿发奋做一改造社会之人，有思想有

① 向功治，向警予的侄女。
② 功侄，即向功治。

识力，真是我的侄侄！现在正是掀天揭地社会大革命的时代，正需要一班有志青年实际从事。世界潮流、社会问题，都可于报章杂志中求之。有志改造社会的人，不可不注意浏览。毛泽东、陶毅这一流先生们，是我的同志，是改造社会的健将。我望你常在他们跟前请教！环境于人的影响极大。亲师取友，问道求学，是创造环境改造自己的最好方法。你们于潜心独研外，更要注意这一点。万不要一事不管，一毫不动，专门只关门读死书。

熊先生①与我同在蒙台②女学，人甚好。范先生③住距己不远之可伦坡④，间与我通信，亦好。

你要的明信片，有尔即买寄。以后如能将你的一切状况时常告我，我最欢喜！近拟与熊先生们组织一通信社，以通全国女界之声气。此事如成，你们于立身修学亦可得一圭臬⑤矣。

九　姑⑥

四月二十九日午后

【品读导航】

这是向警予1921年4月29日在法国蒙达尼勤工俭学时写给侄女向功治的一封信。

---

① 熊先生，即熊叔彬（女），毕业于湖南周南女校师范科。
② 蒙台，即蒙达尼（Montargis），又译蒙塔尔纪，法国地名。
③ 范先生，指范新顺（女）、范新琼（女）两姐妹，毕业于湖南女子师范学校。
④ 可伦坡，巴黎西部郊区小镇。
⑤ 圭臬，比喻准则。
⑥ 九姑，即向警予，向警予在家中排行第九，乳名“九九”。

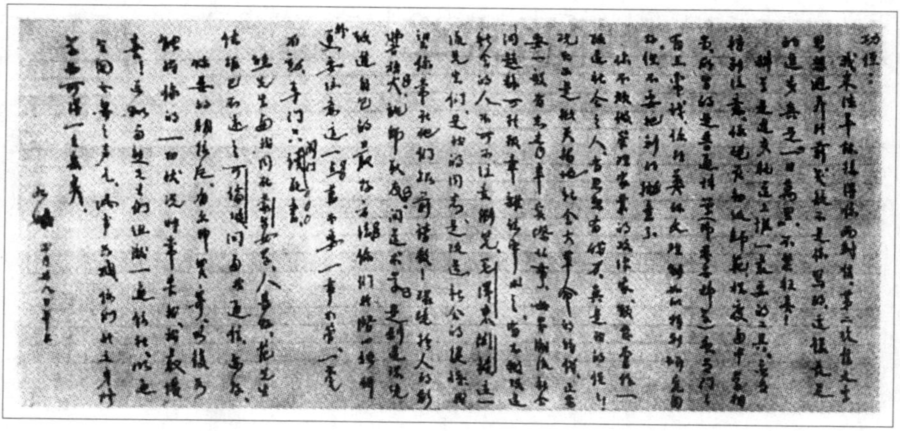

1919年底，向警予与蔡和森、蔡畅等赴法勤工俭学。1921年9月，参加进占里昂大学的斗争，同年10月被法国政府驱逐回国。向警予到法国一年半的时间里，先后接到侄女向功治的两封信。第二封信中，向功治表示自己不愿做管理家业的政治家，愿发奋做一改造社会之人。向警予对侄女的进步感到高兴，于是写了这封回信。

在信中，向警予对侄女的求学进取给予指导，指出“科学是进步轨道上唯一重要的工具，应当特别注意”，对各方面的知识都应注意学习。她称赞侄女的志向远大，“有思想有识力”，“现在正是掀天揭地社会大革命的时代，正需要一班有志青年实际从事。世界潮流、社会问题，都可于报章杂志中求之”。她希望侄女多向毛泽东、陶斯咏等“改造社会的健将”请教。“环境于人的影响极大。亲师取友，问道求学，是创造环境改造自己的最好方法。”“万不要一事不管，一毫不动，专门只关门读死书。”这也反映出作者亲师取友、问道求学、博览群书、关心时事、改造社会的学习观。

当前，党中央号召集聚大量高素质、专业化、知识渊博、经验丰富的人才推动社会积极发展和变革，毛泽东、向警予这些当年的革命先辈、时代英才已为我们做出了表率。从这个角度讲，向警予在这封信中所表述的求学观是很值得新时代青少年学习与借鉴的。

★ 故事分享 ★

风景这边独好

王　哲

数学，这个由几个简单的数字构建起来的庞大学科体系，几千年来，其独特的魅力未曾因时间流转而消逝。它不仅是数字的演算，更是以一种自然的大美呈现在千百代为它倾倒之人面前，让他们甘愿为它迷醉，为它疯狂，为它而超脱，在他们一生所历的风景中，数学无疑独好。

数学之美首先在于它近乎完美地诠释了和谐。无论公理、定理、定则，凡是其公式载体，抑或其语言描述本身，无不彰显着高度的和谐，也即对称性。往往一个漂亮的结论若非其自身天然对称，便是轮换对称。而当人们对一个和谐问题进行演算而步步逼近结论过程中，几乎每一步都伴随以和谐，如若不然，也即眼前的式子没有呈现出一种浑然天成的对称美，那恐怕就是某个疏忽搅了好局。由此，我们明了演算是追求和谐的场景转换，这亦不失为我们演算的妙法；另外，包括一些玄妙至绝的不等式，如“柯西不等式”、“平均值不等式”、“琴生不等式”、“车比雪夫不等式”，从论证到结论，若由钱德拉塞卡执笔，绝对步步都是美学的经典，消去的、添加的都是同样类似的项，而且原式甚至演算中的每一步，都能让人们感到天然去雕饰的契合。还有那令无数数学家看到快要窒息的费马大定理，其精绝、高妙之处便在于将本有着天然隔阂的有理数、无理数、虚数、三角整合成一个小巧的式子。若说代数、几何的一体化模式解析几何实乃奇绝，那么费马大定理便算是至为绚烂了。

数学之美还在于它于诸多或许看来平凡的式子中暗藏玄机。而这，也正是引得数学家们竞相挖空心思探索之缘由。一个小小的圆内，若接上几个四边形，其耐人寻味之处便穷尽了一位数学家一生的心血，其相关的推论涉遍各种大小固定关系，各种转化途径，各种基本技巧，甚至需要代数的鼎力相助，而这，仅仅是圆内接四边形的一道道玄机之始。几百年的探索、挖掘，其结论数量之丰沛，曾让苏步青感喟：“我做不出高中的平面几何题。”而此言的得出便在于此。在数学史上，有关探寻问题结论而付诸数学家一生之力的例子，就不得不提到哥德巴赫猜想。几十代数学大师，为摘取这个数学王冠上的明珠而宁愿倾洒热血，以一生作筹码，虽至今为止已有五位数学巨匠对其进展做出过实质性贡献，但更多的奋战于这片热土上的志士们却孤独求索一生而归于寂寞。但，我不曾感受到后来者会心有挂碍，他们爱这“明珠”之美，爱得疯狂，爱得纯粹，他们只管着了魔一般全力以赴，只为看看这层神秘面纱后面的风景有多美！

衣带渐宽终不悔，为伊消得人憔悴，这便是数学的魅力。它完美的和谐、深邃的玄机已然扎根于诸位爱数学的人们心底，始作一片独好的风景。

为它癫狂又何妨？

学生感言

一直以来，数学吸引我之处大致在于两方面：和谐与玄妙。对我来说，数学就是我多方优势中的一方，而当我的思路定格在“数学”上的一刹那，写作的冲动便使我欲罢不能，这就是所谓的“欲发”吧。

王若飞
（1896～1946）

中国共产党早期领导人。原名王荫生，又名大伦，字继仁，贵州安顺人。1919年冬赴法国勤工俭学，1922年加入旅欧中国社会主义青年团，同年参加中国少年共产党，不久转入中国共产党，为中共旅欧支部的领导人之一。1923年赴苏联学习。1925年回国后，曾任中共北方区委巡视员、豫陕区委书记、中共中央秘书长、中共江苏省委书记等职。1928年赴苏联参加中共六大，会后任中共驻共产国际代表团成员。1931年回国，任中共西北工委特派员，后在包头被捕，在狱中坚持斗争。1937年夏经营救出狱后，历任中共陕甘宁边区党委宣传部长、八路军副参谋长、中共中央秘书长等职，是中共第五届、第七届中央委员。抗日战争胜利后，作为中共代表之一参加重庆谈判和政治协商会议。1946年4月8日由重庆返延安途中，因飞机失事不幸遇难，时年50岁。

能知耻者，终必成事

——致黄齐生

1933年1月30日

改造社会与打破环境之人，必须注意个人环境的修养而后可以取信于人。

只有真正的大勇者，才不以名位系心，才不以明白的承认自己的弱点为可耻；而以不知自己的弱点，不能除去这些错误弱点为可耻。

能知耻者，终必成事。

亲爱的舅父：

今日得读舅父一月十八日来信，并汇来洋五元，前次汇来十元亦已收到，因上次发信时，写的过多，竟忘告诉。舅父对我生活如此关切，真是说不出的感激。前日由高等法院转来绥远省政府发还存款尾数57元3角（因为从前领过50元绥币，合大洋20元，所以此时实发37元3角）给我狱中零用，至于全部存款，须俟本案判决，始能定夺。所以我现时的钱，已够一年的花销，以后请舅父不必挂念。

舅父信谓改造社会与打破环境之人，必须注意个人环境的修养而后可以取信于人，这是很对的。舅父举中庸之好学、力行、知耻相勉，自当接受。好学、力行的功夫尚不困难，“知耻近乎勇”[1]，是含有很大意义的。常见一般人，总喜欢掩饰自己的错误，掩饰自己的缺点，掩饰自己的不能，去盗名窃信，而终于站不住脚。只有真正的大勇者，才不以名位系心，才不以明白的承认自己的弱点为可耻；而以不知自己的弱点，不能除去这些错误弱点为可耻，努力的实行“过则勿惮改”[2]的精神，努力的除去自己的弱点。所以“知耻近乎勇”，能知耻者，终必成事。

舅父寄来历史图书，已看见秦良玉[3]一套，编印都很好。还有五套在科内，尚未交下来。舅父题郑子尹[4]先生《巢经巢诗抄》及郑先生醉寄内妹诗，均已反复讽诵，颇感兴趣。

数日前提笔给铭兄[5]写信时，正当岁尾年头，不免有刘玄德[6]髀肉复生之感，故语气亦自然反映出一些感慨之言。现在狱中对于健康颇知注意，近来尤特别于饮食及清洁加意。更可告慰者，是甥之精神并无丝毫颓丧，所以一切能熬耐，务请舅父不必挂念。冬令天短，房中常是阴暗，自然使精神上也受些影响，好在现已交春，天气渐暖，日光春风能渐送入，身体亦当较现状为佳。

近日传闻日军已占山海关，进攻热河，必然要使华北震动，舅父原

① 知耻近乎勇，出自《礼记·中庸》:“子曰：好学近乎知；力行近乎仁；知耻近乎勇。”
② 过则勿惮改，出自《论语·学而》:“子曰：君子不重则不威；学则不固；主忠信，无友不如己者；过则勿惮改。”
③ 秦良玉，女，明朝人。能文善武，有勇有谋，是明朝有名的武将。
④ 郑子尹，名珍，清道光举人，经学家。精通音韵学，诗称大家，也擅长书画。
⑤ 铭兄，即王若飞的表姐夫熊铭青。
⑥ 刘玄德，即刘备，三国时蜀主。

已定期南下度岁，竟反因此不走，以视一般之临难苟免仓皇远避者，愈见舅父精神之不可及。传说是战争甚紧，绥远傅主席[1]将率三十五军东下参加作战。我未能看见报纸，不知中国是否已经对日绝交宣战，实行抵抗，实〈拼〉力夺回东三省，抑或只是增加防御。如果真是已经绝交宣战，则这个战争与其意义十分重大。我认为这个战争是中国民族革命的战争，每个真正的革命者，都应参加这个战争，拥护这个战争的胜利。所以我写了一信给傅作义主席，说明我对于这个民族革命的抗日战争的意见，并要求能给我以实际参加的机会，使我的血能流在这伟大的革命战争中。也许我的意见我的要求很难被采纳。但我的自信是每个真正的革命者在这严重的局面下，在这关系民族存亡的革命战争中必须有的表示。我将原信抄在铭青兄信后，嘱代转送舅父。今接舅父信，知他已南迁，所以连给他的信一并寄交舅父。

祝舅父健康

甥　若飞

一九三三年一月三十日

【品读导航】

这是王若飞1933年1月30日写给舅父的一封信。信中主要与舅父讨论了自己对“知耻近乎勇”的理解。他认为，掩饰自己的缺点和错误，进而去“盗名窃信”，是“终于站不住脚”的。一个正直的人，不应“以

---

① 傅主席，即傅作义，山西临猗人，当时任绥远省主席。

名位系心”，不应以自己承认有弱点为“可耻”，而应以不知道自己的弱点、不能去除这些弱点为耻。“知耻近乎勇”的深刻含义就在于以“过则勿惮改”的精神，努力改正自己的缺点和不足。持这种态度，才能“终必成事”。

信的最后一段，作者对日寇占领山海关、进攻热河表示了迫切的关注，认为抗日战争是中华民族的革命战争，“每个真正的革命者，都应参加这个战争”。他还告诉舅父，为此，他已写信给当时任绥远省主席的傅作义，直抒己见，请求给自己参加抗日的机会，“使我的血能流在这伟大的革命战争中”。

这封信所表达的思想是将中华民族的传统美德与革命实践紧密结合的典范。国难当头，作为一个革命者，不但要知耻而后勇，勇敢地承认、改正自己的缺点和不足，更应该把勇敢参加革命斗争的实践作为“修身”的最终目的。我们应该深刻理解作者在信中阐述的“知耻近乎勇”的含义，努力克服自身的缺点，轻装上阵，积极投入到振兴中华、实现中华民族伟大复兴的壮丽事业中去。

方志敏
（1899 ~ 1935）

中国共产党早期活动家，中国工农红军创始人之一。江西弋阳人。五四运动后开始接触马克思主义。1922年加入中国社会主义青年团，1923年加入中国共产党。1926年夏，当选为江西省农民协会常委兼秘书长。在中共六大上当选为中央委员。1928年1月，领导横峰、弋阳农民起义，创建了赣东北革命根据地和红十军。曾任赣东北及闽浙赣省苏维埃政府主席和红十军政委、中共闽浙赣省委书记。1931年11月，当选为中华苏维埃共和国临时中央政府执行委员。1934年11月，任红军北上抗日先遣队军政委员会主席。1935年1月，在江西怀玉山作战时被捕，在狱中坚贞不屈，写了《可爱的中国》、《清贫》等著作。同年8月6日在南昌英勇就义，时年36岁。

清　贫

（节录）

1935年5月26日

矜持不苟，舍己为公，却是每个共产党员具备的美德。

清贫，洁白朴素的生活，正是我们革命者能够战胜许多困难的地方！

我从事革命斗争，已经十余年了。在这长期的奋斗中，我一向是过着朴素的生活，从没有奢侈过。经手的款项，总在数百万元；但为革命而筹集的金钱，是一点一滴的用之于革命事业。这在国方[①]的伟人们看来，颇似奇迹，或认为夸张；而矜持不苟，舍己为公，却是每个共产党员具备的美德。所以，如果有人问我身边有没有一些积蓄，那我可以告诉你一桩趣事：

就在我被俘的那一天——一个最不幸的日子，有两个国方兵士，在树林中发现了我，而且猜到我是什么人的时候，他们满肚子热望在我

① 国方，指国民党的官僚。

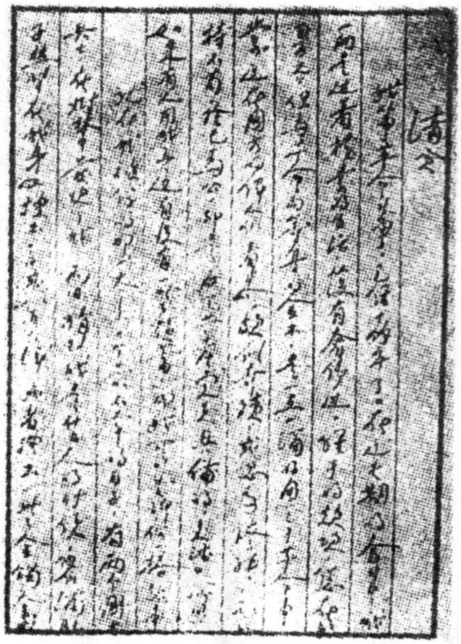

身上搜出一千或八百大洋，或者搜出一些金镯金戒指一类的东西，发个意外之财。哪知道从我上身摸到下身，从袄领捏到袜底，除了一只时表和一枝自来水笔之外，一个铜板都没有搜出。他们于是激怒起来了，猜疑我是把钱藏在哪里，不肯拿出来。他们之中有一个，左手拿着一个木柄榴弹，右手拉出榴弹中的引线，双脚拉开一步，做出要抛掷的姿势，用凶恶的眼光盯住我，威吓地吼道：

“赶快将钱拿出来，不然就是一炸弹，把你炸死去！”

“哼！你不要做出那难看的样子来吧！我确实一个铜板都没有存；想从我这里发洋财，是想错了。”我微笑淡淡地说。

“你骗谁！像你当大官的人会没有钱！”拿榴弹的兵士坚不相信。

“决不会没有钱的，一定是藏在哪里，我是老出门的，骗不得我。”另一个兵士一面说，一面弓着背重来一次将我的衣角裤裆过细的捏，总企望着有新的发现。

“你们要相信我的话，不要瞎忙吧！我不比你们国民党当官，个个都有钱，我今天确实是一个铜板也没有，我们革命不是为着发财啦！”我再向他们解释。

等他们确知在我身上搜不出什么的时候，也就停手不搜了；又在我藏躲地方的周围，低头注目搜寻了一番，也毫无所得，他们是多么的失望呵！那个持弹欲放的兵士，也将拉着的引线，仍旧塞进榴弹的木柄里，转过来来抢夺我的表和水笔。后彼此说定表和笔卖出钱来平分，才算无话。他们用怀疑而又惊异的目光，对我自上而下的望了几遍，就同声命令地说："走吧！"

是不是还要问问我家里有没有一些财产？请等一下，让我想一想，啊，记起来了，有的有的，但不算多。去年暑天我穿的几套旧的汗褂裤，与几双缝上底的线袜，已交给我的妻子放在深山坞里保藏着——怕国军[①]进攻时，被人抢了去，准备今年暑天拿出来再穿；那些就算是我惟一的财产了。但我说出那几件"传世宝"来，岂不要叫那些富翁们齿冷三天？！

清贫，洁白朴素的生活，正是我们革命者能够战胜许多困难的地方！

一九三五年五月二十六日写于囚室

【品读导航】

这篇脍炙人口的作品，与《可爱的中国》一样是方志敏烈士的名篇，也是老一代共产党人高贵品质和崇高精神风貌的真实写照。是啊，在革命者看来，清贫、朴素的生活是每个共产党员应具备的美德，而在那些"国方"的"伟人们"看来，却可能要"齿冷三天"，根本不可思议。是啊，经手数百万元巨款而一尘不染，仍旧过着清贫如洗的俭朴生活，这不正

① 国军，指国民党军队。

是革命取得成功的精神源泉吗？这不正是共产党人廉洁奉公、“革命不是为着发财”的高尚道德情操的真实体现吗？但愿我们今天的人们重读此篇，能有更多新的感悟。

★ 故事分享 ★

说忧患

庆华复

孟子云：“生于忧患，死于安乐”。人，若想活出尊严，活出人格，活出价值，便不得不忧患。天灾人祸，使我们反思自身的行为；民生凋敝，使我们醒悟统治的方式；礼崩乐坏，使我们拷问内心的良知。可以说，正是有了一代代智者与平民的忧患，历史的长河才能奔流向前。

忧己之患。太白诗吟：“乱我心者，今日之日多烦忧。”超世拔俗如青莲居士，尚有忧之叹，何况于世上碌碌如我辈乎？正因为自身有诸多不足，我们才为之忧心忡忡，寝食难安，恨不能将之立刻根除。因此，忧患是我们改正缺点的动力。前路漫漫，命途未卜，我们更是为未来之患感到担忧，而此时的忧患就会使我们更加小心翼翼，步步谨慎。因此，忧患是鞭策我们前进的鸣钟，促人改过、催人前进。从一代代忧己之患者中，走出了儒士、君子。

忧人之患。经历了修正自己的阶段，忧患的定义自然又会加深一层。此时见到他人之急，孤穷之困，忧患之士自然会慷慨解囊，出手相助。因为此时在他心中装下的不再仅仅是个人的得失、荣辱、成败，他人的危难、窘迫之患也已深深植于他的心中，使他为之忧，为之愤，甚至为之抛弃了自己之患而用全副心力去帮助他人。郑板桥“衙斋卧听萧萧竹，疑是民间疾苦声”如是；杜工部“大庇天下寒士俱欢颜”亦如是。正是一代代忧人之患者中，走出了清官、廉吏、义侠、仁商。

忧天下之患。清末名臣左宗棠有副名联：“身无半亩，心忧天下；读破万卷，神交古人。”而这也正是他一生为国操劳的写照。内焦外困之时，左宗棠以七十之龄率众深入新疆，风餐露宿，最终挫败沙俄，收复失地，保全中华版图。此时他所忧之患，已不再是一人一事，而是天下重任，百姓危机。忧天下患之人的眼光，不再囿于狭小的当时当地，而是望长远，思全局，如何为天下人谋福祉。正是他们在指引着历史真正的前进方向，也正是从一代代忧天下之患者中，走出了贤相、英主、智者、圣人。

清官、廉吏、义侠、仁商、贤相、英主、智者、圣人。很难想象如果没有他们，历史还会不会衍进，文明还会不会发展，而造就他们的只有两个字——忧患。

因此，让我们也学会忧应忧之患吧！慢慢提炼自己，扶助他人，心怀天下，用自己的力量推动历史的车轮滚滚向前。

学生感言

身处忧患，我们应该能够预见它，面对它，攻克它，又蔑视它，这需要勇气，胆识，毅力，更需要对人生价值的领悟。这些心志使我们在被忧患煎熬时不放弃，不懈努力，坚定信念；在忧患阻碍我们向前看、向远望，让我们忘记人生追求而畏缩求全时，这些心志又让我们乐观向上而不妥协，跳出禁锢，继续寻找理想。

董必武

（1886 ~ 1975）

无产阶级革命家，党和国家重要领导人之一。湖北黄安人。早年加入孙中山领导的同盟会，参加了辛亥革命。1920年在武汉建立共产主义小组，1921年出席中共一大。随后回湖北，负责建立湖北省的党组织，任中共武汉地方委员会书记、湖北省委委员。后历任中共中央党务委员会书记、中华苏维埃共和国中央执行委员兼最高法院院长、工农检察委员会副主任等职。1934年参加长征。到达陕北后，任中共中央党校校长、代理陕甘宁边区政府主席。抗日战争时期和日本投降后，是中国共产党同国民党谈判代表之一，并任华北局书记处书记、华北人民政府主席。新中国成立后，历任中央财经委员会主任、政务院副总理、政法委员会主任、最高人民法院院长、第二届全国政协副主席、中共中央监察委员会书记、中华人民共和国副主席、代理主席、全国人大常委会副委员长。是中共第六届至第十届中央委员、中央政治局委员、第十届中央政治局常委。1975年4月2日在北京逝世。

我们应该以劳动生活为光荣
——致董良埙

1949年7月17日

应该以劳动生活为光荣。

良埙侄：

来信阅悉！献之、良润、良焱[①]等都有信来。因事忙，前日才复了献之信，他去汉故寄至他的女婿王佑章家转交。良润信未复。昨日复了良焱一信，信中略谈了一点革命的道理，并要他看了后再给你也看看。家中诸人生活状况，他们信中都有叙述，大家都很艰难。为把生活艰难看成一个较普遍的现象，而不是我家独有或特有的现象，我们就用革命的方法来解决这类的问题。革命胜利以后不是别的，就是把帝国主义、封建主义、官僚资本主义的特权打倒，中国人民在发展生产的基础上（在帝国主义、封建主义、官僚资本主义特权统治下生产是无法发展的），较易取得谋生的机会。良焱来信想到武汉行政界去工作，我却劝他好好

① 献之，即董献之，董必武的堂弟。良润，即董良润，董必武的侄女。良焱，即董良焱，董必武的堂侄。

在乡村办小学，把小学办得适合于当地农民的需要，过去没有可能，现在大有可能。过去当小学教师只是为了饭碗或首先是为了饭碗，现在当小学教师首先是为人民服务，也因而解决着个人的生活问题。我们社会上有一种很陈腐的甚至很坏的旧观念就是鄙视劳动，认为不劳动而能生活，生活得比劳动者还好才算享福。革命了，必须纠正过来，我们应该以劳动生活为光荣，不劳动除了疾病老弱不胜者外，就不得食。现在还做不到，逐渐是要这样做的。从革命队伍里面来工作的一般还是供给制[①]，做行政工作也是一样，做行政工作并不是做官。这些革命的观点要有较长期的熏陶才能培养出来。你看了这信也可以转给良焱看，两信互相补充，你们容易明了一点。

承你母亲、各婶母和你们弟兄的好意，希望我和妻、小孩们回家来看一下，短时期内怕没有这个可能，我负有地方政府工作责任[②]，交通又不便利。只好把我们的像片共三张寄回来你们看一下吧！我去年病过几次，今年很好。你婶母生了三个小孩，产后没有休养，身体很差了。小孩们都好，大、二都在初小读书，小的在家中。

你母亲和各婶母都好！你们都好！良篪[③]很早有一信自信阳寄来，说他已失业，我复了一信，并说有人去找他，以后就无消息了。你既失业，我写一信，你如果找得到川资，就到武汉去找一下李主席[④]，请他派个

① 供给制，是革命战争时期和新中国成立初期，对党政工作人员和军队指挥员，按照大体平均的原则，直接供给最基本生活资料的一种分配制度。1955年，供给制改为工资制。

② 董必武当时任华北人民政府主席。

③ 良篪，即董良篪，董必武的堂侄。

④ 李主席，指李先念。当时任湖北省人民政府主席。

你能做的事，你必须注意那只能有饭吃。顺问近好！

必　武

七月十七日

【品读导航】

这是1949年7月17日董必武写给堂侄的回信。

1949年7月中国革命即将取得全面胜利，董必武的亲属写信要求参加工作，董必武回信对他们进行革命传统教育。在致董良埙的信中，对另一堂侄董良焱“想到武汉行政界去工作”的想法提出批评，信中说“我却劝他好好在乡村办小学”，指出“当小学教师首先是为人民服务，也因而解决着个人的生活问题”。信中还殷切教育家中人懂得：“我们社会上有一种很陈腐的甚至很坏的旧观念就是鄙视劳动，认为不劳动而能生活，生活得比劳动者还好才算享福。革命了，必须纠正过来，我们应该以劳动生活为光荣，不劳动除了疾病老弱不胜者外，就不得食。”还指出做行政工作也不是做官，必须端正工作态度，不能有任何过分的要求。

革命工作是为人民服务，是不讲报酬的
——致董良埙

1950年2月13日

革命工作是为人民服务，是不讲报酬的。

良埙侄：

你到武汉后寄我的信都收到了。所以没有复的原因，一来是忙，二来是不好复，不复你们对我还存有若干希望，复了就要使你们对我绝望。我忙的情形你们是难以想像的。别人在星期六下午、星期日一般不办公，夜晚只有我们党内少数人办公，夜晚办公的，白天往往不办公。我呢，早晨总是七点多钟起床，晚上总是两点多钟才睡觉，无所谓星期六下午，无所谓星期日，随我工作的秘书和警卫人员都拖得很辛苦。案上私人来的信件，自南京转来①后，都少回答，你们的信，自然包括在这些没回答的里面。

现在你们既一定要我回答，我就回答你们吧！

① 董必武作为政务院指导接收工作委员会华东区工作团团长，1949年12月在南京等地工作了半个多月，于26日动身回北京。

你和良新[①]原来在家中是失业的，要我介绍才找到一个工作岗位，是供给制，你们都不满意。你们说："个人吃苦不惜，只求得到点劳动的报酬品，去接济家中老小生活。"目前政府或其他机关工作人员绝大多数是供给制，只有个别机关有特殊的原因，或个别的人有专门的技能，才用薪水制。家中老小生活问题，老的、参加革命工作很久的人，都存在着这个问题。这个问题最近时期还不可能得到解决，也许还要一年二年或更长点的时间才能解决。我们这些人不着急么？着急同样不能解决。假如革命胜利推迟一年半载（这是可能的），家中的问题怎样呢？还不是没有解决。假若本人在革命运动中牺牲了（这样例子多得很），家中问题怎样呢？还不是没有解决。要解决家庭生活困难的问题，一般的只有靠发展生产，大家都要从事生产。革命胜利的结果，提供了广大人民参加生产的机会，老弱残废，鳏寡孤独，完全不能劳动的，那只好由政府和社会设法供养着，能半劳动的，也还要尽可能的从事生产。位三[②]同志介绍你们参加的是革命工作，你们想的是以劳动换得报酬品，以养家中老小。革命工作是为人民服务，是不讲报酬的。你想以劳动换得报酬品，意思就是说你要出卖你的劳动力，那么，你们就到劳动市场去卖吧。你们的劳动力，不是什么特殊的熟练的劳动力，现时市场上没有人需要。你们怎么能怨位三同志言不顾行呢？你们说位三同志知道你们家中的情形，意思是说他应当为你们找一个报酬好点的工作，我知道你们家中情形不是更清楚些吗？我能对你们帮助什么呢？我现在应当

---

① 良新，即董良新，董必武的堂侄。
② 位三，即郑位三。当时是中共中央委员。

忙的，不是单想着我们自己家中怎样生活的问题，而是怎样组织全国工农军民人等生产的问题；是怎样解决几十万几百万灾民的生活问题；是怎样恢复上海被敌机轰炸毁坏了的生产机关的问题；是用什么方法去消灭舟山群岛、台湾及海南岛上敌人的问题。把一个个人家中生活问题和我上面所说的诸问题相比较，你们就知道家中生活问题是渺小不足道到如何程度了。你们祖父和父亲，他们一生都是为家中生活着急，家中生活并没有因之解决，到你们头上仍然是个严重问题。照你们的办法去解决，卖劳动力，换报酬品去养家，同样是解决不了的。你们说良心道德上过不去，解决这个问题不是靠良心道德解决得了的，你们良心道德上过不去，干着急，甚至急得要死，问题还是不能解决。中国像你们一样讲良心道德的人不是以百计，不是以千计，而是以万计估计，也同样没有解决他们所担忧的家庭问题。这不是某个个人问题，这是一个社会问题，有人剥削人的社会经济制度存在，这个问题就不可能彻底解决。正因为如此，我们才搞革命，要革去社会上人剥削人的制度。只有社会上没有人剥削人的制度，大家努力生产，发展生产，那时人们才不致有家庭贫困的忧虑。这样的社会，世界上目前还只有苏联，东欧新民主主义的国家很快地会跟上去，中国到那种境界是一定的，但要慢些。

你们如不愿意做供给制的革命工作人员，你们可以请假不干。你们想找薪水制的工作，公家的薪水制是雇用有技能的人员，你们又没有什么技能。你们如仍想到市场上去出卖劳动力，取得报酬品，市场上是自由的，你们有出卖和不出卖的自由，雇用人的人也有买和不买的自由。你们在不久以前，曾经试过市场的火色，市场是什么情况，你们大概也总知道一些。革命工作人员是个光荣的称号，初参加进来的人不能马上取得这个称号，要干一个时期的工作才称得上。

我们华北解放区对于革命工作人员的家属并不是不理，土地分了，革命工作人员及其家属都分得了土地。革命工作人员及其家属分得的土地，如家中没有劳动力，无人耕种，则乡村政府为他们组织代耕；家中生活有困难的，乡村政府尽可能为他们设法救助。这样办，个别革命家属讨饭吃还是有的，但没有听说革命家属饿死了的。我不知道湖北情形怎样，只知道那里还没分土地，今冬是要分的。对革命工作人员家属，湖北若是有优待的办法，你们可以请求省政府告诉地方政府遵照章程照顾你们家中老小的生活，但这也要你们已取得革命工作人员的称号以后才能请求。这就是我指点你们的路。

你在榨油米厂①中既不安心，自然不能和厂内负责人生活很靠拢。你的看法那里很少有前途的，我想厂内负责人总知你是位三同志介绍去的，你可以要求和他谈一次，把你观察所得适当的告诉他，除告诉他外不要和任何人谈，这点最要紧。

良焱的病不轻，四野②医院要送他到北京来医治，军委卫生部和我商量，我已同意。他病到那种程度，还写信来说家中生活不得了，借的债不能还，逼债受不了。应劝他不要想那些问题，那些问题不是他着急所能解决得了的，这在前面已说得不少了。这封信你可以给七叔和良新看，并摘要告诉良焱。

---

① 指当时湖北省军区后勤部下属群勤油米厂。
② 四野，中国人民解放军第四野战军的简称。

问你们都好！

必　武

一九五〇年二月十三日夜两点半

【品读导航】

这是董必武1950年2月13日写给堂侄董良埙的回信。

董良埙在来信中对他现在的工作不满意，让董必武为他重新安排工作。董必武在回信中让其安心工作，说做一个革命工作人员是很光荣的。并指出，革命工作是为人民服务，是不讲报酬的。并明白告诫他，“我现在应当忙的，不是单想着我们自己家中怎样生活的问题”，而是要为中国革命及几百万灾民而工作。这封信充分表明董必武不谋私利、全心全意为人民服务的崇高精神境界。

★ 故事分享 ★

去掉利欲目方明

刘钟芬

鲸死在了海滩，只为了一条沙丁鱼。但若仔细想来，鲸其实是死于自己的欲望。它太过急切地想吃鱼，眼中的一切危险便不复存在，才会让一时的利欲熏了心，蒙了眼。推己及人，人若是利欲太盛，便不容易看得全，看得远，有时会毁了自己。所以，去掉利欲人才能心明眼亮。

北方的俄罗斯人冬天捕杀狼时便利用了狼过分嗜肉的性格。他们在一把匕首上涂上鹿血，干了再涂一层，再干再涂，直到厚厚的，盖住了匕首，然后把它插在雪地里。狼看见了会去舔舔，觉得好吃就会一直添下去，血慢慢融化，狼也越来越兴奋，添得更快，直到匕首已露出了刀刃，狼自己的血也和了进去。但它让一时的欲望冲昏了头脑，竟不觉得疼，终于因血流的太多倒地而亡。此时，猎人们则可以轻松地扛着猎物回家去。在狼被血刺激得发狂时，又怎么会知道自己的欲望正把自己推向死亡呢？欲望过盛则殆矣。

之前媒体报道的“彩票事件”至今让人唏嘘。两位金库管理员想要买彩票，于是私自从金库里拿了几千元出来，一心只想着：“我们一下子把所有的号都买了，肯定能中奖，中了再把金库的钱还回去。”第一次他们倒是中了几千，于是两人认为这样赚钱很快，就再次到金库去。这次他们拿了几万元买，却没中多少，两位管理员想要中奖的心情如此迫切，以致又拿几百万去买，把公款变成了一筐一筐的彩票，却也只零零散散地中了些小奖。他们却还没意识到危险，仗着自己有金库钥匙，一次次地取钱，最终东窗事发，两人被以贪污罪论处，由于损失数额达到千万，其中一人被判了死刑。但直到宣判完毕，他们都一直认为自己没有贪污，只是借钱，是要还的，可他们忽视了一点：中奖的概率微乎其微，即使是买连号，那买下所有奖券的金额都已超过了奖金。只是利欲熏心，他们被自己过盛的欲望蒙蔽了眼睛，最终走入监狱，甚至走向死亡。

利欲太盛，于是有了数以万计的贪污者；利欲太盛，于是有太多的人再也走不出赌场；利欲太盛，于是有人失去了自己的判断力，跌入深渊，迷失方向。如果去掉那些过分的欲求，我们的眼界其实可以大开，把自己、把事物看得更清楚。所谓嗜欲深者天机浅，为何不去掉那太盛的利欲，擦亮双眼，来把握自己的方向？不要让自己变成冲上海滩的鲸，要做一个真正心明眼亮的人。

学生感言

如果把国家比喻成一座大厦，那么精神便是钢筋，物质便是砖块。当利用权力谋取私利时——钢筋断裂了，砖块没有了，各个板块之间分离破碎——这些行为不但会把国家掏空，还可以使国家失去人心、不团结，并导致国家灭亡。

自满是进步最大的障碍
——致董良新[1]

1952年5月28日

自满是进步最大的障碍。

良新侄：

五月十三日信收到了。你想来京看看我们，这意思是可感的，但你已有一定的工作岗位，三反运动后业务工作必定很紧张，我们伯侄单纯为一次见面而耽搁工作是不好的，还是把这个念头扔掉，好好做革命工作吧！你“能将个人利益服从革命利益，有勇气争取做一个光荣的共产党员”，这几句话很好，就照着这样干吧！党在考验你言行一致后，一定会吸收你成为党员的。你在三反运动中党已看出你的积极性，提拔你做了一些负责任的工作，你自己也学习了一些东西，千万不要自满，继续努力在团和党领导下工作着、学习着，就会不断地进步。自满是进步最大的障碍。你母亲身体不健，年龄已高，仍想学习前进，我们不仅很

① 董良新，董必武的堂侄。当时在湖北省茶叶公司工作。

高兴，而且很佩服她。她写给你的信很好，学习有进步，慢慢帮助她看浅近的报纸，使她也能注意世界上劳动人民的消息，不专想个人或一家的事，她的心胸就逐渐广大了。我们的像片都是以前照的，清出三张寄给你收存。专此。

问候你母亲和你都好！

你母亲给你的信仍寄还。

伯父

伯母　字

五月廿八日

【品读导航】

这是董必武1952年5月28日写给堂侄董良新的回信。

董良新在5月13日写信给董必武，想来北京看看董必武全家并汇报自己的工作与思想情况。董必武回信对其进行勉励，要求他好好工作，肯定了其“个人利益要服从革命利益，争取做一个光荣的共产党员”的意志和决心。

吴玉章
（1878 ~ 1966）

无产阶级革命家、教育家。四川荣县人。早年参加孙中山领导的同盟会和辛亥革命。1915年倡办留法勤工俭学会。1925年加入中国共产党。1927年参加八一南昌起义，任革命委员会秘书长。1928年到1937年，被派往苏联、法国和欧洲工作，参加过共产国际第七次代表大会。1938年回国后，历任延安鲁艺学院院长、延安大学校长、陕甘宁边区政府文教委员会主任、中共四川省委书记、华北大学校长等职。新中国成立后，任中国人民大学校长、中国教育工会主席、中国文字改革委员会主任等职。为第一届至第四届全国人大代表和全国人大常委会委员，中共第六、七、八届中央委员。1966年12月12日在北京病逝。

你们要树雄心、立大志，成为全面发展的新人
——致吴本立等

1960年2月1日

抱雄心、立大志，要努力学习，成为全面发展的新人。

要虚心学习，不要骄傲自满，对人要和气亲热，走群众路线等。

要知道革命有今日这样伟大的胜利，不是容易得来的。

本立、本渊、本浔、本蓉[①]好孩子们：

你们的贺年信我收到后知道你们学习的成绩都好，使我非常喜欢。本蓉继续保持三好学生的名称；本浔最差的语文一课，这次期考也得了五分；本渊数学竞赛取得了全班第一；本立的学校一九五九年高考成绩是北京市第一，特别值得高兴的是你和同学们抱雄心、立大志、赶福建、超福建，要努力学习，成为全面发展的新人。同学们干劲都非常足。你

① 本立，即吴本立，吴玉章的孙女。当时在中国科技大学读书。本渊，即吴本渊，吴玉章的孙子。当时在哈尔滨军事工程学院读书。本浔，即吴本浔。本蓉，即吴本蓉。他们俩都是吴玉章的孙子。当时在北京上中学。

想学尖端科学：原子能、自动化控制……总之什么最难学，什么最需要，你就想学哪一门，任何困难你都不怕。这种坚强的意志是很可宝贵的。你决心要加入共产党，学习共产党员的道德品格，做一个红透专深的共产党员。这很好。现在你还是共青团员，到了合格的年龄自然可以入党，……要做一个工人阶级知识分子，一定要有无产阶级的世界观，即马列主义的世界观。去年年底中国青年杂志社特派了两个同志到广州来要董老①和我对于青年在中国社会主义建设的新阶段中，要如何树雄心、立大志发表一点意见，我们的谈话登在一月这一期的《中国青年》杂志上②，想你已看到了。这一期杂志上有很多好文章。还有《人民日报》今年一月一日《展望六十年代》和一月二十三日《社会主义建设的新阶段》这两个社论是极好的文章、最好的理论联系实际的读物，你必须读来背得。现在学校教学中所选的中文读物太不能令人满意了。我常告诉你们要把去年我在上海用拼音字母注音的党的六中全会《关于人民公社若干问题的决议》的第一大段约一千五百字读熟，就是为了补助你们的学习读物，必须用点苦功来记诵几篇文章，才能改善现在教学工作中最薄弱的语文教学课。语文和数学是学校学习时期最基本的两门课，你们四人数学都还好，就是语文差。本立这次的信写得很好，文笔通顺，志愿宏大，尤其可喜的是要做一个好共产党员，又红又专的工人阶级知识分子。党的决议和毛主席的著作是现代最好的文章，在书报上你们已经看见许多文章谈这一问题，你们必须细看和互相帮助学习和讨论。

---

① 董老，即董必武。当时任中华人民共和国副主席。

②《中国青年》1960年第1期刊载了《革命长辈谈立大志——董老、吴老访问记》一文。

不要多花时间去看小说。两个小弟弟还小一点，理论高一点的书还不能看。大的两个已经十七八岁了，正是青年蓬勃发展的时期，必须趁此时机加十倍百倍地努力学习。关于个人的品格也就是现在做一个共产党员的品格，你们要熟读刘少奇同志的《论党》和《论共产党员的修养》等书。人民大学出版的《中共八届八中全会学习文件汇编》中选有这些文章，可要来学。本立信上说你爸爸是一个非常好学的人，很有学问。不错，你父亲震寰是一个很好的水电工程师。他在法国毕业后就在法国做了几年工程师。一九三四年我要他到莫斯科来学马列主义的革命理论，他到后不愿到我们的训练班学习，要到苏联的建设委员会去做水电设计工作，苏联也很欢迎他，我不答应。杨松①同志为他劝我说：他是专家，让他多作一些研究和取得经验，以便将来回国做我们的建设人才。我才答应了。一九三八年他同我回国后不久就在长寿龙渊洞做水电工程师，工作很有成绩。国民党人知道他是我的儿子，久已蓄意害他。一九四九年北京解放后，他很高兴，想把他的病医好后更好为人民政府工作，就在成都华西医院去动手术，两次开刀都延长到三四个钟头，终于把他害死了。多少听到这种以人命为儿戏的医法是特务杀人的行为，但中了敌人的奸计也无法追究了。这就是没有提高警惕，也就是只专不红，为科学而科学，没有政治挂帅的惨痛教训。你们的爸爸是我的好儿子。因为我去日本留学九年（一九〇三至一九一一），使我的儿女没有能够好好地有钱去上学念书，所以中文都不好。你爸爸法文学得很好，数学、科

---

① 杨松，中国共产党党员，1933年调到莫斯科职工国际东方部工作。

学都有些天才和特长，可惜思想没有得到彻底改造，他只知道跟着我走革命道路就行了，还有资产阶级知识分子的为科学而科学的错误思想。但是他的品质是好的。他常对我说，一九一一年七至九月的短短时间中我教了他许多东西，特别是孟子所说的“富贵不能淫，贫贱不能移，威武不能屈”这三句话。他常常牢牢记在心中，决心身体力行。事实也是如此。国民党虽是知道他是我的儿子，但他没有短处使国民党能陷害他。相反，抗日战争胜利后国民政府行政院长翁文灏，派他为东北接收六人委员之一，要他去接收小丰满水电厂，因为翁知道他人好，工作做得好。但国民党人不让他去东北，而把他派到海南岛去接收。他二月多点时间任务完成后即交与国民党人去升官发财，自己又回到长寿去工作。他的学问品质是好的，可惜没有思想改造、马列主义的世界观，只能是一个好科学家，而不是一个又红又专的工人阶级的知识分子。你说“要青出于蓝而胜于蓝”，后人要胜过前人，这是马列主义发展学说的真理。你要看上面所说人民大学出版的书二八一页列宁论马克思的辩证法一段[①]就知道得清楚了。总之由你这次的信看来，你的志气是很好的，但是要虚心学习，不要骄傲自满，对人要和气亲热，走群众路线等等。至于你对我的估价很高，是的，我是有雄心大志的。我很小时自尊心很强，父、兄教导我要做一个顶天立地的有志气的人。七岁上学记忆力和理解力都很好，很受家庭和亲友的钟爱。不幸上学不过三个月父亲就去世了，因家庭怜我幼丧父留在家中侍奉八十三岁的老祖母，过了三年祖母去世。

---

① 指中国人民大学出版的《中共八届八中全会学习文件汇编》所载列宁的《卡尔·马克思》一文中的“辩证法”一节。

这三年中受了祖母和母亲许多教育，使我决心要做一个好孩子。过了两年我二哥带我到成都尊经书院，他一边学习，一边教我，使我得到非常快的进步。可痛的是母亲急病去世，弟兄奔丧回家十分悲痛，我二哥是一个讲孝道的人，他一定要庐墓三年，我和大哥每晚送他去母墓旁草棚中。当时正是中日开战和中国失败的时候，我们弟兄正在读历史，宋朝受辽金入侵，失败至于亡国，这就使我们有救亡图存的志愿。以后我们对于戊戌变法很赞成，并参加同盟会努力做革命工作。辛亥革命成功不久，袁世凯背叛，我又参加了反袁的二次革命，失败的消息传到成都，我二哥回家，因贫病交加，革命又失败，遂自缢而死。我所以写这些事实告诉你们，是要使你们知道革命有今日这样伟大的胜利不是容易得来。我们现在是处在社会主义阵营和帝国主义阵营斗争的时代，又是东风压倒西风，争取和平共处、和平竞赛，以利我们努力建设社会主义并向共产主义伟大目标前进的时代，国内外形势都大有利于我们。我很庆幸能在我们伟大的党和最英明的毛主席领导之下学习到许多东西，能做一些工作，能够很好地为人民做点有益的事情，来达到我“先天下之忧而忧，后天下之乐而乐”的素愿。我应当做的事情很多：关于历史，特别是关于中国六十年来〈的〉革命运动史，我有责任把所见所闻和自己亲身经历的事实写出来，党和许多同志都希望我做这一工作，现在还未完成。文字改革我认为是一个特别重要的工作，党和政府把这一责任交给我，现在才开始上路。这一个巨大而长期的工作，还要作一番艰苦奋斗的努力才能有成效。……应做的工作很多，使我不能不以“惟日不足”的心情奋勇前进。我时时觉得对国家、社会贡献太少，而党和政府给我以崇高的地位、优厚的待遇，特别是青年们及我所到地方的同志们、工农广大群众的欢迎接待，使我深深感激，而不敢不力求进步以报答党和政府及人民对我的厚爱。我并无过人的特长，只是忠诚老实，不自欺欺人，想做一个“以身作则”来教育人的平常人。我是以随时代前进不断改造自己，使不至成为时代落伍的人。我常常觉得自己缺点、错误总不能免，去年九月写了一个座右铭①，你们曾经看到，因为用了许多典故，你们不易看懂，待我回北京后和你们细讲。写得太多了，两个小弟弟不易看懂，可请你们妈妈讲解一下。我二月五六号就动身回四川家乡，把家乡的文改工作和人民公社试点工作的许多事情亲身去体验学习一下，在实践中来提高自己。我打算四月中回北京，望你们努力学习。

祝你们春节快乐！

你们的祖父　玉章

1960.2.1

【品读导航】

这是吴玉章1960年2月1日写给孙女吴本立和孙子吴本渊、吴本浔、吴本蓉的一封长信。在信中，吴玉章运用摆事实、讲道理等方法，以鼓励为主、批评为辅，从专业知识学习、理论学习、政治进步、品格修养等方面，深刻阐述了青年人应如何树雄心、立大志，成为全面发展的人，

① 这个座右铭是：“我志大才疏，心雄手拙。好学问而学问无专长，喜语文而语文不成熟。无枚皋之敏捷，有司马之淹迟。是皆虚心不足，钻研不深之过。年已八一，寡过未能。东隅已失，桑榆非晚。必须痛改前非，力图挽救。戒骄戒躁，毋怠毋荒。”

为社会主义和共产主义事业而奋斗。这封信深入浅出，明晰透彻，循循善诱，生动亲切，是一份难得的家教典范。

你们这一代要负起革命事业接班人的责任

——致吴本渊[1]（节录）

1964年1月8日

现在国内外都是大好形势，真是青年大有可为的时候。你们这一代要负起革命事业接班人的责任。

路子要靠自己去走，不能因为是干部后代就骄傲自满。

长孙本渊：

你的信收到了。很快慰！

你信上说："从回来，指导员同志就找我谈了好几次话，鼓励我要努力学习和工作，争取更大进步。总的看来，我是按照指导员同志的要求做了，但是还做的很不够，还存在一些问题。"下面你自己检查了学习上、思想上的缺点，和同志们的团结问题等等，作了自我批评，又

① 吴本渊，当时在哈尔滨军事工程学院读书。

说“尤其最近看了《年青的一代》[1]后，受教育很大，要力争进步”等等。这些都使我很高兴。

你又说“立志在没有给祖国、给人民做出一点贡献之前，坚决不谈恋爱问题”。这很好。青年不分心去想恋爱问题和实行晚婚，不论对个人进步或是对革命事业都有好处。

事实上，现在国内外都是大好形势，真是青年大有可为的时候。你们这一代要负起革命事业接班人的责任。路子要靠自己去走，不能因为是干部后代就骄傲自满。不然，就可能像林育生一样，甚至更坏。这是要时刻警惕的。

不知你妈妈有没有给你寄过什么东西。我认为除了学习用品以外，如果要寄生活用品，可不要收，并委婉地写信回来谢绝，使她知道这样做不好。因为你在学校，一切都有供给，如再寄食用品，就显得特殊，对党对自己影响都不好。

今年《中国青年》第一期有我一篇文章[2]，寄去几本可分给同志们一看，我想讲的一些意见，上面已有，此信就不多讲了。

……

玉章亲笔

1964.1.8

---

①《年青的一代》，是当时正在上演的有影响的话剧。它歌颂剧中主人公肖继业为改变祖国贫穷落后的面貌而奔赴边疆无私奉献青春的精神；同时鞭挞剧中主人公林育生贪图享乐、自私忘本、逃避参加边疆建设责任的错误思想。

② 这篇文章的题目是《新年话家常》。文章联系话剧《年青的一代》和吴玉章自己参加革命的经历，谈了青年人如何走革命道路的问题。

【品读导航】

这是吴玉章1964年1月8日写给长孙吴本渊的信。当时在哈尔滨军事工程学院读书的吴本渊，观看了话剧《年青的一代》后，受到很大教育。他写信给爷爷，汇报受教育情况。吴玉章给他写了这封复信，表示赞同和支持。在信中，吴玉章就《年青的一代》所表现的主题，对吴本渊提出了更高的要求，那就是“你们这一代要负起革命事业接班人的责任”。而要成为接班人，不能靠父母，只能靠自己；不能骄傲自满，也不能特殊化，“不然，就可能像林育生一样，甚至更坏”。这封信不仅表达了吴玉章热切希望自己的儿孙都能成为革命事业接班人的心愿，而且提出了干部子女不能靠父母、不能搞特殊化的重要思想，至今仍具有重要教育意义。

★ 故事分享 ★

初夏担当的味道

辛　莘

这个初夏，青春漾动，年少的我体验着担当的味道。

“那个老师姓王。”面前的老师指着本子对我说。

姓王？她就是那个王老师？我心中一阵震颤。负责为初三老师取信的我刚才因为忘记了那位老师的姓名而落掉了她的信。

怎么办？还要再去取一趟吗？正午的铃声在初夏时节愈发绵长。初三的每分每秒都无比宝贵，闪念间大家努力学习的情景足以让我感受到那种紧迫。算了，回班吧。区区小事儿，我没必要对自己过分严格。

下午，班主任收前天发的回执。我猛然记起回执落在家里的书桌上，只得给母亲打电话，期望她及时送到。铃声来来回回地响，越响我越焦急，多希望早上能记起，哪怕只是一闪念，我便不会如此坐立不安。忽然那位老师的名字浮现在眼前，我中午的那一闪念，是否也让她体会着心焦与思虑的滋味呢？

下课铃又响了，我却快速走出了教室，三步并作两步地下楼。如果你问我什么是担当的味道，那么我会说，是焕发青春的老树在操场上投下斑驳的树影，青葱的枝丫送来阵阵清凉，是路过中心花园，玉兰绽放吹来的阵阵花香，是快到校门口，看到门外的喷泉汇聚无数细密的水柱于一点，阳光下投射出灿烂的七色彩虹。走进传达室，我拉开信箱，取出曾经翻过一遍的信件，小心翼翼地第二遍清点起来。传达室的老师问：“怎么又来一趟？”我边抽出要带走的信边回答：“我落取了几封，要赶紧给老师送去。”传达室的老师一笑：“真是个认真的小姑娘。”又起风了，初夏的微风轻携着绿叶和花瓣，把清爽和舒畅直带到我心里。铃声变成了一曲轻快的小奏鸣曲，催促着我把信交给老师，怀着愉悦专注地上课。我仍记得那位老师对我微笑感谢的情形，因为没有什么比那更让人踏实。

这个初夏，担当的味道让我成长。自此以后，每当犯了过失，我都不再逃避，反而是勇敢担当，积极弥补。担当意味着严格要求自己，是考场上拒绝作弊，公平竞争，是创作文章时坚持原创，拒绝抄袭，也是为他人保守秘密时守口如瓶，坚守友谊……担当是初夏赠予我的厚礼，将一生鞭策我，勉励我成为一个内心强大的人。

学生感言

“担当”本是一种勇于负责的行动，看上去和“味道”似乎关联不大。而一件日常生活中再平凡不过的小事和成长的感受联系在一起，我深刻感悟到了担当的滋味。

林伯渠

（1886～1960）

无产阶级革命家。原名林祖涵，字伯渠，号邃园。湖南临澧人。早年参加同盟会。1921年加入中国共产党。1927年参加南昌起义，后赴苏联学习。1932年回国，任中华苏维埃共和国中央执行委员兼国民经济部部长和财政部部长。参加了长征。1937年任陕甘宁边区政府主席。新中国成立后，任中央人民政府秘书长。1954年当选为全国人大常委会副委员长。是中共第六届中央委员，第七、第八届中央政治局委员。1960年5月29日在北京逝世。

家庭中需要忍耐说服，和睦为主

——致林秉衡[①]

1944年10月6日

家庭中自然需要些忍耐说服，和睦为主。

衡儿：

我不久要回去[②]，大约未能纡道[③]来看你们，盼你们好好工作，更好保养身体。家庭中自然需要些忍耐说服，和睦为主。日寇总会快打出去的，曙光不远吧。泽仁、明芷[④]拟带去学习。尔母因道途梗阻难受辛苦不远行也好，不让囡囡[⑤]来只得暂听之，身边有一亲人也好，只囡囡暂不必上学，至要。佑、琪[⑥]都好，一时仍未能回来。

① 林秉衡，林伯渠的女儿。当时在成都农民银行工作。
② 指在重庆参加国民参政会三届三次会议后返回延安。
③ 纡道，绕道。纡，音yū，弯曲。
④ 泽仁，即林泽仁，林伯渠的侄子。当时在重庆等候随林伯渠赴延安。明芷，即林明芷，林修梅的孙女，林伯渠的侄孙女。当时在重庆等候随林伯渠赴延安。
⑤ 囡囡，即林秉元，林伯渠的女儿。
⑥ 佑，即林秉佑，现名林利，林伯渠的女儿。当时在苏联学习。琪，即林秉琪，林伯渠的女儿。当时在苏联学习。

近好

邃 上

十月六日

【品读导航】

这是林伯渠1944年10月6日写给女儿林秉衡的一封信。信中指出日寇总会打出去的，同时谈到了一些家务事。这封信虽不长，但表现了林伯渠献身革命、以工作为重的精神。

不骛高远，实事求是

——致林秉佑[①]

1946年12月8日

不骛高远、实事求是为要。

秉佑：

十二月三号来信收到了，连同叶参谋长[②]所寄的果品罐头也一并收到，如你还在北平的话，希转告代谢。你如能顺利的到哈市很好，至于工作应与当地负责同志商定，总期不骛高远、实事求是为要。如得晤唐亮、秉益、秉南、端方[③]，将我处情形告他们，并将他们近况告我。

---

① 林秉佑，林伯渠的女儿，现名林利。当时以军调处执行部工作人员名义滞留北平，准备赴东北工作。

② 叶参谋长，指叶剑英。抗日战争时期叶剑英曾任第十八集团军参谋长、中共中央军委参谋长。抗日战争胜利后，曾任中共中央军委副总参谋长。1946年在北平任军调处执行部中共代表。

③ 唐亮，1948年改名区棠亮，曾任林伯渠的秘书。当时在东北民主联军总司令部交际处工作。秉益，即林秉益，林伯渠的儿子。当时在东北解放区吉林省和龙县参加土改工作。秉南，即林秉南，林伯渠的堂侄。当时在东北民主联军吉林军区后勤部任管理科长。端方，即蒋端方，林伯渠的同乡。当时在张家口华北联大学习。

近好

伯　渠

十二月八日

【品读导航】

这是林伯渠写给女儿林秉佑的回信。信中，他教育女儿要与当地负责同志商定工作，要实事求是，不骛高远，体现了林伯渠谦虚、谨慎、平等待人的优秀品德。

届时你们将参加新中国全面的经济文化建设

——致林秉琪[①]

1949年7月30日

能以自己的努力培养成为无产阶级，为劳动人民服务思想是好的。

秉琪：

接你来信及特特[②]此次回来，知你们工作情形及学习生活，我都同意。你们能以自己的努力培养成为无产阶级，为劳动人民服务思想是好的。现在中国人民解放的全国胜利即将到来，届时须有全面的经济文化建设，你们将回来参加此一工作的。

伯　渠

一九四九年七月卅日于北平

① 林秉琪，又名林琳，林伯渠的女儿。当时在苏联广播电台做翻译工作。
② 特特，即李特特，李富春的女儿。当时在莫斯科农学院读书。

【品读导航】

这是林伯渠接到女儿来信后的回信。信中指出，中国革命即将全面胜利，让女儿做好回国工作的思想准备。体现了林伯渠热爱祖国、以祖国富强为己任的思想。

★ 故事分享 ★

信　念

郭文萱

从小就跟着奶奶念古诗。中秋节时读“小时不识月，呼作白玉盘”，对玉兔、嫦娥有了想象；或是国庆节时念“红军不怕远征难”，对“长征”似懂非懂，对红军战士又怕又敬。奶奶总是跟我说，红军战士在长征时特别艰苦，要我向他们学习吃苦的精神，而我却把“长征”当作“郊游”，卖弄着学会的古诗，说他们可以观赏“白玉盘”。现在，读着《长征》，我看见红军走过一望无际、到处都有可能是沼泽的草地，翻越了在壮美苍茫背后隐藏着巨大白色恐怖的雪山，渡过了30多条汹涌险峻的大河，在饥寒交迫的处境下还要拼死打仗。

雨雪交加、气候寒冷，在国民党的包围圈里，红军战士举枪射击，但冻僵的手却拉不开枪栓。队伍里弹药匮乏，官兵们身体虚弱，就是这支几乎全未成年的年轻的红军队伍——红25军，凭借极其坚定的革命意志，从各自的阵地里一跃而起，向敌人发起了反击，顷刻间敌人土崩瓦解。

这样一支队伍，在战争中经受了他们这个年龄几乎不可能承受的苦难，在艰苦的环境中，他们得到了成长，更坚定了自己的信念。

人生像一条奔腾不息的河流，信念是这条河的源头。信念一旦动摇、消失，人生就将失败。

信念如同冰天雪地中的腊梅，它拥有的傲骨支撑着红军战士的灵魂，在严寒的冬天以坚强不屈的毅力怒放。

信念又如同灯塔，照亮了前进的方向，指引着红军战士走在信仰的道路上。

信念使人拥有一股强大的力量，即使战局处在逆境，红军战士依然能被信念召唤起信心和勇气。

在艰苦的条件下，那些经历了太多磨难的年轻人，或许就是后来的排长、军长。他们在磨炼中获得心灵的成长，信念从未动摇，因为生与死已经被他们看淡了。面对军事力量比自己强大不知多少倍的国民党军队，为着理想，为着信念冲上去，视死如归。生命可贵，但是革命精神更有价值！人在这世上只有几十年，但要活得精彩、活出价值，就需要这样一个精神支柱——信念。

艰苦成就信念，信念实现自我价值。

学生感言

张爱萍将军在《过草地》中写道："随意坐地堪露宿，卧看行云逐浪翻。帐月席茵刀枪枕，谈笑低吟道明天。"它完美地诠释了红军的这种精神。正是因为对革命理想有着坚定的信念，才可以苦中作乐，取得一次次胜利；正是因为对光明平等的生活有着不懈的追求，才可以笑对人生，实现伟大的理想。

谢觉哉
（1884 ~ 1971）

无产阶级革命家。湖南宁乡人。1925年加入中国共产党。1934年参加长征。历任中华苏维埃共和国中央政府秘书长、内务部长、司法部长、中央党校副校长、陕甘宁边区政府秘书长、陕甘宁边区参议会副参议长、华北人民政府司法部长等职。新中国成立后，历任中央人民政府内务部长、最高人民法院院长、全国政协副主席等职。1971年6月在北京逝世。

只有专深，才能红透

——致谢飘

1961年9月11日

学专业，只有专深，才能红透。不专，只能是个粉红色干部，纵不至于“败事有余”，也很难免于“成事不足”。

飘飘：

信收到。要飞飞给你去信，不知写了没有？

陈老总[①]的讲话，听林准[②]同志读了一遍，好得很！解决了问题。你们大学生主要是学专业，只有专深，才能红透。不专，只能是个粉红色干部，纵不至于“败事有余”，也很难免于“成事不足”。

我们九月四日回京。一切都好。亚旭[③]昨天去八一幼儿园。

① 陈老总，即陈毅。
② 林准，时为谢觉哉的秘书。
③ 亚旭，谢觉哉的小儿子。

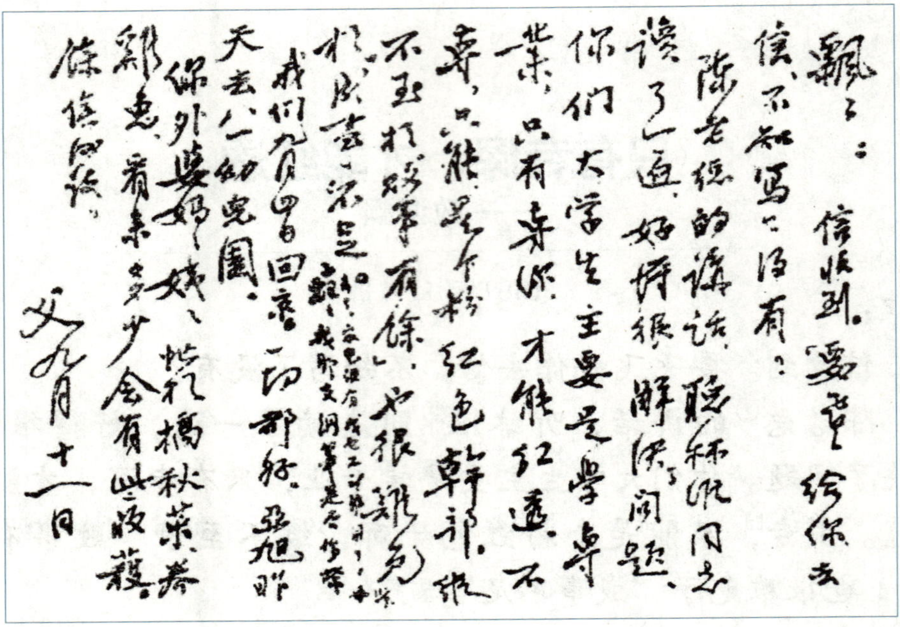
飘飘：
信收到。"要争"给你去
信，不知写了没有？
陈老总的讲话，听林枫同志
谈了一遍，好得很，解决了问题。
你们大学生主要是学专
业，只有专深，才能红透。不
专，只能是个挂红色干部牌
不至于于事有余，也很难免
于成事不足之
我们九月曾回家一次，都好。亚旭昨
天去入幼儿园。
你外婆、妈妈、姨姨忙于搞秋菜、养
鸡兔，看来多少会有些收获。
余俟后谈。
父 九月十一日

你外婆、妈妈、姨姨忙于搞秋菜、养鸡兔，看来多少会有些收获。余俟后谈。

父

九月十一日

飘飘：我那支钢笔是否你带去了，家里没有，我也不可能用了。

母

【品读导航】

这封信是谢觉哉1961年9月11日写给其儿子谢飘的信。谢飘当时是在校大学生。这封信肯定了陈毅1961年在广州会议上关于知识分子的讲话，并用十分精辟凝炼的语言，阐明了"专深"与"红透"两者之间的辩证关系，这是对“又红又专”思想内在关系更为深刻的揭示。在当时的历史背景下，谢老有这样的观点，是十分难能可贵的。谢老这封信中的谆谆教诲，无论对当时的年轻一代，还是对今天和今后的年轻一代，都具有十分深刻的教育意义。

骄傲的帽子，一定戴不得
——致谢飘

1961年9月27日

这叫做“好问”，叫做“集思广益”。即令自己真的是对，那你就要说服人，说服人要“和风细雨”，要表示谦虚。否则人家是不会信你的。

弱要谦虚，强也要谦虚。

骄傲的帽子，一定戴不得。

飘飘：

九月二十日信收到了。

你立志读书并有计划地读书，能动脑子想问题，都是值得称许的。但骄傲的帽子，一定戴不得。要牢牢记住毛主席“虚心使人进步，骄傲使人落后”的话。切不可以认为自己正确就可以骄傲，或认为人家说我骄傲不要紧。要知道正确不正确，在没有经过实践证明以前，谁也不能做最后的结论。就是你的见地比别人高明一点，但总还有不足之处，应该向人请教——对高于自己的人请教，也要对不如自己的人请教。这叫做“好问”，叫做“集思广益”。即令自己真的是对，那你就要说服人，说服人要“和风细雨”，要表示谦虚。否则人家是不会信你的。你可能那一点比别人强，在另一点比别人弱。弱要谦虚，强也要谦虚。要注意你的态度，可能言语生硬，样子难看，于是结果不使人家对你信服而是说你骄傲。

你必须克服这一弱点。

你四五岁我写过一首打油诗：

忽然嬉笑忽号咷，绝顶顽皮绝顶娇；

顽则要谦娇要惜，最难对付是飘飘。

是否还有些幼时气态没有改？还没有“老练”？你要对此注意。

你说我讲过“不怕得罪人”，这句话如简单化起来，那就要坏事。人家不对，要和和气气同人家说而不是得罪他；人家始终不听，要等待他，再和他说；说服他，也不是可以得罪他。只是人家要做坏事，你就要劝止他，不可附和他，要拒绝他，以至揭发他，而不怕得罪他。这也是对你动脑子的考验。

父

九月廿七日

【品读导航】

这封信是谢觉哉写给儿子谢飘的。

在信中，谢觉哉教育儿子“骄傲的帽子，一定戴不得”，人总有不足之处，向高于自己的人请教，也要向不如自己的人请教。同时教育儿子“不怕得罪人”不是不区分情况，不能不注意工作方法。这封信体现了谢觉哉从思想境界方面培养儿子的良苦用心。

徐特立

（1877 ~ 1968）

无产阶级革命家、教育家。湖南长沙人。早年曾组织并参加留法勤工俭学活动。1927年加入中国共产党，同年参加南昌起义，随后在中央苏区任教育部长。1934年参加长征，后在延安从事教育工作。新中国成立后，任中央人民政府委员、全国人大常委会委员。为中共第七、第八届中央委员。1968年11月在北京逝世。

小孩子不但要规矩，还要活泼

——致徐禹强[1]

1947年2月15日

小孩子要规矩还要活泼，规矩是很好的，但需要唱和跳，需要做学校和家庭中能做的整理清洁工作，念书不要过劳。

禹强孙儿：

去年十一月收到你写的信，信上的字写得很端正，文章也写得清楚。小孩子要规矩还要活泼，你这样规矩是很好的，但需要唱和跳，需要做学校和家庭中能做的整理清洁工作，念书不要过劳。我家还是穷苦，饮食恐有营养不足，希望节省一切别的用费。你和你的祖母的饮食我很关心，目前时局没有安定，我不能回家，寄钱也困难。时局好转的时候，或者你们到我这里来，或者我回家，到那时再看。

我今年七十一岁，你的祖母已七十岁，你的父母也不在家[2]，都是

① 徐禹强，徐特立的孙女。当时她和祖母熊立诚、姑母徐陌青一起住在湖南长沙县五美乡。

② 徐禹强的父亲徐厚本已病故，此事一直瞒着徐禹强的祖母。徐禹强的母亲徐乾，当时在延安为徐特立做秘书工作。

由于时局不好不能住在一起，希望你对你的祖母多亲近一些。我只能写一空信给你，没有办法寄东西，但时刻记念着你们。完了。

特　立

民国三十六年二月十五日

【品读导航】

这是徐特立1947年2月15日写给孙女徐禹强的信。

1946年11月，徐特立的孙女徐禹强给爷爷写了一封信，信中汇报了她自己遵守学校的规矩、好好学习的情况。这封信是徐特立给孙女的回信。信中，徐特立对孙女守规矩作了肯定，但同时指出，“要规矩还要活泼”，守规矩固然好，“但需要唱和跳，需要做学校和家庭中能做的整理清洁工作，念书不要过劳”。这一思想是徐特立教育思想的组成部分，在今天仍具有指导意义。

★ 故事分享 ★

又一次牵手

杨婧云

在姥爷家度过的日子转瞬即逝。离别的那一天，姥爷坚持要送我上回京的火车。于是，我和姥爷牵着手，一同走上了去火车站的路。握着姥爷粗糙却依然有力的手，我不禁猛然心头一震——这已不是我和姥爷第一次牵手了……

记得多年前，当我还刚上小学的时候，姥爷为了接送我上下学，每天都要牵着我的手，往返于家和学校之间。那时，幼稚淘气的我，总是想方设法要挣脱姥爷的“束缚”。当我看到前方路口的红绿灯变绿时，便不顾一切地挣脱姥爷那将我的手握得生疼的大手，飞快地冲过前方的路口。每当此时，姥爷便大惊失色，大声喊着我的名字跑去追我。可是姥爷的步伐哪有我轻快敏捷，还没等姥爷追到路口，指示灯便一闪变为红色，我与姥爷之间的马路瞬间被车流填满。姥爷大喊着叫我停下等他，正在兴奋中的我哪里懂得姥爷的心情？我不慌不忙地对姥爷做个鬼脸，迅速消失在人流之中。留下了那个因为无法牵到我的手而在路口心急如焚的姥爷……

一声尖锐的汽车喇叭声把我拉回了现实。如今，姥爷已年过六旬，步伐已没有从前那样矫健，眼睛也没有以前那样好使了，然而，我们却又一次牵起了手，走在这繁华的街道间。我已经不再需要姥爷看护，而他却依然紧紧地握着我的手，还不时地叮嘱我说："小地方，司机不太守规矩，要注意安全啊！"我们继续走在一条条街道间，夕阳的余晖从斜前方照射下来，在我们身后投出一道道长长的影子，也使我心生暖意。刹那间，我忽然明白了，在这一次又一次的牵手中，饱含着姥爷对我深深的爱——小时候，姥爷为了保护我，每天都牵着我的手，陪我走过一个个路口。今天，在这又一次的牵手中，姥爷已无法再保护我，然而在他眼中，我永远是个孩子，永远需要他来呵护，需要他的牵手……这一刻，我被一种无名的力量深深地打动了。我不禁也握紧了姥爷的手，牵着他那苍老又蕴含着爱的手，一步步地搀扶着姥爷，让他"带"我穿过马路，"领"我走过大街小巷……

直到今天，那又一次牵手的场景似乎还在我眼前，从未消逝。在那又一次的牵手中，我第一次明白了姥爷那紧握不放的手中饱含的爱，也用自己的行动对姥爷的牵手做出默默的回报。我坚信，虽然现在姥爷不在我身边，但在人生的道路上，姥爷还依然牵着我的手，让我进步，伴我成长！

学生感言

真情往往埋藏于小事情中，蕴含在生活的点点滴滴里。在细微的地方显现出来的真情，朴实、纯醇、简单，只是一个小小的举动便能使你不由自主地记在心间，慢慢回味……

比他人更耐苦更努力
——致徐静涵①

1949年8月

需要比他人更耐苦更努力，以表示是共产主义者的亲属。

静涵吾儿：

七月十五日信收到，二十二年来未得到你信。一九二八年我在上海探听你因写标语下狱，一九二九年在莫斯科又有人告诉我你和夏某到了长沙，抗日初我回家你母也不知道你的下落。我估计你已不在人世了，因为抗战前后我们的党已在南京、上海、汉口公开，但未见你向我党探问，又无家信。忽然接到你的信，也只十数行，你何时与铮吾结婚，你们的职业若何，生活状况若何，是否生有儿女，一字未提。是否你已写信给你的母亲，你的母亲是否尚在人世，我不知道，也未见你提及。厚本在一九三八年秋患肠热症，死在医院，至今十一年了你母还不知道，所有亲戚朋友都瞒着她，恐怕她忧郁成神经病。一九二七年笃本之死，

① 徐静涵，又名徐守珍，徐特立的女儿。

你母十年神经昏乱，不能再加刺激。你如写信回家，不宜言及你弟之死。厚本和刘氏女结婚生了一女儿，刘未改嫁，改从夫姓名徐乾，已加入了我党八年，由一家庭妇女成了一知识分子。你妹陌青与卢姓结婚，已男女成群，虽在高小毕业，文字和知识都不及徐乾远甚，不能独立生活。

一九二八年我到上海你正在狱中，我以为你如果不是共产党也是一个革命的群众，今接你的信没有一字谈及，希望你把二十年来的生活、工作、学问写信告我。你们夫妇谅有职业，可不来北平。你是否回家来信未提及，你如有职业不可轻易脱离，回家后需要仍能到现在的岗位工作。我已七十四岁，每天还要做八小时以上的工作，生活费公家尽量给我，但时局艰难我不敢多开支，所以我不望你北上。你们夫妇既能在上海大城市生活，谅有谋生之技能，或到长沙或仍在上海均好。你们如果需要我党录用，那末需要比他人更耐苦更努力，以表示是共产主义者的亲属。事忙不暇多写，祝你们夫妇进步、健康，做一个共产党的好朋友一直加入党为盼。

特　立

八　月

【品读导航】

这是徐特立1949年8月写给女儿徐静涵的信。

1949年7月15日，徐特立接到失散22年的女儿徐静涵的来信，感到异常高兴，于是写下这封致女儿的复信。在信中，他除将20多年来家庭发生的变化告诉了女儿外，两次提出让女儿把多年来的遭遇、婚姻、工作、生活等情况详细告诉他。由于当时正值共和国成立前夕，日常生活实行供给制，因此信中嘱咐女儿不要北上。同时，徐特立要求女儿比他人更耐苦、更努力地工作，以表示是共产主义者的亲属，并寄予殷切希望，希望女儿和女婿“进步、健康，做一个共产党的好朋友一直加入党为盼”。

这封信充分表现了徐特立对散而复聚的女儿的无限关爱之情，同时也反映了他作为一个共产党员公而忘私、廉洁奉公、严格要求自己和亲属的高尚品格。

李立三
（1899～1967）

无产阶级革命家，中国共产党早期工人运动重要的领导人之一。原名李隆郅。湖南醴陵人。1919年赴法国勤工俭学，1921年加入中国共产党。1922年参与领导安源路矿工人大罢工。1925年参加领导五卅运动，任上海总工会委员长。1927年任中共中央工人部长、中央工委书记。南昌起义后，任中共广东省委书记。1928年冬到1930年，在上海任中共中央政治局常委兼秘书长、宣传部长，在此期间犯了“左”倾冒险主义错误，被称为“立三路线”。1930年底去苏联学习。1946年回国后，曾任中共中央东北局敌工部长、城工部长、工委书记，中华全国总工会副主席、党组书记。新中国成立后，任中央人民政府委员、劳动部部长、中共中央书记处第三办公室副主任、中共中央工业交通工作部副部长、中共华北局书记处书记等职。是中共第四至八届中央委员，第五、第六届中央政治局委员，第三、第四届全国政协常委。1967年逝世。

万事开头难

——致李英男[①]

1964年3月25日

任何事情开始做的时候，总是不容易的，慢慢有了经验，便会不觉得困难了。

亲爱的女儿：

雅兰[②]把你的来信，念给我听了，很高兴，你能过得惯农村的生活，并且能参加一些工作。任何事情开始做的时候，总是不容易的，慢慢有了经验，便会不觉得困难了。希望你努力做出成绩来，像一个好的共青团员应当做的那样。

我今天从天津回来，拟休息几天后再去。

祝你工作好、学习好、身体好！

你的爸爸

三月二十五日

① 李英男，李立三的女儿，当时在北京郊区参加“四清”运动。
② 雅兰，李立三的大女儿。

【品读导航】

这是李立三1964年3月25日写给女儿李英男的信。

1963年2月11日至28日，中共中央在北京举行工作会议。会议讨论了关于在城市开展“五反”运动、严格管理大中城市集市贸易和坚决打击投机倒把、1963年国民经济计划和中小学工作条例等问题。会上，毛泽东介绍了湖南开展社会主义教育运动及河北保定地区清理账目、清理仓库、清理财物、清理工分（简称“四清”）的经验，提出“阶级斗争，一抓就灵”，督促各地注意阶级斗争和社会主义教育问题。于是，全国范围内的“四清”运动开始了。李立三的女儿李英男，积极响应党的号召，参加了这一运动，并将在“四清”前线的见闻与感受写信告知了父亲。衷心拥护“四清”运动的李立三，深为女儿能参加这一运动而高兴。为鼓励女儿的选择，他写了这封回信。

在信中，他告诉女儿，无论做什么事情，刚刚开始的时候，因为不了解情况，缺乏经验，总是不容易开展的。但是，“世上无难事，只怕有心人”，只要坚持下去，渐渐地认识了所从事的工作，随着实践经验的积累就不再觉得困难了。李立三阐述的“万事开头难”的道理，对我们不无教育意义。更重要的是，这封信还体现了李立三严格要求子女，让他们在艰苦的环境中去锻炼、去成长的思想与做法，这是永远值得人们学习的。

彭 真
（1902 ~ 1997）

无产阶级革命家。原名傅懋恭，山西曲沃人。1923年加入中国社会主义青年团，同年转入中国共产党。1924年后，历任共青团太原地委书记，中共太原特支书记，中共天津地委组织部长，中共顺直省委工人部部长、组织部部长、代理省委书记，中共天津市委书记，中共中央北方局组织部部长，中央晋察冀分局书记，中央党校教育长、副校长，中央城市工作部部长，中央组织部代理部长、部长等职。1945年中共七大以后，历任中央书记处候补书记、中共中央东北局书记、东北民主联军政治委员、中共中央组织部部长、中共北平市委书记。新中国成立后，历任中央人民政府委员、政务院政治法律委员会副主任、北京市市长、北京市政协主席、中央书记处书记。“文化大革命”中受到林彪、江青反革命集团的迫害，1979年2月中共中央正式为他平反。后历任全国人大常委会副委员长兼法制委员会主任委员，中共中央政治局委员、中央政法委员会书记、全国人大常委会委员长等职。是中共第七届、第八届中央委员、中央政治局委员，第一届、第二届、第三届全国人大常委会副委员长，第二届、第三届、第四届全国政协副主席。1997年4月26日在北京逝世。

你一定能做到“三好”

——致小妮①

1982年1月1日

只要你能把学习、工作、娱乐和休息时间安排好，定能做到“三好”。自己管好自己，并能关心和帮助别人，将来必能做个好的接班人。

今天是一九八二年的元旦，我们祝你新年快乐进步，身体好，学习好，工作好！你是个聪明能干的孩子，有点像你妈妈小的时候，只要你能把学习、工作、娱乐和休息时间安排好，定能做到“三好”。我们对你是有信心的。恰好你现在十岁了，希望你从此自己管好自己，并能关心和帮助别人，将来必能做个好的接班人。写给小孙女。

爷 爷

奶 奶

一九八二年一月一日

① 小妮，彭真的孙女。

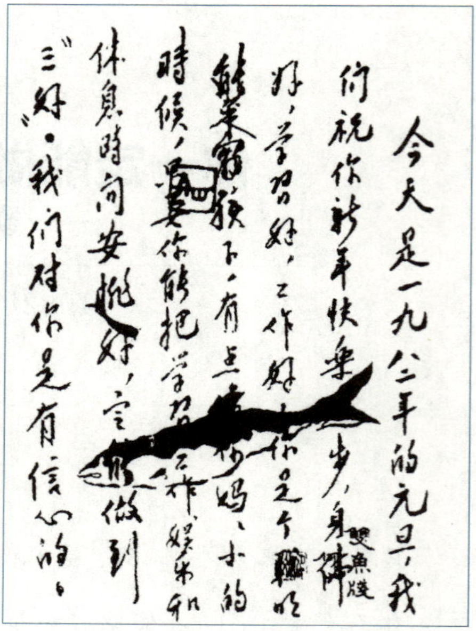

【品读导航】

这是彭真和夫人张洁清在1982年元旦佳节写给孙女小妮的信。信的字里行间充满着爷爷奶奶对孙辈的疼爱和希望，很有人情味。

这封信看似平常，却饱含着许多教育孩子的哲理，是彭真这位年近80岁的老人丰富阅历和人生经验的总结。其一，对孩子应以鼓励为主，也就是我们今天所说的欣赏教育。作为只有10岁的孩子，不可能没有缺点，但信中没有一个字提及此事，而是充满了“你是个聪明能干的孩子”“定能做到‘三好’”“我们对你是有信心的”等肯定、鼓励的话语，以增强孩子的自信心和自尊心，使孩子沿着正确的方向健康成长。其二，根据孩子不同的年龄段，提出“三好”的不同要求。“三好”是我国政府20世纪60年代对中小学生提出的要求，即“学习好，工作好，身体好”。小妮当时才10岁，正是长身体、长知识的时候，因此，他在祝孙女节日“快乐进步”的同时，将“身体好”提到了“三好”的首位，这是很有道理的。其三，从小教育孩子养成独立管理自己的好习惯。彭真在信中写道“希望你从此自己管好自己”，这是充满了慈爱之情的肺腑之言。人生的道路并不平坦，不只是阳光和鲜花，还有许多暗流和荆棘。如果一个人不从小养成独立生活的习惯，进而养成坚强的性格，不但经受不住社会的考验，不能成为无产阶级革命事业的接班人，还会被社会大潮所吞没。所以彭真希望小孙女从小开始就“自己管好自己”，这是“真爱”而不是“溺爱”孩子的具体体现。其四，教育孩子从小养成关心别人和帮助别人的良好习惯。因为人是需要关心和帮助的，革命事业的接班人更应该关心和帮助自己周围的人，以便团结大多数，使革命事业无往而不胜。

总之，这封简短的信所表达出的教育思想是丰富而深刻的，反映了老一辈革命家对少年儿童所寄予的殷切厚望，具有普遍的意义，值得大家学习和借鉴。

★ 故事分享 ★

节　制

顾从云

金鱼，常因对食物无尽的渴望撑破肚皮；斗牛，则因不能平息的愤怒血溅黄沙。人之所以为人，在于他懂得节制。惟有能将自己的情感与欲念控制在一定的理性范围内，人才可成为能够主宰自己命运的生灵。

节制，是理智的体现。它表明了人对自己和周围环境具有深刻的认识，不会因一时的冲动而铸成大错，后悔终生。在人生中，强烈的情感的来临往往是突然的，需要节制才能把住浪尖上的生命之舟。当日后成为周文王的姬昌，面对儿子伯邑考的肉制作的汤羹时，他节制了心中巨大的悲痛与愤怒，选择喝下，因为他知道，惟有如此才能推翻暴虐的王朝，完成千秋霸业。当韩信面对街头无赖的嘲笑与羞辱时，他节制了满腔的怒火与轻蔑，选择了承受胯下之辱，因为他明白，惟有如此才不至于将自己的梦想在开始前粉碎。节制，让他们的生活没有被一时的情感左右，而是最终达到了光辉的顶点。

节制，更是意志的考量。它显示了人要克制自己欲念，甚至改变自身习惯的强大决心和行动勇气，而不是因放纵令危害一点一滴地积累，从而造成无法弥补的缺陷。号称“世界第一烟民”的马克思，为了健康节制自己的癖好，毅然戒烟，在延长生命的同时，为人类奉献了更多的精神财富。司马迁为了“草创未就”的史记，为了“究天人之际，通古今之变，成一家之言”，他接受了苦难，咬牙吞血，“就极刑而无愠色”，终于完成了这部气壮山河的巨著。节制，让他们没有囿于欲念与习惯编织的柔韧罗网，而是将命运牢牢地掌握在自己手中。

节制，不是苦行僧式的自我折磨，而是一种积极的生活态度。它来源于精神的强大，更造就了精神的强大，而行动的巨人即由此而生。最平常的小事和最辉煌的成就都离不开节制，正是节制让人能在纷杂的外界冲击之下找到自我。

饮食有节，人就能把握自己的健康，而不用日后为身体担惊受怕。

娱乐有节，人就能协调好休闲与工作，而不会沉溺于享乐之中不能自拔。

情绪有节，人就能在情与理之间找到平衡点，而不是陷入感情的泥沼寸步难行。

学会节制，将命运之绳紧握在手中，做个理性的真正的人。

学生感言

相信我们自身的底蕴，可以攻克我们自身长久的顽疾。尽管可能会痛彻心扉，可能会久不得愈，但我们必须去做！

彭德怀
（1898 ~ 1974）

无产阶级革命家、军事家。原名彭得华。湖南湘潭人。大革命时期，曾在国民革命军任营长、团长。1928年4月加入中国共产党。同年7月，与滕代远、黄公略领导平江起义，成立中国工农红军第五军，开辟了湘鄂赣根据地。12月率红五军主力到井冈山，在毛泽东领导下坚持井冈山斗争，参加反“围剿”作战和长征。历任中国工农红军师长、军长，红三军团总指挥，中央革命军事委员会副主席，红军前敌总指挥等职。抗日战争时期，担任八路军副总司令、中共中央北方局代理书记、中央军委副主席兼总参谋长。解放战争时期，担任中国人民解放军副总司令、西北野战军司令员兼政委。新中国成立后，历任中共中央西北局第一书记、西北军政委员会主席、中央军委副主席、中央人民政府委员、人民革命军事委员会副主席、中国人民志愿军司令员兼政委、国防委员会副主席、国务院副总理兼国防部部长、三线建设副总指挥等职。1955年被授予中华人民共和国元帅军衔。为中共第六、第七、第八届中央委员、中央政治局委员。“文化大革命”中受到迫害。1974年11月29日在北京逝世。

思想上向高标准看齐，生活上向低标准看齐
——致彭起超[①]

1966年11月20日

在思想上、工作上应向高标准看齐，经常去找差距，就会不断进步。生活上要向低标准看，就会感到满足。

起超同志：

来信收到，知道你们情况，甚慰。我没有分配日常事务工作，很清闲，身体还好，感到有力无处使！其他大体与北京平时相差不远。

你对某部组织不纯，有些担心，这当然很好。共产党人是有成份论者，无产阶级是最革命的，这是基本的观点。因此，我们看问题必须坚持阶级观点。同时，我们又不是惟成份论者，这就是说，要看到每一个人的政治表现，言论行动是否一致，这就是要对每一个具体的人作具体分析。这样才能团结百分之九十五。……学习毛泽东思想是十分重要的。

① 彭起超，彭德怀的侄儿。

在思想上、工作上应向高标准看齐，经常去找差距，就会感到自己比不上别人，就会虚心，就会不断进步。生活上要向低标准看，主要是向五亿农民去看，这样就会感到满足。以此共勉。

祝你们好！

清 宗

一九六六年十一月二十日

【品读导航】

这是彭德怀1966年11月20日在成都写给侄儿彭起超的信。

在信中，彭德怀详细地解释了共产党人的成份观，认为要辩证地进行理解，从言论、行动两个方面来考察每一个具体的人。他教育侄儿，工作、思想上要高标准、严要求，与强于自己的人去比较，找出自己的差距，谦虚学习，提高自己；在生活享受上，要向低标准看齐，把自己和全国五亿普通的中国农民比较，认识到自己应该满足的地方。彭德怀不但这样教育侄儿，他自己也是这样做的。他时刻以一个共产党员的标准要求自己，虚心学习，提高思想，坚持真理，维护正义；在生活上，勤俭律己，廉洁奉公。他以实际行动为青年人树立了光辉的榜样。

★ 故事分享 ★

花为何无果

高　远

人生就如同花与果。当一个人风光无限时，他便进入了开花期；而当他在风光之后真正有所成就，他便终于开花结果，乃至流芳千古；而没有终成正果的花，却只能埋没于众人之中。

自然，我们希望成为结果之花，因此，我们就更需知晓，什么样的花难成正果。

古往今来，悖德之花，难成正果。明徐有贞，位及内阁首辅，又深得英宗信赖，可谓人生之花开至极致。可这位徐首辅却因为一己之私怨，陷害并杀害了一位直臣——于谦。罪名叫“谋反”，没有证据，于是徐有贞说了句与“莫须有”齐名的话：“意欲之”。于是，于谦，被冤杀。但历史公道自在人心。人生之花盛开到极致的徐有贞并未因此结成正果，却因此成了被历史碾碎的花泥。一个人即使如何风光，一旦违德悖义，也终将为历史所不齿。如此，怎么可能结成正果呢?

德行之外，狂傲之花，难成正果。问世人，谁不知，江南有才子，自名唐伯虎。五岁赋文章，加冠试八股。才高堪比曹子建，狂傲不逊阮步兵。放言会元在囊中，怎料狂语送清名。这便是唐寅，虽然才高八斗，只因为对自己太自信，放言“我必今科会元”，却换来一纸诉状，告他连通舞弊。于是，万人敬仰的唐伯虎，顿时“零落成泥碾作尘”。看来，狂傲可以成就阮籍、李白，但对大多数人，它只会毁人一生。

贪婪之花，亦难成正果。提起楚怀王，如果不用“大名鼎鼎”来形容，真是太可惜了。这位仁兄在楚国历代大王中绝对是最出名的一个，而他出名的原因只凭一个字：贪。有屈原这样的文臣，屈丐这样的武将，又是合纵长，楚怀王本已成为风光无限的鲜花，甚至《离骚》中的花加在一起都不及他的美丽。可这时，张仪来了。他充分利用怀王的贪，将他玩弄于股掌之间。终于，这朵鲜花失陷于函谷关内，带着荆楚的荣华，烟消云散。贪地，贪财，贪色，可叹怀王如此，却想成就正果，真是屈原也帮不了他啊！

在未来的人生中，我们都会有开花的一天。如果我们还希望成就一颗果实，那就千万不能忘记那些使你无法结果的因素，并避免受其影响。如果我们避免了一切使花凋零的因素，花还有不结果的道理吗？

学生感言

名声固然好，名垂青史也是从古至今无数人的梦想，然而比这更重要的是，一定要抓紧时间，用谦虚的心和脚踏实地的精神浇灌，在花尚未凋零时，将其转变为果实，将名声转化为不朽的成就！

陈　毅

（1901～1972）

无产阶级革命家、军事家。字仲弘，四川乐至人。1919年赴法国勤工俭学。1923年加入中国共产党。1927年南昌起义后，参加中国工农红军。后历任中国工农红军第四军政治部主任、军委书记等职。1934年中央红军长征后留在苏区，转战闽、粤、赣，坚持游击战争三年。抗日战争时期，历任新四军一支队司令员、新四军代理军长、军长。解放战争时期，先后任山东野战军、华东野战军、第三野战军司令员兼政治委员。新中国成立后，任华东军区司令员、上海市市长，后历任中共中央军委副主席、国务院副总理兼外交部部长、全国政协副主席、国防委员会副主席等职。1955年被授予中华人民共和国元帅军衔。“文化大革命”中，与林彪、江青反革命集团进行了坚决的斗争。1972年1月6日逝世。

对你要求严，比宽待好处多

——致陈丹淮[1]

1963年6月20日

责备你严，比宽待好处多，不从严格出发我人什么事办不好，反之一切从宽大、谅解、自己为自己辩护出发，结果害处太多。古人常云：火性烈死于火者极少，水性柔死于水者比比皆是。

丹淮：

我今晨去长春，数日后即返京。这次见着你，高兴你有进步。希望继续努力。昨夜刘院长、谢政委又来见我，说你有进步，又说你尚有不满：即怪你妈妈责备你太严。事实并非如此。……云云。我想：妈妈责备你严，比宽待好处多，不从严格出发我人什么事办不好，反之一切从宽大、谅解、自己为自己辩护出发，结果害处太多。古人常云：火性烈死于火者极少，水性柔死于水者比比皆是。汝应深知此理。这次见到你，我很高兴，希望继续有进步，来回答父母及学校和党与人民的

① 陈丹淮，陈毅的次子。当时在哈尔滨军事工程学院读书。

培养。立即要上飞机，不能多写了！

父字 于哈市

一九六三年六月廿日

【品读导航】

这封信是陈毅1963年6月20日写给二儿子陈丹淮的家书。当时，陈丹淮正在哈尔滨军事工程学院读书，曾流露出对妈妈严格要求的不满。陈毅在信中教导儿子，要求严比宽待好处多，并以古语“火性烈死于火者极少，水性柔死于水者比比皆是”来说明严格要求的好处。这封信是陈毅在即刻要上飞机之前写的，可见陈毅对儿子的关心之切。

希望你们能成为有学问、有品德的人
——致儿女们

1963年8月7日

希望你们能成为有学问有品德的人。

昊苏[①]并告丹、鲁、珊[②]：

八月五日信悉。丹淮回北戴河我很喜欢且放心。望你带着三个弟妹，与妈妈好好度过此一暑期。这样全家团聚的机会一天少一天，不珍惜地加以利用，岂不可惜！我明日陪索总理到上海，九号回北京，十号送索总理返国后，我当争取机会到北戴河住几天，请勿念。家里房子要八月半才能完工。你们二十号后返北京为宜，不要忙。你们多温习功课，注意锻炼身体。珊珊要听妈妈的话，丹淮要注意增加体重。你们要劝妈妈多休息，她看书太劳累了。我现在很好，工作多还能担负得起。当然也要注意休息和睡眠。已经深夜一时半，今晨七时起床，八时起飞，不多

① 昊苏，即陈昊苏，陈毅的长子。
② 丹，即陈丹淮，陈毅的次子。鲁，即陈小鲁，陈毅的小儿子。珊，即陈珊珊，陈毅的女儿。

谈了。我作为父亲，总是希望你们四个，能成为有学问有品德的人，这一点心事，老放不下去，只惭愧我对你们教育太少，还是妈妈帮助你们大些。好好听妈妈的话罢。

父　手字

八月七日晨一时半

此信读给妈妈听，问她的好。又及。

【品读导航】

这封信是陈毅1963年8月7日写给儿女们的。当时，陈毅正在参加外事活动。“已经深夜一时半，今晨七时起床，八时起飞，不多谈了。”不管公务多么繁忙，陈毅还是念念不忘告诫儿女们，要听妈妈的话，努力学习，注意锻炼身体，希望他们能成为有学问有品德的人。望子成才之心，溢于言表。

★ 故事分享 ★

担　当

张　邵

“瞧，你也要带妹妹了！加油！”姐姐轻拍我的肩头莞尔一笑，似乎带着几分信任与鼓励。我木讷地点点头算作回应，心情却不免有些复杂。

舞蹈团要赴厦门参加全国舞蹈比赛，姐姐带妹妹是一直以来的传统。两个人一小组，一起行、一起住，一切都是姐姐负责，“姐姐”就意味着担当！可在这以前，我一直习惯依赖别人。如今，不仅要管理好自己，还要带领好小我一届的学妹，我刹那间感受到了一份沉甸甸的责任！

抵达厦门，步入宾馆，大脑似乎一片空白。究竟要做些什么呢，我一面控制着自己焦躁的情绪，一边在脑海里飞快地搜索着……我先记下老师和周围同学的房间号，打电话给组长确认明天早上的集合时间和需要准备的服装。放下电话，瞥见妹妹拿起杯子准备泡茶，我抢先一步，“等一下！”紧接着，我叫上妹妹一起烧好几壶开水，细细冲洗水杯，给卫生间消毒……我一边极力回想上一次姐姐的做法，一边手脚麻利地干好那些以前我从没想过要干的事。

第二天一早，闹铃响起，我不情愿地睁开眼，觉得天色还早。唔，再睡会儿吧……不行，今天是比赛！脑海里闪过去年那时候，常常是姐姐呼唤好几次我才懒洋洋地起来，朦胧中就看见她一边忙着洗漱，一边还想着收拾两个人的东西，检查是否有遗漏。现在这责任是我的了！我摸到床头灯，调到最亮。在格外刺眼的灯光下，强迫自己清醒起来，看到依然熟睡着的妹妹，轻唤一声“起床啦”，连忙一骨碌翻身坐了起来。接着我与妹妹轮流梳洗、有序准备、抓紧吃饭、再一次清点演出物品……这份责任的担当，正在我心里悄悄萌生出一种自觉和自控的意识，在带好妹妹的同时，似乎也要将我那粗枝大叶的线条修剪得细致而有序……

集合、练功、化妆，彼此加油、全力以赴，经过一整天的忙碌，比赛终于在无比紧张的气氛中告终，我们一起更加焦虑地等待着结果。比赛成绩公布的那一刻，评委的声音还未落下，尖叫与欢呼便震耳欲聋地响了起来，我们是第一！我们放肆地大喊、拥抱，任自己像疯子一般在幸福到无穷大的泪水中欢笑。脑海里一幕一幕划过那些用意志力支撑梦想的日子，太多辛苦、煎熬，但因为肩上有着为集体荣誉而战的责任与担当，从没人说过放弃。

曾经的姐姐，现在的我们，还有未来的妹妹，正是因为这勇敢的担当，为这团队筑起一份无可撼动的凝聚力，让彼此一心，坚不可摧，也让一代代的舞团人在这里成长、铭记！

学生感言

担当代表着使命与责任，意味着奉献与传承，就是生活点滴的做事态度，自觉自控的意识，坚毅的承担，以及凝聚力的传承。

罗荣桓

（1902～1963）

无产阶级革命家、军事家。湖南衡山人。1927年加入中国共产主义青年团，随即加入中国共产党。同年参加鄂南暴动。1930年起，历任红军第四军政委，第一军团、江西军区、第八军团的政治部主任。抗日战争时期，历任八路军一一五师政治部主任、政委、代理师长，山东军区司令员兼政委，中共山东分局书记。解放战争时期，先后任东北民主联军副政委、东北人民解放军政委和中国人民解放军第四野战军第一政委。新中国成立后，历任最高人民检察署检察长、人民革命军事委员会副主席、总政治部主任和总干部部部长、全国人大常委会副委员长、国防委员会副主席和中国人民解放军总政治部主任等职。1955年被授予中华人民共和国元帅军衔。为中共第七届、第八届中央委员，第八届中央政治局委员。1963年12月16日在北京逝世。

理论学习必须联系实际①

——致罗东进

1961年4月14日

理论学习必须联系实践，因为理论是来自实践，而又去指导实践，再为实践所证实，所补充。

对同志应是互相信任的，是互相听取不同的意见，决不能只相信自己，不相信人家，排斥人家意见。同志们有错误，不仅要批评，还着重在帮助改正。

要保持革命的光荣传统。

东进：

你八月四日来信②收到，你所提出的问题，我简略答复如下：

理论学习必须联系实践，因为理论是来自实践，而又去指导实践，

① 这是罗荣桓写给在哈尔滨军事工程学院读书的儿子罗东进的一封信。当时林彪提出“带着问题学习毛泽东同志的著作”的口号，实际上是宣扬一切问题都要从毛泽东著作中找答案的观点。罗东进在给父亲的信中也带有一些生吞活剥地引用毛泽东语录的现象。罗荣桓在病中给罗东进复了这封信，指出学习毛泽东著作应当学习其精神和实质，批评了林彪的上述错误观点。

②“八月四日来信”为“四月八日来信”之误。

东进：

再为实践所证实，所补充。如果理论离开实践，就会成为空谈，成为死的东西。学毛主席的著作，亦不要只满足一些现成的语句或条文，最重要的是了解其实质与精神。所谓带着问题去学毛主席著作，决不能只是从书上找现成的答案。历史是向前发展的，事物是多样性的，因此也就不可能要求前人给我们写成万应药方。

你同同志们对问题的看法有些不一致，也是很自然的。各人看问题方法没有一致的基础——唯物辩证的基础，还缺乏实践生活。因此同志间互相交换意见，交换不同的看法，甚至必须经过争论，才会有可能求得一致。但不要在同志间无论对谁存在成见用事。

你在引用我的话“要依靠自己吃饭[①]”，看在什么问题上讲的，那不是要把个人与集体存在对立的说法。干部子弟有些不争气，须要互相帮助改正自己，不要轻易给人戴上帽子“腐化”。大致上干部子弟中有特殊优越感，在同学中生活中表示突出，不艰苦朴素，应该劝导要保持革命的光荣传统。

---

① 罗荣桓经常对子女说：“你们不要有依赖爸爸妈妈的思想，要靠自己的本事吃饭。”

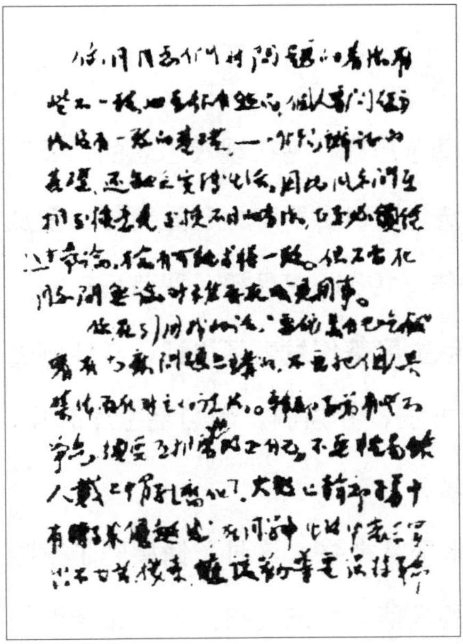

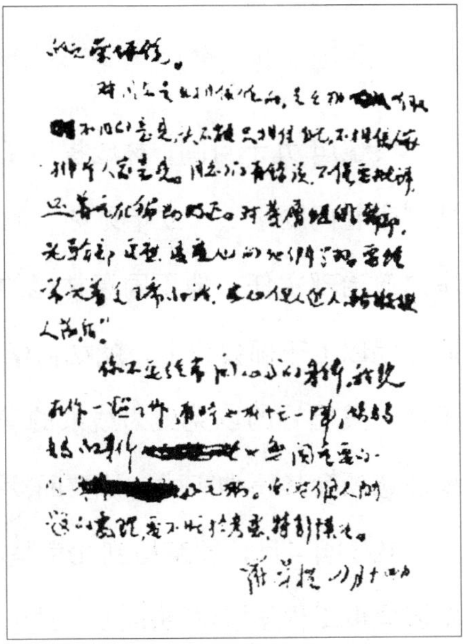

对同志应是互相信任的，是互相听取不同的意见，决不能只相信自己，不相信人家，排斥人家意见。同志们有错误，不仅要批评，还着重在帮助改正。对基层组织干部，老干部，更应该虚心向他们学习。要经常记着毛主席的话，“虚心使人进步，骄傲使人落后”。

你不要经常关心我的身体，我现在做一点工作，有时也在忙一阵，你妈妈的身体，也是无关重要的一些小毛病。你对个人问题的处理，要不忙于考虑，特别慎重。

罗荣桓

八月十四日[①]

字迹潦草，你仔细看，因我久不写字，手发抖。

---

① 落款中“八月十四日”为“四月十四日”之误。

【品读导航】

1960年九十月间，林彪提出了毛泽东思想“站在现代思想的顶峰”，要“带着问题学”、“立竿见影”的说法。这时，罗荣桓已重新担任解放军总政治部主任，他不同意林彪的提法。1961年2月初，罗荣桓在报社副主编以上干部会议上，就如何学习毛主席著作发表了讲话，具体阐述了他一贯倡导的以党史为线索的学习方法，并强调，学习毛主席著作，要注意领会其精神实质，不要断章取义。

1961年4月，罗荣桓到北京军区某部队视察。这时，他接到了在哈尔滨军事工程学院学习的儿子罗东进的来信。罗东进在信中向父亲汇报了自己学习毛主席著作的情况，同当时盛行的做法一样，信中有实用主义、教条主义的倾向。罗荣桓看完儿子的来信，深感林彪把毛泽东思想庸俗化、教条化的那一套已经在部队起了作用。于是，他给儿子写了这封回信。在信中，罗荣桓着重谈了理论学习必须联系实际的道理，指出理论离开实践，只能成为空谈，或成为死的东西。并教导儿子学习毛主席著作，应当学习其精神实质。所谓带着问题学，决不能只是从书本上找现成的答案。信中分析透彻，充满了辩证法思想。

做一个红色的专家

——致罗蔚兰[①]

1961年9月15日

要把基础课学好，是更为重要。这对你专业选定和学习是有决定意义的。

不要讲空话，一切行动要准确。

学专业要与学政治相结合。

蔚兰：

你到校后的来信已悉。你现在是否插四年级或留一年级仍跟三年级学习？你从实际出发自己作出决定。如果你估计努一把力可以上四年级，当然上四年级为好。要把基础课学好，是更为重要。这对你专业选定和学习是有决定意义的。

龙波[②]当兵未见来信。临走已再嘱咐：争取做一个五好[③]战士，不要

① 罗蔚兰，罗荣桓的侄女。当时刚由北京邮电学院转到西安军事电讯工程学院读书。

② 龙波，即罗龙波，罗荣桓的侄子。

③ 五好，即政治思想好、军事技术好、三八作风好、完成任务好和锻炼身体好。“五好”是20世纪60年代军队评选先进战士的基本标准。

讲空话，一切行动要准确。他是否能切实做到呢？还要看后效如何。总之，要他去当兵是会有较好的锻炼。我对龙波的希望对你也是适用的。

你学专业要与学政治相结合，否则迷失方向。同时学政治必须以学好专业为目的，来回答政治对你具体的要求——做一个红色的专家。不要泛泛地学习政治，过多地学习政治和参加社会活动会妨碍学专业，结果会变成空谈家，一无所成。

罗荣桓

九月十五日

【品读导航】

1960年9月，林彪提出“人的因素第一，政治工作第一，思想工作第一，活的思想第一”。所谓“四个第一”，采取玩弄概念的手法，把人和物、政治和业务、红与专割裂开来。罗荣桓对此有自己的看法。1961年9月和11月，军委召开全军院校教育工作会议和全军政治工作会议。会上，罗荣桓指出：“《军委扩大会议决议》上有‘四个第一’，政治要与各种具体实践相结合，才有个第一嘛！不结合你怎么叫第一呢？”“如果不把‘四个第一’和具体实际相结合，光提第一，那当然不对。”

1961年9月15日他给在西安军事电讯工程学院学习的侄女罗蔚兰的信，也充分反映了他的上述思想。在信中，罗荣桓指出：学专业要与学政治相结合，否则会迷失方向；同时学政治必须以学好专业为目的，来回答政治对你的要求，即做一个红色的专家。不要泛泛地学习政治，也不要用过多的时间学习政治，否则会变成空谈家，一无所成。这种辩证唯物主义的观点，在当时是十分难能可贵的。

叶剑英

（1897 ~ 1986）

无产阶级革命家、军事家。原名叶宜伟，字沧白。广东梅县人。早年追随孙中山参加革命斗争。1926年参加北伐战争，先后任国民革命军师长、军参谋长。1927年7月加入中国共产党。同年12月领导了广州起义。1928年冬赴莫斯科学习，1930年秋回国。1931年初进入江西中央革命根据地，先后任红一方面军参谋长、军区司令员。1934年参加长征。1935年任红军前敌总指挥部参谋长，及时揭露了张国焘危害中央的阴谋。1936年12月参与解决西安事变。抗日战争时期，曾任八路军参谋长、中央军委参谋长兼军事学院副院长。1945年当选为中共第七届中央委员。抗战胜利后，参加重庆谈判，出任北平军调处执行部中共代表。1947年后任中共后方委员会书记、中国人民解放军参谋长、华北军政大学校长兼政委、北平市军管会主任兼市长、中共中央华南分局第一书记、广东军区司令员兼政委等职。新中国成立后，历任广东省人民政府主席、中共中央中南局代理书记、中央书记处书记、中央军委副主席、国防部部长。在“文化大革命”中，同林彪、江青反革命集团进行了坚决斗争。积极支持和参与周恩来的纠“左”和邓小平的整顿工作。在粉碎江青反革命集团的斗争中起了决定性的作用。1978年当选为第五届全国人大常委会委员长。1983年任中华人民共和国中央军事委员会副主席。中共第八届至第十二届中央委员，第八届、第九届中央政治局委员，第十届、第十一届中央政治局常委和中央副主席，第十二届中央政治局常委。1955年被授予中华人民共和国元帅军衔。1986年10月22日在北京逝世。

必须完成你们这一代的责任
——致叶楚梅

1949年5月27日

加工的把我们的祖国，建筑起一座自由、快乐、文明、进步、庄严、华丽的世界。你们不能逃避这一责任，你们必须完成你们这一代的责任。

亲爱的梅儿：

收到你最近的信，是一九四九年四月二十一日的。知道你养病已经恢复了健康，增加了体重一公斤，也增加了血，又在继续着你们的学习，我很高兴！

女儿：爸爸很对不起你，你来很多信，都没有答复。我知道远处在遥远的虽然是很自由的国家里，由于言语、习惯，等等，自然要增加一些对祖国的怀念，何况祖国的人民，正在以千万倍的信心和勇气，来打断快要挣断的锁链的时候，不断的胜利的狂风，吹到了远远的西方的时候，你们的心情，爸爸是很知道的。女儿！让爸爸们，把新民主的地基，铲得平平的，让你们后一代，加工的把我们的祖国，建筑起一座自由、快乐、文明、进步、庄严、华丽的世界。你们不能逃避这一责任，你们必须完成你们这一代的责任。因此，当着你们还在学习时期，就应该全心全意的为建设我们完全新的中国而努力！

女儿：我考虑过，也和哥哥[①]商量过，主张你学农业。因为现在才开始学医，时间太长，恐学不好。不过这仅仅是提供参考的意见而已。不过我另一种想法，不管学哪一门科学，首先要把俄文学个精通，那么，虽然在学校里没有学得很完全，出校以后，仍可自己继续研究的。

我在北平学习市政[②]，跳下水去学泅水，时间还很短，学得还不多，我拟努力的学习下去。这也是一件不很容易的科学。

我写这封信时，正值刘宁一[③]同志等快要出国，拿护照来签字的时候，匆匆写一封信，托宁一同志带给你。此时妞妞上学未回来，因此，你的妹妹就没有写信给你了。下次再给你寄信。

祝你

健康、进步！

你的爸爸

27. Ⅴ. 1949. 北平

---

① 哥哥，指叶选平。

② 指当时担任北平市军事管制委员会主任兼北平市市长一事。

③ 刘宁一，当时任中华全国总工会副主席，准备率中国工会代表团经莫斯科去意大利，出席在米兰举行的世界工会联合会第二次代表大会。

【品读导航】

1949年4月，叶剑英在莫斯科财经学院学习的女儿来信谈到了她的近况，叶剑英给她回了这封信。信中，充满了革命家的爱子之情，说要把新民主的地基铲得平平的，同时也对他们提出了要求，即把我们的祖国建设成自由、快乐、文明、进步、庄严、华丽的世界。还提出了学习时期的任务，“应该全心全意的为建设我们完全新的中国而努力！”

★ 故事分享 ★

生命的养分

郭泆杉

史美尔斯曾将书籍比作伙伴，“在任何艰难困苦的时候，它都不会抛弃你”；惠普尔曾将书籍比作灯塔，“在人生的汪洋大海上为你指路”。在我看来，书更像是一种不可或缺的生命养分，充实我的大脑，更滋养我的灵魂。

书籍充实我的大脑，使我渊博。它将过往那如烟的一幕幕展现在我的面前，不是文字的简单堆砌，而是画面、场景，甚至历史的真实再现。读《招魂》，我仿佛看到河畔屈大夫那孤独的背影，“湛湛江水兮上有枫，目极千里兮伤春心。魂兮归来哀江南！”读《三国演义》，我好像就站在赤壁一隅，暗中看着那火光冲天，听着那怒吼呻吟；读《雅舍》，我设想梁实秋的陋室是如何破敝，却如何高雅；读《撒哈拉的故事》，我猜测三毛在撒哈拉时挑选了怎样的一群石头，又怎样一个一个赋予他们生命……场景一幕幕重现，仿佛将我也置身于其中，我好奇而兴奋，就像是一棵饥渴的小树，迫不及待地将自己的根向书籍更深处扎，以汲取更多生命的养分。书似乎是要将我的大脑“全副武装”，逐渐被各种知识、历史与前人的人生经历充满。

书籍滋养我的灵魂，使我智慧。它承载了无数经过历史荡涤的、宝贵的思想，用这些思想感化我饥渴的灵魂。有位哲人说，这个数字化代替文字化的世界，正在变得越来越聒噪，越来越轻浮。然而，聒噪、轻浮，说到底都是无知造成的，是越来越多的数字化造成的。因为无知，于是浮躁，于是躯体可能庞大健壮，但灵魂却“营养不良”。真正可以为灵魂供给营养的，还是文字化的书。诚如所言：再读《招魂》，我不仅看到了屈大夫，更看到了他敢于悖逆世俗、坚守真理的执着，于是我不再是那个人云亦云、随波逐流的弄潮儿，而是充满勇气走自己的路；再品《三国演义》，我不单看到了赤壁之战，更看到了孔明的深谋远虑，于是我不再遇事蛮干，而是试着为每一件事先做好规划；再赏《雅舍》，我学着慢慢让自己像梁实秋一样摒弃虚荣、心无挂碍，“燕居也好，陋室也罢，萝卜也好，白菜也罢”，寻求生命的自然本真；再看《三毛》，我开始在任何或安逸或艰难的情况下寻找快乐，不执着于物质，更崇尚于精神。在书的滋养下，我的灵魂迅速成长。相信有一天，小树摇身一变也会“乔木生云气”。

《魏书》有言：“一日不书，百事荒芜。”这是古人在告诉我们，在喂饱躯体的时候，也别忘了，要给自己的大脑和灵魂补充生命的养分。

学生感言

生命可以指自然、社会、人文等方面。生命的养分是多种多样的，有物质方面的，也有精神方面的。书籍为人们打下精神底色，让人们开始拥有思想，对家、国、社会、自然有了更深刻的认识，升华人格，陶冶情趣，真正实现成长的蜕变。

尽点小螺丝钉的作用
——致叶楚梅

1950年9月22日

为人民做点事，尽点小螺丝钉的作用。

这就是学习的目的，也是做人的目的。不要好高骛远，幻想多而实干少。

梅儿：

从李伯伯[①]处转来的信及相片均收到。返穗后，同志送给我一架照相机，特托李伯伯送给你。如需别的亦可来信。

努力把自己锻炼成为人民所需要的人，不是多一个少一个没有什么关系的人，不是可有可无的人，确有一点本领，拿出来为人民做点事，尽点小螺丝钉的作用。这就是学习的目的，也是做人的目的。不要好高骛远，幻想多而实干少。这一点，可要注意。许多人都说你学得不坏，爸爸是高兴的。但应该懂得还不够得很。望继续努力，日进不已的学习，

① 李伯伯，指李克农。当时任中央人民政府外交部副部长、中央军委情报部部长。

完成学习任务。在广州的人，你所认识的都好。勿念。

祝你健康和进步！

爸　爸

22. Ⅸ.1950. 广州

【品读导航】

这是叶剑英写给在苏联莫斯科财经学院读书的女儿叶楚梅的家信。这封信为女儿提出了学习的目的，也是做人的目的，这就是“确有一点本领”，并且“拿出来为人民做点事，尽点小螺丝钉的作用”。语重心长，感人肺腑。这不但是老一辈革命家对子女的要求，也是对我们今天所有青年的要求：不要好高骛远，幻想多而实干少，必须踏踏实实，继续努力，日进不已地完成学习任务。

邓颖超
（1904 ~ 1992）

无产阶级革命家、政治家，中国妇女运动的先驱。原籍河南，生于广西南宁。1913年至1920年在京津受小学和师范教育。1919年参加五四运动，曾为天津女界爱国同志会评议委员，后参加组织觉悟社。1923年加入中国社会主义青年团，是天津最早的团员之一。1925年转为中国共产党党员，任中共天津地委妇女部长、中共两广区委委员。1926年10月在国民党第二次全国代表大会上当选为候补中央执行委员。1927年任中共中央妇委书记。1932年进入中央苏区，1934年参加长征。1937年先后在武汉、重庆从事抗日民族统一战线工作。1938年当选为国际反侵略运动大会中国分会理事。1935年至1946年，任中共中央南方局委员兼妇委书记。1945年当选为中共第七届中央候补委员。1946年当选为国际民主妇联理事。1949年3月任中华全国民主妇女联合会副主席。新中国成立后，任第一届至第五届全国人大常委会委员、第一届至第三届全国妇联副主席、第四届全国妇联名誉主席。1976年当选为全国人大常委会副委员长。1978年在十一届三中全会上当选为中共中央政治局委员、中纪委第二书记。1983年当选为全国政协主席。1992年在北京逝世。

为着党员的八条标准而奋斗
——致周尔均[1]

1954年4月24日

不断的为着党员的八条标准而奋斗，不要辜负了光荣的共产党员的称号。

尔均同志侄、尔流[2]同志侄同此不另：

航快信已收到，知道你已加入共产党，至为兴奋！今后，你必须加强党性的锻炼，克服非无产阶级的思想，不断的为着党员的八条标准而奋斗，不要辜负了光荣的共产党员的称号，争取如期的转为正式的党员。你必须注意密切的联系群众，关心群众，向群众学习，从而你才能更好的为人民群众服务。你自知应不骄不馁，但必须从思想上行动上加以不断的实践为要。

---

① 周尔均，周恩来的侄儿，当时在重庆西南军区后勤政治部宣传部工作。
② 尔流，即周尔流，周尔均的哥哥，当时也在西南工作。

兹就你的同宇[①]伯父（七伯之弟）因公赴渝之便，特函介绍他来看你，我们的情况可由他告你。你的情况亦望告他转我们。我的病已较前大好了，每日已能工作二三小时，你可勿念。匆草。即祝

进步，健康！

邓颖超

一九五四·四·廿四

【品读导航】

1949年，周恩来的侄儿周尔均参加了解放军，在二野后勤部工作期间，与七伯周恩来、七妈邓颖超重新取得了联系。周尔均给七伯、七妈写信汇报这几年的经历，并谈到经过锻炼，自己已初步树立起为共产主义事业奋斗终生的理想，正在积极争取加入共产党。周恩来夫妇得知他参军的消息非常高兴，对他争取入党的愿望尤为重视。邓颖超曾回信勉励他：入党是一个人政治生活中的大事，要努力改造世界观，争取早日入党，做一个真正的共产党员，我们随时等候你入党的好消息。在周恩来、邓颖超的关怀和教诲下，周尔均在革命的道路上一步一个脚印地成长进步。1953年12月31日，他终于光荣地加入了中国共产党，实现了多年的愿望。入党后，他抑制不住内心的激动，当天就用航空信把这个喜讯报告给周恩来、邓颖超。邓颖超收到这封信时正在病中，但她还是很快给周尔均亲笔写了这封回信。信的开头称“尔均同志侄”，她这

---

① 同宇，周恩来的胞弟周恩寿的字，当时在民政部工作。

是把革命情谊看得比血缘亲情还重。因为周尔均是周恩来侄儿女辈中入党较早的一个，所以更使她“至为兴奋”。在信中，邓颖超还对周尔均入党后的奋斗方向提出了“三个必须”，体现了一位老党员对新党员的殷切期望。这封信给了周尔均巨大的鼓舞和鞭策，成为他几十年来实践自己入党誓言的座右铭。

一个共产党员要经得起任何考验

——致孙维世①

1958年4月24日

亲爱的闺女——维世：

匆促地看了你，未能尽所欲言。回来后总不能释怀！说真的，在你的病未痊愈以前，我是不能放心的！

亲爱的维世，你必须认识你所害的病的性质——慢性的消耗病，还可能引起并发症。目前医药的治疗，固然是必须的，但不可缺少而又带决定性的关键，则在于你既要认识病的性质，更要能掌握它，善于和它作斗争。这就需要你能充分的休息，排除一切人为的消耗，并严防感冒和其他可能的并发症！！

一个共产党员要经得起任何的风险、艰难困苦的考验，遭受着病的折磨和病中的寂寞，并且要战胜它，这也是一个考验。我热望你在这方面取得胜利！在不久的时间，就能痊愈出院！

① 孙维世，四川南溪人，1939年随周恩来、邓颖超赴莫斯科，1940年入莫斯科东方大学学习。1958年任中国青年艺术剧院副院长兼总导演。周恩来和邓颖超称她为女儿。其父孙炳文，20世纪20年代在欧洲由周恩来介绍加入中国共产党，1927年在上海龙华牺牲。

看书是最能使你受到消耗而削弱你对病作斗争的力量的。千万要少看书，最好不看，善于自己消遣、积蓄力量，以便对于疾病作胜利的斗争！

金山[①]亦应这样帮助你，不能一味地顺着你的要求。

衷心的望你能重视我的话。

祝福你早日痊愈、健康！

此信望给金山一阅。

你爱的、爱你的妈妈手书

1958.4.24

【品读导航】

周恩来和邓颖超一生没有自己亲生的儿女，但他们却有比别人更多的子女。在几十年的革命生涯中，他们怀着对革命事业的忠贞、对革命烈士的崇敬，关怀和抚养过为数不少的革命烈士后代，并把他们抚养成人，培养成才。孙炳文烈士的女儿孙维世就是其中一个。孙维世出生于革命家庭，她的父母都是中国共产党老党员。1927年父亲孙炳文在上海龙华被杀害后，母亲任锐继续在上海从事党的地下工作。1937年16岁的孙维世独自找到武汉八路军办事处，要求去延安，刚好被周恩来遇见。不久，周恩来和邓颖超派人把孙维世送到延安，并征得任锐同意，将孙维世收为养女。此后，他们彼此以“亲爱的闺女”、“亲爱的爸爸”、“亲

① 金山，著名戏剧家，孙维世的丈夫。

爱的妈妈”相称。周恩来和邓颖超给予孙维世的关怀远比父母所能给予的多得多。当孙维世学业有成、事业有成的时候，二老为她欢欣鼓舞；当孙维世身体不适、遇到挫折的时候，二老为她牵肠挂肚。1958年，孙维世得病住进北京医院，这时邓颖超也在病中，她不顾自己虚弱的身体，亲自去医院探望孙维世，千叮咛万嘱咐，仍感“未能尽所欲言”，返回家中，给孙维世写下了这封信。信中写道：“在你的病未痊愈以前，我是不能放心的！”再次嘱咐孙维世，必须认识病的性质，要能掌握它，善于和它作斗争；要严防感冒和并发症；要充分休养，以便积蓄力量与疾病作斗争。还鼓励她，一个共产党员要经得起任何的风险、艰难困苦的考验，还要经得起病的折磨和病中寂寞的考验。这封信是邓颖超病后第一次试笔手书，信的字里行间充满了一位母亲对女儿的关心与爱，这种关心与爱真真切切、无私博大。

★ 故事分享 ★

作茧的智慧

马 骁

春蚕作茧，这看似痛苦而又无用的过程，实际上是一种保护。试想，如果没有茧的保护，弱小的蚕如何能等到化蝶的一刻？茧，将所有的虚弱与锋芒都隐藏了起来，它是成功者的摇篮，也是失利者东山再起的港湾。在选择作茧的那一刻，为了成功，作茧者拒绝了花花世界的诱惑，放弃了展示自己的舞台，选择了隐忍与沉默。这并不是软弱退缩，而是一种默默的克制，是一种无声的等待。这是在做最充分的准备，寻求最佳的时机，这是怎样的一种大智慧啊。

“苦心人，天不负，三千越甲可吞吴。”勾践的卑颜屈膝就是他作的“茧”。在那个盛极一时的吴王面前，他选择了隐忍，他作了一个退避、投降的“茧”。正是这个“茧”，隐藏在它背后的卧薪尝胆，掩盖了他的雄心、他的计划“阴谋”。在茧中他运筹、积蓄，最后一举吞没了吴国，吞没了那个曾经飞扬跋扈的吴王，吴国败给了勾践的智慧和隐忍。

在面对自己无法抗衡的敌人或困境面前，只有将自己置于厚厚的茧中，才能够找到胜利的契机，这张保护自己的茧会让敌人或对手轻视你的存在，忽略在你厚厚的茧中所包含的那颗永不停止的争胜的心，这种忽略对他们是致命的，他们将为自己现在强大而张狂的姿态付出代价。

其实，作茧在保护自己的同时，也是对自己的一种历练。在漫长的蛰伏过程中，你将学会控制自己的冲动与不理智，你在无数次破茧的冲动与按捺中磨练出一颗坚强的心、一个冷静的头脑，这无疑是成功的最好的臂助。在吴国遭遇攻击时，勾践没有动。在自己具有一定实力之后，勾践也没有动。正是一颗坚定与冷静的心遏制住了他仇恨火焰的迸发。他对复仇的渴望是强烈的，他在吴国的每一刻都备受煎熬，吴王的不屑与颐指气使都化作了淬毒的刀子，深深地刺伤这个曾经一代君王的心。奋起反抗，大骂夫差而不苟活于世是痛快，可是那样，他和他的越国就再也没有了翻盘的机会。他知道，属于他的机会只有一次，如果不成功，他将承受来自吴王最大的怒火，那就是毁灭，毁灭了自己，也毁灭了越国。所以他一直在等，等到吴国危机四伏的时候猛然奋起，插上自己复仇的一刀。他成功了，他历练出了自己的成功。

作茧并不是将自己置于阻碍飞翔的牢笼，并不是一种束缚，而是一种自我的保护与历练，为的就是破茧的瞬间。

作茧是一种智慧。历史的车轮已经驶过，留下一道道深深的车辙。六国的风云已经烟消云散，但是它留给我们的经验却是永恒的。让我们学会作茧，隐晦自己，历练自己，待到羽翼丰满，化作彩蝶飞舞云端。

学生感言

蚕，在茧中积蓄了许久的力量，就是要在破茧的瞬间全部爆发出来，实现爬行与飞翔的跨越。能否破茧，不在于你是否聪明绝顶才华过人，最重要的是，你是否有破茧的勇气。

彭雪枫

（1907～1944）

无产阶级革命家、军事家。河南镇平人。1925年加入中国共产主义青年团，1926年转为中国共产党党员。1930年起，历任中国工农红军第五军、第八军的大队、纵队政委，第三军团二、四师政委，江西军区政委。长征中曾任红五师师长、中央军委第一局局长。长征到达陕北后任红一军团第四师师长。抗日战争爆发后，任八路军总部参谋处处长兼驻晋办事处处长。1938年组建新四军游击支队，任司令员兼政委。1939年任八路军第四纵队司令员。1941年任新四军第四师师长。1944年9月11日，在河南夏邑八里庄战斗中壮烈牺牲，时年37岁。

尚望你百尺竿头更进一步

——致林颖（节录）

1942年7月7日

以诚待人，而人对我仍存戒心者，则首先即应反省自己，看诚得够不够，诚之功夫用得到家不到家？

对比自己差些的人，则应于“诚”字之外，再加上一个“耐”字。

群[①]：

……

古人有句话叫做“士别三日即当刮目相看”，缘故是他在不断地转变着。这是很合乎辩证法的。看了你的这次来信，证明你在思想上又进了一大步，那就是你的克己功夫，能够克制自己，而且也不是盲目的或冲动的，而是经过了一夜之间的“矛盾的斗争”，终于胜利了。贤妻有此进步，愚夫理当祝贺的啊！

关于交友——待人接物问题，根据来问，答复如后：你说对待比自

① 群，即林颖，林颖曾用名裕群。

己强的同志已毫无妒意，并能以诚敬之心待之。这当然很难得。尚望你百尺竿头更进一步。

古训中有“精诚所至，金石为开”一语。倘我已以诚待人，而人对我仍存戒心者，则首先即应反省自己，看诚得够不够，诚之功夫用得到家不到家？诚实是虚伪的反面，为古今中外所共认的美德。我辈应以此二字共励共勉。一年以来，我在这方面用了不少功夫，最近曾收到了颇大的效果，故我亦为窃以自慰。详情面叙吧。

至于对比自己差些的人，则应于“诚”字之外，再加上一个“耐”字。这首先要从思想方法上着眼，即不要片面的去认识一个人。任何一件事物均有其短亦有其长，有其恶亦有其善，倘能耐心与之接近、与之畅叙，必可发现其优点长处，而且在共产党人的立场说，对这些人，更有给予协助的必要，而且在其中亦能学得东西。

你能时刻反省自己，而又能身体力行，这是很好的现象，此亦即裕群之所以为裕群了……

……

雪　枫

一九四二年七月七日

【品读导航】

这是1942年7月7日彭雪枫写给林颖的信，此时，他们已经结婚。作者在信中对妻子的思想和工作情况表示了极大的关心，并着重讲了在同志之间如何“以诚相待”的问题。他认为应把“精诚所至，金石为开”

的古训作为处事准则，同志之间要以诚相待，假如对方对自己仍存戒心，不要去从别人身上找原因，而要看自己“诚得够不够”。对比自己差的人，则要加上一个“耐”字，就是耐心与这些同志接触，从他们身上看到长处。总之，与同志相处，要“时刻反省自己，而又能身体力行”。这封信为我们正确处理同学同志之间的关系树立了榜样，我们要把“以诚待人”作为处事的准则，诚心诚意与身边的同学同志搞好团结，相敬互爱，日后更好地为人民工作。

★ 故事分享 ★

神奇的种子

潘 言

从小我就一直认为我是一个不被幸运女神所眷顾的孩子：我没有光彩照人的外貌，也没有聪慧过人的天资，更没有华丽富贵的出身。我一边用羡慕又嫉妒的眼神看着那些才貌双全的幸运儿，一边抱怨着人生的不公平。

妈妈好像也察觉到了我一直以来的不满情绪，于是，在那个阴雨绵绵的日子，妈妈把我叫到她面前，双手颤颤地把一个精致的小盒子给我，说："孩子，这个家一直没能给你什么好的东西，但这个种子是我能送你的最珍贵的礼物。这是一个神奇的种子，只要让它发芽，就能带给你幸运、为你提供护佑，我把它留给你，是因为我希望你能成为一个健康快乐、顶天立地的人。"

我小心翼翼地打开盒子，看见里面灿黄色的布上静静地躺着一个棕褐色的种子，表面光滑细致，隐隐约约闪着淡淡的光芒。只一眼，我便喜欢上了这颗小巧玲珑美丽精致的种子。我开心地把它捧在手里，向妈妈道谢，便认真仔细地把它种在了我最漂亮的一个花盆里，同时想象着它发芽的样子。

那天晚上，我做了一个美丽的梦：我梦见这颗种子发芽了，开花了，长出了金色的、蜿蜒的枝条和鲜嫩、耀眼的花瓣，它在夜间发出耀眼的光芒，照亮了一个少年的家和他那颗纯洁无瑕的心。我在梦中面带笑意，仿佛我是全世界最幸运的人一般。“这是一个属于我的童话，一个我之前从未幻想过的故事。”我满怀幸福地想。

第二天，我满意地从梦里醒来，急忙起身来到窗前，仔细地观察，希望找到一点发芽的痕迹。“也许它需要时间才能发挥魔力。”我想。于是抬头向窗外望去，昨天的乌云早已散去，取而代之的是太阳热情四射的脸。我感到十分愉悦，于是蹦蹦跳跳地去上学了。

我每天都满腔热情地等待发芽，我确定这是一颗有魔力的种子，因为我的运气确实突然变好了。我不再去抱怨生活的不如意，也不再嫉妒他人，因为我知道我有一颗种子，它会庇佑我一切顺利的。

然而，时过境迁，这颗种子在土里陪伴我走过了一段又一段艰难的路，它却迟迟没有发芽。但这已经无所谓了，因为在我心中，它已经长出了金色的枝芽和美丽的花，摇曳着，散发金色的光芒，保佑我，祝福我。

学生感言

“神奇的种子”寄托了一个值得每个人思考的现实意义——世间并没有什么“神奇种子”能带给我们幸福和好运，真正带给我们幸福和好运的是心中美好的梦想、乐观的愿景、不抱怨的正能量。

关向应
（1902 ~ 1946）

无产阶级革命家。原名关致祥，辽宁金县人，满族。1924年加入中国社会主义青年团，同年冬赴苏联学习。1925年在苏联加入中国共产党。1927年回国后，先后在中共河南省委和共青团中央组织部工作。1928年中共六大后，任共青团中央书记。1932年任中共湘鄂西中央分局委员、湘鄂西军委主席、中国工农红军第三军政委。1934年10月任红二军团政委。长征途中，任红二方面军副政委，与张国焘分裂主义进行了坚决斗争。后任红二方面军政委。抗日战争爆发后，任八路军一二〇师政委和晋西北军区、晋绥军区政委。为中共第六届、第七届中央委员。1946年7月21日在延安逝世。

愿终生奔波，竭能力于万一，救人民于涂炭

——致关成玉

1924年秋

天下兴亡，匹夫有责。

叔父尊前：

谕书①敬读矣。寄家中的信之可疑耶？固不待言，在侄写信时已料及家中必为之疑异，怎奈以事所迫，不得不然啊。侄之入上海大学②之事，乃系确实，至于经济问题，在未离连③以前，已归定矣！焉能一再冒昧？当侄之抵沪为五月中旬，六月一日校中即放暑假，况且侄之至沪，虽系读书，还有一半的工作，暑假之不能住宿舍耶，可明了矣。至于暑假所住之处，乃系一机关，尤其是秘密机关，故不恣意往还信件，

---

① 谕书，谕，上告知下的通称。这里指叔父的来信。

② 上海大学，20世纪20年代初中国共产党和国民党合作在上海创办的培养革命干部的大学。1922年由原私立东南高等专科师范学校改组而成立。由国民党人于右任出任校长，1923年共产党人邓中夏任校务长。瞿秋白、蔡和森、陈望道、恽代英、萧楚女、张太雷等许多共产党员先后在该校任教。

③ 连，指大连。关向应在大连秘密加入共青团不久，即从大连赴上海大学学习。

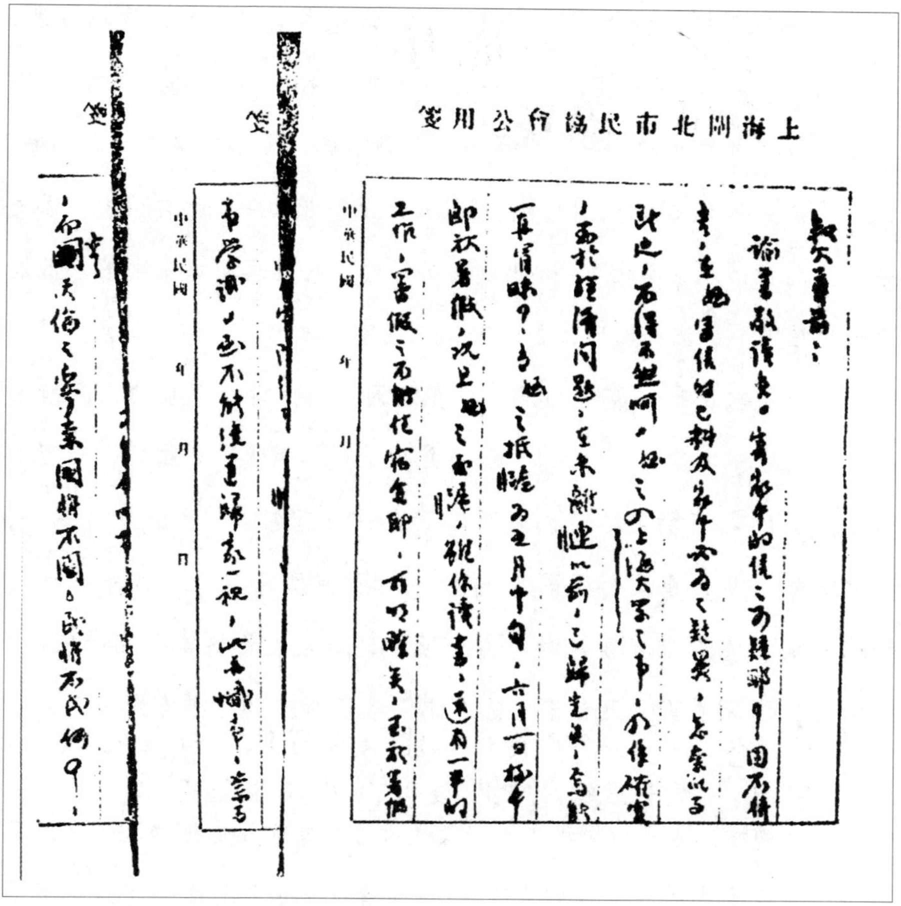

上海闸北市民协会公用笺

知大哥鉴：

谕书敬读矣。青岛中的信[illegible]了，因不能
[illegible]。至[illegible]寄信时已[illegible]为之[illegible]，怎奈[illegible]
所定，不得不然啊。如今の上海大学之事，[illegible]作确实
的[illegible]问题，至未离职以前，已归定矣，[illegible]
一年[illegible]味了。[illegible]之抵[illegible]为五月中旬，六月一日[illegible]
即放暑假，况且[illegible]之[illegible]，[illegible]作读书，[illegible]有一年的
工作，[illegible]假之不能[illegible]宿舍，即[illegible]矣，[illegible]

中华民国　　年　　月　　日

笺

[illegible]学识，[illegible]不能[illegible]归[illegible]，[illegible]

中华民国　　年　　月　　日

笺

[illegible]国[illegible]之[illegible]国[illegible]不[illegible]，[illegible]不[illegible]何？！

所谓住址未定，乃不得已耳。

至侄之一切行踪，叔父可知一二，故不赘述。在此暑假中，除工作外，百方谋划，始得官费赴俄留学，此亦幸事耶。侄此次之去俄，意定六年返国[①]，在俄纯读书四年，以涵养学识之不足，余二年，则作实际练习，入赤俄军队中，实际练习军事学识。至不能绕道归家一事，此亦憾事。奈事系团体，同行者四五人，故不能如一人之自由也，遂同乘船车北上，及至奉天[②]、哈尔滨……等处，必继续与家中去信，抵俄后若通信便利，当必时时报告状况，以释家中之念。

侄此次之出也，族中邻里之冷言嘲词，十六世纪以前的人，所不能免的。家中之忧愤，亦意中事，“儿行千里母担忧”之措词，形容父母之念儿女之情至矣尽矣，非侄之不能领悟斯意，以慰父母之暮年，而享天伦之乐，奈国将不国、民将不民何？“天下兴亡，匹夫有责”，爰本斯义，愿终生奔波，竭能力于万一，救人民于涂炭，牺牲家庭，拼死力与国际帝国主义者相反抗，此侄素日所抱负，亦侄惟一之人生观也。

以上的话并非精神病者之言，久处于（此处原稿抹掉约22个字，旁注“这一段不能明写，领会吧！”——编者按）出外后之回想，真不堪言矣，周围的空气，俱是侵略色彩，黯淡而无光的，所见之一切事情，无异如坐井观天。最不堪言的事，叔父是知道的，就是教育界的黑暗，

① 1924年底关向应到达莫斯科，入东方劳动者共产主义大学学习。1925年五卅运动爆发后，由于国内斗争的需要，即被调回国，到上海参加中国共产主义青年团的工作。实际在苏联学习仅半年多。

② 奉天，辽宁沈阳市的旧称。

竟将我堂堂中华大好子弟，牺牲于无辜之下，言之痛心疾首！以上是根据侄所受之教育，来与内地人比较的观察，所发的慨语！叔父是久历教育界的，并深痛我乡教育之失败，也曾来内地视察过，当不至以侄言为过吧。

临了，还要敬告于叔父之前者，即是：侄现在已彻底的觉悟了，然侄之所谓之觉悟，并不是消极的，是积极的；不是谈恋爱，讲浪漫主义的……是有主义的，有革命精神的。肃此，并叩

金安

侄　向应禀

（改名向应）①

成顺叔父尊前：

代看完交成羽叔父。肃此敬请

金安

侄　向应禀

家中还恳请

叔父婉转解释以释念

【品读导航】

这封信未写时间，从该信所用信笺系“上海闸北市民协会公用笺”及信中所述，可推知此信写于1924年秋关向应赴苏联学习之前。

---

① 关向应原名关致祥。

这封信是写给叔父关成玉的。信中抒发了自己救国救民的远大抱负，表达了一个革命者对共产主义的坚定信念和崇高的革命精神，以及希望得到家庭、亲属的理解和支持的心情。

罗瑞卿
（1906～1978）

无产阶级革命家、军事家。四川南充人。1926年加入中国共产主义青年团，1928年转为中国共产党党员。先后任闽西游击大队长，红四军团参谋长、纵队政委、师政委、军政委，一军团保卫局长，中华苏维埃共和国第二届执行委员。1934年10月参加长征，任中央红军先遣队参谋长、陕甘支队第二纵队政治部主任、红军大学教育长、副校长。抗日战争时期，历任抗日军政大学教育长、副校长和八路军野战政治部主任等职。解放战争时期，历任北平军调处执行部中共代表团参谋长、晋察冀军区副政委、晋察冀中央局副书记、晋察冀野战军政委、华北军区政治部主任。新中国成立后，历任中央政法委副主任、公安部部长、公安军司令员兼政委、国防委员会副主席、国务院副总理、中央军委秘书长、中国人民解放军总参谋长、中央军委顾问、常委。是中共第七届候补中央委员，第八届中央委员、书记处书记，第十一届中央委员，第五届全国人大常委会委员。1955年被授予大将军衔。“文化大革命”中遭到迫害致残。1978年8月在联邦德国治病时逝世。

一个革命的知识分子，立场始终要站得正、站得稳

——致罗峪书[①]

1965年5月31日

作为一个革命的青年知识分子，立场不仅要站得正，而且要站得稳。不仅要在顺利的环境下站得正、站得稳，不仅要在一个时候站得正、站得稳，而且要始终一贯的站得正、站得稳。

书儿：

你的来信差不多我都看了，或者由妈妈读给我听了。据我看，你的立场问题没解决好，或者没有完全解决好。你自己感觉到对同学的态度不对，或者有时对有时不对，或者对于对了的东西不能一贯坚持下去，一遇到外界有点什么影响，自己又动摇了，又怀疑自己原来本来是正确的态度了，以及观察问题解决问题总是找不到正确的方法或者比较正确的方法，以致因为这些问题产生了自己情绪上的苦闷、烦恼，根本的原

① 罗峪书，罗瑞卿的女儿。

因恐怕就在这里。一个人的立场是正确的，而且对于自己正确的立场是坚定不移的，那末，你来信中所提出的那些问题，就是容易看清、容易解决的了。看清了那些问题并正确地加以解决，暂时解决不了，也可以等待一下再解决，能够这样，还会有什么苦闷？还会有什么烦恼呢？

什么是一个革命青年知识分子应有的立场？这就是社会主义和共产主义的立场，工人阶级和广大劳动人民的立场，拥护党的领导和拥护国家的政策的立场。作为一个革命的青年知识分子，对于上述立场不仅要站得正，而且要站得稳。不仅要在顺利的环境下站得正、站得稳，不仅要在一个时候站得正、站得稳，而且要始终一贯的站得正、站得稳。能够这样，在政治上就不会迷失方向，就有能力判明是非，就有能力分清敌我；就会永远同群众中的多数站在一起；就会使自己的思想感情同工人农民的思想感情相结合，同他们打成一片，同他们共呼吸、共命运；就会以助人为乐，而不会以助人为苦，一切自私自利、个人主义、患得患失、计较个人名誉地位，想出风头、骄傲自满、看不起人、不以平等态度待人，经不起困难的考验，受不得一点委屈等等等等错误的东西，就不会爬到我们身上来。

书儿，我记得你有一次来信不是说你正在学雷锋吗？雷锋是实在值得学习的，雷锋值得学习的地方很多。但是雷锋之所以成为伟大的革命战士，最根本的一条就是他的阶级立场十分坚定。正是因为这样，所以他才那样热爱党，热爱人民，永不忘本。他不仅看到了全中国的劳动人民，而且还看到了全世界还在受剥削受压迫的劳动人民。他以劳动人民的共同快乐为快乐，同时也以劳动人民的痛苦为痛苦。他的毫不利己、专门利人的高贵品质正是建立在他的坚定的阶级立场的基础上的。

任何人要解决好立场问题，并不是很容易的事，没有艰苦的学习过程和艰苦的锻炼过程是一定解决不了的，更不要说解决好了。这封信已经很长了，不打算再多写了，爸爸有事情也不能再写了。为了工作上的原因，爸爸和妈妈一个月后就会到哈尔滨去。届时同你见面后，再详谈如何学习、如何锻炼的问题。

今天是爸爸的生日，前三天是妈妈的生日，在我们的生日里给自己心爱的女儿写这样长的一封信，什么用心？不用讲你也是清楚的。信是爸爸写的，但是同妈妈商量后写的，所以这是爸爸妈妈的共同意见，希望能对你有所帮助。最后盼你努力学习，盼你心情舒畅一些，身体更加健康一些。

爸爸　妈妈

五月三十一日，于北京

【品读导航】

这是罗瑞卿1965年5月31日写给女儿罗峪书的信。

罗峪书经常给父母亲写信，汇报自己的工作、学习、生活情况，时常流露出苦闷、烦恼的情绪。罗瑞卿在看过女儿所有的来信后，隐约发现女儿身上不同程度地存在着清高、经不起困难的考验、受不得委屈、个人主义、患得患失、计较名誉等弱点，敏感地意识到，这是立场问题。他认为，只有真正树立起社会主义和共产主义立场、工人阶级和劳动人民的立场，并且始终一贯地站稳，这些错误的东西，才不会爬到身上来，也就没有了个人的苦闷与烦恼。因而他给女儿写信，系统阐述了什么是革命者的世界观、人生观以及怎样去建立、去获得，鼓励女儿好好解决这一问题。这封信的可贵之处，就在于从世界观的高度看问题，抓住了根本，抓住了要害，具有普遍而深远的教育意义。

在改革开放、经济繁荣的新时代，我们学习先辈的革命传统，更要学习他们积极向上、团结友爱，不因私废公，追求人格独立与尊严，追求社会自由与平等的伟大精神实质，在新时代，用我们年青一代的热血与汗水谱写民族富强、人民幸福的华章。

★ 故事分享 ★

平凡触动了我

张平安

生活在大时代的人不一定知道大时代之大。每当我们提到历史上一个思潮涌起、朝代更迭的时代，即使是毕生研究这个时代的学者，所能了解到的人物也不过几百。对于我们来说，铭记住的便不过几十甚至几个了。然而真正使历史推进的却是每一个平凡的人。在如今这个大时代里，触动我的也正是平凡。

我们的教学楼一层有一面蓝色的展板。一天中午，我抱着海报，拿着图钉，准备到这里张贴。贴过海报的人都多少会有这样的经历：一个角固定住后，第二个角总是会找不平。正当我烦躁地一遍遍重新钉海报时，坐在附近的一名保安帮我扶住了海报。我很感谢他的帮忙，自己就退到远处指挥“海报找正”。我仔细地端详，一会儿说“左上角向下一点”，一会儿又说“右下角再向上挪一点”……他好像很听从我的指挥，不停地调整着。每次将钉子摁下去时，他都用自己粗糙的肤色暗黄的手郑重地拍一拍这张大纸，仿佛这是他一同完成的重要作品。

学校里的保安来来走走，我曾以为他们并不一定很重视自己的工作；然而这位保安的认真郑重，却深深地触动了我。他虽然很平凡，甚至我还不知道他的姓名，但就是这种平凡触动了我。他贴好海报之后，看着墙上的图画满意地笑了。我想：在平凡的工作中发现乐趣，对每个人都热心帮助、每个细节都认真对待——这便是他的人生哲学吧。

食堂三层有一个专门出售饺子的窗口。从我第一次来这个窗口时，这儿就是一位较年长的食堂师傅负责。每当买饺子的队伍排得老长，同学们等得不耐烦时，他就会发话，说明煮饺子的进度；即使有新的同学不熟悉食堂的刷卡程序或者卡出了问题而拖慢了队伍的速度，他也会心平气和地等待。有一次一名老师的饭卡在哪个刷卡机上都刷不上，他直接同意这名老师把想买的鸡汤端走，即便这是规定中的不允许。一碗鸡汤，不是温饱的急需，却代表着微笑的关怀。平凡的动人，也并非大事，而实为生活中的点点滴滴。

记得某著名大学做过一项幸福度的调查，121人在调查问卷中填写“非常幸福”。25年后这项调查被重新进行，曾经平凡的幸福人无论是飞黄腾达还是生病失业都依然幸福，而曾经因为事业与金钱而幸福的人却有些因受挫或破产而陷入痛苦。可见，平凡才是最真切和持久的保护。平凡带来的触动，也正是来自心底的真实，来自生命的持久，使我铭记。

学生感言

无需大海一样波澜壮阔，也无需火焰般的热烈奔放，只需像早春的第一滴雨水，在悄无声息中漫漫浸润人心。最为微小却最真挚的平凡，蕴含着可贵的真情，令人感动、难忘、奋进。

要做“大鹏鸟”，不做“蓬间雀”

——致罗点点

1976年3月15日

要做“大鹏鸟”，决不做“蓬间雀”。

点儿[①]：

你现在情况怎样？身体好吗？妈妈爸爸常常都在想念自己的小女儿！你们那里现在是不是还是“炮火连天、弹痕遍地”？总之，我们要做“大鹏鸟”，决不做“蓬间雀”。妈妈爸爸应该这样，儿女们也应当这样。

你入团后政治生活过得如何？没有入团以前，一切都要像个共产主义战士的样子，入团以后更要严格要求自己，就是说一切更要像个共产主义战士的样子！还是一些老话：要尽量挤时间多读一点马列，不要上当受骗，要识别那些真正的阴谋家。妈妈爸爸对此的教训实在太多、太深刻了。

---

① 点儿，即罗点点，罗瑞卿的小女儿，当时正在学校读书。

给你带信的是××叔叔，他们快走了，这次只写这样几句。情况和斗争是如此复杂、尖锐，妈妈爸爸的心情我们聪明的女儿是会知道的。

亲我们的小女儿!

妈妈　爸爸

76.3.15

【品读导航】

这是1976年3月罗瑞卿写给小女儿罗点点的一封信。在信中，罗瑞卿除了表达对小女儿的思念之情外，主要企盼女儿要做“大鹏鸟”，不做“蓬间雀”。此典故出自战国时期哲学家庄子的《逍遥游》。庄子说：北海有条鱼叫做鲲，其大无比，后来变成鸟，叫做鹏。鹏的背不知道有几千里大，它一飞起来遮天蔽日，像挂在天边的云。蝉和小鸟、斑鸠看到大鹏飞得那样高、那样远，便嘲笑说：我们“呼”地一下子就飞起来，碰到树就落到树上，力气不够就落到地上，何必飞到九万里的高空，再飞到遥远的南海去呢？这则故事告诉人们，做人要胸怀大志，不做目光短浅之徒。1965年秋，毛泽东借用这一典故，填了一首《念奴娇·鸟儿问答》，将大鹏比作革命者，将蓬间雀比作害怕革命的小人、懦夫，借以抨击现代修正主义者。此词在1976年《诗刊》一月号发表，这一典故即家喻户晓，妇孺皆知。罗瑞卿将它用来教育子女，正如他在信的最后所说：“妈妈爸爸的心情我们聪明的女儿是会知道的。”

刘 华
（1899 ~ 1925）

革命先烈。原名刘炽荣，字剑华，四川宜宾人。1920年入中华书局印刷所当学徒。1923年进入上海大学半工半读，加入中国社会主义青年团，同年11月加入中国共产党。1925年2月，领导沪西日本纱厂工人大罢工，建立工会组织。曾任日商纱厂工会委员长。同年，在全国第二次劳动大会上，当选为中华全国总工会执行委员。同年5月参加领导五卅运动，被选为上海总工会副委员长、代理委员长。1925年11月在上海被捕，12月17日被军阀孙传芳秘密杀害，时年仅26岁。

认清前途就要拼命去干

——致刘选皋

1923年8月14日

年轻人，只要认清了前途，就是拼命也要去干。

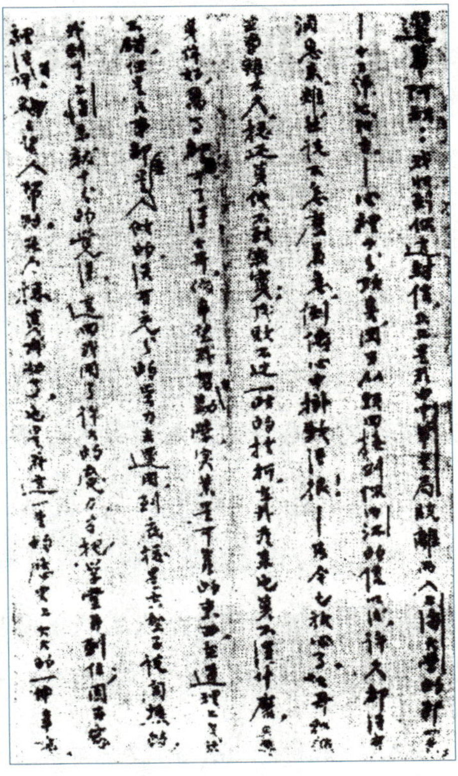

选皋阿叔：

我收到你这封信，正是我由中华书局脱离而入上海大学的那一天——十三号，七月初二日——心里十分欢喜。因为从头回接到你内江的信以后，许久都没有消息来，虽然说不怎么着急，倒像心中挂牵得很！——如今已放心了。大哥和你共事虽不久，总还算他不至寂寞；成败不过一时的挫折，在我看来也算不得什么，只要身体好，万事都可了得。大哥，他希望我努力勤学，实业是可靠的东西，在道理上自然不错，但是凡事都是要人做的，没有充分的学力去运用，到底总是空架子说闹热的，我到了上海来就十分的觉得，这回我用了许多的努力，才把学堂弄到住；因为家里清贫，处处望人帮助。如今总算成功了，也是我这一生的历史上大大的一件幸事。至于说到烟酒嫖赌，老早已离开了十万八千里了，我敢说："年轻稳妥的我。"同齐那天收到你的信，也收到我的老人家的信，口气与你差不多。他说："今年我家请了钟先生，来教我的两个侄儿。"我不知道这钟先生，有怎样的好坏，他也没有说明白，倒弄得我不好去铺排他。你以后看见我的老人家，请他不要挂念我。钟先生是怎样的人，怎样教人家，就请你常常的详详细细替我的老人家给个信来。我们现在年轻人，只要认清了前途，就是拼命也要去干，总希望有一个好结果，因为一个人只能活几十岁的命的缘故。你的家里的情形，怎样布置一会小朋友，也不妨大家来商量讨论。你的回信来，请你写上海闸北青岛路上海大学刘剑华收就得了。头回我收到你内江那封信，非常的抱歉两三年不曾给你和我别地朋友通信来。当时我读过了你的信，就偶然写了一首绝诗，很想当下就给你寄来，让你笑笑，奈何你正在大战的海中，到哪里来寻你？现在我把它抄在这里，补补你从前的一笑吧！寄叔（日来接得选皋叔与余之信，曾云："别来三载，只得余信□封。"）别来三载迄将过，鱼雁鲜通[1]奈若何？莫道嵇生真懒漫，忧烦人世事偏多！好！以后再谈了。祝你幸福！并

① 鱼雁鲜通，指音讯少，彼此联系不多。

祝你一家人都好！

炽 荣

八月十四号，七月初三日[①]晚

【品读导航】

这是刘华写给叔父刘选皋的一封信。

1920年8月，刘华从家乡来到上海中华书局印刷厂当学徒工。家里人希望他好好工作，在实业方面干出些成就，但他认为凡事都是要人做的，没有充分的知识去运用，也是空架子热闹一番，成不了大事。到上海后他更是开了眼界，一直不放弃找个学校学习的愿望。经过努力，1923年8月，他终于进入上海大学中学班半工半读。他很高兴，认为这是他一生的历史上大大的一件幸事。入校的第二天，他给叔父刘选皋写了这封信。

作者在信中将自己已入上海大学学习的喜讯告诉叔父，讲到这个转变对自己是多么重要，“我们现在年轻人，只要认清了前途，就是拼命也要去干，总希望有一个好结果，因为一个人只能活几十岁的命的缘故”。作者还关切地问起家里请来教孩子们念书的钟先生的情况，希望详细告诉他。这一方面体现了他对孩子们学习的关心，另一方面体现出作者对学习知识的重视。

这封信充分反映出作者对知识的渴求和学习至上的观念，同时也警示后人要重视学习。

---

① 七月初三日，指阴历，即旧历。

苟一息尚存，我要与他们斗争到底[①]

——致刘选皋（节录）

1925年6月

时艰敌迫，革命是流血的事情。纵流到最后一滴血，也在所不惜。

我的工作是非常紧张的，也是非常光荣的，我的敌人是帝国主义、中国军阀。苟一息尚存，我要与他们斗争到底。失败不过一时挫折，据我看来也算不了啥。凡是不怕困难，终有公理战胜蛮横的一天。因为既经我们认清了的前途是光明的伟大的，而况此时工人拥护我，党信任我，我应该完成党的任务。岂能与敌人作白刃战时为了私事就随便抽身回家呢。二叔请你向家里人说，劝他们不要挂念我。中华民族必须解放，工人必须斗争。时艰敌迫，革命是流血的事情。我处此，纵流到最后一滴血，也在所不惜。

---

① 五卅运动后，刘华患病，叔父写信来，希望他回家乡一趟。这是刘华的复信。

【品读导航】

这是五卅运动后刘华给家里的一封回信。

五卅惨案发生后，上海各界掀起罢工、罢课、罢市浪潮，全国各大、中、小城市举行了游行示威和“三罢”斗争。后来民族资产阶级发生动摇，6月26日，上海总商会和各马路商界总联合会单独宣布停止罢市。为了保存力量和巩固已取得的成果，上海总工会决定各厂于8月中旬起逐渐复工。此时，刘华疲病交加，他的叔父刘选皋来信希望他回家乡一趟。刘华因时局尚紧，难以脱身，就写了这封复信。

这封信充分体现了作者百折不挠的革命斗志和舍身为国的奋斗精神。作者深信：“失败不过一时挫折，据我看来也算不了啥。凡是不怕困难，终有公理战胜蛮横的一天。”“苟一息尚存，我要与他们斗争到底。”作者解释他不能回家的原因：“因为既经我们认清了的前途是光明的伟大的，而况此时工人拥护我，党信任我，我应该完成党的任务。岂能与敌人作白刃战时为了私事就随便抽身回家呢。”“中华民族必须解放，工人必须斗争。时艰敌迫，革命是流血的事情。我处此，纵流到最后一滴血，也在所不惜。”充分体现了作者为革命奋斗不息的坚强意志。

身负重任，何以家为

——致刘峰贤[①]

1925年

身负重任，何以家为，须知有国，方有家也。

国家衰弱强邻欺侮，神圣劳工辄[②]为鱼肉，我亦民族分子，我亦劳工分子，身负重任，何以家为，须知有国，方有家也。

【品读导航】

这是刘华回复家人的一封电文。

1923年8月，刘华进入上海大学半工半读。11月加入中国共产党。1925年2月，领导了沪西日商纱厂工人大罢工，建立了厂工会，当选为日商纱厂工会委员长。在1925年5月召开的第二次全国劳动大会上当选为中华全国总工会执行委员。同月，五卅运动在上海爆发，刘华与蔡和森、刘少奇等领导了这场运动。刘华被选为上海总工会副委员长、代理

① 刘峰贤，刘华的哥哥。这是刘华复给哥哥的一封电文。
② 辄，总是，就。

委员长，随后开展了“三罢”斗争。

当刘华在上海参加工人运动时，宜宾家乡惨遭匪劫，父亲被绑架，祖母病危，母亲受重伤，弟弟被打死。他哥哥刘峰贤接连打电报催他回乡，指责他忘了老家。刘华于是给家里发了这封电报。

作者在电文中表示，由于国势衰弱，遭到强大的邻国日本帝国主义的欺凌，工人被视为鱼肉任人宰割。自己是中华民族的一分子，也是劳苦工人的一分子，肩负抵御外侮的重任，哪还顾得上家呢？要知道有国才有家啊！

这封信用质朴真挚的语言，表达出作者舍己为国、舍家为国的崇高理想和高贵品质。

★ 故事分享 ★

破掉束缚之茧

张宇浩

“人生如春蚕，作茧自缠裹。一朝眉羽成，钻破亦在我。”陆游的诗句点破了“作茧”、“破茧”之于人生的重要意义。人生像春蚕，在我们年幼的时候，我们会在身边裹上厚厚的茧，它可能是对父母的依赖，对家的留恋。“茧”固然重要，因为它是我们保护自己的唯一途径，然而年岁增长，在茧中羽翼渐丰的我们会觉得茧是阻碍我们飞天的壁垒。从这个角度说，“作茧”是为“破茧”做准备。因此，破掉身边束缚的茧，适时独立，是人生中重要的一步。

破除自身局限之茧，适时独立，是人生中重要的一步，因为它可以让我们拥有足够的勇气和信心。将军巴顿的“破茧”经历值得我们借鉴。小巴顿一出生就患有严重的语言障碍症，直至8岁才可以勉强开口说话。胸怀军事梦想的他只身一人来到西点军校，想要成就一番事业。然而刚刚独立的巴顿却在学习过程中屡屡受挫，他开始怀疑自身的能力。他深知病症是自己走向成功的阻碍，于是，他为自己制订了“每天对墙讲话，每周坚持给姐姐写信”的计划。这是挑战自我、完成蜕变的一种破茧之举。他在破茧的过程中历尽了艰辛，而这也注定了信心十足的巴顿必将在以后坎坷的人生路途中破掉一个又一个束缚的茧，并最终登上荣誉殿堂。小巴顿的适时破茧为他赢得了足够的勇气与信心，这种“钻破亦在我”的气魄是他一生奋斗的基础。放眼古今，像这样钻破自身之茧的又岂止将军一人，从孙膑到司马迁，从海伦·凯勒到张海迪，他们无不向我们展示着破茧的重要性。

破除父母庇护之茧，适时独立，在人生中有更重要的意义，因为我们可以获得广阔的奋斗空间。然而放眼身边，许多青年人过分地留恋“衣来伸手，饭来张口”的生活，导致他们没有勇气去创业。“三十不立”成了当下很多人生活的主旋律。

人生是现实的，社会是现实的。既然“茧”已经成为了我们的束缚，那么为什么不勇敢地打破它，迈出这人生中具有重要意义的一步？只有敢于钻破阻碍，你才能得到足够你奋斗一生的勇气与信心；只有勇于打破束缚之茧，你才会找到属于你自己的广阔天空！

学生感言

历史的天空中群星璀璨，英雄们的事迹总是敲击着我们心底柔软的角落。就从身边的小事做起，子女的责任、学生的责任、公民的责任……在一个个责任之茧中，我看到美好未来的图景。

冷少农
（1898 ~ 1932）

革命先烈。原名冷肇隆。贵州瓮安人。1923年毕业于贵州省立法政专门学校。1926年赴广州参加革命，同年加入中国共产党。1929年曾在南京军政部从事秘密工作。1931年在中共南京市委工作。1932年3月市委遭到破坏被捕，同年5月在雨花台英勇就义，时年34岁。

社会之新光在照耀着你

——致冷德苍

1931年1月8日

读书写字的目的，是要为这一批人求一个适当的解决。

每天除读书写字而外，还须作有规则，有益健康之运动与游戏，使知识与体力同时并进，预备着肩负将来之艰巨。

望你将来为一极平凡而有能力为一般劳苦民众解决不能解决之各项问题、铲除社会上一切不平等之人物。

社会之新光在照耀着你，希望你猛进。

苍儿：

收到你的信，使我无限的欢欣！使我无限的惭愧。你居然长这样大了，你居然能读书写字，并且能写信给我了。我频年奔走，毫无建树，却得你这一个后继希望，这使我是多么的欢欣啊！然而你的长大和你的教养，我都未负一些责任，同时却又累了你的祖母、伯父、母亲。虽然是社会和时代所造成，我的内心实不免万分惭愧，在惭愧中还要你为我向你的祖母、伯父、母亲们深深致谢。

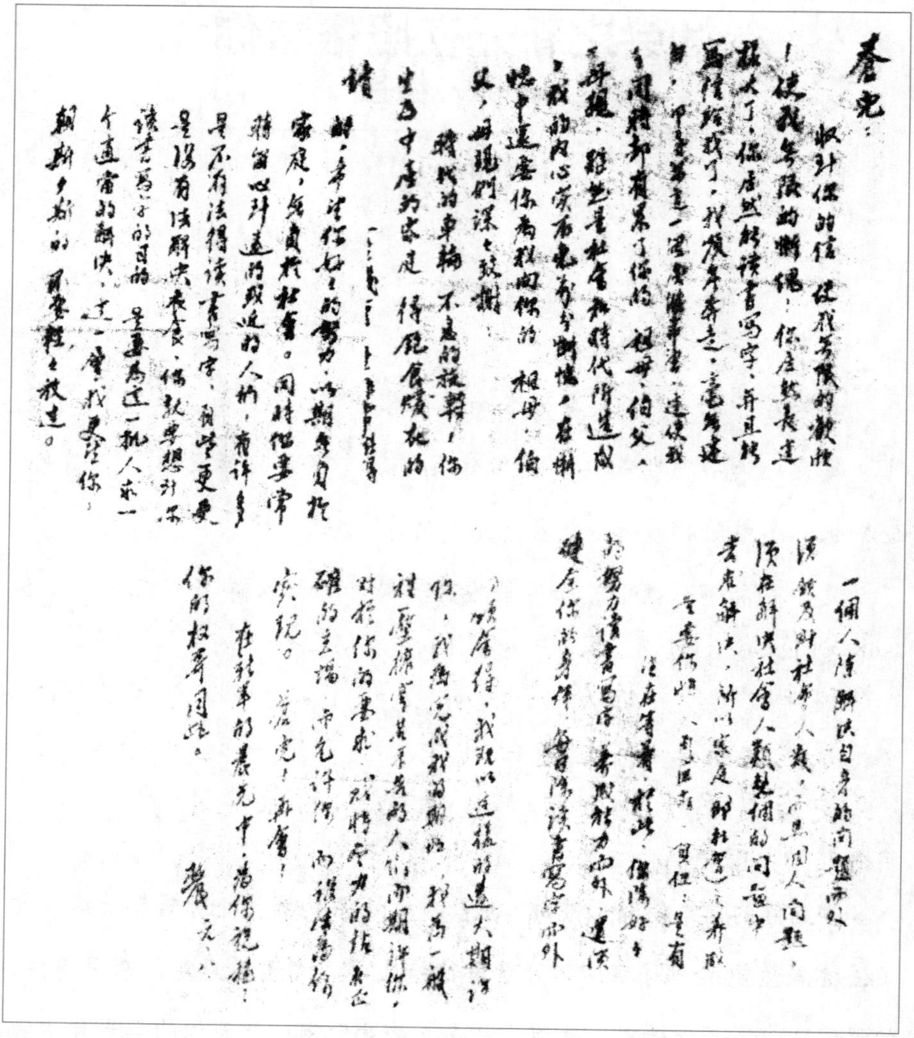

时代的年轮不息的旋转，你生在中产的家庭，得饱食暖衣的读书写字，这种机会是非常难得的，希望你好好的努力，以期无负于家庭，无负于社会。同时，你要常时留心到远的或近的人们，有许多是没有法以读书写字，有些更是没有法解决衣食。你就要想到你读书写字的目的，是要为这一批人求一个适当的解决。这一层我更望你朝斯夕斯的不要轻轻放过。

一个人除解决自身的问题而外，还须顾及到社会人类，而且个人问题须在解决社会人类整个的问题中去求解决。所以家庭（即社会）之养成……[①]你除好好的努力读书写字，养成能力而外，还须健全你的身体，每天除读书写字而外，还须作有规则，有益健康之运动与游戏，使知识与体力同时并进，预备着肩负将来之艰巨。

你的祖母、伯父、母亲十分钟爱你。我虽然离开得远，不能向你作切实的表示，但是也不能说我不爱你。不过他们之爱你，是望你将来成为一个特出的人物，一切以自己以家庭利益为重的特出于一般的人物；我之爱你，是望你将来为一极平凡而有能力为一般劳苦民众解决不能解决之各项问题、铲除社会上一切不平等之人物。苍儿，社会之新光在照耀着你，希望你猛进。

至于你对我所说的一切，我当然能领会的，我既以这样的远大期望许你，我为完成我的期许，我为一般被压榨的穷苦无告的人们而期许你。对于你的要求，我将尽力的站在正确的立场而允许你，而设法为你实现。

---

① 此处字迹模糊，难以辨认，略去约25个字。

苍儿再会。

在新年的晨光中为你祝福！

你的权哥同此。

农

元月八日

【品读导航】

这是冷少农1931年1月8日在南京写给儿子冷德苍的信。在这封信里，冷少农殷切地希望儿子能树立解放全人类、实现共产主义的远大理想，能成为一个极平凡而有能力为一般劳苦民众解决不能解决的各项问题、铲除社会上一切不平等的人物，表现了共产党人对革命事业的坚定信念和对下一代的殷切期望。

★ 故事分享 ★

读你，卫鞅

孙闻溪

初见你，你还只是个小小的魏国中庶子，却气度不凡，颇有远见。想必你也是明白，魏国不可久留。于是几经周折后，你远渡秦国。一袭白衣，一支白玉簪，一双深邃锐利的眼睛，沉稳的举止中透出冷峻高贵。这便是我第一次读你时，你烙印在我脑海中的形象。

再见你，已是在秦国。茫茫渭水之上，你与秦孝公大谈治国之策。三天两夜的长谈，我从你眼中，分明看到了激情燃烧的火焰，读出了誓要干出一番功绩的雄心与决心。卫鞅，我相信，你必定是上天赐秦的大才，救秦于水火。

开春后，我却很难再见到你了。是啊，肩负着变法重任，自然免不了一番忙碌。有多少个夜晚，我看见的，始终是你忙碌的背影。你手边一鼎反复热过无数次的饭食早已凉透却未动一口。身后，满载着你心血的竹简，摞起小山似的一堆……朝堂之上，你与一班世族元老争论变法之利，驳得他们哑口无言。在嬴虔与秦孝公的鼎力支持下，我的左庶长，你终于可以大干一场了！

于是，一道道政令，惊雷般响彻秦国河川！区区几年时间，百姓吃饱穿暖，田野间一片欢声笑语，你也被一举升为秦国大良造。

我晓得你办事最讲效率，一摞堆得高高的竹简头天晚上送到你府上，第二天一早就能分发各处，绝无差错。我晓得你大公无私，为了变法，连自己的成婚大事都几乎没有过问过。就连大良造府的修葺改造，都是秦孝公委派黑伯监造。于是我只得默默守在一旁，生怕自己的一句话、一个动作都会打乱你的节奏和秩序。你读着竹简，我读着你——我是多么想读懂你啊！那个初见时一袭白衣、英气勃发的鞅，怎么就变得沧桑深邃、皱纹也悄悄爬上脸颊了呢？你一直在忙碌，我也一直试图读懂你……

岁月，悄然流逝。

河西一战大捷，改写战国格局。你也被秦孝公封为商君。咸阳广场上，在千千万万老百姓"商君万岁""新法万岁"的山呼海啸般的声浪中，你我的眼睛湿润了，热泪滴进书页，滴进脚下的黄土。你眼中那一抹晶莹里蕴含的，我读懂了。那是欣慰，更是誓让秦国富强的承诺。此时，你像一个慈父，凝视着日渐强壮的儿子……

一切看起来如此的顺利。可从你言行举止中，我却嗅到了一丝隐隐的不安，你仿佛在不动声色地等待着一个时刻的来临……

终于有一天，新秦王嬴驷下达的缉拿令，将你推向人生的岔路口。你可以率兵攻城，自立为王；你可以逃进封地，隐居山林；你也可以大义赴死，做千古商君。卫鞅啊卫鞅，在自我利益与国家前途面前，你将如何抉择？

你用你无比坚定的眼神告诉我，你不会逃，也不会自立为王，你要用生命为变法铺平后路！那一瞬，我读懂了你；那一瞬，那样欣慰却又痛彻心扉。

刑场上，在万民呼喊“商君万岁”的声浪中，面对甘龙胆气不足的质问，你傲然冷笑：“甘龙，商鞅虽死犹生，尔等却虽生犹死！青史之上，商鞅千古不朽，尔等却万劫不复！”热血喷洒在白雪上，触目惊心。

卫鞅……呢喃着你的名字，透过泪水，恍然间看见一个年轻的白衣士子，在一个冬夜许下承诺：“公如青山，鞅如松柏。粉身碎骨，永不负秦！”

一切的一切，恍若一场大梦，一场波澜壮阔的大梦，一场无比真实的大梦。而你，卫鞅，把梦变成了现实。经历过这么多风雨，经历过这么多变革，陪着你一步步走到尽头。我与你之间，不曾有过交流。但你却用眼神，用行动，把你的一切都告诉了我。

你雄心壮志，雄才大略；你执法如山，铁面无私；你为国竭虑，铁骨柔情；你浩然正气，视死如归……

卫鞅，我终于读懂了你，我的左庶长、大良造，我的商君。

学生感言

无论过去多少年，坚定的信仰、执着的追求仍不断感动着、激励着一代又一代人。

顾作霖
（1908～1934）

革命先烈。江苏嘉定（今属上海市）人。1925年在上海大学加入中国共产主义青年团。1926年初转为中国共产党党员。后调任中共江浙区委职工运动委员会委员、共青团江浙区委委员、组织部长。1927年初在浦东领导工人参加上海工人第三次武装起义，同年6月任共青团江苏省委书记，8月任中共山东省委委员、共青团山东省委书记。1929年先后任中共江苏省委委员、共青团江苏省委书记、共青团中央组织部长。曾参加中共六届四中全会，会后前往中央苏区，任共青团（少共）苏区中央局书记，创办《青年实话》。1933年任中共闽赣省委书记。在中共六届五中全会上当选为中央委员、中央政治局委员。曾任总政治部代理主任兼红军第一方面军野战政治部主任。1934年5月28日，在广昌决战的前线因病逝世，时年仅26岁。

莫辜负不再的韶光

——遗　墨①

1925年

休损害宝贵的身体
莫辜负不再的韶光

休损害宝贵的身体
莫辜负不再的韶光
伟大的事业
正需要你青年力壮

顾作霖

【品读导航】

顾作霖是中国共产党早期领导人之一。1931年1月，中共六届四中全会在上海召开。为了在中央苏区贯彻全会路线，中共中央派出了以任

① 原文未署日期。

弼时、王稼祥、顾作霖组成的代表团，人称“三人团”。“三人团”在苏区曾有过至高无上的权力。

顾作霖对革命工作一贯全身心地投入。在前往苏区时，他的儿子刚周岁，妻子正临产。但为了革命工作，他毫无怨言，告别爱妻、幼子便踏上了征程。在中央苏区的艰苦环境中，他一如既往地忘我工作，结果得了肺结核。当时中央苏区的工作非常繁重，对他的工作有一定的影响，他的这幅遗墨可能就是此时有感而作的，是他从自身的体会中说出的肺腑之言。1933年9月下旬，蒋介石以50万大兵对中央苏区进行第五次“围剿”，顾作霖作为总政治部代理主任兼红一方面军野战政治部主任，带病坚持工作，经常彻夜不眠，致使病情加重，于1934年5月28日病逝于反“围剿”前线，时年仅26岁。

“身体是革命的本钱”，这已是我们耳熟能详的格言。工作与健康的关系问题，值得每一个人认真对待。“伟大的事业，正需要你青年力壮”，顾作霖的遗作，值得人们慨叹与深思。

★ 故事分享 ★

生命的需要

周融荣

我很爱王维写庄子的四句诗："古人非傲吏，自阙经世务。偶寄一微官，婆娑数株树。"无意于华堂花巧富丽的架构，庄子只是与几株树为伴。迫于生计当个小官，他没心思去楚国上演勾心斗角的大戏。生活简单，心态简单，因为简单是灵魂自由的必需条件。"水击三千里，抟扶摇而上者九万里"，灵魂自管自地飞翔，飞得那样高，那样美。与无邪的自然相融，他也变成一株简单的树，守得心灵的月亮。权力、名声其实是另一种"体重"，庄子成功地放弃了它们。

我也好奇李敖。《北京法源寺》那样的厚重博大，与节目《李敖有话说》那样的轻松讥诮，如何在一人身上合璧？读了林清玄的记述，才有所领悟。李敖出狱后闭关一个月，日夜在一间小屋里读报想时事，只靠家人从小洞里递进的冻水饺等维持生命，为的是防止被扰。监狱更是他读书的佳处，他在那儿排除了杂念，心里简单得除了书什么也不想。简单的生活和心境，终于使他的灵魂包容万象。简单，也是丰富灵魂的需要。这种饿其体肤、明其心志的简单，在尘世生活中需要多大定力才能实践？佳肴美馔、舒适燕居也许只是灵魂的累赘，李敖甩脱了它们。

有趣的是，不能抗拒世事困扰的人一样迫切地渴望简单。"长恨此身非我有，何时忘却营营？夜阑风静湖波平。小舟从此逝，沧海寄余生"。

对苏东坡来说，驾只船去简单生活竟然遥不可及。在这里他和我们很像，连苦水都相似：为生存而忧苦时，简单的快乐太珍贵了。灵魂的自然本真，诚是必要，可这种必要总被钱、位、人际关系等现实纠缠着无法接近自己。只有永不熄灭对简单对自由的渴望，才可以使灵魂保持一点活力。

生命的意义在灵魂，而灵魂需要简单，需要无所牵挂，无所拖累。我想一个人竹笠赤足，漫步于水湄林际，简单愉快，无拘无束地随想，没有顾忌地爱憎——这才是灵魂的完满啊，然而几乎不可能。既然如此，便得去守护乃至刻意争取这份简单，在肉身世界里，为灵魂争取空间。

学生感言

对于身体健康而言，需要的是一颗强壮的心脏；那么对于生命的“健康”、心灵的“健康”呢？其实，需要的也是一颗“强大的心脏”，一颗摒弃贪婪、摒弃仇恨、毫无累赘的单纯而善良的心。

吉鸿昌

（1895～1934）

察绥抗日同盟军领导人之一。字世五，河南扶沟人。1913年入伍，在西北军冯玉祥部历任连长、营长、团长、旅长、师长、军长。参加过北伐战争，曾任宁夏省政府主席。1931年因拒绝“剿共”，被蒋介石强令出国。1932年回国后加入中国共产党，曾策动旧部起义未果。1933年5月，同冯玉祥、方振武在张家口组成察绥民众抗日同盟军，并任该军第二军军长兼北路前敌总指挥，出师抗日。失败后在北平、天津等地继续从事抗日活动。1934年11月9日在天津被国民党政府逮捕，24日在北平陆军监狱英勇就义，时年39岁。

夫今死矣！是为时代而牺牲

——致胡红霞[1]

1934年11月

照料上学，以成有用之才也。

红霞吾妻鉴：

夫今死矣！是为时代而牺牲。人终有死，我死您也不必过伤悲，因还有儿女得您照应。家中余产不可分给别人，留作教养子女、干[2]等用。我笔嘱矣，小儿[3]还是在天津托喻先生[4]照料上学，以成有用之才也。家中继母已托二、三、四弟照应、教〔孝〕敬，你不必回家可也。

【品读导航】

1933年5月，吉鸿昌联合冯玉祥、方振武组成察绥民众抗日同盟军，

① 胡红霞，吉鸿昌的妻子。原信无标点，标点是编者加的。
② 干，暗语，指革命工作。
③ 小儿，指吉鸿昌的儿子吉兰泰。
④ 喻先生，指喻传鉴，原南开中学教务长，一生从事教育事业，解放后曾任重庆市教育局局长。

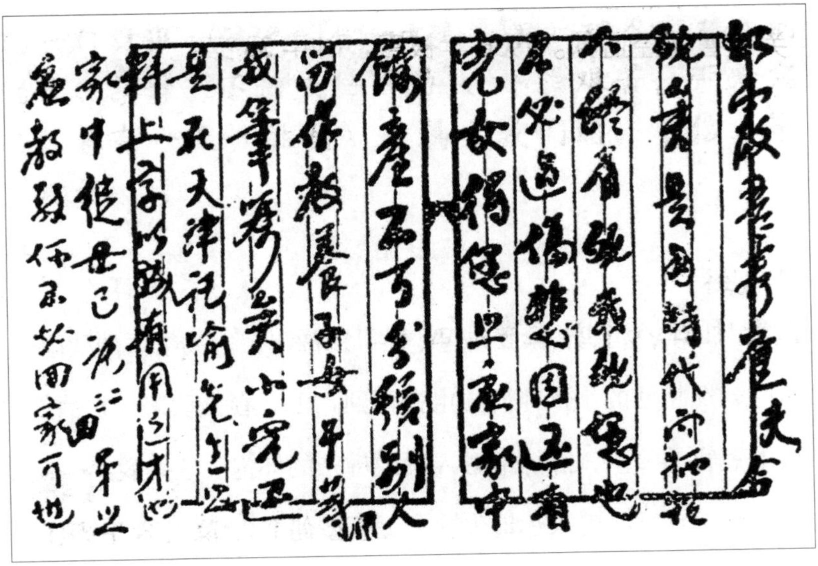
霞吾妻[illegible]鉴：夫今
就义，是为时代而牺牲
[illegible]
[illegible]
[illegible]
遗产不可分给别人
留作教养子女[illegible]
[illegible]
[illegible]天津[illegible]
[illegible]上学[illegible]有用之才
家中[illegible]
[illegible]

任该军第二军军长兼北路前敌总指挥，率师抗日。但抗日同盟军的活动遭到国民党政府的无端敌视。1933年10月吉鸿昌等所率同盟军在蒋、日军联合进攻下失败。方振武出国，吉鸿昌到平、津等地从事抗日救亡活动。1934年11月9日，国民党与帝国主义相勾结，在天津法租界逮捕了吉鸿昌。11月24日，吉鸿昌在北平英勇就义。

这是吉鸿昌在就义的当天写给妻子胡红霞的遗书。临牺牲之前，他安慰妻子不要过于伤悲，指出自己是为时代而牺牲，叮嘱妻子家中遗产不可分给别人，因为它们还要继续为革命事业作贡献；还要求妻子培养后代，使之成为国家有用之才。信中表达了一个共产党人崇高的生死观。

★ 故事分享 ★

关于死亡

陆天明

记得小时候，妈妈曾给我讲过小黄叶的故事。一场凄厉的秋雨过后，和小黄叶朝夕相处的小伙伴们再也找不到它了。春去秋来，它悄无声息地结束了短暂的一生，静静地融入大地母亲的怀抱。这是我第一次了解死亡的含义，它意味着永远地失去，无可奈何的告别。当我意识到终有一天妈妈也会悄然离我而去，不禁紧紧依偎着她号啕大哭。死亡太可怕了，这是一个可怕的魔鬼，它能够将这世间的一切全部化为乌有，我不愿意再想起它。于是，它似乎淡出了我的生活。

2010年冬天，爸爸几次丢下手头的工作，离开我们回到病重的奶奶身边。直到12月28日，千里之外的电话那端传来爸爸哽咽的声音："你奶奶离开了我们……"死亡的降临让我再一次切身体会到它是多么的令人痛苦和忧伤，它不曾远去，随时都有可能夺去人们的生命。那年一个偶然的机会，我接触到史铁生的散文，可是不久，便又传来了他的死讯！他曾是一个几次求死不得的人，疾病、残障和无望让他渴望着死亡。然而，无私的母爱拯救了他，潜心的写作使他重新正视人生，思考生死。严重的尿毒症使他命悬一线，死亡与他相邻而居，而他却坦然面对。他说，"死是生之消息的一种"，"浪终归会落下水，水却还是水。水不消失，浪也就不会断灭。"我想，生命或许是一条环形的轨迹。一段人生的终结将孕育着另一个新生命的诞生。真希望这种设想是真的，那么，一个小“史铁生”应该已经长到了咿呀学语的年纪……

孔子说：“未知生，焉知死！”而我不以为然。虽然我对人世间的事仍充满着许许多多的迷惑和疑问，但思考死亡、了解死亡可以帮助我树立正确的人生观。死亡教会曾经几度轻生的史铁生珍惜生命，即便一周做三次透析仍笔耕不辍；它也教会我人终有一死，正因为人生苦短，才更要勤奋努力，让自己的人生充实而精彩；它教会我为人要良善慈悲，远离诱惑和邪恶，做一个道德高尚的人；它教会我做事要扪心自问，对得起天地良心，对得起国家，对得起父母，对得起后代子孙；它也教会我权力、财富、名声并不是人生成功的标志，认认真真做事，老老实实做人，才会生活得安宁平和。

如此说来，小黄叶并没有死，冬去春来，树上萌发出的新芽中定能找到它的身影。

学生感言

革命先辈不屈不挠、视死如归的斗争精神，让我为之震撼。我那颗沸腾的心也仿佛被染上了最艳丽的中国红，与战争时代的革命先辈的豪迈之心一样炽热，愿为我的祖国奉献自己毕生的力量。

赵一曼
(1905～1936)

革命先烈。原名李坤泰，四川宜宾人。1923年加入中国社会主义青年团。1926年加入中国共产党。1927年秋受党派遣赴苏联中山大学学习，次年回国，先后在上海、江西等地做党的秘密工作。1931年九一八事变后，党派她到东北工作。曾任哈尔滨总工会代理书记、中共珠河中心县委特派员和铁北区委书记等职。1935年任东北抗日联军第三军第二团政委。同年11月在与日军作战中负伤，不幸被捕。翌年8月2日英勇就义，时年31岁。

不要忘记你的母亲是为国牺牲的

——致儿子

1936年8月2日

不用千言万语来教育你，就用实行来教育你。

希望你不要忘记你的母亲是为国而牺牲的！

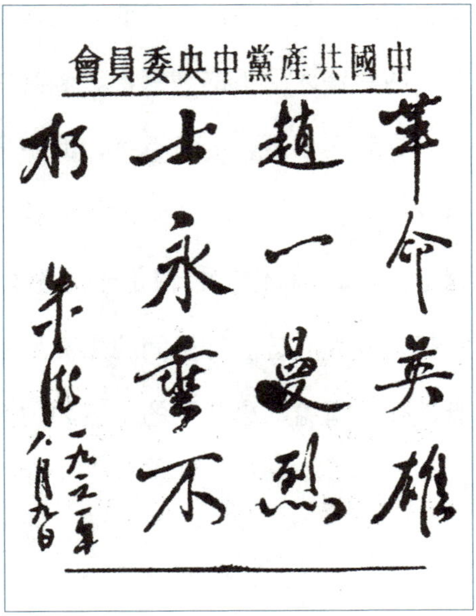

宁儿：

母亲对于你没有能尽到教育的责任，实在是遗憾的事情。

母亲因为坚决地做了反满抗日的斗争，今天已经到了牺牲的前夕了。

母亲和你在生前是永久没有再见的机会了。希望你，宁儿啊！赶快成人，来安慰你地下的母亲！我最亲爱的孩子啊！母亲不用千言万语来教育你，就用实行来教育你。

在你长大成人之后，希望不要忘记你的母亲是为国而牺牲的！

一九三六年八月二日

你的母亲赵一曼于车中

【品读导航】

这是1936年8月2日赵一曼在被押赴刑场的途中给儿子的一封遗书。

1936年8月2日，赵一曼被日伪军押上开往珠河的火车，她清楚地知道此行意味着什么，她神态安详，面带微笑，迎接这最后的时刻。在车上，赵一曼向押解人员要来纸和笔，在短暂的时间内给幼小的儿子写下了两封催人泪下的遗书，这是其中的一封。

这封信很短，约有百字，但字字饱含一个革命母亲对反满抗日斗争事业的坚决，对自己孩儿的依依眷恋，对“没有能尽到教育的责任”的遗憾。“母亲和你在生前是永久没有再见的机会了”，这样的诀别话语，听起来令人心碎。母子间的生离死别是最残酷的，烈士为了革命事业慷慨赴死，留给幼小儿子的是“为国而牺牲”的伟大母亲形象。

★ 故事分享 ★

命运，命运

景一馨

耳旁回荡的《命运交响曲》音符似乎在讲述。我眼前出现了一个音乐家，坐在钢琴前，回味自己跌宕起伏的人生，顿时激动不已。他找来乐谱，挥笔而就。他把生活的不公、世事的悲惨、自己怀才不遇的悲愤完全融入了音乐之中，短促而有力的音符是他绝不示弱的口号，紧张的爬音是他与命运斗争的舞曲……他在暴风雨中挣扎，永不低头！

这个人就是贝多芬。

一个集悲剧色彩于一身的人，却谱写出了无数令人欢笑的华美乐章。年幼时的“音乐天才”需要无尽的练习，而母亲——唯一的抚慰，也早早逝去了，童年满是黑暗。而当他还是一个孩子时就要担起一家生活的重担。或许是对生活的绝望，使他全身心地投入到音乐创作中，很快便带来欢呼和喝彩。同时，爱情也悄然而至，这是贝多芬一生中少有的甜蜜时光。可很快，未婚妻因为忍受不了贝多芬的脾气而取消婚约，他又是孤身一人了。精神上的打击伴随着耳鸣等症状，一起侵袭他弱不禁风的身体。

他是一个由痛苦组成的人。音乐家的耳朵就像歌手的喉，就像舞蹈演员的双腿，一只鸟儿失去翅膀还怎么飞翔？这像是一座无法逾越的大山，人皆畏之，知难而退，但贝多芬发现他的耳朵听不见声音之后，并没有放弃，70%的乐曲都是在失聪后创作的。

世人震惊了，都称这是一个奇迹。很多时候，一句“认命吧”就把人们的心击垮了。

苦难能使人变得伟大。

命运是不公的，也许是天妒英才，贝多芬的痛苦远超过快乐，而他挺过来了。面对命运，他没有丝毫的胆怯，而是勇于斗争。生性暴躁的他像一只暴怒的狮子，一生都在斗争之中。他藐视皇室贵族，藐视命运和苦难。这是一头好斗、高傲而独立的狮王，一个孤独的英雄，他身体里包裹的是一颗永不放弃的心。

读着《贝多芬传》，我能感到他的决心和力量。再看命运，早已没有了畏惧，因为每个人，都能扼住命运的咽喉。

学生感言

在成功的光环下，我看到的是病痛的折磨、不羁的抗争和高尚的情操，他们的成就不仅局限在音乐、文学等领域，更多的是精神层面的价值。

周执中
（1902～1935）

革命先烈。又名周国正、周平民，四川内江人。1926年加入中国共产党，先后担任中共四川内江县杨家乡党支部书记、内江县委委员。1930年因组织遭到破坏，避走上海。九一八事变后，参加东北抗日义勇军和上海青年自愿决死抗日救国团。1933年任黑、吉、辽民众后援会驻开鲁前方办事处参谋处秘书。1934年在南京不幸被捕，1935年壮烈就义，时年33岁。

完成救国救民的遗志
——致外甥

1933年6月12日

为救国而死，是死得光明的。

……[1]你想我现在连自己都劝不住自己的痛哭，又怎能劝得住他们痛子痛弟的伤心？况且你大舅舅又是个有家归不得的浪人，除了写信去安慰安慰他们，还有什么法子呢？

百均[2]：现在我倒要请你了。我请你在这个暑假期中，常常同你爹爹和妈妈到我家里去，替你舅舅安慰安慰外祖，并且请你和妹妹、弟弟常常做些活泼天真的怪相以博他们破涕欢笑。这样不但可以安慰你的妈妈与外祖，并且可以把你数千里外漂流的大舅也间接的减去不少的忧虑和悲伤。

这回你二舅舅[3]在打日本鬼子的最前线死去，他为救国而死，是死

① 以上残缺。
② 百均，周执中的外甥。
③ 二舅舅，指周执中的弟弟周国辉。

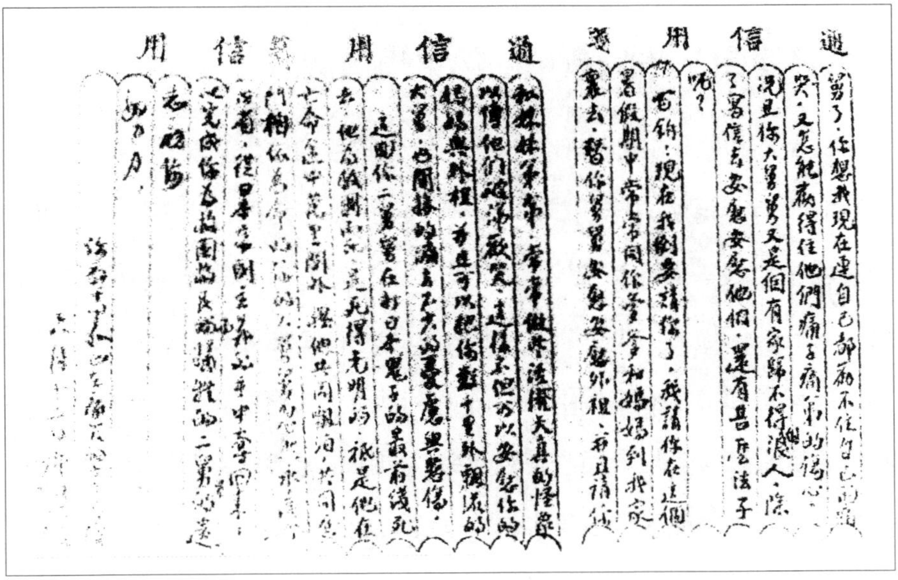

得光明的，只是他在亡命途中、万里关外，与他共同漂泊、共同奋斗、相依为命的你的大舅舅忽然永远分离。……以后努力读书，将来长大了，好替你二舅舅报仇。杀完日本鬼子汉奸叛逆，把已失的东北四省①，从日本帝国主义的手中夺回来，以完成你为救国救民而牺牲的二舅舅的遗志。

祝你

努力！

你数千里外正在痛哭的大舅舅复

六月十二日午后五点四十分

① 东北四省，指黑、吉、辽、热河四省。

【品读导航】

这是周执中于1933年6月12日写给外甥百均的信。

1933年，周执中与弟弟周国辉一起参加东北抗日义勇军，在艰苦的环境中与日本侵略者作战。但不久，周国辉在与日军作战中牺牲。眼见与自己共同漂泊、共同奋斗、相依为命的弟弟战死，周执中悲愤难抑。他的父母得知消息后也异常悲痛。这本来是个大家庭，父慈子孝、兄弟和睦，欢乐融融，只是因为国难当头，周执中兄弟舍家为国，在恶劣的条件下与强大的敌人作斗争。弟弟战死，周执中感到悲痛、仇恨和孤独，在收到外甥的来信后，他写了这封回信。

在信中，周执中表达了自己的伤心之情，要求外甥代自己安慰老人，以弥补自己为人子忠孝不能两全的缺憾。他告诉家人，弟弟周国辉是在打日本鬼子的最前线死去的，是救国而死，是死得光明的。他勉励外甥要努力读书，将来长大了，好替亲人报仇，杀完日本鬼子汉奸叛逆，把已失的东北四省，从日本帝国主义的手中夺回来。

这封信表达了作者对侵略者的仇恨，使我们看到了一个革命者为国甘愿抛洒热血、前仆后继的斗志，以及他对于父母的赤子之情。

车耀先

（1894 ~ 1946）

革命先烈。四川大邑人。1929年加入中国共产党。早年在四川地方军队中任团长、师参谋长。抗战爆发前后，在成都进行抗日救亡活动和党的统一战线工作，曾任中共川西特委军委委员。1940年3月被国民党反动派逮捕，在狱中坚贞不屈，坚持斗争。1946年8月，在重庆“中美合作所”集中营被害就义。

以“谦”“俭”“劳”三字为立身之本

——致子女（遗书节录）[①]

1933年6月12日

以“谦”“俭”“劳”三字为立身之本，以“骄”“奢”“逸”三字为终身之戒，而为一个健全之国民。

民国二十九年三月，余因政治嫌疑被拘重庆，消息不通，与世隔绝。因念余出世劳碌，磨折极多；奋斗四十年，始有今日。儿女辈不可不知也。故特将一生之经过写出，以为儿辈将来不时之参考。使知余：出身贫苦，不可骄傲；创业艰难，不可奢华；努力不懈，不可安逸。能以“谦”“俭”“劳”三字为立身之本，而补余之不足；以“骄”“奢”“逸”三字为终身之戒，而为一个健全之国民。则余愿已足矣。夫复何恨哉！？

① 这是车耀先烈士为教育子女而写的遗书的引言。

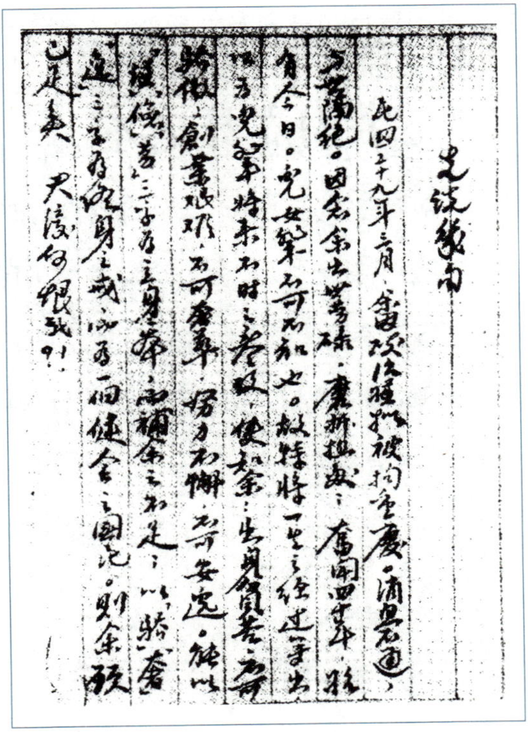

光铣能为

民四二十九年三月，余因汝案被拘重庆，消息不通，

与世隔绝。因念余出世劳碌，东奔西走，奋斗四十年，能

有今日。儿女辈尚不知也。故特将一生之经过笔出，

以为儿辈将来不时之参考，使知余：出身贫苦，不可

骄傲，创业艰难，不可奢华，努力不懈，不可安逸。能以

傲、逸、奢三字为之自身之戒，而补余之不足，以骄、奢、

逸三字为终身之戒，而为一个健全之国民，则余死

亦足矣，夫复何恨哉?!

【品读导航】

这是车耀先烈士为教育子女而写的遗书的引言部分。车耀先给子女的遗书，不是一般的遗书。他是在写自己一生的奋斗经过，奋斗40年的经验总结，供子女将来参考。这笔精神财富，更加宝贵。

“使知余：出身贫苦，不可骄傲；创业艰难，不可奢华；努力不懈，不可安逸。”这里的创业，不是指个人的创办事业，而是指共产党领导的工农大众推翻“三座大山”、建立新中国的伟大事业。1927年4月27日和7月15日，蒋介石、汪精卫先后在上海、武汉发动反革命政变，至1946年8月18日前，无论在反“围剿”战场上，还是在国民党统治区，优秀的共产党员、爱国青年和民主人士上百万人被国民党杀害，可见“创业艰难”。

立身处世，待人接物，要谦虚，不要浪费财物，树立劳动观点，“能以‘谦’‘俭’‘劳’三字为立身之本”，而补我以往之不能。“以‘骄’‘奢’‘逸’三字为终身之戒”，做一个完美的国民。你们能够做到以上所说，我的愿望已满足，还有什么遗恨呢?

车耀先给子女写下的遗书引言，对培养新时代青少年高尚的道德情操和顽强的革命意志，具有积极意义。

★ 故事分享 ★

和印章的对话

何吉超

初次见面，你只是一方小小的石头，我雕刻你，好像是在赋予你生命。然而六年过去了，我才意识到自己是在与一个“不朽的生命”对话，是你，教会我什么是博大。

翻看厚厚的印谱，我看到你站在尘封已久的过去，向我诉说，诉说着赋予你绝美印记的篆字是多么的高妙，诉说着斑斑铜锈掩不住的精湛铸造，诉说着每一处残破的背后，你与你的主人经历的磨难……我似乎看见了秦始皇重金打造的传国玉玺失落在剑戟和鲜血之间，再无觅处；看到了汉武帝高擎沉甸甸的大将军印拜将、祭天、开疆拓土；看到了光绪帝将满汉合璧的“皇帝之宝”重重地盖在《定国是诏》上，以求变法图存……我不再为你的命运喟叹唏嘘，因你的身型不只是由金石铸就，更是先民们智慧的结晶；在你身上镌刻的不仅是文字，更是泱泱中华五千载的兴衰荣辱——这些，都是你的骄傲吧！

你也不只是伫立在帝王身边见证历史，还协助雅士们创造艺术。有时你是文徵明那雨雾山水间一抹绮丽的绯红，“衡山居士”四个小篆为三尺丹青平添风韵；有时你是朱耷那刚劲竹石旁一朵别样的梅花，让人们记住“八大山人”精妙的笔法。而在篆刻大师手中，你的个性更加丰富，赵之谦的秀美潇洒，吴昌硕的浑朴古拙，齐白石的苍劲有力……你这一方瑰丽的中国红啊，竟承载了这般丰富的华夏文化！

而今你却似乎被遗忘了，抑或是面目全非！当你高贵的身躯被廉价的塑料取代，手工雕刻被激光切割替代，当老篆刻师傅生计堪忧，被迫为外国人雕刻英文的时候，我听到了你的呻吟，但你又说，这不算什么。你告诉我古代你有一个名字叫“印信”，你就是信义的化身，而现今的中国人，诚信何以如此缺失？“锲而不舍，金石可镂”，你是埋头奋斗的象征，而今的社会，何以如此浮躁？朱白相间、阴阳调和是你诠释的和谐，然而不和谐的人和事，为何如此层出不穷？我懂了，你所呻吟的，不是自己被中国人遗忘，而是你博大精深中蕴含的历史与文化正被遗忘，更是千百年来寄寓于你灵魂中的中华民族最可宝贵的品质正被遗忘！

幸好，现在，你已不必悲伤，你看到2008年北京奥运会的会徽了吗？你看到全社会在努力构建和谐社会了吗？中国印，你的归来，带着你引以为傲的历史和文化，带着这个英雄的民族传承千年的优秀精神归来了。而我，也将继续伴你左右，用我的手与心感受你的博大。

学生感言

印章是历史的载体，在记载历史中实现了自身价值，在传承中国传统文化中实现了自身价值。其蕴含的最内在的品质是优秀的民族精神。这些精神对于现在中国社会仍然有着积极意义，是不可缺少的，不容被轻视。